正歸必事

事必歸正

천주사적 갈등의 귀결

곽정환 지음

일러두기

ㄱ. 우리는 문선명 한학자 총재님에 대해 신앙적으로는 "참부모님"이라 부르지만, 통일운동의 각 기관을 창설한 입장에서 대외적으로는 "총재님"으로 호칭하고, 천도(天道)를 가르치고 신앙공동체를 지도하는 측면에서 "선생님"이라는 호칭 또한 사용합니다.

ㄴ. 본문에 참가정의 자녀님에 관해서는 전반적으로 "현진님" "국진님" "형진님"이라 칭하였고, 직책에 따라 "문현진 회장" "문국진 이사장" "문형진 회장" 등으로 표현했습니다.

ㄷ. 넓은 의미로 "통일운동"과 좁은 의미로 특정 조직을 언급할 때의 혼란에 대해서: 이 책에서 저는 고 문선명 총재님으로부터 영감을 받은 많은 개인들과, 조직들과 사업들을 "통일운동"이라고 언급하였으며 때로는 "통일교회"라고도 하였습니다. 더 넓은 의미의 "통일운동"과 특정 조직 간에는 차이가 있음을 이해하는 것이 중요합니다. 또한, 문 총재님은 새로운 종파를 만들고자 하는 의도가 없다고 분명하게 주장했으며, 대신 인류가 종교를 초월하고 하나님의 아들딸로 하나가 되어 세계 평화를 이루기를 원하셨습니다.

문 총재님은 당신의 가르침을 전 세계의 기독교계에 전파하기 위해 1954년에 "세계기독교통일신령협회"를 설립했습니다. 그리고 1996년에 "세계평화통일가정연합(가정연합)"을 창설하실 때, 문 총재님은 영적 성장과 발전을 위한 중심은 종교 조직이나 성직자가 아니라 가족 단위임을 분명히 하셨습니다. 중요한 점은 세계기독교통일신령협회나 세계평화통일가정연합 어느 조직도 "통일교회"가 아닐 뿐만 아니라 이들이 조직계층을 구성하지도 않았고, 어느 조직계층의 일부도 아니라는 점입니다. 이 조직들은 법적인 조직계층 구도가 없는 방대한 통일운동 단체 중 일부 일 뿐입니다. 문 총재님께서 "종교 시대의 종언"을 선언하고 세계기독교통일신령협회의 사명 종결을 선언한 후 새로운 별도의 섭리 기관으로 가정연합을 창설했지만, 사람들은 여전히 문 총재님의 영감을 받아 활동하는 조직들과 사업들을 가리켜 "통일교회"라 불렀습니다. 이 때문에 조직과 운동에 대한 명칭에 있어서 아직도 혼란이 지속되고 있습니다. 문 총재님은 소위 "교회 시대"가 지났다고 하셨지만, 사회의 대중 뿐만 아니라 통일운동 내에서 조차도 역동적으로 변화하고 있는 통일운동에 적응하지 못하고 고정관념에 얽매인 사람들이 있습니다. 안타깝게도 현재 통일운동은 정당성과 권위와 통제권을 주장하는 여러 세력이 서로 비슷하거나 구별하기 어려운 단체명을 사용하며 분열되어 있어 큰 혼란을 야기하고 있습니다.

ㄹ. 영적 권위와 법적 권한의 문제:
문선명 총재님은 카리스마로 통일가를 이끌던 영적 지도자였습니다. 저를 포함한 많은 사람은 그분을 메시아격인 인물로 인정하고, 하나님의 뜻에 절대적으로 헌신해오신 그분의 일생을 보면서 존경하였습니다. 따라서 문 총재님께서는 통일운동을 구성하는 개인과 조직에 대해 엄청난 도덕적, 영적 권위를 지니셨습니다. 그분의 영적인 지도를 존중하는 사람들은 문 총재님의 결정들이 하나님의 뜻과 일치된 것으로 받아들이는 것은 흔히 있는 일입니다. 그러나 문선명 총재님이 영적인 권위와 법적인 권한을 분명히 구별하셨고, 통일운동의 내부 조직을 통제하는 법적 지위와 거리를 두셨다는 점을 이해할 필요가 있습니다.

ㅁ. 원리와 원리강론:
이 책을 통해 저는 원리의 중요성과 중추성을 언급하였습니다. 용어의 유사성으로 인해 혼란이 생길 수 있기 때문에, 저는 문 총재께서 당신의 삶을 통해 보여주신 포괄적인 의미에서의 "원리"와 좁은 의미에서의 『원리강론』이란 책 사이에 구분이 있다는 것을 미리 밝혀두고 싶습니다. 『원리강론』은, 원리를 사회(특히 기독교 신도)에 전파하려는 문 총재님의 시도 중 하나이며 활자화된 내용입니다. 그것은 초기 목회 활동의 중심 자료이었습니다. 그러나 『원리강론』은 특정한 청중을 위해 특정한 맥락에서 집필한 것이며, 원리 전체를 밝히거나 설명한 것은 아닙니다. 문 총재님은 평생에 걸쳐 원리를 가르치셨으며, 『원리강론』에는 기록되지 않은 새로운 내용들이 나중에 출판된 수백 권에 이르는 『문선명선생말씀선집』이나 다양한 자료들(예, 『천성경』 등)에 담겨있습니다. 『원리강론』을 포함해 중요한 자료들은 또한 '8대 교재교본'을 구성하고 있습니다.

목차

머리말 · 14

1장 구름기둥 불기둥에 싸여 60년 · 23
아버님을 쫓아온 뜻길

운명적인 만남 · 25
경상북도 달성군 현풍면(玄風面) 대리(大里)
마른 땅이 물을 빨아들이는 기세로 | 위대한 깨달음이 주는 희열
내 자신의 진로와 보직에 스스로의 '관'을 갖지 않으려

본부 원리강사, 그리고 생활원리 · 35
36가정의 일원으로 택함 받은 은사 | 기적의 은사
둘째 딸 성숙(聖淑)의 성화

세계섭리의 중심에서 · 48
하나님과 창조이상에 사무쳐 살아온 이상주의자요, 현실주의자
명지대학교와 놀라운 인연
종교와 동서양과 인종을 하나로 조화시키는 우주적 혁명
'예수님 평화의 왕 대관식'을 봉정하다

아버님 그리고 모신자로서 참회 · 61
하나님의 뜻을 이루는 일에 미치신 분
'메시아도 사람'이라는 원리
참회할 것이 참으로 많습니다

2장 참아버님의 업적과 유지(遺志) • 67
전 세계 인류에게 뿌리 내린 문선명 총재의 사상에 대하여

40년 냉전시대의 종결 • 69
공산주의는 70년을 넘기지 못합니다 | 소련제국의 붕괴
피는 물보다 진하다, 참사랑은 피보다 더 진하다
참사랑, 하나님주의 두익사상에 의한 통일론 | 〈워싱턴 타임즈〉 창간

종교와 교회의 시대를 넘어서 가정의 시대로 • 86
축복결혼, 만인을 위한 보편적인 의식

초종교 활동과 평화유엔섭리 • 91

참된 가정이상의 실현 • 97
참부모와 참가정 현현의 의의 | 참부모의 정착 | 참가정의 정착
축복결혼의 의의 | 축복식의 역사 | 축복의 보편화, 세계화, 천주화

축복가정의 책임과 천일국(天一國) 실현 • 116
하나님의 왕권과 주관권 | 천일국 주인 축복가정

기원절은 완성되었는가? • 123
참가정을 중심한 천일국 창건 | 참아버님의 마지막 보고

3장 누구를 위한 음해와 조작과 참소입니까? • 129

참아버님의 눈과 귀를 가리고 문현진 회장을 거짓으로 내몬 세력들에 대하여

천주사(天宙史)적인 혼란의 시작 • 133
갈등과 혼란의 본질 | 장자권이란?

섭리적 대전환기와 현진님의 등장 • 139
섭리적인 대전환기 | 아버지의 일생에 처음 맞는 날… 현진님의 취임
부자협조시대로 전환 | 절대로 형님을 내칠 수 없다
2세권 교육과 청년기반 강화를 위한 노력
흥진님과 현진님에게 축복권을 이양 | 핵심 기득권층과 반목
21일 지도자 수련회에서 표출된 갈등

갈등을 몰고 온 참자녀의 등장 • 153
문국진 이사장과 문형진 회장의 등장 | 문국진 이사장의 독선
여의도 부지에 대한 국진님의 욕망

아버님의 중대한 결정 • 163
존경 받을 짓을 해야 예우할 것 아닙니까?
간발의 시간차로 들통 난 가짜 영계 지시
현진님의 UCI 이사장 취임과 여의도 개발에 대한 방침

참어머님의 위약과 가중되는 혼란 • 173
어머님의 지켜지지 않은 약속 | 세계재단으로서 UCI의 위상 문제
어머님의 어처구니없는 제안 | 하늘이 캄캄해지는 불신의 충격
형제간 갈등으로 변질된 통일가의 혼란
UCI를 접수하려는 어머님과 국진님의 의지

목표와 방향이 다른 두 운동 • 190
형진님의 가정연합 세계회장 취임 | 자리 때문에 이 길을 걸어온 것이 아니다
교회 내에서 현진님의 기반을 없애려는 저의

어머님을 섭리의 중심으로 세우기 위한 시도들
파라과이 GPF의 성공

참부모님 헬기 추락사고 • 201
기적 중의 기적 | 인진님까지 세워 파국으로 치닫는 통일가의 분열
어떻게든 GPF의 가치를 깎아내리려
후계자 책봉식으로 변질된 하나님 왕권 대관식

속초 영계 메시지 조작 사건 • 212
일본에서 발생한 큰 사건 | 현진님을 비판하는 식구 집회
영계 메시지 조작 사건 | 제가 쓴 것이 아닙니다

섭리적 갈등의 확산 • 223
이사회 변경을 통해 UCI를 접수하려 했던 계획
한국과 미국의 변화들
아버님을 만나려면 먼저 서명을 하라
현진님 가정의 서부 이주
이혼시켜서라도 현진이를 데리고 오라 | 참아버님께 드린 편지
7백만 불 횡령사건의 진상 | 참가정을 파괴하려는 사탄적 역사
가정연합을 통일교로 되돌린 사건 | 현진님의 출사표
교회 측의 실력저지에도 굴하지 않고

이단자 폭파자 선포문과 동영상 • 251
유천궁에서 시작된 식구들에 의한 인격 살인
예배를 막는 부끄러운 공문
더 자극적인 6분짜리 영상으로 다시 만들라
문형진 이외에는 이단자요, 폭파자라니?
세계적으로 진행된 지도자와 축복가정의 일탈과 비난 캠페인

GPF((Global Peace Foundation)) 방해활동 • 266
네팔 GPF 행사 방해 | 인도네시아 GPF 행사 방해
박보희 회장의 부끄러운 시도
의로운 축복가정들

4장 과연 누가 하나님과 아버님을 떠난 자인가? · 277
통일가 형제들을 위한 기도

2009 스페인 피스컵 대회의 희비 · 280
뒤바뀐 훈독회 시간 │ 가슴 아픈 아버님의 오해

왜 현진이를 안 데려오느냐? · 289
아버님의 아드님을 어찌 이리도 모르십니까?
9,200만 불을 어디에 썼는지 밝히라고?
누가 어떤 거짓으로 아버님을 혼란시켰는가
아버님의 눈과 귀를 가리고

나의 마지막 천정궁 훈독회 · 304
참으로 비열한 신조어, '곽그룹' │ 고등법원 증언석에 서다

아버님을 떠난 자가 진정 누구입니까? · 312
결국은 '사필귀정'

5장 잇따른 소송과 고소들, 무엇을 위해서입니까? · 321
통일그룹의 부도와 재기, 그 기적과 같은 역사들에 대하여

통일그룹의 부도 · 323
통일그룹의 섭리사적 목적 │ IMF의 검은 그림자
통일그룹의 부도 │ 법정관리와 재단의 보증채무 정리
여의도 부지의 보존

폐허를 딛고 일어서다 · 337
세계일보 창간과 부지개발 │ 용평리조트 인수
통일중공업 협력사와 현대기공 인수
일신석재와 일화 인수

소송의 시작 • 347
여의도 부지의 개발과정
무모한 소송비용으로 천문학적인 공적 자금을 탕진하다니!
여의도 지상권설정등기무효소송이 미친 피해와 영향

악의적, 소모적으로 남발된 고소와 고발 • 362
존경한다고 전해주세요 | 고소와 불기소의 연속
여의도 지상권 소송에 이기고자 나에게 형사고소를 계속하다
법을 이용해서 끝까지 괴롭혀보겠다는 태도

'고소'에 관한 아버님의 기준 • 371
무려 12건의 고소와 고발
어떠한 상황이라도 법적투쟁은 안된다 하신 아버님
통일가 전체가 하늘의 장자를 죽이려고

6장 '독생녀'의 진실과 거짓 • 381
참아버님 성화 이후 더욱 심화된 불화와 갈등의 근본에 대해

참아버님의 성화 • 384
중환자실에서 부자 상봉 | 병실 앞을 막아선 사설 경호원들
유족명단에서 제외된 장자 | 현진님의 공개성명과 별도의 시애틀 성화식

무지에는 완성이 없다 • 397
어머님의 형진님과 국진님에 대한 성토 | 국진님의 해임과 그 사유

기원절 행사? • 404
기원절의 의미 | 지금은 기원절을 치를 때가 아니다 — 현진님 메시지

손대지 말라 하신 〈8대 교재교본〉에 손대다 • 412
출판 날짜까지 속여가면서 | 〈8대 교재교본〉에 손대다
경전편찬위원회의 무모함과 경솔함 | 표절된 내용까지 실리다

아버님의 뜻과 무관한 천일국 헌법 제정 • 423

드러난 어머님의 정체, 독생녀 • 428
참아버님이 말씀하신 독생녀의 의미
참어머님이 이해하고 주장하는 독생녀의 의미
독생녀에 대한 지도자와 식구들의 반응 | 하나님의 혈통을 사탄의 핏줄로?
독생녀에 대한 현진님의 지적 | 독생녀의 귀결(歸結)

마침내 드러난 거짓 후계자, 형진님 • 445
섭리관의 문제 | 천륜과 인륜 모두를 저버린 일
섭리의 중심인물은 어떻게 드러나는가?

7장 누가 하나님 꿈의 주인입니까? • 459
문현진 회장이 열어갈 미래에 대하여

1987년, 인연의 시작 • 461

문현진 회장을 후계자로 • 465
현진이는 타고난 아들

하나님 꿈의 주인 • 472
아버지가 세운 기반은 누구의 것인가
자신의 언어로 말씀하시는 현진님의 가치

위기를 기회로 바꾸는 리더십 • 482
파라과이 대통령과 담판 | "앞으로 40년은 네가 이끌어가야 한다."

시련 속에서 빛난 가치 • 487
가정연합 세계회장 교체 | 현진님은 천주사적인 쓰나미를 피하지 않았다
전용헬기 추락사고는 하늘의 경고
GPF의 독립, 형언할 수 없는 박해의 시작 | 수월한 때 신앙을 갖는 것은 쉽다

나는 이미 내가 갈 길을 정했어요 • 499
시애틀 축복가정 커뮤니티의 출발 | 『하나님 꿈의 실현』 출판기념회
아버지와 아들의 만남을 가로막는 자들 | 현진님의 4대 근본 질문

〈코리안드림〉의 탄생 • 513
〈코리안드림〉이 열어가는 커다란 꿈

'원 패밀리 언더 갓'의 기치 아래 빛나는 현진님의 세계적인 활동 • 519
아프리카 케냐에서 거둔 성공 | 현진님의 진가를 알아본 세계 지도자들
의로운 축복가정들의 등장

문총재님의 정통성을 갖춘 장자요, 후계자 • 538
시련 속에 빛난 가정 | 지도자가 되기 위한 지름길은 없다
'참하나님의 날'에 울려 퍼진 선언 | 하나님이 상대하는 섭리의 중심인물

제4차 아담권 시대의 중심인물 • 546
현진님의 취임사 – 가정연합 세계부회장, 1998년 | 하나님 아래 한 가족
가정평화협회 창설 연설문–기조연설, 2017년 | 영적각성의 필요
하나님을 중심한 가정의 중요성 | 선친의 유산을 계승 | 행동요청

에필로그 • 562

머리말

승리와 시행착오를 반복하며 성장하고 완성해가는
'천일국 창건 섭리'를 우리는 기억해야 합니다.

제 마음속에 영원히 남을 아픔이 있습니다.
눈만 감으면 떠오르는 그리움과 주체할 수 없는 안타까움이 있습니다.
지난 10여 년간 많은 변화가 있었지요.
아무도 상상 못 했던 참아버님의 성화는 우리 모두의 참회와 아픔의 현실이 되었습니다.
참가정 안에서 발생한 섭리관의 충돌과 분립은 참부모님의 위상과 생애 업적에 참담한 먹칠을 했습니다.
이 갈등이 어떻게 귀결될 것인지, 많은 이들이 고심할 줄 압니다. 그러나 바른 원리적 기준만 지닌다면 결과를 예견하는 일은 어렵지 않을 것입니다.
참가정 구성원들 각각의 심정의 현주소가 어디인가요?
오늘날 그분들의 삶이 하나님의 섭리 방향에 맞춰져 있는지요?
사람들을 향한 그동안의 언행은 천리와 아버님의 가르침에 어긋나지 않는지요?

무엇보다 중요한 판단의 기준은 하나님의 뜻에 따라, 남겨놓은 아버님의 유지를 이루어가는 그분들의 실적이 될 것입니다.

참가정만이 아닙니다. 우리 축복가정들도 같은 기준에 의해서 평가된다는 사실 또한 명심해야 할 것입니다. 우리에게 닥친 위기는 각자 책임분담으로 헤쳐가지 않으면 안 되는 것입니다.

지난 10년간 저는 보통의 선배 가정들과 달리 특별한 일상을 보내왔습니다. 욕하고 손가락질하는 형제와 동료들을 떠나서, 아버님의 교훈과 전통을 붙잡고 외로운 길을 걸어왔습니다.

종교 때문에 긴 세월을 몰림 받은 것은 참을 만했습니다. 그러나 함께 일해 온 형제와 식구들의 외면은 너무도 가슴 아픈 것이었습니다. '천정의 인연이 이렇게 금이 갈 수도 있는 것인가?' 하는 고뇌는 일시적으로 꼼짝도 못하도록 저를 옭아맸습니다.

하지만 저는 지금, 아버님의 꿈과 유지(遺志)를 따르는 바른 섭리의 길 위에 서 있습니다.

항상 따뜻한 하나님의 동행을 느끼며 감사하게 살고 있습니다.

지나놓고 보니 그렇습니다. 하나님의 특별한 은혜로 아버님을 가장 가까운 자리에서 모시면서 중심섭리와 분리할 수 없는 삶을 저는 살아왔습니다. 작금의 사태에 대해, 오랜 기간 사랑으로 길러주시고 맡겨주신 중책들을 수행한 자로서 책임을 면할 수 없는 제 입장입니다.

그간 보고 듣고 경험한 것들에 대해 역사적인 증언을 기록해야 한다는 소명감으로, 이렇게 펜을 들었습니다.

침묵하는 동안, '사필귀정'의 원칙대로 모든 것이 쉬 제자리를 찾았으면 하는 마음 간절했습니다. 하지만 시간이 흘러감에도 우리 통일가가 계속

섭리를 역행하여 돌아간다면, 후손과 세계에 닥칠 시련을 감당키 어렵다는 위기감이 들었습니다.

하나님은 결코 뜻을 포기하지 않으십니다.

준비한 길에 혼란과 과오가 클수록 한편으로 정도(正道)를 단단하게 만드시는 하나님입니다.

혼란기에 스스로 혼미해진 자는 하나님이 예비한 새로운 기회를 만날 수 없는 것입니다.

이 책이 축복가정들로 하여금, 차분히 지난 시간을 성찰하는 계기가 되기를 기도합니다.

이 책이 모든 식구들로 하여금, 하나님의 깊은 심정 속 자신의 정위치를 찾아갈 동기가 되기를 기도합니다.

이 책의 3장부터는 '섭리중심에서 그 엄청난 혼란이 왜 생겼는가?' 하는 근본 원인을 다루었습니다. 참으로 피를 토하는 심정으로 한 구절 한 구절을 힘겹게 소개했습니다.

참어머님은 존귀하십니다. 그러기에 참어머님이 하나님과 참아버님 앞에서 본연의 바른 위상을 보존하시는 것은 무엇보다 중요한 일입니다. 원리적인 기준과 아버님의 말씀을 근거로 참어머님의 말씀과 행적에 대해, 또 아드님들의 행적에 대해 객관적으로 분석했습니다.

'현재의 시련이 과거의 결과'임을 바르게 깨달을 필요가 있습니다.

이것이 곧 '뜻을 이루는 힘'이 되어 줄 것으로 봅니다.

우리가 상대하여 싸웠던 악이 섭리를 무너뜨리기 위해 어떤 역사를 해왔는지, 섭리역사의 교훈과 저의 경험을 통해 점검해보고자 합니다. 그로써 앞으로 뜻을 이루고자 하는 모든 이들에게 튼튼한 밑거름이 되고자 합니다.

통일가의 섭리는 승리와 시행착오를 반복하면서 성장 완성해가는 천일국 창건섭리입니다.

절대 포기하지 맙시다.

참아버님이 노심초사 진전시켜 오신 2세시대 부자협조시대를 맞아, 아버님은 백배 천배 웅비하면서 천일국을 실현하고자 하셨습니다. 그러나 점점 연로해지시고 주변에 의해 눈과 귀가 가려지며, 당신이 뜻한 대로 되지 않는 답답한 사정 앞에 더없이 안타까워하셨습니다.

그러한 참아버님의 사정이 어떠하였는지, 이 책을 통해, 축복가정들이 심정적으로 조금이나마 공감할 수 있기를 빕니다.

2018년을 기점으로, 대한민국은 하계와 동계올림픽을 모두 개최한 국가가 되었습니다.

평창에서 한반도 깃발이 전 세계 선수들 앞에 펄럭이는 가운데, 지구촌을 한 바퀴 돌아온 성화가 남북의 최종주자를 거쳐 점화되던 감동적인 장면을 저는 기억합니다.

그것은 저에게 참부모님을 모시고 주경기장에서 88년 서울올림픽을 맞이하던 순간을 떠올리게 해주는 장면이었습니다.

서울올림픽은 광야시대를 건너서 동서화합의 기운을 몰아 통일한국의 대망을 세우려던 세계사의 전환기적 사건이었습니다.

당시 참아버님은 찾아온 천운을 주인의 심정으로 맞아 현진님과 은진님을 국가대표 선수로 참가시키고, 세계의 젊은 대표들 특히 가인(공산)권 선수들을 환영하며 크게 지원하셨습니다. 당시의 기뻐하시던 참아버님의 모습을 지금도 잊을 수 없습니다.

이후로 3년, 소련이 해체되고 동서독이 통일되는 역사적인 사건들이 연이어 일어났던 것입니다. 이때 참부모님께서는 고르바초프와 김일성 주석을 만나 역사적인 화해를 이루는 기적을 만들어내신 것입니다.

30년이 지나 2018년 평창에서 새로운 시작을 알렸습니다.

하늘의 메시지는 분명해 보입니다.

가까운 미래에, 우리는 하나님이 뜻하신 나라와 세계를 볼 것입니다.

남북통일과 평화세계를 건설하기 위해서는 막연한 신앙을 넘어 현실적인 정책과 전략, 헌신적인 실천이 수반되어야 한다고 봅니다. 복귀시대와는 달리 부자협조시대, 2세시대를 거치는 천일국 창건시대 섭리 진행의 차이점을 다시 인식해야 할 것입니다.

감사하게도, 참아버님의 뒤를 이은 문현진 회장이 벌써 7년 전부터 한반도 통일운동을 입체적으로 전개해오고 있습니다. 도래하는 천운을 예견하고 주인의 심정으로 지속적인 정성과 구체적인 실천을 병행해오고 있습니다. 국내외에서 다양한 통일운동과 더불어 평화세계를 실체적으로 열어가는 '코리안 드림'의 비전을 제시해오고 있습니다.

우리 모두 여기에 동참하기를 염원합니다.

도래하는 천운 앞에 요행만을 기다리는 초라한 통일가여서는 안 됩니다.

우리 가정들 또한, 초라한 가정이 되어서도 안 됩니다.

바른 결단을 재촉하는 역사적 소명 앞에서, 우리 모두 갈라짐과 상처와 무기력을 참회하면서 겸허히 책임을 다 해야 합니다.

지난 10년간 한마음으로 일치단결하여 평화로운 국가 기반 위에 참부모님의 영광을 드러냈어야 할 통일가의 지도자로서, 그러하지 못한 죄책감이 참으로 무겁습니다.

참가정을 모시고, 저 용평리조트에서 평창올림픽의 기쁨을 맞이해야 했습니다. 그러나 그러지 못하였습니다.

현진님의 승리적 기대 위에, 하나님의 주권을 세워드려야 했습니다. 그러나 아직 그러지 못하였습니다. 이것은 저를 비롯한 우리 모두의 가장 중요한 숙제가 되었습니다.

그래도 하나님의 섭리는 이어지고 있습니다. 용기 있는 자에게는 내일의 희망이 성취될 것으로 확신합니다.

저는 현진님 가정을 통해서 '3대의 종적 직계 혈통 속에 살아 열매 맺는 하나님의 놀라운 역사'를 목격하고 있습니다. 참가정 안에서 장자의 상속권과 함께 넘쳐나는 하나님의 사랑의 세계가 점점 더 확장되고 있음을 실감하고 있습니다.

현진님은 부당하게 쫓겨난 외로운 자리에서 광야의 시간을 종결하고 참아버님의 꿈과 유지를 굳게 지켜내셨습니다. 승리적인 참가정의 삶, 리더십 모델과 교육, 평화세계로 가는 기반을 세우셨습니다.

저는 고난의 행보 속에 찾아온 이 엄청난 감동과 희망을, 참부모님을 그리워하는 우리 축복가정 형제들 모두에게 전하고 싶습니다.

형제간의 싸움, 모자간 갈등, 재산 다툼…….

오늘날 우리 운동을 바라보는 세상의 시각입니다. 참아버님이 진두지휘 하시던 때와는 많이 다른 현실이지요. 부끄럽고 가슴 아픈 일입니다.

그러나 이 역시 과정일 뿐입니다.

하나님의 이상을 지상에 실현하시고자 생애를 바친 아버님의 그 위대한 삶, 그 높은 사상, 그 실천, 그 희생, 그 유업은 어디 가지 않았습니다. 잠시 헝클어지고 오물이 튀고 변색되는 일이 있다 해도, 얼마 안 가 그 원형이 세상과 역사 앞에 밝게 드러날 것으로 확신합니다.

왜냐하면, 그 뿌리는 하나님의 심정에 닿아 있고, 인류 본심에서 갈망하는 소망의 초점이 되는, '지고 지귀(至高 至貴)'의 가치이기 때문입니다. 불의에 오래 짓밟힐 수 없는 정성의 유산이기 때문입니다. 그래서 '사필귀정(事必歸正)'입니다. 우리 각자는 본연의 정위치로 어서 빨리 돌아가야 합니다.

모든 것이 투명해지는 시대입니다. 하나의 사건 하나의 진실이 지구촌에 퍼져나가는 데 불과 몇 초면 충분한 시대입니다.

이제 통일가에도 어둠이 사라지고 안개가 걷히기 시작할 것입니다.

서로의 가식 없는 맨얼굴을 똑바로 바라보게 될 것입니다.

거짓과 음해와 참소의 언어와 그 결과는 절대 오래가지 못할 것입니다.

비원리와 반섭리로 쌓은 모래성은 진실의 물을 만나면 쉬 무너져갈 것입니다.

저는 현 시점에서 통일가가 수습되고 세상으로부터 빨리 공인받을 수 있는 길을 압니다.

참사랑, 참가정, 평화, 통일의 하나님의 이상과 참아버님의 귀한 생애노정이 올바르게 공인받는 일은 그 어떤 간판이나 조직, 경제기반, 선전이나 회원 숫자로 되는 일이 아닙니다.

그것은 참가정의 장자인 현진님이 이상적인 가정과 평화세계를 지향하는 승리적 기반 위에 서서 "이는 하나님의 이상이요, 나의 부모님이 가르쳐 주시고 이루고 싶었던 꿈이다"라는 증언을 통해서만 가능한 일입니다.

현진님은 6년 전, 시애틀 참아버님 성화식장에서 다음과 같이 말씀했습니다.

"이 지상에서 아들이 아버님께 바칠 수 있는 최고의 예는 생애에 대한 올바른 조명과 함께…… 참아버님께서 주창하시고 평생을 통해 실현하고자 하셨던 모든 일이 그의 아들과 그의 가정을 통해 이루어질 것을 확신합니다. 아들의 삶은 아버님이 지니셨던 가치와 꿈과 열정의 살아있는 증거가 되는 것입니다. 아들을 통해 아버지가 드러나는 것입니다."

또한 확대된 참가정인 우리 축복가정들도, 이제 자기 처신과 가족의 삶으로 이웃과 세상을 이끌고 아버님의 가르침을 증거해야 합니다.

이 책이 세상에 나오기까지 아낌없이 수고와 사랑을 보내주신 관계자 여러분에게, 고개 숙여 감사의 마음을 전합니다.

아울러 이 책을 대하는 독자 여러분의 가정에 하늘의 무한하신 사랑과 축복이 함께하시기를 기원합니다.

2018년 12월 28일
곽정환

1장

구름기둥 불기둥에 싸여
60년

아버님을 쫓아온 뜻길

1936년 음력 1월 1일, 정월 초하루에 저는 태어났습니다.
설날에 태어난 사람은 사주팔자가 드세다더니 틀린 말은 아닌 듯합니다. 일평생 참아버님을 지척에서 보필하며 섭리의 중책들을 맡아오는 게 말처럼 쉬운 삶은 아니었어요. 그간 전 세계를 다니며 쌓은 대한항공 마일리지만 해도 400만 마일에 가까우니 말이지요. 마일리지제도가 생기기 이전의 기록과 타 항공사를 이용한 경우까지를 다 합하면, 그 거리가 얼마나 될지 모르겠습니다.
뜻길 속에 살아온 나날들을 잠시 돌아봅니다.
낮에는 구름기둥, 밤에는 불기둥이 인도하는 대로 피곤함도 모른 채 이끌려가듯 달려온 삶이었습니다. 비운의 겨레와 나라의 가난한 시골 마을에서 태어나 참아버님을 만나고 지금까지 견뎌온, 하나님의 은혜와 같은 삶이었습니다.

운명적인 만남

경상북도 달성군 현풍면(玄風面) 대리(大里)

대구에서 멀지 않은 제 고향마을 초입에는 '충효세업(忠孝世業), 청백가성(淸白家聲)'이라 새겨진 자연석이 커다랗게 서 있습니다. '충과 효를 자자손손 가업으로 삼고, 청렴과 결백으로 가문의 명성을 이어가라'는 뜻의 종훈(宗訓)이지요.

마을 입구에는 또 현풍 곽 씨 12정려각(玄風郭氏十二旌閭閣)이 있습니다. 선조 36년(1598)부터 영조(1776) 때까지 유교 윤리의 핵심인 충(忠)・효(孝)・열(烈)을 모범적으로 실천한 현풍 곽 씨 문중 12인을 기리기 위해 세워진 정각입니다. 이렇게 많은 수의 정려각은 오직 우리 현풍 곽 씨 문중만이 보유하고 있는, 문화재 자료 29호로 등록된 유적입니다.

저는 이처럼 지극한 유교 가문에서 부친 곽병전(郭柄銓)과 모친 성쾌희(成快喜)의 2남 가운데 장남으로 태어났습니다.

우리 마을은 대니산 동쪽 기슭 끝자락에 자리를 잡았습니다. 대니산의 북동쪽에는 비슬산이 높고 큰 병풍처럼 둘러 서 있는데, 정상의 바위들이 마치 거문고 타는 신선을 닮았다 하여 이름 붙여진 산입니다. 비슬(琵瑟)에 임금 왕 자가 네 개나 들어가 있어서 그런지 예로부터 신령스러운 산으로 여겨져 왔지요.

1945년 해방이 되고 온 세상이 바뀌었지만 살기 어려운 것은 여전했습니다. 중학교를 졸업할 때가 되었는데, 온 겨레가 6.25전쟁으로 매우 힘들었어요. 농업고등학교를 졸업한 뒤 과수원을 하면서 제 나름대로 농촌 발전을 위해 일하고, 여유가 되면 마을의 아이들도 가르치며 미래를 키우고 싶었습니다. 심훈의 소설『상록수』의 주인공 채영신과 박동혁이 펼쳤던 농촌계몽운동을 내심 꿈꾸었던 것이지요.

그러나 제 의견을 들은 아버지는 호되게 야단을 치셨습니다.

"세상에 경북중학교를 졸업하고 농업고등학교에 가는 놈이 어디 있느냐."

고등고시에 합격해서 법관이 되는 것이 신분 상승의 최고 지름길이던 시대였어요. 부모님 또한 제가 훌륭한 법관이 되기를 바라셨습니다. 시골 면사무소 공무원이던 아버지와 틈틈이 농사를 지으며 어려운 집안 살림을 꾸려나가셨던 어머니. 그 시대의 부모로서 충분히 가질 수 있는 희망이었지요.

부모님 말씀을 어겨본 적이 없던 저는 하는 수 없이 생각을 바꾸었습니다. 그래서 경북고등학교에 진학했고, 경북대학교 법학과에 입학했습니다.

고시 준비에 한창이던 대학교 3학년 때, 우연한 기회에 행색이 초라한 수상가(手相家) 한 분을 만나게 되었습니다. 그분이 대뜸 말하더군요.

"당신은 종교의 길에서 대성할 운명이오."

당시 고등고시 준비에 한창이던 저로서는 어이가 없는 말이었어요.

그래서 주변에 있던 친지들과 함께 웃고 말았지요.

그로부터 6개월 뒤, 운명이 제 앞에 찾아왔습니다.

정신이 번쩍 들도록 놀라운 원리의 말씀을 접하고 위대한 진리의 세계에 눈을 뜨면서, 딴에는 고시생이라는 자부심 가득하던 제 자신이 너무도 초라해지는 것을 느꼈습니다. 예의 수상가에게 범했던 결례가 지금도 마음에 걸립니다. 하늘은 그때부터 저를 찾아 주시고 분에 넘치는 은사들을 예정해두셨던 것입니다.

마른 땅이 물을 빨아들이는 기세로

22살, 대학교 3학년이던 1958년 10월 23일에 대구 세계기독교통일신령협회 (흔히 '통일교회' 혹은 '통일운동'이라고 알려져 있음)에서 입회원서를 제출했습니다.

대구시 중구 봉산동 22번지 좁은 골목 안에 30평 정도의 적산가옥을 월세로 빌려 교회로 쓰던 때입니다. 애석하게도 일찍 타계하셨지만 36가정 중의 한 분인 라순열(羅淳烈) 씨가 저를 뜻길로 인도했어요. 놀라운 정성과 열정을 가진, 제 모범이 된 분이지요.

당시 저는 영계와 사후세계에 관심이 많았는데, 기존의 종교 이론이나 설교와 설법으로는 만족할만한 답을 얻을 수 없었습니다. 그러던 중 원리를 접하고는 얼마나 기뻤는지 모릅니다. "하나님과 영계는 실존할 뿐만 아니라 조건만 갖추면 누구나 교통할 수 있다"는 가르침을 접하고부터, 스스로 체험해 보고 싶은 마음이 일었습니다.

형식도 내용도 제대로 갖추지 못한 기도였지만 뜨거운 불의 역사를 체휼하게 됩니다. 살아서 역사하시는 하나님을 '왜 의심하느냐' 책망하듯, 또한 실존하는 영력을 맛보라는 듯, 갑자기 가슴으로 밀어닥친 뜨거운 불덩어리를 안고 쩔쩔맸던 기억이 지금도 생생합니다. 이론과 이성의 테두리를 넘어선, 또 하나의 영역인 본체(本體) 세계에 관한 확신은 제 인생관을 완전히 바꿔버렸습니다.

그렇게 교회에서의 헌신생활이 시작되었습니다. 무엇이라고 뚜렷하게 설명할 수 없지만 본심에서부터 솟구치는 보람으로 매일이 그저 즐겁기만 했습니다.

어느 날은 예수님을 중심으로 희미한 한 무리 사람들이 십자가를 앞세우고 허름한 황토색깔 치장을 하고 울면서 지나가는 몽시를 보고는, 기이하게 여기다가 다시 잠이 들었습니다. 그 이후, 찬란한 백색 십자가를 앞세우고 뚜렷한 용모의 중심인물을 중심으로 흰옷과 밝은 얼굴로 영광을 돌리면서 뒤따르는 무리가 등장하는 몽시를 연속으로 보았습니다.

당시에는 해석도 못했지만, 하나님께서 일천한 저에게 전 섭리노정을 요약해서 보여주신 것이었습니다. 특히 몽시로 문선명 선생님을 먼저 만나 뵙게 해주신 것이지요.

선생님을 처음 만난 것은 입교 약 한 달 후였습니다.

예정된 부흥회가 시작하기 하루 전날, 오후에 교회를 찾았지요. 10여 명의 청년들 속에서 어떤 분이 계시는데, 흰 천을 마룻바닥에 펼쳐놓고는 붓으로 '원리 대강연회'라는 글씨를 쓰는 중이었습니다. 부흥회 현수막을 직접 만드는 중이었어요. 가까이 가서 보니 글씨체가 참으로 독특하고 멋지더군요. 그래서 저도 모르게 중얼거리고 말았지요.

"야, 명필이네!"

그러자 거기에 있던 사람들이 일제히 고개를 돌려 저를 쳐다보는 것 아닙니까. 붓을 들고 있던 그분이 바로 선생님이셨고 주변의 청년들은 경상남북도의 전도사들이었습니다.

그날 이후 선생님의 말씀을 직접 듣게 되었습니다. 쉽지 않은 내용이었고 평안도 사투리도 귀에 익숙지 않았죠. 그러나 우주와 역사, 하나님의 섭리와 한(恨), 세계와 인간에 대한 깊은 통찰력을 바탕으로 종횡무진 이어나가는 말씀을 듣다보면 몇 시간이 훌쩍 지나가곤 했습니다. 미리 읽었던 『원리해설』 덕에 그 위대한 섭리적 정신세계를 조금씩 이해할 수 있었어요. 온 생애를 다해 나아가야 할 길을 등대처럼 밝혀준 진리의 빛을, 그렇게 만났습니다.

평소에 의심이 많은 편은 아니지만, 새로운 무언가를 접할 때면 매사에 꼼꼼히 따져보고 확인하는 성격이거든요. 학교 수업을 들으면서도 누구보다 많은 질문을 던졌고, 혼자 공부를 할 때도 버릇처럼 이런저런 의문을 갖는 편이었지요.

그런데 그분의 말씀을 접할 때면, 단 한 번도 의심의 마음이 들지 않았습니다. 부정적인 의심이나 회의 같은 것이 단 한 차례도, 신기할 정도로, 생겨난 적이 없었습니다. 이론이나 논리 이전의 어떤 강력한 힘에 마구 이끌리는 것 같다고나 할까요? 그분이 하는 말씀이라면 처음부터 좋고, 당연하고, 믿음직하게만 들렸습니다. 마치 마른 땅이 물을 빨아들이듯, 그렇게 찬란한 희망과 기쁨을 맛볼 수 있었습니다.

선생님은 부흥회 기간 내내 대구에 머무르며 아침저녁 몇 시간씩 설교를 하셨습니다. 말씀에 임하는 그분의 형형한 눈빛과 표정은 대단히 강렬하고 간절한 것이었습니다. '인간 타락 이후의, 하나님의 한을 해원(解冤)해드려야 한다'는 주제의 말씀이었어요.

성경에 대한 지식이 별로 없던 저였지만 기존의 목사나 스님 등 다른 종교지도자들의 설교와 가르침과는 처음부터 끝까지 차원이 다르다는 느낌이었지요. 절대자에게 뭔가를 바라고 의지하거나 은혜를 기원하는 것이 아니라, 하나님의 소원을 이루어드리고 한을 풀어드리겠다는 것이었습니다.

가슴 한편에서 전율이 일어나고 있었습니다.

무어라 설명할 수 없는 감동이 제 안에 가득 차오르고 있었습니다.

정열적으로 말씀하시는 중간 중간에, 아버님은 특별히 저를 주시하는 눈치였어요. 은연중에 각별한 기대를 섞어 뭔가 암시를 주는 것 같기도 했고, 실제로 저를 따로 불러 말씀을 하시기도 했지요. 그것이 그분과 저의 운명적 만남이 되었습니다.

위대한 깨달음이 주는 희열

그로부터 한 달 뒤인 12월 20일, 서울에서 전보가 왔습니다. 전화가 귀해서 급한 메시지는 전보를 이용하던 시절이었죠. "제1회 협회 40일 전도사 수련회가 열리는데 원하면 참석해도 좋다"는 내용이었습니다. 전국 각처에 나가 있는 전도사들만 참석하는 수련회였습니다. 선생님께서 저를 기억하시고, 친히 전보를 쳐서 의사를 물어준 것입니다.

황송할 따름이었습니다. 그리고 고민 같은 건 할 상황이 아니었습니다.

그야말로 하늘이 저에게 내린 천명이었습니다.

그날 밤, 마음을 독하게 먹고는 아무도 모르게 짐을 꾸렸습니다.

저에게는 오직 진리에 대한 열망뿐이었어요. 대학도, 졸업장도, 고시도, 판검사의 꿈도 다 부질없게 느껴졌습니다.

단 하나 발걸음을 붙잡는 것은 부모님이었습니다. 한평생 가족만 보고 사시던, 부지런하고 원칙적이고 검소한 아버지. 한겨울 밤에도 찬물에 머리를 감고 장독대 앞에서 자식을 위해 정성을 들이시던 어머니. 저를 향한 두 분의 기대와 사랑을 잠시 저버릴 생각을 하니 마음이 몹시 무거웠습니다.

천정을 따를 것이냐 인정을 따를 것이냐.

고심 끝에 하늘의 뜻을 따라가기로 마음먹었습니다. 쉬운 길로 가고자, 편히 살고자, 저 혼자 잘 되고자 했던 선택은 아니었어요. 그렇게 하지 않을 수 없는 운명이 찾아왔음을 저 스스로 너무도 잘 알고 있는 때문이었지요.

"아버님 어머님, 3년간만 저를 잊어주십시오. 그때까지만 이 못난 아들이 세상에 없다고 생각해주십시오. 그리고 부디 믿어주십시오. 세상 이치를 바로 알고자 합니다. 저 너머에 있는 진리와 원리로부터 등을 돌릴 수가 없습니다. 부디 믿어주세요. 3년 후면 제 결정이 옳았음을 이해해주실 것입니다. 귀한 목적을 이룬 후, 다시 자랑스러운 아들로 돌아가겠습니다. 그때 기쁘게 저를 받아주시기 바랍니다."

눈물로 편지를 남기고는 가방 하나에 옷가지를 챙겨서 도망치듯 집을 나섰습니다.

막연하게 3년이라고는 했지만, 그 시간만 지나면 엄청난 진리를 제대로 익혀서 다른 사람들에게 들려줄 만큼 성장할 수 있으리라 기대했습니다. 사회에 무조건적으로 만연한 '이단 몰아붙이기' 분위기도 조금은 바뀌리라 믿었습니다. 한국전쟁의 상처가 채 아물지 않은, 미래의 희망이라고는 찾기 어렵던 대한민국의 희망을 생각했습니다. 선생님께서 가르치시는 새 진리가 세계로 퍼져나간다면, 조국의 미래 또한 대단한 위치에 서게 될 것이라는 확신이었습니다.

20여 년의 짧은 삶을 뒤에 남겨두고, 그렇게 근본원리를 찾아 완전히 새로운 삶을 시작하게 되었어요. 매일 매일 설레고 행복한 나날이었지요. 당시 '통일교'⁰¹ 라 불리던 우리에 대한 세상의 편견과 오해는 형언할 수 없을 정도였지만, 위대한 깨달음이 주는 희열 앞에서 그런 고통쯤은 아무것도 아니었습니다. 그렇게 은혜의 손길 아래 취해 살았습니다.

내 자신의 진로와 보직에 스스로의 관을 갖지 않으려

입교 2개월 만에 뜻밖의 부름을 받고 참가한 제1회 전도사수련회.

원리강의의 골격이 처음으로 만들어진, 그야말로 초기 통일교회 전체 지도자들의 역사적인 수련회였지요. 유효원 협회장님과 안창성 선생 두 분이 강의를 하셨으며, 선생님은 40일간을 꼬박 동참하시며 원리의 내용과 신앙지도를 일일이 하셨습니다.

원리 책을 이미 읽었기에 네 차례의 시험에는 합격하였지만, 감히 교회 지도자로 임명되리라고는 상상도 못했지요. 그래서 수련을 마칠 즈음에 각자의 희망을 써내라는 지시를 받고는 "개척전도 나가는 분의 보조역으로 나가서 돕겠습니다"라고 썼어요. 그런데도 선생님께서는 저를 평택교회 인도자로 발령하신 것입니다.

평택교회에는 10명 안팎의 식구들이 있었는데, 나이를 떠나서 모두가 저보다 먼저 입교한 교회 선배들이었어요. 그 앞에서 어찌 잘 아는 척 설교하고 가르칠 수 있겠습니까?

그래도 선생님의 말씀과 원리강의, 그 두 가지는 제가 식구들을 지도하고 전도하는 데에 더 할 수 없는 밑천이었습니다. 어디를 가나 손에

---

01 '통일가'는 아버님의 가르침을 따르는 모든 조직과 개인들을 가리켜 보편적인 의미로 사용하고 있습니다. 초창기에 '세계기독교통일신령협회'를 외부 사람들이 '통일교'라는 명칭으로 사용했으나, 내부적으로 '통일운동'은 '통일가'와 같은 뜻입니다.

『원리해설』 책을 지니고 다니며 읽고 또 읽었습니다.

부족하기 그지없는 저에게 영계에서는 늘 특별한 배려를 해주셨습니다. 거의 매일같이 몽시로 교시하시고, 또 사도 바울과 베드로가 한 달 정도의 간격을 두고 각각 세 번씩이나 나타나서 "너는 바울이다", "너는 베드로다" 격려해주기도 했어요.

금식을 자주 할 때였는데, 특히 21일 금식기간에는 많은 영적 체휼이 있었습니다. 환상으로 제가 우주만상을 주관하는 경지를 체험하였는데, 제 손 아래 야구공만한 지구가 있고 이를 제가 원하는 대로 관장하는 체험이었습니다. 그 속의 인간들은 작은 싹들이요, 선생님이 물을 주시는 주인으로 현현하셨는데, 어린 싹 하나하나가 방긋방긋 웃고 감사하는 장면도 환상으로 보았습니다.

평택에 있는 15개월 동안, 선생님께서 일곱 차례나 오셔서 지도해주셨습니다. 그곳에 임명하시고서도 염려가 되셨을 것입니다. 찾아주시는 것이 황공하고도 좋아서 어쩔 줄 몰랐고, 언젠가는 성전을 지을 흙벽돌을 만드느라 온 몸이 흙투성이가 된 채 쩔쩔매면서 선생님을 맞이한 적도 있었습니다.

제1회 수련회 때 선생님을 대한 제 자신의 심정적 자세가 너무도 부족했음을 떠올리며, 제3회 수련회에는 자원하여 청강생으로 참석했습니다.

그리고 1959년 말, 선생님께서 오셔서 물으셨습니다.

"정환이는 외국에 가서 활동하고 싶지 않느냐?"

제가 대답했지요.

"선생님, 기성교회가 이토록 반대하고 또 우리 기반이 이렇게 적으니, 일단은 한국에서 일하는 것이 더 중하지 않겠습니까."

그러자 더는 말씀이 없었습니다. 기대하신 기준과는 너무나도 동떨어진 대답을 하고 있으니 당연히 그러하셨겠지요.

  나중에 생각해보니 참으로 어처구니없는 대답이었습니다. 섭리의 주인이 국내의 온갖 사정을 다 알면서 필요한 뜻을 두고 물으시는데, 제가 무엇을 안다고 감히 누구 앞에서 기성교회가 어떻고 국내 기반이 어떻고 했단 말인가! "제가 특별한 의견이 있겠습니까? 명하시면 어디라도 가겠습니다"라고 답을 했어야 마땅하지 않았던가!

  그때 선생님께서 저를 어느 나라로 보내려 하셨는지 두고두고 궁금했지만, 지금까지 여쭈어보지 못하였습니다. 그때의 일이 부끄러웠기 때문입니다.

  자기 나름대로는 뜻을 위한다고 하는 언행이, 실제로는 하늘이 요구하시는 방향과는 맞지 않는 실수를 범하게 되는 일. 우리가 종종 범하게 되는 잘못이 아닌가 생각해보게 됩니다.

  이후 다시는 그런 잘못을 반복하지 않겠노라 다짐하는 한편 '제 자신의 진로와 보직에 대해 스스로의 관을 갖지 않으려'고 노력하여 왔습니다. 저의 희망보다는 하늘의 필요에 순응하여 받는 그 자리가 훨씬 귀하기 때문이지요. 저를 사랑하시는 하나님과 선생님이 나를 너무도 잘 알고 계시기에 이러한 결단은 더욱 더 의심할 수 없는 결론입니다.

  이후로 길고 오랜 뜻길에서, 제가 자원하는 말씀을 올려서 직분을 맡아본 적이 없습니다. 다만 '저를 어느 곳에 쓰고 싶어 하시는가?'의 뜻을 헤아리고자 노력해왔습니다.

본부 원리강사
그리고 생활원리

평택교회에서 마산교회 인도자로 발령을 받고, 선생님께 인사드리러 본부를 방문하였습니다. 마침 수요일이었는데, "너 오늘밤 예배를 맡아 원리강의를 해보라"고 하시는 게 아닙니까. 떨리는 마음으로 부활론을 강의했어요. 선생님 앞에서 한 첫 번째 강의였습니다.

예배가 끝나고, 선생님께서 유 협회장님에게 지시하더군요.

"정환이를 마산으로 보내지 말고 본부 원리강사로 시무하게 하지."

그리하여 저는 또 한 차례 들리어, 선생님을 지척에서 모시고 배우며 체휼하는 놀라운 은사권에 들어선 것이었습니다.

저는 열심히 연구하고 강의했습니다. 중앙회관 강의, 지도자 수련강의, 특강, 전도 강의, 대부흥집회 강의 등을 찾아 뛰면서 큰 보람을 느꼈습니다. 유 협회장님의 특별한 원리강의 지도는 지금도 잊을 수가 없습니다. 특히 표준강의를 하는 강사가 되라고 치하하시고 자극을 주시면서 저를 길러준, 더없이 귀한 스승이셨지요.

참부모님 성혼식 얼마 후 본부 원리강사로 40일 지도자 수련 강의를 할 때, 아버님의 지시로 어머님도 제 강의를 매시간 경청하셨습니다. 저는 전·후편 원리강의를 어머님께 자세하게 강의를 해드린 기쁨을 간직한 강사입니다. 그때만 해도 『원리해설』 외에 다른 교재가 없었는데, '원리강의안'이 필요하시다기에 제가 저의 강의안을 정성껏 필사해 드려 어머님의 원리공부를 도왔습니다. 지금도 잊지 못할 영광으로 생각합니다.

1960년 참부모님의 성혼식장에, 저는 미래를 대표하는 세 사람의 들러리 가운데 한 명으로 선택되어 이 거룩한 식전에 참석했습니다. 이 성혼식은 단순한 결혼식이 아니라 참아버님이 천주사를 탕감하시고 신천지를 여는 거룩한 식전이었습니다. 이날 아버님이 택해 세운 어머님은 만 17세, 청순하고 아름다우면서도 그 엄숙한 식전을 의젓한 자태로 맞이하시는 모습이 매우 인상적이었습니다.

그 후 저는 아버님이 어머님을 교육하면서 무엇을 강조하고 또 기대하시는 지 들었고, 그러한 내용들을 제 평생의 원리강의와 섭리인식의 중요한 지침으로 삼아왔습니다.

이 세상에서 아버님의 가르침인 '하나님'과 '천도', 그리고 '섭리의 기본 원리'와 '말씀'을 교육하는 원리강사 이상으로 보람 있는 직책이 또 어디에 있을까요.

생명의 말씀을 전하고 또 죽은 생명 위에 생기를 불어넣는 보람도 귀하거니와, 원리를 공부하고 명상하고 이를 강의함으로써 원리의 주인공과 심정적으로 더욱 가까워질 수 있었습니다. 또한 저는 『원리강론』 중에서도 가장 귀한 부분이 어디인가에 대해 새로운 이해와 발전을 거듭할 수 있었습니다.

그럴 때마다 느끼는 희열은 제 생활 전체를 새롭게 해주었어요. 원리의 계속된 깨달음을 통한 환희는 저를 내적으로 살찌웠으며, 뜻을 따르는 저의 길에 항상 소망을 불어넣어주었습니다.

원리 책의 내용만이 아니라 아버님의 말씀을 통하여서도 원리를 더

깊게 이해하려고 노력했습니다. 원리에 대해 이해하면 할수록 판단과 통찰력도 한결 발전하는 것을 실감할 수 있었지요.

원리강사가 되지 않았더라면, 훨씬 더 많은 사탄의 시험을 받았을 것입니다. 하지만 원리를 생각하고 원리를 말하는 생활의 연속이다 보니, 어디 사탄이 쉽게 틈탈 수 있었겠습니까?

그간 다양한 보직을 맡았지만, 이 세상 끝까지 함께 하고 싶은 직책 중 하나가 바로 원리강사라는 직분입니다. 원리강사의 경험. 제 생애에서 참으로 행운을 가져다 준 이력입니다.

하나님에 대한 관념은 개인의 세계관에 심대한 영향을 미칩니다. 원리와 아버님이 가르치는 하나님은 편협하거나 제한적이지 않습니다. 하나님은 권능과 주관, 심판의 하나님이 아닙니다. 부모의 심정, 참사랑을 중심한 무형의 참부모님입니다.

하나님은 지극히 높은 곳에서 자족하며 초월자로 계시는 분이 아닙니다. 우리와 가깝게 언제나 정을 나누고 싶어 하고, 우리의 악행과 무지에 대해 심판의 마음이 아닌 연민의 고통을 느끼시는 참아버지입니다. 받기보다 무엇이든 주고 싶어 하는 분입니다.

이렇게 하나님을 이해하고 이것을 생활 속에서 실천할 때, '원리'는 강의실 밖으로 나와 우리의 '생활원리'가 됩니다.

본부에서 아버님을 모시고 성장한 터 위에 경북지구장으로 발령받아 7년을 시무했습니다. 아버님이 지구장들을 친히 진두지휘하시는 가운데 일 하시던 때였지요.

어느 날 아버님께서 전국의 지구장들에게 지시하셨습니다.

"원리적 관점에 입각한 승공이론을 숙지하고 전 국민을 계몽하도록 하라."

그 후 승공강의의 필요성을 깨우치고 교육할 기회를 달라고 정부기관을 찾아다녔습니다. 처음에는 반응들이 신통치 않더군요. 그러나 기존의 감정적인 반공과 차원이 다른 우리의 승공이론 교육으로 그 기반을 급속도로 확장해 나갔습니다.

승공연합 경북도단은 얼마 지나지 않아 누구도 부인할 수 없는 애국의 실적으로 관민 모두로부터 환대 받는 단체가 되었습니다. 처음으로 공식 인정을 받고 경찰국장으로부터 승공강사 위촉장 25매(지역장 포함)를 받아 돌아오는 미니버스 안, 그간의 몰이해를 극복하고 거국적인 승공교육을 공인받은 감회로 솟구치는 눈물을 억제할 수가 없었지요. 다른 승객이 보든 말든 울음이 쏟아졌던 기억이 지금도 생생합니다.

그 위촉장으로 지역장들이 면면촌촌을 찾아가 강의할 수 있었습니다. 각 급 학교와 공공기관, 군부대, 경찰학교, 군(郡) 단위의 승공요원 수련교육 등은 제가 직접하였고, 지역장들도 읍·면·동 단위로 우리가 아니면 할 수 없는 승공강연과 사상 강연을 대대적으로 실시했습니다.

나중에는 교회와 승공연합 경북도단의 애국적인 활동실적이 공인되어 제가 정부지원 기관인 '학생농어촌개발봉사단 경북지부장'으로 위촉되기도 했습니다. 전국의 지구장 중 저만 정부로부터 위촉된 일이라 아버님께서도 매우 기뻐하셨습니다. 덕분에 지구장 생활을 마칠 때까지 2년 반 동안 자동차와 각종 물자, 의료진(군의관)의 지원을 받아가면서 경상북도 면면촌촌을 다니며 실질적이요, 효과적인 봉사와 계몽운동을 할 수 있었지요.

1971년 6월 1일부로 전국순회사실장의 보직을 맡아 협회 본부로 부임했습니다. 경기도와 강원도 일원을 샅샅이 순회하였고, 짧은 기간

이기는 했지만 서울교구장으로서 기동대를 이끌고 시내 각 교회를 돌며 부흥집회를 주도했지요.

1972년부터는 협회 본부 대학생부장직을 맡아 대학원리연구회(CARP) 운동을 전개, 대학생들의 신앙지도와 학내 활동에 주력했습니다. 또한 세계평화교수아카데미(PWPA)를 결성하고 사무국장으로 시무하면서 국제적인 활동을 하기 시작했습니다.

36가정의 일원으로 택함 받은 은사

참사랑은 하나님의 근본 속성으로, 참사랑 자체가 본연의 질서와 체계를 가지고 있습니다. 하나님께서는 피조물 중에서 유일하게 인간만이 원리의 자율성에 더하여 스스로 책임분담을 수행함으로써 하나님 앞에 참사랑의 상대가 되고 참사랑의 상속자이며 주인이 되도록 창조하셨습니다.

원리에 취해서, 아버님의 가르침에 취해서, 직책상 만나는 종교·교육·정치·문화계 등 다방면의 세계지도자들과 교류하고 대화하는 속에서, 저는 원리의 진가를 더 크게 깨달을 수 있었습니다. 그리고 이에 평생 감사하면서 살 수 있었습니다.

제가 받은 수많은 은사 중에서도, 특히 36가정의 일원으로 택함 받은 것을 가장 큰 복으로 꼽지 않을 수 없습니다.

36가정의 제2 가정(12가정)들 약혼이 결정되고 난 후에도, 저는 조만간 제3 가정의 일원으로 선택받으리라고는 상상도 못 하고 있었습니다. 입교도 늦었고 또 입교 후 목회자 밑에서 생활 훈련을 받지 못한 채 전도사수련만 받고 곧바로 목회자의 길을 가게 되었거든요. 목회 초기에 시행착오도 있었고, 심정적으로 큰 실수를 범할 뻔한 고비도 있었습니다.

이러한 사연들을 다 용서해 주시고 크신 은총으로 택하여 축복해주셨습니다.

하늘의 깊은 뜻도 축복 상대에 대한 원리적 개념도 아직 제대로 헤아리지 못한 상태건만, 아버님께서는 그런 저에게 "개척과 투쟁은 순간의 과정이요, 가정 이상은 영원한 생활적인 조화"라고 깨우쳐 주시면서 윤정은 씨를 반려자로 택해주었습니다.

개척기의 어려움 속에서 우리 가정이 넘어야 했던 곡절이 어찌 한둘이었겠습니까?

주변의 몰이해로부터 오는 고충도 있었고, 경제적인 어려움 때문에 겪어야 했던 사연들은 말로 다 할 수 없습니다. 저 혼자일 때야 먹을 것이 없으면 금식하고 옷은 있는 대로 입으면 되었습니다. 마음속에 넘치는 뜻과 열정 하나만 있으면 혼자 몸은 얼마든지 넘어갈 수 있었습니다. 그러나 가정을 꾸린다는 것은 그렇지 않더군요. 가정사 어떤 상황에서도 제1의 대상 목적을 하나님에게 두기 위한 노력은 가슴 메어지는 아픔을 극복하고서야 결실을 보는 것이었지요.

그럼에도 한 가지 분명한 것은, 하늘이 우리 가정을 무척 사랑하시고 아껴주셨다는 사실입니다. 덕분에 우리 부부는 큰 고난 없이 온갖 사연 앞에서도 은사를 더 크게 느끼며 살아올 수 있었습니다.

기적의 은사

아버님의 부름을 받고 한국에 남겨진 가족들과 떨어져 미국에서 5년 동안 한 번도 귀국 못 하고 일을 하던 때였습니다. 그러다가 저의 비자 문제가 어렵게 해결 되어서 처음으로 세계 순회 길에 올랐습니다.

1979년 9월 19일, 페루에서 그 지역 선교사들과 회의를 하던 참인데 한국에서 뜻밖의 소식이 날아들었어요.

아내가 갑자기 쓰러져 의식불명 상태라는 것이었습니다.

순간 아무 생각도 나지 않았습니다. 서둘러 귀국길에 올랐습니다. 비행기 편이 많지 않았고 비행거리도 멀었으며 로스앤젤레스 공항에서 기다렸다 환승을 해야 하는 등 끔찍하도록 길게만 느껴지는 귀국길. 사고 후 약 36시간이 지난 21일 아침에야 겨우 아내가 입원해 있는 병원에 도착할 수 있었습니다.

아내는 성바오로 병원(현재 삼육서울병원) 중환자실에 있었습니다. 의식을 잃고 혼수상태로 누워 있는 아내를 병상 곁에서 지켜보는 일은 상상조차 할 수 없는 고통이었습니다. 의사는 침통한 얼굴로 "마음의 준비를 하라"는 말만 당부하였습니다. 가슴이 무너지는 것 같았습니다.

사고가 있던 날, 아내는 막내를 등에 업고 바로 위 아이의 손을 잡고 귀가하는 길이었습니다. 그날따라 버스는 콩나물시루처럼 붐볐습니다. 사람들 틈을 비집고 중곡동 집근처 정류장에 겨우 내렸는데, 따라 내렸어야 할 아이가 보이지 않았습니다. 버스는 이미 출발한 상태였습니다. 소리도 못 지르고 발만 동동 구르던 아내는 일단 가까운 거리에 있는 집에 달려가 막내를 내려놓고 떠나간 버스를 따라잡기 위해 택시를 탔습니다.

"어디로 모실까요?"

택시기사가 뒤돌아보는 순간, 아내는 그만 정신을 잃고 쓰러졌다는 것입니다. 평소 고혈압이 있던 아내가, 게다가 혼자 아이들을 키우며 생활을 꾸려가는 과로와 스트레스에 더해서 '아이를 잃어버리는 게 아닌가' 하는 공포감이 겹치며 그만 쇼크를 받은 것이었습니다.

놀란 택시기사가 근처 파출소의 순경을 옆에 태우고 병원으로 내달렸습니다. 환자의 상태를 살펴본 의사는 매정하게도 "가망이 없으니 환자를 받지 않겠다"고 했답니다. 함께 간 순경이 크게 항의한 끝에야 겨우 응급 처치를 받았습니다. 나중에 택시기사의 말에 의하면, 놀랍게도 그날 중곡동에서 성바오로 병원으로 달리는 동안 신호등에 한 번도 걸리지 않았다더군요.

귀국 3일 후, 환자 이송 시 예상되는 위험을 무릅쓰고 아내를 좀 더 큰 명동성모병원으로 옮겼습니다. 그러나 그곳의 의사에게서도 똑같은 답변을 들어야 했습니다.

"1퍼센트의 가능성도 기대할 수 없는 상태입니다. 안타깝지만 마음의 준비를 하시는 것이 좋겠습니다."

입과 코에, 그리고 목에 구멍을 뚫어 호스를 넣고 잠들어 있는 아내. 푸르다 못해 검은색을 띠는 피부로 마치 나무토막이 쓰러져 있는 모습이었습니다. 참담했습니다. 그 옆에서 다만 괴롭고 안타까울 뿐, 제가 할 수 있는 것은 아무것도 없었습니다. 그 사실이 저를 더욱 참담하게 만들었습니다.

할 수 있는 것은 오직 하나, 기도밖에 없었습니다. 기도란 살아계신 하나님 앞에 보고하고 대화를 하는 것이지요. 그런데 지금 제 사정을 세상 어느 누구보다도 잘 알고 계신 하나님께, 무슨 기도를 올릴 수 있겠습니까?

사고 소식을 듣고 부랴부랴 한국행 비행기를 타고 오면서, 엄청난 자격지심에 시달려야 했습니다. 아내는 너무도 순수하고 착한 사람이었어요. 누구한테 잘못을 할 사람이 절대 아니었습니다. 그렇다면 나에게 무슨 잘못이 있어서 이런 일이 생긴 것 아닐까?

"하나님 아버지가 아무런 이유도 없이 제게 이런 시련을 주셨을 리 없으리라 믿습니다. 뚜렷한 이유는 알 수 없지만 참으로 제 잘못이 많습니다. 하지만 감히 원컨대 이 사람을 살려주십시오. 제 나머지 생애를 다 바치겠습니다. 지금까지보다 몇 배는 더 간절히 세상을 향해 나가겠습니다……."

간절한 기도가 2주 가까이 이어졌습니다. 그리고 기적이 일어났습니다. 혼수상태의 아내가 12일 만에 눈을 뜬 것입니다.

응급실 면회가 시작되는 새벽 5시까지 병원 복도에서 매일 해 오던 대로 철야기도를 마친 뒤, 어제처럼 그제처럼 손을 꼭 잡고 나직이 소리 내어 아내를 불렀는데, 놀랍게도 살며시 눈을 뜨더군요. 응급실 병상에 누운 아내가 저와 눈을 맞추던 1979년 10월 초하루, 그 새벽의 감격과 환희를 영원히 잊을 수 없습니다.

하나님께서는 저의 간절한 기도에 응답해주셨습니다. 그리고 저는 다시금 하나님께 눈물로 감사의 기도를 올렸습니다. 담당 의사까지도 "하나님이 살리셨다"고 말했습니다. 전화로 직접 보고를 받은 아버님도 크게 기뻐하시는 음성이셨습니다.

"정환이가 불쌍해서 하나님이 정은이를 살려 주셨구먼!"

이후 40년이 지난 지금까지 하나님은 아내와 제가 함께 살아갈 수 있는 은혜를 베풀어주시고 계십니다.

그렇게 한 고비를 넘긴 며칠 뒤, 아버님께서 미국에서 전화를 걸어 제 의견을 물으셨습니다.

"한국에서 일을 하는 게 어떻겠어?"

아직 집사람의 몸이 성치 않은데 타국으로 나가면 마음도 좋지 않을 테니 곁에서 돌보라는 배려였지요. 감사한 마음이지만 그럴 수 없다는 생각이 들었어요. 그래서 제 심경을 솔직히 말씀드렸습니다.

"집사람이 사경을 헤매는 동안 내내 기도했습니다. 살려만 주신다면 세계와 인류를 위해서 더 아낌없이 헌신하겠다고요. 제가 할 수 있는 건 그것밖에 없었습니다. 그런데 집사람을 생각한다고 한국 땅에 눌러앉는 건 하나님 앞에 도리가 아닌 것 같습니다."

아버님도 이해하시고 수긍하시더군요.

"본인 마음이 그렇다면 그렇게 하도록 해."

우리 부부에게 닥친 사고로 인해 나는 스스로 더 겸허해졌습니다.

보통 우리는 인간적인 시각으로 우리의 인생을 겪고 보고 느끼고 판단하지요. 이것은 굉장히 좁고 짧고 한정적인 부분일 뿐입니다. 따라서 우리는 언제라도 크고 넓은 하나님의 경륜을 믿고 따를 필요가 있다고 봅니다.

사람의 일생에서 어떤 배우자를 만나고 어떤 결혼생활을 하느냐 하는 것은 대단한 중대사죠. 이 점에서 저는 하나님의 축복을 실감하는 일생을 살아갑니다. 어려운 환경 속에서도 집사람은 저에 대한 마음을 처음부터 끝까지 변함없이 유지해준 동반자였습니다. 아들딸 6남매를 사랑과 정성으로 키워낸 훌륭한 어머니였습니다.

이제는 그 아들딸들이 하나님의 축복 아래 가정을 이루고 공적인 삶을 살아가고 있으며, 저에게 손자손녀들을 잔뜩 안겨주었습니다. 그 중에서 맏딸 신숙 가정의 외손자, 맏아들 진만 가정의 장손과 두 손녀, 둘째 아들 진효 가정의 맏손자, 막내딸 미숙 가정의 외손자까지 모두 6명이 미국 육군사관학교(웨스트포인트)에 입학했지요. 네 명은 이미 졸업하여 복무 중이고, 두 명은 작년에 입학했습니다.

점점 더 대견하고 자랑스럽게 자라는 손자손녀들에 더해, 어느덧 맏딸과 맏아들의 가정을 통해 증손주도 셋이나 보았습니다. 이들을 바라보는 기쁨을 가능하게 해준 아내에게 늘 감사하고, 무엇보다 허락해 주신 축복결혼의 이상이 관념상의 축복이 아닌 실제로 결실 맺게 해주신 하나님과 참부모님께 감사드리면서 살아갑니다.

둘째 딸 성숙(聖淑)이의 성화

한국에서 아내의 사고가 있었지만, 우리 가정은 미국에서도 가슴 아픈 일을 하나 더 겪었습니다.

둘째 딸 성숙(聖淑)이가 1995년 1월 31일 교통사고로 성화한 일입니다.

당시 성숙이는 임신한 상태였고 산모나 아기 둘 중 하나만 살릴 수 있는 상황이었습니다. 그 절박한 상황에서 성숙이는 아기를 선택했다 합니다. 임신한 몸으로 직장을 갖고 애기 둘을 키우면서 아무리 피곤하고 바빠도 아버님을 모시고 진행하는 모든 집회에는 단 한 번도 빠지는 일이 없었던 딸이었습니다. 벨베디아 교회의 봉사활동에도 앞장설 만큼 신앙생활이 모범적이었죠.

성화식이 끝나고 딸아이의 짐을 정리하다가 메모 하나를 발견했어요.

'나의 맹세'.

읽어보니 '부모인 나보다도 훌륭한 신앙과 삶의 태도구나!' 싶어지는 글이더군요. 비록 엄마가 일찍 성화했지만, 이러한 엄마의 정성의 터 위에서 잘 성장해준 성숙이의 아이들에게 늘 고맙게 생각합니다. 영계와 지상이 하나로 통한다는 사실을 내게 일깨워주는, 나로서는 너무나 감사한 일입니다. 지금도 가끔씩 그 메모를 꺼내 읽곤 하는데, 대단히 귀한 내용이라서 여기 소개할까 합니다.

〈나의 맹세〉

하나. 2세 중 아버님 말씀을 제일 열심히 읽고 공부하는 사람이 되겠다.

둘. 아버님 말씀을 내 것으로 만들기에 최선을 다 하겠다. 말씀의 실체화를 이루어, 말씀의 화신체로서 남편과 자녀들, 그리고 전 집안 식구를 하늘적으로 선화시키겠다.

셋. 아버님께서 말씀하실 때는 아무리 피곤하더라도 절대 졸지 않겠다.

넷. 주일 경배식, 초하루 경배식 시간과 전통을 준수하는 것을 절대시 하겠다.

(몸과 마음을 다해 정성을 들일 것)

다섯. 자녀들을 하늘 앞에 부끄럽지 않게 기르겠다.

내가 아버님의 말씀을 받는 그릇, 옥토가 되기에 혼혈을 기울여 하늘의 황족을 낳아 기르겠다.

여섯. 종족적 메시아의 중요성을 잊지 않고 참가정, 우리 식구 외에도 이 씨, 곽 씨 친척들과 문중을 위해 기도하고 물심양면으로 정성을 들이겠다.

일곱. 절대로 참소 받는 부끄러운 조상이 되지 않겠다.

여덟. 참부모님께서 자랑하실 수 있는 외적 실적 실력을 갖추겠다.

아홉. 남편과 자녀 앞에 하늘전통대로 삶으로써 본이 되는, 겸손하고 한결 같은 부인과 어머니가 되겠다.

열. 내 가정과 일족을 하늘 앞에 귀하게 봉헌해 드리기 위해 기꺼이 생축의 제물이 되겠다.

열하나. 절대 하늘을 실망시키지 않겠다.

열둘. 말과 느낌(情)을 아끼고 절제하면서 내적으로 다지겠다.

(겉으로 드러나지 않고 내세우지 않고)
열셋. 참부모님(하늘)의 진지를 매끼 제단에 올리고 모심의 생활을 하겠다.

세계섭리의 중심에서

　미국에서 첫 공식 활동으로 재미한인 선교회를 맡으면서 아버님 말씀에 따라 세계 식구들의 교육 전도를 위한 원리강의안 등 자료들을 제작했고, 원리수련과 원리시험제도의 체계를 세워 교육에 힘썼습니다.

　하늘이 저를 세워 쓰고 싶어도 제 짧은 영어에 한계가 있어 늘 마음이 무거웠습니다. 통역을 쓰다가, 용기를 내어, 부족하더라도 직접 해야겠다고 결심했습니다. 그림을 그리기도 하고 손짓발짓까지 해가면서 신앙지도를 한 것이 영어 설교의 시작이었습니다.

　그러던 중, 1977년 7월 5일, 전 세계적으로 늘어가는 선교사들과의 소통을 위해 세워진 세계선교본부 본부장의 책임을 맡게 되었습니다.

　우리의 초기 선교는 한 나라에 원칙적으로 일본, 미국, 독일 출신 선교사들이 공동생활을 하면서 활동하는 것이 특징이었어요. 귀하고 아름다운 전통이지요. 어떤 종단에도 이 같은 선교역사는 없습니다.

　과거에 서로 적대 관계에 있던 나라 사람들이 임지에서 처음으로 만나서 의식주를 함께하고 개척전도를 하면서 원리가 가르치는 이상 실체가 되기 위한 훈련의 과정을 거쳤습니다. 특정 국가에서는 선교사들이 축출당하기도 했고 투옥되기도 했으며 순교당하기도 했습니다. 일부 회교권과 공산권 국가에서는 오랜 기간 생명을 걸고 지하선교를 해왔습니다. 그렇게 수고하는 선교사들을 위로하고 격려하는 것이 저의 중요한 임무였어요.

점차로 더 많은 국제기구를 총괄하면서 매년 지구를 10바퀴 이상 돌며 바쁘게 다녔습니다. 방문국가는 150여 곳에 이르렀습니다. 각 국가의 대통령을 비롯한 각계 지도자들을 만나 하나님의 뜻을 증거했습니다. 하루 사이에 밤낮이 바뀌고, 계절이 바뀌는 순회 일정 속에서도 현지 식구들과 함께 아무 음식이나 가리지 않고 잘 먹고, 어떤 자리에서나 잘 자고 건강하게 보낼 수 있도록 보호해주신 하나님께 감사했습니다.

하나님과 창조이상에 사무쳐 살아온
이상주의자요, 현실주의자

경북지구장을 지내고 본부로 와서 대학생 부장으로 활동할 때입니다.

어느 날 아버님께서 물으셨습니다.

"참, 너 대학을 졸업하지 못했지?"

"아버님, 대학 졸업장이 무슨 소용이 있습니까?"

"아니야, 대학에 복학을 해라."

"복학이요?"

"그래, 대학생들을 지도하고 대학 교수 등을 상대하려면 졸업장이 있어야 해. 사람들은 누군가의 실력보다 간판을 먼저 보거든."

아버님은 한사코 말씀하셨지만 현실적으로 어려웠습니다. 당시에는 대학교 입학경쟁률이 대단해서 복학 자체가 불가능한 대학교가 많았거든요.

"아버님, 복학도 쉽지가 않아서요……."

"그러면 어디 야간 대학에라도 편입하도록 해. 서울 근교에."

분부대로 알아보다가 신설 대학에 편입했습니다.

아버님은 천도를 달통한 분이지만, 한편 그 천도를 이 땅에 실현하기 위해 '구체적인 계획과 그것을 실현하는 인간의 책임분담'이 필수적임을 강조하고 또 본을 보이는 실천가이기도 했습니다.

"내가 세상 믿고 일해 왔나? 하나님 믿고 일해 왔다."

"선생님의 생활은 천국 갈 수 있는 교본으로 살았다. 너희도 천국 갈 수 있는 교본의 생활을 하라."

"입교 연월일을 생각지 말라, 자기 동산(심령)에 무엇이 자라고 결실이 되느냐로 말하라."

"선생님 앞에 모든 사람은 책임 할 때만 자녀의 인연이 결정된다. 선생님의 친자녀라도 책임을 해야지, 그것 못하면 걸린다."

아버님은 하나님과 창조이상에 사무쳐 사는 이상주의자이셨습니다. 한편 믿음만으로 가는 천국이 아니라 인간이 지상에서 천국을 먼저 이루어야 한다고 가르치는 한편 철저히 실천하는 현실주의자이시도 했습니다. 기도로 사는 분이며, 동시에 사람과 세상을 변화시키는 데에 매우 논리적이며 또한 솔선하시는 분이셨습니다.

우리가 30년 전 대한민국 수도 서울에서, 어떻게 일간지 〈세계일보〉를 간행하실 수 있었을까요?

기독교 장로가 문교부 장관을 지내던 시절에 어떻게 신학대학을 포함한 종합대학교 인가를 받을 수 있었을까요?

모두 현실에 기반을 둔 아버님의 철저한 계획과 전략이 있었기에 가능한 놀라운 기적같은 결과였습니다.

대학교수 초청 원리공청회를 개최하고 있는 저에게, 아버님께서는 하나님의 섭리에 기여할 수 있는 교수 단체를 결성하라고 하셨습니다. 세계 순회길에 오르기 직전에는 '평화'와 '교수', 두 단어를 명칭에 넣어야 한다고 하셨어요. 그때 자유진영에서는 '평화'라는 단어를 거의 사용하지 않았습니다. 공산권에서만 즐겨 썼지요.

"아버님, 평화라는 단어를 왜 씁니까?"

"앞으로 러시아, 중국 등 공산권 교수들까지 참여시키려면 평화라는 단어가 꼭 들어가야 한다."

역시 아버님은 탁월한 전략가셨어요. 저 자신도 6, 7년 뒤에야 그 섭리적 혜안에 감탄하게 되었지요.

세계평화교수아카데미(PWPA)를 창설하던 1973년에는 우리에 대한 사회적 편견이 너무 심할 때라 교수들을 공청회에 초청하기도 쉽지 않았습니다. 우리와 연계된 조직의 회원이 되는 것 자체를 꺼리는 분위기였지요.

어렵게 준비위원회를 꾸리고 몇 달간 뛰어다녔건만, 마지막 단계에서 눈앞이 캄캄해지는 일이 생겼습니다. 조직 사무국장에 욕심을 낸 준비위원이 "교수조직이니 사무국장은 반드시 교수가 되어야 한다"는 주장을 하고 나선 것입니다. 그 일을 맡을 만한 식구 교수가 없으니 실로 난처한 상황이었습니다.

이 교수 조직이 세계적으로 확대되어 하나님의 섭리와 인류평화구현에 큰 역할을 해야 했습니다. 그러나 아버님의 뜻을 바르게 이해 못하는 외부 교수가 사무국장이 된다 한들 조정자 역할을 어찌 해내겠습니까?

명지대학교와 놀라운 인연

기적과 같은 일이 바로 그때 일어났습니다. 유상근 명지대 총장이 느닷없이 제 앞에 나타난 것입니다. 유 총장은 교수초청원리공청회에서 제 강의를 들었던 분인데, 3일 내내 앞에서 셋째 줄 중앙에 앉아 경청하는 그 모습이 무척 인상 깊었지요.

공청회가 끝나는 마지막 날 7, 8명이 둘러앉은 오찬식탁에서 그분이 저에게 말을 걸었습니다.

"곽 선생, 한 가지 부탁이 있습니다."

"예, 말씀하세요."

"저희 대학에서 강의를 좀 해주십시오. 이렇게 좋은 강의는 교수들뿐 아니라 젊은 대학생들이 들어야 더 좋을 것 같습니다."

"총장님의 호의는 정말 고맙습니다만, 저는 그럴 자격이 없습니다."

"무슨 말씀입니까? 제가 강의를 듣고 정말로 감동을 받는걸요."

"그래도 그게……."

"괜찮으시다면 내일 아침 10시, 저희 대학 총장실로 와주세요. 기다리고 있겠습니다."

이튿날 유 총장을 찾아가 솔직히 이야기했습니다.

"실은 제가 경북대학교 3학년 때 문선명 선생의 원리를 알게 되었고,

원리에 심취해서 대학을 중퇴했습니다. 지금까지 14년째 문 선생 아래서 공직을 맡아 일하고 있지요. 대학 졸업장도 없는데 어떻게 강단에 서겠습니까."

유 총장이 손을 젓더군요.

"그게 무슨 상관입니까? 내가 곽 선생의 강의를 듣고서 직접 초빙하고 있는 건데요."

그러더니 신상초 교수의 예를 들면서 졸업장 자체가 중요한 것이 아니라고 격려해주었습니다. 신상초 교수는 도쿄대학에 재학 중 일제의 학도병으로 징병되어 만주전투에 투입되었다가, 그곳 일본 병영에서 탈영하여 독립군이 된 분입니다. 대학교 졸업장은 없지만 훗날 서울대학교, 성균관대학교, 경희대학교에서 명교수로 활약했지요.

유 총장이야말로 '하늘이 역사한 분'이라는 생각이 들었습니다. 기성교회 장로인 그가 통일교회 강사인 저를 자신의 대학 강단에 세우다니. 당시로서는 더욱 기적 같은 일이었습니다.

명지대학에서 뜻하지 않게 국민윤리 담당교수가 되었고, 주야간 합해 1주일에 15시간 전후로 3년간을 가르쳤습니다. 제가 PWPA 창립 직전에 이러한 조건이 구비되어 자연스럽게 초대 사무국장이 되었고, 무사히 세계평화교수아카데미가 출발할 수 있었지요.

돌이켜보면 일찍이 저에게 "복학하여 대학을 졸업해야 한다"고 말씀하셨던 때부터, 아버님은 남이 생각 못한 큰 이상을 가지고 계셨습니다. 또한 그 이상을 실현하기 위해서 저에게 현실적으로 무엇이 필요한지도 정확하게 알고 계셨습니다. 이러한 경험은 제게 안팎으로 큰 배움과 깨달음의 기회를 주었습니다.

"뜻을 같이 하는 우리 교수들은 지성과 양심을 가지고 진리와 선에 이르는 길을 탐구하고, 아울러 인류의 복지 및 새 문화 발전에 이바지할 것을 목적으로 PWPA(세계평화교수아카데미)를 창립하는 바이다."

 이상의 창립 취지문과 함께 세계평화교수아카데미가 역사적인 출발을 했습니다. 1973년 5월 6일의 일이었어요. 168명의 교수가 참여한 가운데 서울 뉴코리아 호텔에서 열린 이날 창립총회에서, 전 홍익대학교 총장 이항녕 박사가 초대회장으로 선출되었습니다.

종교와 동서양과 인종을 하나로 조화시키는 우주적 혁명

 세계평화교수아카데미는 다음 해인 1974년에 일본과 대만에서도 창립되었습니다.

 이후 국제문화재단(International Culture Foundation, ICF, 미국)의 지원을 받으면서 더욱 세계적인 조직으로 확대해나갈 수 있었죠. 나아가 미국과 캐나다, 독일, 스웨덴, 프랑스, 영국 등 서유럽 국가를 비롯해 터키, 바레인 등 중동국가, 동유럽국가, 그리고 러시아에서도 창설되는 등 전 세계 120여 개국으로 크게 확장되었습니다. 분야를 초월한 학자들의 공동 연구 활동을 통해 '현대 문명의 위기 극복에 효율적으로 기여'해 나간다는 취지에, 세계의 지성사회가 폭넓게 공감한 덕분이었습니다.

 세계평화교수아카데미는 국내외를 통틀어 각종 학술세미나, 월례 교양강좌, 지방 학술강연회, 출판활동, 아카데미상 시상 등 국가와 지역별로 활발한 활동을 전개했습니다. 특히 2년 주기로 개최된 'PWPA 세계대회'의 경우, 당시 세계정세 속에서 참으로 놀라운 성과를 여러 차례 거둔 바 있습니다.

먼저 1983년 12월 대한민국 서울에서 열린 제1차 PWPA 세계대회에서는, '다원화되고 복합적인 세계적 위기상황 속에서 양심적인 학자들이 스스로 엄중한 책임과 사명을 다짐'하며 그 포문을 열었습니다.

1985년 8월에 스위스 제네바에서 열린 제2차 세계대회에서는 '소련제국의 붕괴와 그 후 공산권 세계'를 예견해 큰 논란과 화제를 불러 모았어요. 뒤에 가서 자세히 소개드리겠지만 저로서도 참 잊지 못할 기억입니다.

1987년 8월 필리핀 마닐라에서의 제3차 세계대회 때는 '새로운 시대에서의 중국', '중국의 미래와 역할을 성찰'해보는 연구 토론의 시간을 가졌습니다. 오늘날 미국과 함께 G2의 반열에 올라서서 가히 세계적인 영향력을 행사하는 중국의 모습을 볼 때, 30여 년 전 당시로서는 정말 대단한 선견지명이 작용한 주제 선택이었지요.

1989년 8월 영국 런던에서 열린 제4차 세계대회에서는 '자유 민주사회, 그 현황과 미래'를 전망해보았습니다. 이 역시 오늘날의 세계를 비추어 참으로 시의적절하고 의의가 큰 주제였습니다.

아버님께서는 역사상 어느 경세가(經世家)나 성인도 해보지 못한 엄청난 일들을 계획하고 당대에 이루어내셨습니다. 동서양 석학들에게 전공과 국경을 초월한 연구의 광장을 마련해주시고, 그들이 인류평화와 하나님의 이상실현을 위한 연구방향을 갖고 공적으로 봉사하도록 깨우쳐 오셨습니다. 인류문화사의 새 전기를 마련하신, 역사에 길이 남을 업적입니다.

또한 유대교, 기독교, 천주교, 이슬람교, 힌두교, 불교, 유교 등의 최고 지도자들이 한자리에 모인 일이, 역사상 한 번이라도 있었습니까? 지구상 모든 종교의 석학들이 모여 마음의 문을 열어놓고 건설적인 토의를 하는 장면이, 과거에 단 한 번이라도 있었습니까?

각 종단의 미래 지도자가 될 청년들을 모아 '한 하나님 아래 하나의 세계' 이상을 깨우치는 한편 이에 대하여 확신하도록 한 일이, 세상 역사에 한 번이라도 있었습니까?

이야말로 인류 정신사에 혁명과도 같은 사건이었습니다.

아버님께서는 하나님의 참사랑을 중심하고 종교와 동서양과 인종을 하나로 조화시키는 우주적이고 장엄한 혁명을 주도하심으로써 장차 예견되는 종교전쟁, 인종전쟁을 예방해 오셨습니다.

아버님의 대명을 받들어 보람 속에 뛰면서, 저는 '한 하나님 아래 인류 한 형제'의 이상이 실현될 한날에 대한 확신을 전파하며 살아왔습니다.

각각의 교의와 신조에 확신을 갖고 있는 종단장과 최고위 성직자들이 종단 간의 높고 딱딱한 간극을 넘어 '하나님에 관한 회의', '세계경전 편찬', '세계종교청년봉사단 활동', '세계평화초종교초국가연합 운동'을 함께한다는 것은 당대 누구도 생각 못한 일이었습니다.

아버님의 뛰어난 혜안은 특정한 분야를 가리지 않고 늘 새로웠어요. 이는 세계적으로 권위 있는 국제회의에서도 늘 신선하게 받아들여졌지요.

아버님은 2005년 6월, 미국에서 전 세계를 1일 생활권으로 묶고 인종, 문화, 종교, 국가의 벽을 헐어내며 5대양 6대주를 연결할 고속도로와 베링해협 '터널' 프로젝트를 발표하셨습니다. 이미 1981년 서울에서 개최된 과학자 대회에서 국제평화고속도로 시대의 도래를 선포했습니다. 한일 해저터널 계획이 연이어 발표되어 연구소를 만들고, 일본에서는 터널시추, 굴착조사도 진행했습니다.

또한 큰 재정적 지원으로 세계문화체육대전(World Culture and Sports Festival-WCSF)을 정기적으로 개최하여 하나님의 이상인 '하나의 심정문화세계'를 이뤄가도록 지도하셨습니다. 이렇게 아버님의 가르침과 실천은 한 교파나 종교적 차원이 아니었습니다.

1996년 6월 10일, 이스탄불에서 154개국 대표들이 참석한 유엔 해비타트 회의에 초청되었을 때의 일입니다. 당시 유엔은 '인류의 주거문제'를 대대적으로 다루고 있었는데, 유엔에 등록된 3,000개의 NGO 중에서 선발하는 연설자 17명 가운데 한 명으로 제가 뽑혔습니다.

각국 대표와 발표자들은 대동소이하게 '도시화'를 기정사실화 하고 도시의 환경, 빈민, 교육 등 날로 심각해지고 있는 문제점에 대해 갖은 대책들을 내놓았습니다. 그러나 근본적인 해결책을 제시하지는 못했지요.

이때 저는 '미래 IT 신기술의 발전으로 재택근무가 확대될 것'이라는 예측을 전제로 '탈 도시화'를 주장했습니다.

"이러한 사회 구조의 변화가 공해 문제 등 도시화로 인해 발생하는 많은 문제들을 해결해 줄 것입니다. 그런데 가족이 함께 지내는 시간이 많아지는 만큼, 가족 간의 유대를 공고히 하는 것이 무엇보다 중요할 것입니다."

그로써 큰 관심과 호응을 받을 수 있었습니다. 이를 두고, 나중에는 왈리 엔다우 대회 사무총장이 크게 치하하더군요.

물론 이런 내용은 다 아버님의 말씀에서 얻은 것이었습니다. 아버님은 "가족들이 호숫가의 자연 속에 살면서도 거기서 컴퓨터를 이용해 대학까지 졸업할 수 있는 시대가 올 것"이라고 말씀하시곤 했지요.

'예수님 평화의 왕 대관식'을 봉정하다

돌이켜보았을 때, 고비마다 제 삶을 지탱해주었던 힘은 무형의 하나님은 물론 아버님과 함께함으로써 느끼는 감격과 기쁨이었습니다.

하나님께서 추구하는 가치를 위해 온 세상을 개척해가며, 험난한 고통의 순간이 어찌 없었겠습니까. 그러나 순간순간의 시련과 위기들을 저는 늘 하나님의 뜻으로 생각했습니다. 감격으로 기쁨으로 이해했습니다. 그래서였을까, 국제회의 같은 자리에서 학자나 종교지도자들을 만나면 종종 이런 말을 듣곤 했습니다.

"항상 웃는 얼굴이시군요."

"늘 환하고 밝은 모습이 참 보기 좋아요."

어떤 분은 이런 말을 하더군요.

"문선명 총재를 가깝게 모시고 있어서 그렇게 행복하신 건가요?"

글쎄요. 그것은 맞기도 하고 아니기도 한 말입니다. 그토록 높고 귀한 어른 곁에 가까이 있다는 것이, 실은 그 자체로 늘 행복할 수만은 없었어요. 정신적으로나 육체적으로나 힘든 일이 어찌 없겠습니까.

예를 들어 아버님의 하루 수면시간은 3시간밖에 되지 않습니다. 덕분에 저도 남들보다 엄청나게 덜 자면서 살아가는 훈련을 톡톡히 받아야 했습니다. 미국에서나 한남동 시절에는 그나마 인근에 거처가 있어서 괜찮은 편이었어요. 그런데 청평에 계실 때는 매일 새벽 3~4시에 서울 집을 나서야 했지요. 고속도로 개통 이전이었습니다. 어떤 때는 서울에서 청평까지 하루 두 번을 오가야 하는 날도 있었습니다.

육체적인 어려움도 어려움이지만 더 힘든 것은 정신적인 압박이었습니다.

제게 종종 어떤 지시를 내리고 성과를 바라시는데, 그분이 가진 비전이 너무 높고 크기에 제 능력의 한계를 벗어나는 경우가 적지 않았던 것입니다. "고민하지 말고 어서 빨리 처리하라"고 재촉까지 이어지면 정말이지 힘이 들었습니다. 물론 그분 스스로가 '이 일을 빨리 이루어야겠다'는 간절함에 사무친 때문이었음을 저도 잘 알고 있었습니다. 언젠가 프로젝트 하나를 급하게 재촉하며 이렇게 말씀하시던 기억이 나는군요.

"인류 가운데 얼마나 많은 사람이 매일 하나님의 참된 뜻을 모르고 지옥에 가는 줄 알아? 그 영들이 얼마나 고생을 하겠어. 우리가 그들을 빨리 살려야 할 것 아닌가. 안 그래?"

그런데 정말로 불가능해 보이는 엄청난 미션이 저에게 주어진 다음에는, 어느 순간에 불가능할 것 같았던 일들이 기적처럼 풀려가곤 했어요. 그런 적이 한두 번이 아니었어요.

2000년 말 어느 날, 아버님이 느닷없이 말씀하시더군요.

"유엔에 가서 축복행사를 해야겠어. 어서 준비해 봐."

유엔이 어떤 기구입니까? 그곳에서 우리의 성혼축복행사를 한다니 눈앞이 캄캄했습니다.

순간적으로 '아버님께서 지금 억지를 부리시는 게 아닌가?' 싶기까지 했습니다.

갖은 곡절이 있긴 하였지만, 실제로 2001년 1월 UN 회의장에서 130개국 출신 210쌍의 선남선녀가 각각 고유의 민속의상 차림으로 참부모님의 축도를 받는 '국제평화축복행사'가 기적같이 성사되었습니다. 참 다행스럽고도 놀라운 일이었습니다.

또 다른 예로 2003년 12월 22일과 23일 양일, 세계평화초종교초국가연합(IIFWP) 주최로 예루살렘에서 유대교, 기독교, 모슬렘은 물론, 힌두교, 불교, 유교 등 약 3,000명의 지도자와 신도가 초종교 회의와 초종교 평화행진을 하던 때의 에피소드를 들 수 있겠군요. 행사 마지막 순서로 약 2만 명이 모인 그곳 독립공원에서 '예수님 평화의 왕 대관식'을 봉정해드린 기적 같은 일이 있었습니다.

대회를 주관하기 위해 그곳에 있을 때, 아버님으로부터 국제전화를 받았어요.

"하나님의 평화이상 실현의 꿈을 이루러 오신 죄 없는 예수님을 십자가에 돌아가시게 한 것에 대해 회개하고, 예수님을 인류 평화의 왕으로 추대하는 의식을 거행토록 해."

순간 눈앞이 캄캄해졌어요. 그래서 우는 심정으로 하소연했죠.

"아버님, 이렇게 다양한 종교지도자들이 한곳에 모여 평화대회를 개최하는 것 자체가 기적입니다. 그런데 특히 예수님에 대한 시각이 극명하게 다른 유대교, 모슬렘, 기독교 대표들이 있는 자리에서 예수님의 대관식을 올리는 일은 어려울 것 같습니다."

물론 아버님은 당신의 뜻을 굽히지 않으셨습니다. 설왕설래하는 전화 통화가 무려 1시간 40분 동안이나 계속됐습니다. 그 긴 통화시간으로부터 아버님의 간절함을 알 수 있었지요. 결국에는 "제가 시도해 보겠습니다." 대답하고 말았습니다. 결론적으로 이 행사 역시, 우여곡절은 있었지만 하나님의 특별하신 은사 아래서 성공리에 끝났고, 아버님께서는 크게 기뻐하셨습니다.

불가능이 가능으로 뒤바뀌는 은혜의 기적이 매순간 저를 위기에서 구해주었던 것은 아니었어요. 지시하신 일에 노심초사 매달렸지만, 안타깝고 면목 없게도 실패로 돌아가고 말았던 사연도 적지 않았습니다. 감사한 것은 아버님은 그럴 때조차도 저를 용서하고 격려해주셨다는 점이었습니다.

아버님은 이상이 크고 포기를 모르는 분이었습니다. 그런 한편, 현실적으로 준비가 더 필요하다는 사실 또한 누구보다도 잘 알고 계신 분이었습니다.

아버님 그리고 모신자로서 참회

앞에서도 잠시 언급했지만, 제가 자청해서 보직을 희구해본 일은 여태 없었습니다. 다만 저에게 부여된 책임에 대해 최선을 다해 정진했을 뿐입니다.

미국에 도착하자마자, 아버님께서는 특별히 저에게 목사 칭호를 내려주시는 동시에 지척에 두고 일을 시키셨습니다. 해외출장을 떠나지 않는 한 매일 아버님을 모시고 조찬을 할 수 있는 특별한 은사를 받았습니다. 덕분에 매일 보고를 드리고 지시를 받음으로써 수많은 책무를 추진할 수 있었습니다.

그분을 지척에서 모시고 생활할 수 있었던 것.

뜻길에서 50년간 공직을 떠난 일이 없었던 것.

저는 항상 이 두 가지를 하나님께 특별히 감사해하고 있습니다. 특히, 거의 매일 지성소를 드나들면서 참가정의 사정을 깊이 깨닫고 직간접으로 교육받았던 미국에서의 생활은 제게 놀라운 은혜였습니다.

하나님의 뜻을 이루는 일에 미치신 분

아버님은 '하나님의 뜻을 이루는 일에 미치신 분'입니다.

1장. 구름기둥 불기둥에 싸여 60년

그 뜻으로 인해, 전 인류와 세상을 사랑하시느라 생애를 바치신 분입니다. 온 세상의 어려움들을 모두 당신의 책임으로 느끼고 해결하기 위해 바쁘게 사신 분입니다.

아버님은 언제나 사람을 '역사적인 안목'으로 대하셨습니다.

모든 사람을 사랑하시고 기도로 염려하실 뿐 아니라 숙명적으로 가야 할 복귀의 길이 있음을 깨우치려 하셨습니다. 하나님이 인류의 부모이며 참사랑의 본체이심을 언제나 알리려 하셨습니다. 천국은 믿어서 가는 곳이 아님을, 지상에서 먼저 평화이상천국을 이루어야 하며 지상에서 스스로 천국인의 삶을 사는 것이 사람의 도리임을 가르치셨습니다. 잠깐 대하는 사람에게도 바라는 것 이상 주시고 또 당신이 하실 수 있는 최상의 기준으로 베푸셨습니다.

아버님은 눈발이 흩날려도 비바람이 불어도 단잠을 못 주무셨습니다. 수고하는 세계의 식구들을 생각해서였습니다. 육신의 피곤이 극에 달해도 편한 자리를 찾지 않고 버티셨습니다. 그렇게 피곤과 싸우셨습니다. 심정의 빚을 지지 않고 항상 최일선에 서시기 위함이었습니다.

아버님의 일과는 늘 말씀으로 시작해서 말씀으로 끝이 났습니다. 매일 만나는 사람들에게도 늘 처음 만난 사람과 같이 관심을 집중하셨습니다. 주변 사람들에게 한결 같이 말씀을 해주시고 심령지도를 해주셨습니다.

참부모님으로부터 제가 받은 사랑은 과분하게도 당신의 친자녀에게 쏟으셨던 사랑 이상의 것이었습니다. 같은 식탁에서 식사를 나눈 횟수로나, 가르침을 받은 양으로나, 생활 속에서 모시고 여행 다니고 보고 드리고 환담하며 함께 지낸 시간으로나, 친자녀를 대하셨던 것보다 몇 배나 더 많은 보살핌을 받았습니다. 이런 점에서 저는 참자녀님들께 많은 빚을 진 자입니다.

"믿음의 자녀는 친자식을 기르는 3배 이상의 정성을 투입하여 길러야 한다."

언젠가 당신께서 하신 말씀을, 아버님은 친히 실천하셨습니다.

바로 제가 그 증거자입니다.

'메시아도 사람'이라는 원리

아버님의 말씀과 원리는 2000년 역사를 가진 기독교 신학의 많은 근본적인 오류를 정확하게 지적하고 있습니다. 예수님은 하나님의 아드님이지 하나님 자체는 아니시지요. 그럼에도 예수님의 제자들과 신학이 예수님을 신격화했고, 신자들은 막연히 그대로 믿어왔습니다. 이는 "예수님을 너무도 존경하고 절대적으로 믿었다"는 말로서 비켜갈 수 있는 사소한 과오가 아닙니다. 예수님은 십자가의 길을 두고 세 차례나 얼굴을 땅에 대고 엎드려 기도하셨습니다.

"내 아버지여, 만일 할 만하시거든 이 잔을 내게서 지나가게 하옵소서. 그러나 나의 원대로 하지 마시옵고 당신의 원대로 하옵소서!"

하나님의 아들로서 아버지의 이상을 땅 위에 이뤄드리겠다는 일념에 사무쳐 살다 최후를 마치신 예수님의 삶을, 우리는 바르게 이해해야 합니다. 십자가의 죽음은 당시 책임 못한 유대교와 사회지도자들의 반대, 그리고 미숙한 제자들의 활동과 처신 등 주어진 상황 안에서 선택하지 않을 수 없었던 길 아니었습니까?

이를 알고 있음에도, 지척에서 아버님을 모시며 그 심정과 일상을 수시로 접하다 보니, 어느 순간부터인가 저는 하나님과 아버님을 동일시하게 되었습니다. 기도할 때도 명상을 할 때도, 아버님을 곧 하나님으로 느끼곤 했습니다.

1980년대 초반, 미국에서 기독교 목사들을 대동하고 한국에 와서 통일원리 공청회를 할 때였었지요. 개인적으로 교분이 없던 어떤 분이 저에게 전할 말이 있다고 해서 잠깐 만난 일이 있었어요. '하나님께서 꼭 전하라고 하신 메시지'가 있다는 전제였습니다. 언제나 영매를 대할 때 그렇게 했듯, 존중하는 마음으로 그분을 대했습니다.

"하나님께서 곽 회장님을 많이 사랑하십니다. 그런데 최근에 곽 회장님이 하나님과 아버님을 합쳐서, 어떤 때는 아버님을 앞세워 대하시는 것 같다며 섭섭하다고 하십니다."

정신이 번쩍 들었습니다. 그동안 제 심경을 누구 앞에서도 말한 적이 없었지요. 그런데 하나님께서, 한국에 있는 영매를 통해 저의 마음자세를 깨우쳐주시는구나 하는 생각이 들었습니다. 이후 미국으로 돌아가서 아버님께 이 일을 보고 드렸습니다. 그저 빙그레 웃으시면서, "하나님도 재미있으시지" 하셨습니다.

우리는 메시아도 '사람'이라는 원리를 배웠으면서도 정작 실생활에서는 종종 메시아를 신격화하고 또한 이 잘못된 믿음을 은근히 과시하는 과오를 범하곤 합니다. 그런가 하면 참부모님이 희생과 지성으로 이룩한 섭리적 성취들을 '전지전능한 절대자의 위상에 의해 저절로 이뤄진 결과'로 치부해 버리기도 합니다.

참회할 것이 참으로 많습니다

올바른 원리인이라면 어떤 자세를 가져야 할까요?

그 결과를 찬양하는 차원이 아니라, 아버님이 하나님의 아들로서 준비되지 않은 이 세상에서 어렵게 하나하나 이룩하기 위해 투입한 정성과 노력을 본받고 닮으려 해야 할 것입니다.

솔직히 저 자신도, 머릿속으로는 어떻게 해야 한다는 것을 잘 알았지만, 실제 생활에서는 그대로 잘 되지 않았음을 고백합니다.

아버님도 주어진 환경 조건에 따라, 시행착오도 하실 수 있고 실패로 끝나는 결과도 있을 수 있음을 이해하면서 모셨어야 했습니다.

우리는 아버님의 육신도 시간과 공간의 제약 아래 계실 수밖에 없고, 80세 이후의 아버님이 정신적으로도 육체적으로도 이전과 다를 수 있으리라는 점을 미리부터 이해하면서 모셨어야 했습니다.

하지만 저는 그렇게 하지 못했습니다.

온전히 제 불찰이었습니다.

하여 말씀과 중요 결정들이 분명한 설명 없이 뒤바뀔 때에도, 그 이유를 깊이 알아보기보다는 '절대적으로 순종하는 자세'를 미덕으로 삼았습니다.

무엇에 대한 절대신앙 절대사랑 절대복종입니까?

저는 현진님을 통해서 이 질문을 고민하기 시작했고, 또 해답을 찾을 수 있었습니다.

구체적인 내용은 이 책의 7장에서 다시 설명하고자 합니다.

아버님은 지상천국과 천상천국, 즉 하나님의 꿈을 당신의 책임으로 완성하려 희생적인 생애를 사셨습니다.

아버님의 성취에 동참하기 위해, 축복가정들은 아버님의 본을 따라 책임을 다 해야만 할 것입니다. 아버님이 이룩하신 성취가 곧 축복가정의 성취일 수는 결코 없습니다.

또한 막연한 절대 신앙은 자칫 섭리와 무관한 것을 하나님의 뜻으로 알고 맹목적으로 복종하는 잘못된 결과를 낳고 맙니다.

참부모님을 신격화하는 것은 말씀과 원리의 가르침과 맞지 않습니다. 참아버님께서는 지성을 드리고 헌신하면서 책임 다하는 생애를 사셨습니다. 우리의 진정한 신앙이란 생활을 통한 실천으로, 자기 가정에서 결실이 되어 세상 속에 나타나는 것입니다.

"축복중심가정이란 하나님 앞에 효자 충신 성인 성자의 도리를 다 하는 것이다."

"아버님을 따라다니려고 생각 말고 일족 일국을 거느리고 아버님께 올 생각을 해라."

"하나님의 진리를 무덤 같은 자기 속에 묻어 두는 자는 도둑이다."

이와 같은 아버님의 말씀들을 되돌아볼 때, 우리는 일상에서 본을 남기시고 우리 각자의 생활 속에서 실천하라 하신 아버님의 가르침의 깊은 뜻을 알 수 있습니다.

아버님은 4개국에서 6차례의 억울한 옥고를 치르시는 등 제물적인 삶을 통해 탕감시대를 다 청산하시고 비로소 성약시대를 열어주셨습니다. 그리고 부자협조시대, 2세시대가 왔다고 거듭해서 말씀하셨습니다. 저를 비롯한 1세 지도자들이 섭리진전에 대한 자각이 너무 모자랐습니다. 무사안일하게 살아온 무지와 나태를 깊이 참회합니다.

또한 놀라운 섭리진전을 감격하면서 천도에 맞는 생활을 못한 것을 깊이 회개합니다.

2장

참아버님의 업적과 유지(遺志)

전 세계 인류에게 뿌리 내린
문선명 총재의 사상에 대하여

"하나님의 우주 창조가 그러했듯이 한 치의 오차도 허용할 수 없는 인류 재창조의 대혁명적 역사였습니다. 어느 누구 한 사람과도 의논할 수 없는 고독한 생애 노정이었습니다. 하나님까지도 돌아보시지 않아 철저하게 혼자서 찾아가야 하는 가시밭 광야노정이었습니다. 수없이 반복되는 생사의 기로에서 피를 토하면서도 하늘과의 약속을 이루기 위해 다시 일어서야만 했던 불사조의 모델성을 세우기 위한 삶이었습니다."

- 문선명 선생의 말씀 중에서

누구나 한 번 살다가는 지상생활. 천운으로 아버님을 만나면서, 저는 하나님의 섭리와 인류역사에 의미 있는 삶을 살 수 있었습니다.
제 인생에서 하나님의 평화세계 실현을 위한 아버님의 비전과 업적을 뺀다면 무엇이 남을까요.
아버님은 평생의 노고를 통해 천도와 천리의 근본을 찾아 정립하고, 그것을 가장 폭넓고 다양하게 교육하였으며, 희생적 생애를 통해 그를 몸소 실천하고 이루는 본을 우리에게 남겨주셨습니다.
당신께서 전개해 오신 수많은 활동과 업적, 인류 앞에 남긴 유지(遺志) 가운데 가장 기억에 남는 몇 가지가 있습니다.

40년
냉전시대의 종결

1987년, 미국 FBI가 아버님에게 문서 하나를 보내왔습니다. 소련 KGB와 북한이 공작하고 일본 적군파 행동대원 25명이 실행하는 '문 목사 암살 시도가 있었다'는 내용이었습니다.

이른바 기쿠무라(菊村)사건.

1985년에 스위스 제네바에서 열렸던 제2차 세계평화교수아카데미 국제회의의 주제를 '소련제국의 붕괴'라고 채택한 데 자극받은 국제 공산주의자들의 보복성 테러가 그 실행 단계에서 발각되었던 것입니다.

1966년부터 시행해오던 전국적인 반공계몽활동을 한 차원 높여 1968년에 국제승공연합을 창설한 아버님은 이후 전 세계에서 공산주의 사상과 체제의 모순을 낱낱이 밝히는 등 세계적인 운동을 전개해오셨습니다.

1975년 베트남에서 미군이 철수하고 공산주의 세력이 급속도로 팽창하여 전 세계 국가의 38퍼센트가 공산화되었던 1970년대 후반에도, 아버님은 "공산주의는 70년을 넘기지 못한다"며 일찍이 공산주의의 종언을 공공연히 예언하셨습니다.

1984년 3월. 당시 댄버리에서 옥고를 치르고 계시던 아버님이 급한 지시를 내리셨습니다. 이듬해 스위스 제네바에서 제2차 세계평화교수아카데미 세계대회의 의장으로 정해진 몰튼 카플란(Morton Kaplan) 박사를 만나, 대회 주제를 소련제국 붕괴와 연결해보라는 말씀이었습니다. 몰튼 카플란(Morton Kaplan) 시카고대학 교수는 '냉전(Cold War)'이라는 용어를 처음 만들어낸 장본인으로, "데탕트(détante, 긴장완화)에 의해 동서 양진영이 공존해야 한다"는 이론을 지지하는 국제 정치학계의 거장이었지요. '소련제국의 붕괴'라는 주제는 소련을 크게 자극할 뿐만 아니라 사실상 그가 주장해왔던 정치학 이론과도 배치되는 내용에 가까웠습니다. 1980년대에 동구 유럽 국가들의 경제적 위기가 심하긴 해도, 전체 공산권에 미치는 소련의 힘은 실로 막강하던 시절이었습니다. 아직까지 소련제국의 붕괴 이론을 내놓은 학자는 단 한 명도 없었지요.

아버님의 뜻을 전해들은 카플란 교수는 역시나 어이없다는 듯 펄쩍 뛰었습니다.

"말도 안 됩니다. 소련의 멸망? 웃음거리밖에 안 될 거예요."

그러나 그대로 물러설 수는 없었습니다.

"진지하게 고민 한번 해보십시다. 문 총재께서 그런 말씀을 할 때는 그만한 문제가 있을 것 아니겠습니까."

"무슨 문제 말씀이신지요."

"소련 공산체제의 기본이념인 변증법적 유물론과 유물사관 말입니다."

"……예?"

저는 제가 가진 역량을 다해 최대한 설득의 논리를 이어갔습니다.

"유물론은 반(反)진리에요. 물질을 근본으로 삼는 물본(物本)이나 인간을 근본으로 여기는 인본(人本)이 진리일 수 없는 것과 같죠. 절대가치는 신을 중심으로 한 신본(神本)에서만 나옵니다. 그리고 공산당 선언과 유물사관은 철저한 거짓일 뿐입니다. 이것은 내 개인적이거나 감정적인 판단이 아닙니다. '모든 사람은 능력껏 일하고 필요한 대로 분배받는다'는 공산당 선언문의 이상사회 자체가 허구적 논리이며 반진리입니다."

그 같은 근원적 문제들과 더불어 당시 소련이 안고 있는 현실적인 위기 상황들을 지적했습니다. 균형 잃은 외교정책, 뒤로 가는 농업정책, 아프리카 국가들에 대한 무리한 공산화 전략, 소련과 위성국가 간의 흔들리는 유대, 다민족 일체 이상과 실제 사이의 문제들. 제가 꾸며낸 이야기가 아니었어요. 엄연한 현실이었죠.

"오늘의 현실을 보세요. 이 불평등 세계가 자원과 물질의 빈곤으로 인한 것입니까? 아닙니다. 더불어 살고 이웃을 배려하는 마음이 없는 양심 빈곤, 욕망을 조절 못하는 탐욕과 과잉, 하나님 아래 모든 인간이 피부색과 종교와 국가를 초월해서 한 형제임을 깨닫지 못하는 편견과 무지가 문제입니다. 그 때문에 수많은 사람이 불평등과 불행에 시달리는 것입니다. 물질이 아무리 많아도 그것을 나눌 수 있는 마음이 없으면 결국은 불평등 사회가 되고 마는 것입니다. 유물사상은 나눔으로써 기쁨을 느끼는 인간의 마음을 설명할 수는 없습니다. 인간은 법률·제도적 기본권의 원천이 되는 천부의 인권을 절대가치로 인식해야 합니다. '공산당 선언'이 주장하는 목표는 그들의 사상과 실천으로는 절대 이루어질 수 없습니다. 우리 모두 염원하는 공생·공영·공의(共生·共榮·共義)의 세계는 인류가 한 형제라는 내적 각성에 근거해서만 이루어질 수 있습니다."

결국 카플란 교수의 마음이 조금씩 움직이기 시작했습니다.

"잘 알겠습니다. 틀린 말씀은 아닙니다. 하지만 붕괴라는 극단적인 표현을 써도 될지 모르겠네요. 교도소에 찾아가서 총재님과 직접 면담을 해봐야겠습니다."

공산주의는 70년을 넘기지 못합니다

카키색 수의를 입고 면회실에 나오신 아버님의 뜻은 확고했습니다.
"그렇다면 총재님, 'may be'라는 표현을 쓰면 안 되겠습니까?"
나중에는 카플란 교수가 그런 식으로 한 걸음 물러서더군요. 그러나 돌아오는 답변은 여전히 확고했습니다.
"아니요. 소련 붕괴가 필연이라고 확실히 못박아두는 게 낫겠어요."
"하지만······."
"소련 붕괴는 역사 진행의 한 과정입니다. 걱정 말고 내 말처럼 해보세요. 나중에 선견지명이 뛰어난 학자라는 소리를 듣게 될 테니."
결국 카플란 교수는 아버님의 뜻을 받아들이기로 했습니다. 그리하여 제2차 세계평화교수아카데미 세계대회에는 '소련제국의 붕괴'라는 초유의 주제가 등장하게 되었습니다. 당시로서는 학계뿐 아니라 사회 전반적으로 파격적인 소식이었습니다. 소련제국 붕괴론이 세계 학계의 공식담론으로 부상한 첫 번째 사례였으니 말이지요.
그런데 분야별 석학들의 연구 조사를 종합적으로 토의하는 회의 자리에서, 분과별 토의 결과 그것이 예측 가능한 시나리오라는 점이 인정되었습니다. 겉으로는 그토록 견고하게 보이던 소련제국이, 뚜껑을 열어보니 뜻밖에도 문제가 적지 않았습니다. 국가 엘리트 사이의 갈등, 당과 국민과의 괴리, 사상과 종교의 문제, 러시아인과 비 러시아인 간의 반목, 생산력 저하 등 내부적인 문제들로 심각하게 곪아가고 있었던 것입니다.

아버님은 이미 오래 전부터 통일원리의 섭리사관에 근거하여 말씀하시곤 했어요.

"공산주의는 70년을 넘기지 못합니다. 더 길게 잡아도 73년을 못 가요. 또한 소련 공산당 서기장도 8대를 넘기지 못할 것입니다."

소련 공산당 최고 지도자를 보면 레닌, 스탈린, 말렌코프, 흐루시초프, 브레즈네프, 안드로포프, 체르넨코, 그리고 8대째가 고르바초프였지요.

레닌이 주도한 볼셰비키 공산혁명이 일어난 1917년으로부터 70년째가 되는 1987년, 그리고 73년째가 되는 1990년 사이에 어떠한 일들이 일어났습니까?

베를린 장벽이 붕괴(1989)되고, 부시 미국 대통령과 고르바초프 소련 대통령이 지중해의 몰타에서 가진 미·소정상회담(1989. 12)에서 냉전종식을 공식적으로 합의했으며, 고르바초프 대통령은 공식적으로 소련공산당의 해산과 소연방의 해체를 선언(1991)했습니다.

급기야 1991년 말, 러시아 대통령 보리스 옐친과 우크라이나 대통령 레오니드 크라우추크, 벨라루스 대통령 스타니슬라우 슈스케비치 등 3인이 한 자리에 모여 "소비에트 사회주의 공화국 연방은 더 이상 존속하지 않는다"는 것에 합의하기에 이르지요.

아버님께서 정확하게 예언한 공산주의 제국으로서 소련의 붕괴와 공산 진영의 몰락. 그 굵직한 현대사의 이면에 세계평화교수아카데미 행사의 책임자라는 조연으로나마 동참했다는 사실에, 저는 지금도 새삼 적지 않은 자부심과 감동을 가슴에 품고 있습니다.

소련제국의 붕괴

1976년 9월, 아버님은 미국의 수도 워싱턴 D.C.에서 '희망의 날 강연회'(워싱턴 모뉴먼트)를 열고 "세속적 인본주의와 유물론을 버리고 하나님으로부터 오는 영성을 회복하라!"며 미 국민들을 일깨우는 연설을 하셨습니다.

예전에도 이 광장에서 복음주의자 빌리 그레함 목사, 흑인인권운동가 마틴 루터 킹 목사가 종교집회를 했는데, 그날은 어느 집회보다도 많은 수의 청중이 모이며 미국 건국 이후 최대의 종교집회로 기록되었습니다. 모뉴먼트 대회에서 아버님은 선언했습니다.

"소련 모스크바에서도 대회를 할 것입니다."

그로부터 9년이 지난 1985년, 고르바초프가 소련 공산당 서기장에 오릅니다. 이어 1990년에는 소련의 대통령에 취임하지요. 그 얼마 후, 고르바초프 대통령은 세계적인 승공운동가이며 반공반소운동 진영의 대표적인 리더인 아버님을 모스크바에 초청합니다. 그로서 아버님은 워싱턴 D.C. 모뉴먼트 광장에서 선언했던 '모스크바 대회'의 약속을 지킬 수 있었습니다.

고르바초프는 소련 공산당 서기장에 오른 이후부터 페레스트로이카(개혁)와 글라스노스트(개방) 정책을 시행하지요. 그런데 미국과 서방의 지원과 호응이 없으면 고르바초프 정책은 성공하기 어렵고, 한편 이 정책에 저항하는 소련 내 정통 맑스-레닌주의자와 공산당 지도부에 의해 언제 그 정치생명이 끝날지 모를 상황이었습니다. 고르바초프는 미국과 서방에 자신의 정책의 진정성을 알리기 위해, 대표적인 승공운동가이자 반공 반소진영의 리더로 수 년 전부터 "소련제국 멸망과 공산주의의 종언"을 공개적으로 선언한 '레버런 문'을 모스크바에 초청한 것입니다.

1990년 4월, 아버님이 설립한 세계언론인회의와 소련 관영통신사 노보스티의 공동주최로 모스크바에서 세계언론인대회를 개최했습니다. 이 기간 중에 고르바초프 대통령과 문선명 총재의 단독회담이 있었지요. 저는 이 회담에서 아버님이 고르바초프 대통령에게 대담한 제안을 하시는 것을 지켜보았습니다.

　"공산주의를 버리고 하나님주의를 채택하시오. 공산당을 해산하시오. 종교의 자유를 허락하시오. 문을 활짝 열고 자유진영의 투자를 받아서 소련 경제를 살리세요. 소련 젊은이들의 교육을 나에게 맡기시오. 한국과 수교하시오."

　고르바초프에게 당당하게 거침없이 말씀하는 아버님의 모습은 참으로 감동적이고도 놀라운 것이었습니다. 소련이 가야할 방향을 정확히 지적해주시는 자신감 넘치는 조언이었습니다.

　더욱 놀라운 사실은, 고르바초프가 자연스럽게 아버님과 대화를 주고받으면서 마음의 문을 열기 시작했다는 점이었습니다.

　고르바초프의 마음을 움직인 것은 아버님의 뛰어난 언변이나 논리가 아니라 '참사랑을 가지고 한평생 살아온 아버님의 진정성'이었습니다. 평생 반공운동, 승공운동을 하는 동안 소련과 김일성정권으로부터 암살 위협을 받기도 했지만, 그럼에도 아버님은 공산주의 종주국의 최고지도자를 적이나 원수가 아니라 참사랑으로 하나 되어야 할 형제로 보았습니다.

　고르바초프와 회담은 성공적이었고, 두 분은 의형제의 관계를 맺고 헤어졌습니다. 이후 고르바초프는 제2차 세계평화연합 국제회의(1994년, 서울)에 부인 라이사 여사와 함께 참석하는 등 아버님이 주재하시는 국제대회에 종종 참석하였고, 국제승공연합 운동의 발상지이자 통일교회의 역사를 담고 있는 성지인 경기도 구리시 수택리 중앙수련소와 한남동 공관을 방문하기도 하였습니다.

아버님은 모스크바 대회 이후 수년간 소련에서 영어가 가능한 대학생, 학자, 지식인 그리고 지도자들을 미국, 일본, 소련의 휴양지에서 진행되는 프로그램에 초청하여 하나님주의와 통일사상, 서구 민주주의 이념과 자유시장경제 원리를 교육하셨습니다. 그러한 기반 위에 1991년 국제교육재단(International Educational Foundation, IEF)이 설립되었습니다.

1990년 12월과 1991년 2월에는 80여 명의 소련연방 대의원들과 불가리아, 체코, 독일, 헝가리, 폴란드, 루마니아, 유고슬라비아 출신의 장관과 국회의원 60여 명이 미국지도자회의(ALC) 세미나에 참가하였습니다. 개중에는 부다페스트 시장 가보르 뎀스키, 소련 법무부 장관 세르게이 루쉬코프와 같은 인물도 포함되어 있었지요. 세미나에서 그들은 공산주의에 대한 카우사(CAUSA, 남북미통일연합)의 비판이론과 그 대안, 서구 민주주의 핵심에 관한 개론적인 강의를 들었습니다.

미국지도자회의(ALC)는 1991년 4월에도 미국 워싱턴 D.C.에서 세계지도자회의를 주최했습니다. 미국 수도에서 개최된, 소비에트연방 15개국 공화국을 대표해 정부고위관료와 정치 지도자 등 2백여 명이 참가하는 전례 없는 세미나였어요.

소련이 붕괴하던 마지막 수년간에 걸쳐, 15개 공화국 대표들이 한자리에 모인 행사는 이것이 유일했지요. 소련 최고연방위원회의 연방의원 26명, 공화국 의원 75명을 위시하여 공화국 부통령, 장관 대사 등이 이 세미나에 참석했습니다. 이들 대표단은 워싱턴에서는 미국연방관리들과 회의를 갖고, 뉴욕에서는 경제지도자를 비롯해 시 주정부 관료들과 회의를 가지며 자본주의 체제에 대한 실체적인 이해를 높였습니다.

한편 소련 붕괴 이후, 수만 명의 학생과 교수와 사회지도층 인사들이 통일원리 세미나에 참석하여 '문 총재님의 영적 이상에 근거한 희망의 메시지'에 큰 감동을 받았습니다. 1992년 크리미아에서 국제교육재단이 주최하고 러시아 교육부가 후원한 '영적부활과 러시아의 교육' 세미나가 개최되었어요. 연속되는 이 행사에 전국에서 1,600명이 넘는 교육자들이 참가했지요.

그리고 러시아 정부의 공인 아래, 통일원리에 기초한 초중등학교 학생용 교육교재를 만들었습니다. 이 교재들은 러시아 1만여 개의 학교에서 교재로 사용되었으며 이 가운데 몇 종은 몽골, 아제르바이잔, 타지키스탄, 키르기스스탄 등 여러 나라의 언어로 번역되어 활용되었지요.

1991년 8월, 고르바초프 대통령 부부가 크림반도에 있는 휴양지에서 여름휴가를 지내는 동안 반개혁적인 소련 공산당 보수파가 고르바초프 대통령을 체포하고 군사 쿠데타를 일으키는 일이 발생합니다. 공산주의가 마지막 몸부림을 치면서, 자칫 탈냉전의 희망이 무너지지 않을까 우려스러운 상황. 이때 아버님이 고르바초프에게 메시지를 보냈습니다. 문 총재로부터 서신이 왔다는 보좌진의 보고를 들은 고르바초프가 그 자리에서 바로 읽으라고 지시했습니다.

서신의 내용은 간단했습니다.

"공산당은 이미 끝났고, 그들에게는 의지도 결집력도 없습니다. 굴복하지 마세요."

당시 뉴스를 통해서도 보도되었지만 모스크바 등 주요 도시에서 쿠데타가 일어났을 때, 시내로 들어서는 군부의 탱크를 육탄으로 저지하는 학생들이 있었습니다. 수천 명에 불과한 학생들의 열정으로, 결국 군인들도 함께 총을 내려놓고 탱크를 멈출 수밖에 없었습니다. 이 쿠데타는 단 3일 만에 막을 내렸지요.

그때 그 탱크를 저지하던 핵심적인 대학생과 지식인들이, 다름 아니라 아버님이 설립한 국제교육재단의 교육에 참여한 이들이라는 것을 알고 계십니까?

공산주의 이데올로기의 허구성을 깨닫고 새롭게 서구 민주주의의 원리와 개방사회에 눈을 뜬 젊은이들. 25회에 걸쳐 미국에서 교육을 받고 미래에 대한 희망을 안고 소련으로 돌아온 3,500명의 청년학생들이 바로 그들이었던 것입니다. 이 부분은 앞으로 역사가들에 의해서 다시 고증이 되리라 생각합니다.

피는 물보다 진하다, 참사랑은 피보다 더 진하다

모스크바대회를 마치면서 아버님은 말씀하셨습니다.

"세계적인 냉전체제가 해체되면서, 그 와중에 우발적인 세계전쟁이나 한반도에서 전쟁이 발생할 수 있다. 앞으로 1년 이내에 평양에서 대회를 해야 한다."

1989년 9월 프랑스의 상업위성이 촬영한 북한 영변지역의 비밀 핵시설이 전 세계에 알려지며, 마침 한반도에서는 북핵 위기가 막 시작되던 긴박한 상황이었어요. 구소련의 실험용 원자로를 기반으로 북한이 비밀스럽게 핵관련 활동과 핵무기 개발 프로그램을 진행 중이라는 사실이 전 세계에 노출된 것입니다.

문선명 총재님의 평양 방문-김일성 주석과의 회담으로 이어지는 일대 사건은 1991년 11월 말부터 12월 초 사이에 이루어졌습니다. 북한 정부의 공식적인 초청에 의한, 국가의 대표 자격이나 안전에 대한 보장도 없는 개인적인 방문이었습니다. 만의 하나 김일성이나 북한 정부가 아버님을 구금할 경우, 생명의 안위조차 보장받을 수 없는 입장이었지요.

평양 방문 후 귀국하신지 얼마 되지 않아, 아버님에게 개인적으로 여준 적이 있습니다.

"안전 보장도 안 된 상태였는데, 체류하시는 동안 얼마나 마음 쓰시고 힘드셨습니까?"

아버님이 대답했지요.

"정말 힘들었던 것은 그게 아니야. 50여 년간 김일성에 대한 원한과 분노를 녹이고 사랑의 심정으로 바꾸는 것이 가장 힘들었지."

평양 방문 기간 중, 아버님은 고향인 정주도 방문하고, 금강산을 비롯한 평양과 경제개발투자지역들을 둘러보았으며, 김달현 부총리와 조국평화통일위원회 윤기복 부위원장과 만수대 의사당에서 두 차례 만나 경제투자 및 협력에 관한 실무회담을 가졌습니다.

회담장에서 윤기복 부위원장은 '우리식 사회주의, 주체사상, 김일성 혁명역사' 등을 달변으로 연설했는데, 이에 아버님이 일어서서 "피는 물보다 진하다, 참사랑은 피보다 더 진하다"는 주제의 연설을 마치 따르는 제자들에게 강의하듯 하였습니다.

"사람 중심의 주체사상으로는 통일할 수 없어요. 하나님주의 두익사상(頭翼思想)으로 해야 합니다. 남한에 남파되어 있는 요원들의 명단을 주세요. 내가 다 교육시키겠습니다."

지나치도록 파격적인 내용을 2시간 넘게 강연을 하고, 마지막에는 만수대 의사당의 탁자를 손바닥으로 탁 내려치기까지 하였습니다. 아버님을 수행했던 세계평화연합 간부들에 의하면, 그때 조마조마해서 가슴이 떨리다 못해 식은땀이 흐르고 모골이 송연해졌다고 합니다.

'김일성 주석과의 회담은 물 건너갔구나. 이러다가 북한에 구금되는 것 아닌가?'

거의 비슷한 감정을 김달현 부총리, 윤기복 부위원장의 표정에서도 느낄 수 있었다더군요.

우려와 달리 만수대 의사당의 회담 결과, 세계평화연합 문선명 총재와 조선해외동포원호위원회 윤기복 위원장 사이에 열 개 조항의 성명서가 발표됩니다. 그 내용은 이러했습니다.

"가까운 시일 내에 남북이 통일한다. 핵은 오직 평화적으로만 이용하며 핵무기의 제조나 배치는 없어야 한다. 민족의 주체적이고 대단결의 원칙에 의해 통일한다. 남북한 이산가족의 조속한 상봉과 방문을 추진한다. 정치군사적 대결을 해소한다. 남북한 예술단체의 상호 교류와 공연을 실시한다."

문 총재님과 북한 대외경제위원회 김달현 위원장의 명의로 경협관련 합의서도 체결되었습니다. 북한 두만강 자유무역지대(선봉지구) · 원산지구 경공업기지 건설, 금강산 일대 관광지구 개발에 아버님의 통일그룹이 투자하며 국제기업체들의 투자를 유치한다는 합의서였죠.

북한이 어떤 체제입니까. 모든 것이 감시되고 상부에 보고되는 체제 아닙니까.

만수대 의사당에서 있었던 아버님의 강연 내용과 분위기까지 김 주석에게 보고되었고, 김달현 부총리와 윤기복 부위원장은 김 주석에게 '만나지 않는 것이 좋겠다'는 의견을 제출했다고 합니다. 그런데 보고를 받은 김 주석이 허허 웃으면서 "문 선생이 그런 인물이라면 내가 만나봐야지" 하더랍니다.

참사랑, 하나님주의 두익사상에 의한 통일론

1991년 12월 6일, 세계평화연합 문선명 총재와 조선민주주의인민공화국 김일성 주석과의 역사적인 만남이 흥남 마전 주석궁에서 이뤄집니다. 아버님께서 언급하신 것처럼, 우리는 이 만남을 '성서의 야곱과에서 형제의 만남'과 같은 섭리사적인 상봉이요, 회담으로 해석합니다.

마전 주석궁이 위치한 흥남은 6.25전쟁 직전 아버님께서 평양에 있는 기독교인들의 무고에 의해 2년 반 동안 정치범으로 수용되었던, 흥남질소비료공장이 있는 곳이었습니다. 수감되는 수용자들 대부분이 평균 1년 이내에 사망하는 '지옥의 밑창'과도 같은 곳이었죠. 아마도 북한은 의도적으로 바로 그 흥남에 있는 마전 주석궁을 회담장소로 잡은 것 같았습니다.

아버님이 "김 주석은 나보다 7살이나 많으니 형님이 되고, 내가 동생이 된다"는 말을 꺼냈고 김 주석은 흔쾌히 호형호제하자고 화답했습니다. 성서 속 에서와 야곱처럼, 서로 손잡고 형 동생의 관계가 된 것이지요.

오찬과 함께 진행된 회담에서 아버님과 김 주석은 서로의 취미 생활을 물으며 대화를 시작했고, 아버님은 '참사랑, 하나님주의, 두익사상에 의한 통일론'을 김 주석에게 역설했습니다. 그 와중에 김주석은 박수를 세 번이나 치면서, "고맙습니다"라는 말을 되풀이했습니다. 그 전날 아버님이 김달현 및 윤기복 위원장과 체결한 내용을 바탕으로 한 "비핵화와 핵의 평화적 이용, 조속한 통일, 경제협력, 학술 및 예술의 교류, 이산가족상봉 등"의 내용에 대해, 김 주석은 이의를 제기하지 않고 합의했습니다.

김 주석은 회담을 마치면서 마지막으로 "미국 부시 대통령의 북한 초청과 미국과의 관계개선을 주선해 달라"고 아버님에게 부탁하기도 했습니다. 이후 아버님과 김 주석은 서로 손을 잡고서 현관까지 나와 기념촬영을 했지요. 언론 보도사진을 보면, 김일성이나 김정일은 공식적인 촬영을 할 때 항상 뒷짐을 지고 있습니다. 그러나 아버님과 함께 기념촬영을 할 때의 김 주석은 아버님과 손을 꼭 맞잡는 모습을 보였습니다. 그것이 상징하는 바가 무척 크다고 저는 생각해요. 아버님은 이 만남을 하나님의 섭리사적 관점에서 보고 김일성 주석을 대하였습니다.

아버님이 북한 정부와 맺은 성명문과 합의문들은, 그로부터 4일 뒤에 열린 남북고위급회담(1991. 12. 10~13)에서 대한민국의 정원식 총리와 북한 연형묵 총리가 사인한 '남북기본합의서'에 대부분 반영되었습니다.

남북기본합의서는 그 이후 체결된 6.15공동선언과 10.4선언에 비해, 더욱 상호대등한 관계로 맺어진 실질적인 통일방안이었어요.

한반도의 분단은 흔히 지정학적인 차원에서 냉전시대의 산물로 설명되어 왔습니다. 그러나 아버님이 규명한 하나님의 구원섭리사관(救援攝理史觀)에 의하면, 남북분단은 "체제상으로는 공산주의와 자유민주주의, 가치관과 세계관에서는 유물론과 유신론, 이념에서는 좌익과 우익, 문화와 사상에서는 인본주의인 헬레니즘과 신본주의인 헤브라이즘, 그리고 개인의 차원에서는 몸과 마음의 대립 투쟁을 의미"하고 있습니다.

남과 북은 대립 투쟁하는 양 세계의 상징이며 결실체입니다. 그러므로 인류의 삶을 규정해온 양 세계의 대립과 투쟁의 역사를 종결지음으로써 한반도 분단의 문제를 해결한다는 것은 구원섭리사적 의미와 인류 문화사적 의미를 모두 담게 됩니다. 이러한 측면에서, 남북한 평화통일의 모델은 '인류 역사를 통해 대립 투쟁해왔던 난문제들을 해결하고 인류를 영구적인 평화의 세계로 안내하는 설계도'라고 할 수 있을 것입니다.

공산주의 이론의 논리적인 모순을 파악하여 승공사상(勝共思想)을 체계화한 아버님은, 궁극적으로 공산주의를 능가하는 사상적 체계와 비전을 제시해야 한다고 강조하셨습니다. 그렇지 않으면 "불나비처럼 공산주의의 허구적인 선전선동에 뛰어드는 청년학생들과 지식인들을 참된 평화와 통일의 길로 이끌 수 없다"고 보셨습니다. 또한 "공산주의의 문제뿐 아니라 자본주의가 지닌 병폐까지 극복할 수 있는 대안을 담고 있어야 진정한 평화세계 건설이 가능하다"고 말씀하셨습니다. 평화적인 남북통일도 이러한 사상과 비전이라야 가능할 것입니다.

이렇게 해서 나온 것이 좌익과 우익을 하나로 통합하여 모순 갈등을 멈추고 조화와 균형을 이루는 두익사상입니다. 바로 이 사상의 지향점이 인류역사를 지배해온 대립 투쟁을 종결시키고 하나님을 중심한 공생 공영 공의주의 사회를 추구한다는 점에서 '하나님주의'라고 하는 것입니다.

아버님은 이와 같은 하나님주의 두익사상을 중심하고 한국, 미국, 일본, 소련, 중공, 남미를 비롯한 전 세계 주요 국가에서 평화운동을 전개해오셨습니다.

1960, 70년대 일본은 전공투(全學共鬪會議)와 같은 좌익 그룹들의 학생운동이 격렬했던 나라 중 하나였습니다. 1945년에 합법적으로 등록된 공산당은 이 시기에 원내 의석수를 크게 늘리며 영향력을 급속도로 키워갔습니다.

아버님은 이러한 일본에 국제승공연합을 창설하고, 중의원(하원)과 참의원(상원)의 의원 300여 명을 승공의원으로 조직하였습니다. 또한 하나님주의와 두익사상으로 훈련된 일본 전국대학생원리연구회 출신들을 그들의 보좌관과 비서로 파견했습니다. 이 시기, 일본의 기업들은 노동조합에 공산주의가 침투하는 것을 막기 위해 승공연합에 자사 직원들의 사상교육을 위탁하기도 했습니다.

아버님은 전 국민 교육을 위해 일본에서 언론사를 설립하고, 재일교포들에게 승공이론과 통일사상을 교육하였으며, 한·일 여성들을 자매결연으로 묶고, 1980년 초 '한일해저터널 프로젝트'까지 발표하면서 동북아와 세계평화를 위한 초석을 놓았습니다.

〈워싱턴 타임즈〉 창간

미국의 수도 워싱턴에서는 세속적 인본주의와 리버럴리즘에 경도된 언론들에 대항, 이들과 균형을 맞출 〈워싱턴타임스〉와 〈UPI통신사〉 등 여러 언론기관을 UCI가 설립하거나 인수하였습니다. UCI는 바로 그 설립과 인수를 총괄했고, 지속적으로 관리해온 재단입니다. 이런 언론사들은 하나하나에 천문학적인 자금을 투입해야 했고, 돈만 있다고 될 수 있는 일 또한 아니었습니다. 당시 한국인의 신분으로 아버님이 미국의 수도 워싱턴 D.C.에 일간지를 창간할 수 있었던 것은, 미국 사회가 그동안 아버님의 메시지를 통해 정신적인 갈증을 해소해온 신뢰의 바탕이 있었기에 가능했습니다.

특히 1970년대 말, 지미 카터 대통령의 정책으로 한미관계가 어려워지고, 미국의 세계적인 입지도 약해져 있을 때, 아버님은 카터를 상대한 레이건을 지원하여 미국 대통령으로 당선시키는데 결정적인 기여를 하였던 것입니다.

1982년 〈워싱턴 타임즈〉를 창간한 직후에는 레이건 행정부의 미국으로 하여금 소련의 세계공산화 의지를 꺾고, 냉전시대를 종식시키는 역할을 할 수 있도록 적극 지원하였습니다. 〈워싱턴타임스〉는 단순한 지역 신문이 아니라 미 전역에 영향을 미치는 보수 언론으로 급성장하였습니다. 미국 젊은이들의 도덕적 퇴폐와 세계적인 좌경화의 흐름을 막았을 뿐만 아니라, 미국의 지도자를 비롯해 세계 지도자들에게 '시대를 읽는 올바른 역사적 관점'과 '미국에 대한 하나님의 뜻'을 일깨우는 데 크게 기여하였습니다.

아버님은 중국의 개방을 돕는 데도 많은 투자를 추구하였습니다.

중국의 여성 지도자들을 한국에 초청하고 한국 여성 지도자들과 자매

결연을 하도록 해, 당시 중국 사회가 외부의 민주사회로부터 지속적인 정보를 교류할 수 있는 교량역할을 하였습니다.

또한 우리 동포들의 지위를 높이고 통일에 협력할 수 있도록 조선족이 제일 많은 길림성 연길의 연변대학에 공대를 지어 중국의 100대 중점대학 중 하나로 발전시켰습니다.

독일의 우수한 기계공업 회사를 인수해서 중국을 도와주었고, 판다 프로젝트 등을 통해 중국의 산업화를 돕기 위한 노력을 기울였습니다. 이 때문에 미국이나 선진국들로부터 비난을 받기도 했지만 아버님은 크게 개의치 않으셨습니다. 인간의 발명과 발견의 혜택은 특별한 능력을 지닌 인간이나 그 국가만을 위한 것이 아니라 '하나님이 주신 인류 공동의 선물이기 때문에 만민이 공평하게 누려야 한다'는 평소의 '기술 평준화'에 대한 지론을 굽히지 않으신 것입니다.

아버님이 국제적으로 만든 기구나 기관들 명칭 중에 '세계', '평화', '국제', '통일' 같은 말이 붙지 않은 단체가 없습니다. 모든 것이 국가나 민족 간의 이해관계를 넘어선, 하나님의 이상 실현을 위한 희생과 노력이었던 것입니다.

종교와 교회의 시대를 넘어서
가정의 시대로

　세계기독교통일신령협회는 1954년 5월 1일, 서울 성동구 북학동에 있는 조그만 집에서 창설되었습니다. 피난처 부산 범냇골 초막에서 서울로 올라와 초라한 집을 세로 얻고, 이 집 대문에 '세계기독교통일신령협회'라는 간판을 걸었지요. 집의 대문이 낮아 간판도 높이 달 수 없었고 성인들이 들어가려면 머리를 숙여야 했습니다.
　세계기독교통일신령협회는 흔히들, 긴 이름 대신에 '통일교회'라고 불렀습니다. 이 통일교회라는 명칭은 아버님이나 우리가 만든 것이 아닙니다. 기성교인들과 세상 사람들이 그렇게 부르면서, 어느덧 우리 내부에서도 별 생각 없이 통용되었던 것입니다.
　통일교회가 출발할 당시, 아버님은 분명히 말씀하셨습니다.
　"나는 새로운 종파나 교파를 설립하기 위하여 이 길을 출발하지 않았다. 하루라도 빨리 이 교회의 간판을 내릴 날을 학수고대한다."
　많은 사람이 그 큰 뜻을 이해하지 못했지요. 그러나 이후로 오랜 세월 아버님께서 걸어오신 길을 살펴보면, 그 말씀을 당신 스스로 일관성 있게 실천해 오셨음을 알 수 있습니다.
　1970년대 후반부터 저는 아버님의 뜻에 따라 초교파 및 초종교 운동(New ERA), 하나님에 관한 연례회의, 세계 종교 청년세미나 등을 맡아 왔습니다.

1983년 4월 25일 아버님께서는 이를 총괄하는 국제종교재단(The International Religious Foundation: IRF)을 창설하셨고, 저는 이사장의 중책을 맡아 초종교 활동을 해왔습니다. 1985년 11월에는 제1차 세계종교의회를 개최했습니다. 종교와 종단을 초월한 최고위 성직자, 종교학자, 신학자, 영적 지도자들 600여 명이 모인 개막식 자리에서 아버님은 강조하셨습니다.

"내가 아는 하나님은 분파주의자가 아닙니다. 하나님은 사소한 교리 내용에 사로잡히지 않습니다. 우리는 교리나 종교적 의식에 맹목적으로 복종하며 생긴 신학적 갈등으로부터 우리 자신을 해방시키고, 그 대신 하나님과 살아 있는 대화에 초점을 맞추어야 합니다."

그리고 폐회사에서는 다음과 같은 말씀으로 종교 간의 일치를 호소하셨습니다.

"시냇물이 바다에서 만나는 것과 같이 우리의 여러 믿음과 전통은 결국 하나로 만나게 됩니다. 살아 흐르는 강의 목적지인 대양은 지상에 있어서 하나님 나라의 건설입니다."

그토록 다양한 종교적 전통, 민족, 문화, 생활양식이 한데 어울려 단합을 논하고 이 지구의 장래를 위해 깊이 토의한 적은 여태 없었습니다. 그것은 오직 아버님의 일관된 뜻 아래 무한한 희생과 투입이 있었기에 가능한 일이었습니다.

축복결혼, 만인을 위한 보편적인 의식

1994년 5월 1일 세계기독교통일신령협회 창설 40주년을 기념하는 행사에서 아버님은 선포하셨습니다.

"통일교회의 시대가 끝나고 오늘부터 가정연합의 시대입니다. 개인구원시대에서 가정구원시대로 전환되었습니다. 그러므로 지금까지 개인구원을 위한 신조였던 '나의 맹세'를 가정중심구원을 위한 '가정 맹세'로 대신합니다."

1996년 8월에 미국에서 세계평화가정연합 창설대회를 거행한 아버님은 마침내 1997년 4월 10일, 세계평화통일가정연합을 공식적으로 출범시키고 세계기독교통일신령협회의 간판을 내렸습니다.

생각해보세요.

인류역사상, 당대에 종교 활동을 시작하여 아버님만큼 크게 일으킨 인물이 있었던가요?

게다가 외부의 압박이나 내부의 문제 같은 것도 전혀 없이, 스스로 그 종교의 간판을 내린 인물이 있었던가요?

이처럼 아버님은 하나님의 섭리역사에서 인류가 나아가야 할 길을 제시하셨을 뿐더러, 그 길에 아무리 많은 희생과 어려움과 몰이해와 편견이 따를지라도 반드시 스스로 실천하신, 말씀을 실체적으로 이루시는 분이었습니다. 그 분을 평생 가장 가까이에서 가장 오랜 시간 모셨던 저로서, 자신 있게 드릴 수 있는 증언입니다.

참부모님께서는 오래전부터 교회 간판을 내릴 날을 고대하고 그날을 기다린다고 했습니다. 그것이 바로 지난 1997년 4월 8일 말씀으로 선포가 됐습니다. 4월 10일부터 하늘땅 앞에 실시되는 귀한 역사적인 장도의 동참자가 되었습니다. 세계기독교통일신령협회가 섭리적으로 더 있을 필요가 없게 되어 이제는 세계평화통일가정연합입니다. 우리는 모두 세계평화통일가정연합의 회원입니다. 지금까지 있어 왔던 세계평화가정연합도 거기에 통일을 넣으므로 말미암아 방향과 목표를 뚜렷이 하고, 이름을 개명하고 그 날짜로 출발을 한 것입니다. 세계기독교통일신령협회는 섭리의 주류에서는 더 이상 필요 없는 입장이 되어 모두 세계평화통일가정연합으로 하나가 되는 것입니다. 그 말은 무슨 말입니까? 이것은 눈으로 보고 느끼지 못해서 그렇지 인류사적인 대혁명입니다. 기독교의 간판을 기독교의 굴레를 벗었다는 것입니다.

— 곽정환,
〈360만쌍 축복완수는 하나님의 소망〉,
(『통일세계』 315쪽, 1997년 5월호)

하나님께서 인간을 구원하기 위해 종족과 민족들이 놓여 있는 역사와 사회적 조건, 자연 환경에 따라 여러 종교를 탄생시켜 발전시켜 나갔습니다. 각자 다른 방법에 의해 구원의 길을 모색해 나왔습니다. 이 과정에서 종교들이 본연의 사명을 벗어나, '종파와 교파를 이루어 오히려 분열과 갈등을 일으켜왔던 부분'도 있었습니다.

하나님의 이상으로 보면, 인간이 종교 속에 영원히 머무는 것이 아닙니다. 종교는 그 자체가 궁극의 목적이 아닙니다. 다만 타락한 인류를 이끌어 하나님과 본연의 부자 관계를 맺도록 '가르침을 주는 학교'인 것입니다. 학생들이 일정한 과정을 마치면 학교를 졸업하듯, 타락한 인류가 구원에 이르러 하나님과 본연의 관계를 회복한 이후에는 더 이상 종교에 머무를 필요가 없는 것입니다.

아버님께서는 '하나님을 중심으로 한 가정'이야말로 본래 종교가 추구해야 할 중요한 목표임을 늘 강조하셨습니다. 이와 같은 차원에서 가정연합의 출발은 섭리의 중심이 '종교로부터 가정으로 옮겨졌음'을 의미하는 것입니다. 또한 종파와 교파와 상관없이 하나님을 부모로 인식하고 참된 사랑을 실천하고 참된 가정을 이루게 되면, '하나님을 중심한 인류 한 가족'의 일원이 될 수 있는 시대권에 진입했다는 의미입니다.

하나님의 창조이상이 뿌리 내려야 하는 곳은 바로 가정입니다.

가정은 평화를 이루는 가장 기초적인 단위이며, 참가정 이상을 실현함으로써 우주적인 평화와 하나님 왕국의 출발점이 되는 것입니다. 이러한 이상을 지상에서 실현할 수 있도록 해 주는 실천적인 출발의 장이 바로 '합동결혼식'으로 알려진 '축복 결혼'입니다.

저는 아버님으로부터 이러한 축복 행사를 실행하는 대표로 세움 받는 은혜를 받기도 했습니다. 1961년 36가정 축복의 은사를 받은 다음 해부터 72가정, 124가정, 430가정……. 또 축복의 보편화와 세계화 시대가 시작된 3만가정, 인공위성 중계를 통해 전 세계적으로 집전된 36만가정, 3천 6백만가정, 3억 6천만가정까지의 모든 축복행사를 아버님의 말씀 아래 주도적으로 준비하고 진행했습니다. 더없이 영광된 일이었습니다.

축복 결혼이야말로 통일교회의 가장 핵심적인 의식이지요. 그런데 가정연합 시대에 들어서면서 이 축복 결혼식은 소위 '통일교인'들만을 위한 의식을 넘어선 '만인을 위한 보편적인 의식'으로 문을 활짝 열었습니다. 통일교회가 단순히 단체의 이름만을 바꾼 것이 아닙니다. 그 체질을 완전히 변화시킨 것입니다. 저는 이를 역사에 전무후무한 '인류사적 대혁명'으로 이해하고 있습니다.

인류의 역사를 완전히 바꿔놓을 대혁명에 초창기부터 참여하여, 평생 가슴 벅차게 달려올 수 있었던 것에 늘 감사하고 있습니다.

초종교 활동과 평화유엔섭리

평화와 평화기구의 기원(起源)은 하나님과 인간의 영성과 보편적인 도덕성에 있습니다. 그런데 국제연합(UN)의 헌장에는 '하나님'과 '영성'이란 말이 없습니다. 인류의 화합과 보편적 가치의 실현을 위해, 또 지구성의 평화를 위해 머리를 맞대야 할 UN 회의장은, 오래 전부터 회원국 간의 이익을 놓고 다투는 정치적 각축장으로 변질되고 말았습니다.

1998년 12월 미국 워싱턴 D.C.에서 세계평화종교연합 회의를 개최한 아버님은 이날 전 세계에서 참여한 주요 종단을 비롯해, 각계 지도자들에게 "UN을 갱신할 초종교초국가적인 연합체 설립"을 주창하셨습니다.

"지금까지는 UN이 인간의 신체적이고 외적인 부분을 대변해왔습니다. 인간의 마음과 몸이 하나이듯, 이제는 종교가 참여하여 마음적이고 내적인 영역을 이끌어야 합니다. 마음과 몸이 조화 균형을 이루어야 인간에게 평화가 옵니다. 종교는 더 이상 은둔자처럼 현실의 국제문제를 외면해서는 안 됩니다."

아버님의 연설에 많은 사람이 공감하였고 이것을 계기로 1999년

2월 서울에서, 인도네시아의 와히드 당시 현직 대통령과 미국의 댄 퀘일 직전 부통령을 비롯한 전 세계의 전 현직 국가수반과 종교계 지도자 1천여 명이 참석한 가운데 '세계평화초종교초국가연합(IIFWP)'이 출범하였습니다.

이날 창설행사에서 아버님은 확신에 찬 말씀을 하셨습니다.

"평화의 주인과 기원은 하나님입니다. 인류의 평화를 위해 설립된 UN은 이제 하나님을 중심으로 새롭게 갱신(renewal) 되어야 합니다. 세계평화를 위한 UN 갱신의 길에, 종교와 정치 양면의 세계 지도자들이 함께해 줄 것을 호소합니다."

이런 조직이 쉽게 만들어질 수 있겠습니까?

1998년 12월 8일, 제가 일본에서 축복을 주도한 날이었습니다. 저녁시간에 남미에 계신 아버님으로부터 전화가 왔습니다. 'IIFWP' 창설을 서둘러야 한다는 지시 말씀이었지요. 사실은 한국의 IMF 사태 때 '통일그룹이 부도가 나고 말았다'는 너무도 송구한 보고를 드린 지 일주일밖에 안 된 날이기도 했지요. 그룹의 재기는 뒷전이요 '세계평화실현'이라는 목표에 사무쳐 계신 어른의 심정을 직감할 수 있는 대목이었습니다.

세상에 이런 지도자가 또 있을까요?

아버님의 활동은 사실, 시작부터가 초종교 운동이었습니다.

1954년에 창립된 세계기독교통일신령협회는 그 이름에서 알 수 있듯 영성에 의한 세계기독교의 일치를 추구하는 단체였어요. 이후로 50여 년간, 초창기의 통일가 식구들이 굶주릴 지경으로 재정이 어려웠던 형편에도, 아버님은 초종교 운동 분야만큼은 투자를 아끼지 않았습니다.

우리 자체 교단의 교회 건축이나 목회자들의 복지보다는 세계종교청년세미나, 세계종교청년봉사단, 세계종교협의회, 세계종교의회, 세계종교지도자회의, 하나님에 관한 회의 등 연례적 초종교 평화회의와 활동 또 세계경전 편찬 등의 초종교 운동에 더 많은 자원과 열정을 투입해 왔습니다.

그 결과로서 세계평화종교연합의 기반 위에 1999년 세계평화초종교초국가연합을 창설하신 것입니다. 이 단체의 창설목적은 종교와 가정의 토대 위에서 모든 사람이 하나님 아래 참사랑을 실천하고, 그들이 공영을 누리는 세계시민이 되어 평화통일 왕국에서 더불어 사는 세계를 실현하는 것입니다.

그 이듬해인 2000년에는 UN본부에서 세계평화초종교초국가연합 밀레니엄총회를 개최하셨으며, 이 자리에서 아버님은 '양원제 구상'을 포함한 UN 개혁안을 발표했습니다.

첫째, 국가를 대표한 대사 중심으로 구성되어 있는 UN총회를 하원으로 하고, 전 세계의 영적 지도자와 종교 분야의 대표들이 참여하는 초종교의회를 구성하여 이것을 UN의 상원으로 하는 방안입니다.

내적 영역인 종교분야로 상원을 구성하고, 외적 영역인 정치 분야로 하원을 구성한다는 것입니다. 마음과 몸이 서로 협력하여 조화를 이루듯이, 종교와 국가와 인종을 초월하여 지구촌의 문제들에 대응하는 상원과, 국가와 지역을 대표하는 하원이 협력함으로써 인류를 영구평화 세계로 이끌자는 방안입니다.

둘째, 전 세계의 분쟁지역과 국경지대를 평화지구로 전환하자는 방안입니다.

구체적으로 한반도의 DMZ를 평화지대로 전환하고, 이 지역을 환경보존 구역, 평화를 위한 박물관과 전시관, 평화공원 등으로 이용하자는 것입니다. 분쟁지역과 국경지대를 평화지구로 전환함으로써 상실된 토지를 보상하기 위해, 아버님은 "남미 메르코수르 지역에 매입한 광대한 토지를 기부하겠다"고 밝히셨습니다.

셋째, 참부모의 날, 참가정의 날, 평화유엔군의 날을 UN의 기념일로 제정하자는 제안입니다.

가정은 평화를 위한 근본 토대가 됩니다. 행복하고 평화로운 가정들이 확장되어 세계평화로 이어집니다. UN이 참사랑과 가정의 가치와 이슈에 집중함으로써 심각해지는 프리섹스, 동성애, 가정 붕괴, 청소년 범죄 등에 대해 국제연합 차원의 대응이 가능해집니다. 이는 또한 창설 때부터 UN 내에 만연되어 있는 세속적 인본주의, 물본주의, 상대주의, 유물론의 문제를 해결하기 위한 방안이기도 합니다.

초종교초국가연합 밀레니엄 총회에서, 아버님은 "만약 UN이 이 제안을 받아들이지 않으면, 국제 NGO들을 통해서라도 현실화 시키겠다"는 의지를 밝히셨습니다.

아버님은 제게 UN밀레니엄 대회를 지시하시면서, "너의 책무의 주류는 세계 문제 해결이다. 한국 IMF 경제위기 문제 해결은 지엽적이다. 국제 NGO 예비회담을 급히 해라. UN에 주인이 없다"(2000.09.13.)고 하셨습니다. 또 청평 21일 특별수련회(36가정부터 6천가정까지 참석) 훈독회에서는 "곽정환이 UN을 수습하여 참부모와 현진이 갈 길을 닦아야 한다"라고도 하셨습니다.

UN 중심의 활동을 벌이며, 저는 한없이 부족한 자신을 자책하는 한편 UN에서 더 큰 활동을 기대하신 아버님께 송구한 마음을 가져야만 했습니다. UN의 벽은 너무 높았으며 주권이 없고 UN 대사를 못 가진 우리는 수많은 좌절을 겪어야 했습니다.

2000년 밀레니엄 총회 이후, 아버님은 UN본부에서 평화축복식(Peace Blessing, 2001)을 시행하였습니다.

참부모님 내외분이 주례를 서고 전 세계의 정계 종교계 교육계 문화계 대표들이 참관 축하하는 속에, 지구촌 130개국에서 국적과 인종과 종교를 초월하여 각자 고유민속 의상을 입고 참석한 신랑신부 210쌍이 하나님을 중심한 가정을 이룰 것을 서약하고 성혼을 하였습니다.

저로서는 그 행사의 준비와 성사까지 참으로 어려움이 많았기에 더욱 꿈같고 기적 같은 일로 기억됩니다. "평화의 전당 UN에서 기필코 하나님을 모신 평화축복식을 거행해야 한다"는 아버님의 의지 덕분에 천운으로 성사된 행사였습니다. 평화축복식 이후, 우리 축복행사는 아버님의 제안으로 종교와 종파를 초월한 종교지도자들이 함께 복을 빌어주는 '교차교체 초종교평화축복식'이 거행되기 시작하였습니다.

이러한 초종교적 활동을 기반으로, 2003년에는 세계 주요 종교지도자와 영적 지도자들이 함께 뉴욕에서 '초종교초국가평화의회(Interreligious International Peace Council, IIPC)'를 결성하고, "이를 유엔의 상원으로 채택할 것"을 유엔에 재차 촉구하였습니다.

유엔을 상·하 양원제로 개편하는 방안은 우리의 제안을 상정하는데 어렵사리 앞장서 준 필리핀 정부와 미국 정부, 그 밖에 다수의 지지 국가들이 준비한 결의안으로 UN총회의 제58분과에 상정된 바 있습니다.

초종교초국가평화의회를 발족시킨 이 대회에서 아버님은 '모든 국경선의 철폐'를 호소하셨습니다. 아버님이 말한 국경선은 국가 간의 경계선만이 아니라 '인류의 평화와 통일을 방해해온 모든 담과 장벽'을 의미하기도 하죠. 종교, 인종, 민족의 의미도 그 안에 포함되어 있습니다.

아버님은 평화구축을 위한 혁신적인 방법으로서 2003년 '초종교초국가평화의회'에 이어 2005년 9월 12일, 미국 뉴욕 링컨센터에서 '천주평화연합(Universal Peace Federation, UPF)'을 창설합니다. 이 창설대회에는 세계 125개국을 대표하는 전·현직 대통령, 수상,

최고위 종교 지도자, 학계, 문화계, NGO대표와 UN대사 등 각계를 대표하는 1,200여 명이 참석했습니다.

이날 아버님은 창시자 기조연설 '하나님의 이상가정과 평화이상세계'를 통해 하나님의 평화이상의 근본을 밝히셨는데, 이 말씀은 후일 평화신경 1장으로 인류 필독의 교본이 되었습니다.

UPF 초대 회장에 취임한 저는 아버님 내외분을 모시고 전 세계 120개국에서 창설대회를 거행하였습니다. 또한 아버님의 창설 이상인 '하나님의 영원한 평화이상세계 실현'을 위해, 기존 UN의 갱신과 더불어 새로운 차원에서 아벨적 UN의 기능을 발휘할 수 있는 새로운 국제기구로 발전시키는 활동을 전개하였습니다.

아버님은 '내적인 진리를 찾아 나온 종교와 외적인 진리를 찾아 나온 과학이 조화를 이룰 때 사람은 행복할 수 있고 평화이상세계가 실현된다'는 원리를 가르치고 실천해 오셨습니다.

영인체와 육신 양면의 조화를 이룬 행복을 추구하는 실천적인 신앙생활을 통해, 인류는 균형 잡힌 행복한 삶의 길을 걸어갈 수 있습니다. 이와 같은 원리에 입각하여, 영적인 가치에 기반한 세계적인 평화운동이 진행되었던 것입니다.

국가의 경계를 넘어 활동하는 극단적인 종교사상과 세속적인 물질주의에 의해, 오늘날도 세계 곳곳에서 인류의 평화를 해치는 갈등과 분쟁들이 속속 벌어지고 있습니다. 이러한 시대에, 아버님께서 닦아 오신 평화활동의 기반은 얼마나 소중한 가치인지요.

참된 가정이상의 실현

"인간의 가장 기본되는 심성과 인격은 가정에서부터 형성됩니다. 가정은 사랑과 인격 그리고 삶의 출발이요, 그 근본바탕이 됩니다. 인생은 가정 기반 위에서 부모 사랑에 의하여 태어나 아들딸의 단계로부터, 부부의 자리, 부모의 자리, 조부모의 자리로 위상을 달리하는 사랑의 인격체로 완성하고 결국 후손의 애정 속에서 하늘나라로 가게 되어 있는 것이 창조원리입니다. 가정을 통해서 역사와 나라가 생겨나고 이상세계가 시작됩니다. 이것이 없으면 개인의 존재 의미도 없고 혈대의 전승도 없습니다. 그러므로 가정은 모든 가치와 이념, 그리고 제도와 체제를 우선하는 가장 귀한 인간의 사랑과 생명의 본거지가 됩니다."

— 『문선명선생말씀선집』 288권, 186쪽, 1997. 11. 27

"하나님의 핏줄 속에는 참사랑의 씨가 들어가 있고, 참생명의 몸이 살아 있습니다. 따라서 이 핏줄과 연결이 되면 하나님께서 이상하신 이상인간, 즉 인격완성도 가능하고, 이상가정도 생겨나는 것이며, 더 나아가서는 하나님의 조국, 이상국가도 출현하는 것입니다. 평화이상세계왕국은 이렇게 창건되는 것입니다."

— 〈하나님의 이상가정과 평화이상세계왕국〉, 2005. 9. 12.

아버님이 살아온 생애의 궁극적인 목표는 이처럼 '하나님의 참된 가정이상을 실현하고 이를 기반으로 평화이상세계왕국을 창건하는 것'이었습니다.

그 뜻과 이상은 '타락한 인류를 하나님의 핏줄로 연결시켜 줄 참부모와 참가정의 현현'을 통해 실현될 것입니다.

참부모와 참가정 현현의 의의

하나님의 창조목적은 '하나님을 중심한 가정'을 이루는 것입니다.

하나님께서 창조주로서 인간을 창조하셨고, 따라서 인간은 하나님의 피조물입니다. 그런데 하나님은 단지 창조주로만 머물러 계시는 것을 원하지 않으시고, 참사랑을 중심으로 인간과 하나 되는 '신인애일체(神人愛一體)' 이상을 이루는 관계를 맺고 싶어 하셨습니다.

하나님의 소망은 인간으로부터 멀리 떨어져 인간을 지켜보는 초월적 신이 되는 것이 아니었습니다. 하나님은 당신이 창조한 인간의 부모가 되어 인간과 친밀한 부자관계를 맺고, 참사랑을 중심하고 영원히 함께 살아가고 싶으셨습니다.

이러한 하나님의 이상과 소망이 실현되는 곳이 바로 가정입니다.

하나님에게 가정은 하나님의 뜻이 이루어지는 신성한 곳입니다.

하나님에게 가정은 당신의 자녀들과 함께 살아가는 거룩한 곳입니다.

『원리강론』에서는 이러한 가정을 '사위기대(四位基臺)'를 완성한 가정으로 설명합니다.

사위기대란 한 남성과 한 여성이 하나님과 일체를 이룸은 물론 그들이 서로 하나가 되어 이상적인 부부를 이루고, 이상적인 자녀를 낳음으로써 이루게 되는 하나님 중심의 가정적 기대를 말합니다.

하나님께서 창조하신 첫 인류 아담과 해와는 이와 같은 하나님의 이상과 소망을 저버리고 사탄을 중심한 가정을 이루게 되어, 하나님의 창조목적은 실현되지 못했습니다. 이때부터 하나님께서는 분명한 목표와 방향을 가지고 복귀섭리를 이끌어 오셨습니다. 그것은 하나님의 참된 아들딸을 되찾아 하나님의 창조목적인 '하나님 중심의 가정'을 다시 이루고, 그 가정을 중심하고 타락한 인류 전체를 하나님의 자녀로 복귀하는 것입니다.

이를 위해 타락한 사탄의 혈통과 관계없는 하나님의 독생자, 메시아가 먼저 와야 합니다.

메시아는 실패한 아담의 사명을 완수할 후아담입니다.

완성한 아담의 자격으로 오는 메시아는 타락한 세계에서 복귀된 해와를 찾아 세워 결혼을 통해 참된 부부의 자리까지 나아가야 합니다. 메시아의 사명은 거기서 끝나지 않습니다. 참된 자녀를 낳아 참부모의 자리까지 나아가서 참가정을 세워야 합니다. 타락한 인류를 이 참가정에 접붙여 구원할 뿐 아니라 참가정을 확대하여 하나님 주권의 국가와 세계를 건설함으로써 지상천국과 천상천국을 창건해야 합니다.

하나님은 이와 같은 하나님의 계획을 2천 년 전, 예수님을 제2 아담으로 보내어 이루려하셨습니다. 그러나 유대인들의 불신으로 이루어지지 못했습니다.

하나님은 다시 2천 년 뒤, 문선명 총재를 제3 아담으로 보내 그 뜻을 이루기 위한 섭리를 계속해 오신 것입니다. 재림주의 사명을 갖고 오신 아버지께서는 한학자 총재를 복귀된 해와로 찾아 세워 성혼을 하고 14명의 자녀를 낳아 '참부모와 참가정의 기반을 인류역사 최초'로 이루셨습니다.

참부모와 참가정이 현현하였다는 것은 무엇입니까.

'하나님의 창조목적이 실현될 새로운 여명이 밝아왔다'는 의미입니다.

전체 인류가 하나님의 참가정에 접붙여져 보편적인 구원이 이루어지는 시대가 출발하는 것입니다.

구원과 완성의 단위가 개인에서 가정으로 전환하는 놀라운 시대의 출발이기도 한 것입니다.

무엇보다도 하나님의 참된 가정을 기반으로 하나님의 직접 주관이 가능한 종족과 국가, 세계로 실체적인 전개와 확산이 가능해졌다는 의미입니다.

이처럼 '참부모와 참가정의 현현'은 하나님의 섭리사에 있어서 천주사적인 승리요, 복귀섭리의 종지부를 찍는 섭리적인 대전환을 의미합니다.

아버님은 역사상 그 어떤 인물과도 비교할 수 없도록 놀라운 업적을 수도 없이 남기셨습니다.

그 중에서도 가장 빛나는 생애 최고의 위업은 '참부모와 참가정의 현현을 통해 하나님의 창조목적인 하나님 중심의 가정을 세운 것'이라고 할 수 있을 것입니다.

참부모의 정착

아담가정은 하나님의 창조목적을 실현해야 할 역사적 위치에 있었습니다. 그러나 사탄을 중심한 가정을 이루어 하나님의 창조목적은 실현되지 못했습니다. 그 아담 가정의 실패를 승리적으로 복귀해야 하는 것이 참가정입니다.

아버님은 한학자 총재를 선택하여 성혼하시고, 선의 자녀를 낳음으로써 인류역사상 처음으로 하나님 중심의 이상가정, 즉 참가정을 세우셨습니다.

여기서 끝이 아닙니다.

참부모님과 참가정이 모델적 가정으로 정착하고, 그를 기반으로 하나님의 주권이 국가와 세계로 확대되어야 합니다. 즉 모델적 평화이상가정을 통해 평화이상세계왕국을 건설해야 합니다. 그것이 바로 천일국 시대이며, 2013년 기원절(基元節) 약속의 의미입니다.

남성과 여성은 하나님의 이성성상을 각각 대표해서 창조되었습니다.

이렇게 각각 하나님의 이성성상을 대표해서 창조된 남성과 여성은 참사랑을 중심하고 서로 상대의 부족한 부분을 채워주며 상호보완적 관계를 맺도록 되어 있습니다.

아담과 해와는 이러한 창조본연의 남성, 여성의 올바른 선례를 세워야 할 역사적 인물이었습니다. 그러나 해와가 사탄의 유혹을 이기지 못하고 타락하고 말았습니다. 뒤이어 아담이 하나님을 떠나 사탄과 하나 되어 있는 해와를 따라감으로써 주관성이 전도되었습니다.

결국 아담과 해와는 하나님의 남성상과 여성상을 드러내는 대표남성과 대표여성의 자격을 갖추지 못했으며, 인류가 본받을 수 있는 올바른 선례를 세우는데 실패하였습니다.

이에 하나님은 탕감복귀의 과정을 통해 실패한 아담 대신 하나님의 사랑과 생명의 씨를 가진 문선명 참아버님을 보내시게 됩니다. 그리고 아버님에 의해 실패한 해와를 대신할 여성으로 한학자 총재가 참어머님으로 세워졌습니다.

참부모님 양위분은 각각 '제3아담'과 '복귀된 해와'로 서서 '대표 남성'과 '대표 여성'의 자격을 갖추고 인류가 본받을 수 있는 남성상과 여성상의 선례를 세우는 책임을 완수하여 참부모의 자리를 정착시켜야 합니다.

이를 위해 아버님께서는 하나님의 기대에 부응하여 하나님의 뜻에 절대적으로 정렬하고, 하나님의 남성상을 대표하는 실체가 됨으로써 후대를 위한 올바른 선례가 되셨습니다. 그리고 부인과의 관계에서 참된 오빠와 참된 남편으로서 하나님의 주체성을 드러내셨습니다.

한편 부인되시는 한 총재님은 이에 상응해서 실패한 해와를 대신해 하나님의 뜻에 절대적으로 정렬하고, 하나님의 여성상을 대표하는 실체가 됨으로써 후대를 위한 올바른 선례를 세워야 합니다. 그리고 남편이신 아버님과 관계에서는 참된 여동생과 참된 아내로서 하나님의 대상성을 드러내야 합니다. 그럼으로써 해와가 아담과 관계에서 범했던 주관성 전도의 잘못을 승리적으로 복귀하는 것입니다.

참가정의 정착

아담과 해와는 사탄을 중심으로 거짓사랑, 거짓생명, 거짓혈통의 가정을 출발시켰습니다.

하나님께서는 아담가정의 2세를 통해 타락의 과정을 되돌리려 하셨지만, 가인이 아벨을 살해함으로 인해 그것도 이루어지지 못했습니다. 이 때문에 인류는 하나님의 창조목적과는 거리가 먼 장구한 싸움과 갈등의 역사를 되풀이해 오게 되었습니다.

따라서 참가정은 거짓사랑, 거짓생명, 거짓혈통을 확산해 온 역사를 단절해야 합니다. 하나님의 이상가정 실현을 중심 한 참사랑, 참생명, 참혈통의 새로운 역사를 출발시켜야 합니다. 그리고 하나님-아버지-장자로 이어지는 3대왕권의 종적인 축이 확립되어야 합니다.

하나님과 인간의 관계는 부자관계입니다. 부자관계가 갖고 있는 특성은 참사랑과 참생명과 참혈통의 관계입니다. 하나님과 인간 사이에 이러한 부자관계가 맺어지고 또 후대에 이어지는데 있어서 그 중요한 권한과 책임을 가진 것이 바로 장자권입니다. 따라서 "본연의 에덴동산에서 아담은 하나님의 참사랑과 참핏줄을 연결시키는 장자의 입장에 있습니다."(『문선명선생말씀선집』345권, 41쪽, 2001. 5. 27)

그리고 만약 아담이 타락하지 않았다면 "그 자녀가 아무리 많더라도 장자가 계통을 잇게 되어있었습니다."(『문선명선생말씀선집』301권, 191쪽, 1999. 4. 26)

예수님도 마찬가지입니다. "예수님은 하나님의 사랑을 받을 수 있는 혈통적 내용을 중심하고 장자권을 가진 아들로 태어났습니다."(『문선명선생말씀선집』342권, 265쪽, 2001. 1. 13) 그리고 "만약 예수님의 자녀가 있었다고 한다면 장자권을 가진 아들이 대를 잇게 되어있었습니다.'(『문선명선생말씀선집』231권, 273쪽, 1992. 6. 7)

이처럼 장자권은 하나님과 인간이 참사랑, 참생명, 참혈통의 관계를 맺고 이를 후대에 상속하는데 있어서 대표적 아들에게 부여된 중요한 권한입니다. 많이 강조해주신 3대 왕권의 가르침도 장자권을 통해 승계되고 완성됩니다.

만약 장자권이 세워지지 않으면 하나님과 인간의 근본적 부자관계가 세워지지 못하고, 또한 그 관계가 후대로 이어지지도 못합니다.

아버님은 1998년 7월 19일 세계평화통일가정연합 세계부회장 문현진님의 취임식에서 장자권을 부여하셨고, 후계구도를 확정하셨습니다. 이것은 인류역사 이래 처음으로 하나님의 주권이 영원히 임재할 수 있는, '하나님-참아버님-현진님으로 이어지는 3대왕권의 종적인 축이 확립되고, 앞으로 3대를 지나 현진님 가정과 아들딸 중심하고 제4차 아담권 시대의 지상 천상천국 완성과 정착의 소망을 안고 출발하는 천주사적 사건이었습니다.

참가정에 이와 같은 기대가 갖추어졌기 때문에 아버님은 2001년 하나님 왕권즉위식과 부자협조시대, 또 2세 시대 선포를 통해 하나님의 직접주관권이 참가정에 정착하고, 인류 전체에 확산할 수 있는 천일국 창건과 기원절을 향한 힘찬 발걸음을 내딛게 된 것입니다.

이처럼 사위기대의 이상을 실현한 참부모와 참가정의 현현은 이 시대의 인류에게 더 없는 희망과 축복의 소식이라고 하지 않을 수 없습니다.

축복결혼의 의의

길 가는 사람을 붙들고 "통일교회, 하면 떠오르는 것이 무엇인가요?" 하고 물으면, 이구동성으로 '합동결혼식'이라고 말할 것입니다.

우리는 이것을 '축복식'이라고 부릅니다. "하나님께서는 아담과 해와에게 결혼이라는 축복을 주시어 그들이 하나님을 중심하고 부부관계를 맺어 선의 자녀를 낳아 하나님을 중심한 가정을 이루기를 바라셨다"고 『원리강론』은 가르칩니다.

축복결혼은 첫째로 하나님의 아들인 남성과 하나님의 딸인 여성의 성스러운 결합입니다.

남성과 여성은 하나님의 남성상과 여성상을 각각 대표해서 창조되었기 때문에, 남성은 하나님의 아들로, 여성은 하나님의 딸로 태어난 귀한 존재입니다. 따라서 부부관계는 한 남성과 여성의 단순한 결합이 아니라, 하나님의 아들과 딸의 존엄한 결합인 것입니다.

흔히 부자관계를 천륜(天倫)이라고 합니다. 하늘이 맺어준 관계로, 인력으로는 끊을 수 없는 관계라고 사람들은 인식하고 있습니다. 한편

결혼을 인륜지대사(人倫之大事)라고 합니다.

그러나 아버님은 "결혼의 출발점은 먼저 하나님과의 참사랑, 참생명, 참혈통의 종적 관계에서 시작해야 한다"고 가르치셨습니다. 즉, 결혼은 한 남성과 한 여성이 하나님을 중심에 모시고 부부가 됨으로써 절대 갈라질 수 없는 새로운 단계의 천륜을 횡적으로 맺는 것입니다. 한 순간의 로맨틱한 감정으로 시작해서 시간이 지나면 꺼져버리는 것이 아닙니다.

축복결혼은 둘째로 부부간의 상호보완적 결합입니다.

원리에 따르면, 남성은 하나님의 양성적 형상을 대표해서 창조되었고, 여성은 하나님의 음성적 형상을 대표해서 창조되었습니다. 따라서 이러한 남성과 여성은 하나님처럼 온전한 합일체를 이루고자 하는 본성의 욕구를 지니게 되어 있는 것입니다. 아버님은 남성과 여성이 이렇게 다르게 창조되었음으로 마치 자석의 N극과 S극처럼, 서로 끌어당기는 성질을 가지고 있다고 가르치셨습니다.

인류 역사를 뒤돌아보면, 남성과 여성의 차이를 두고 남성은 우월하며, 여성은 남성의 도움이 없이는 살 수 없는 열등한 존재로 여기는 경향이 있었습니다. 최근에는 일부 여성들이 이에 반발하여 "남성과 여성간의 평등을 이루기 위해서는 남성과 여성의 차이를 인정하지 말아야 한다"고 주장합니다. 그러나 이것은 마치 자석의 N극과 N극, S극과 S극이 서로 밀어 내듯 남성과 여성간의 갈등을 더욱 조장하는 결과를 초래하기도 합니다. 우리 통일가 내에서도 사회적인 분위기에 편승하여 세속적인 일부에서는 페미니스트 운동을 지지하는 사람들이 있는 줄 압니다. 그러나 원리에서 가르치고 있는 본연의 남녀 관계가 회복되면 이런 문제들은 자동적으로 또 근본적으로 해결될 것입니다.

축복결혼은 셋째로 육체적, 정신적, 영적 차원의 결합입니다.

인간은 영적이며 정신적인 존재이기 때문에, 정신이고 영적인 결합이 결여된 육체적인 욕망의 충족만으로는 진정한 기쁨과 행복을 느낄 수가 없습니다. 또한 부부관계는 사랑의 관계를 통해 자녀를 낳게 됩니다. 하나님께서 창조주요, 부모로서 인간을 창조하셨듯, 인간은 부부관계를 통해 자녀를 낳음으로써 공동 창조주의 길을 걸어가게 됩니다. 하나님께서 인간창조를 통해 그토록 기뻐하셨듯이 인간도 부모가 되어 그 기쁨을 체험하게 됩니다.

이처럼 축복결혼을 통해 '하나님-부부(남성과 여성)-자녀'가 이상적인 가정을 이룬 형태를 원리에서는 사위기대라고 하였습니다.

또한 『평화신경』 제1장에서 아버님은 이러한 사위기대를 "하나님과 일체를 이룸은 물론 그들이 서로 하나가 되어 이상적인 부부를 이루고, 이상적인 자녀를 번식함으로써 이루게 되는 하나님 중심의 가정적 기대"라고 규정하였습니다. 구체적으로 "부모와 자식은 사랑과 존경으로, 부부는 상호 신뢰와 사랑을 바탕으로, 형제자매간은 서로서로 믿고 의지하며 하나되어 사는 모델적 이상가정"이요, "조부모, 부모, 손자손녀를 중심삼고 3대가 한 가정에서 영존하신 하나님을 모시고 사는 천일국 가정"으로 설명하였습니다.

또한 아버님은 『평화신경』 제2장에서 각자가 이와 같은 가정을 이루게 되면 "부모의 사랑, 부부의 사랑, 자녀의 사랑, 형제의 사랑, 이렇게 4대 사랑권, 즉 4대 심정권의 완성"을 보게 되고, 이런 가정이 "상하 전후 좌우가 하나로 연결되어 구형운동을 계속하게 되며, 따라서 영존하게 되는 하나님의 모델적 이상가정과 국가와 평화왕국이 되는 것"이라고 명료하게 설명하셨습니다.

축복식의 역사

축복식의 역사는 재림메시아 문선명 총재님이 한학자 총재를 택하여 하나님의 축복 아래 '성혼식(聖婚式)'을 한 1960년 4월 11일로부터 시작됩니다. 아버님의 말씀에 따르면 이날은 "에덴동산에서 인간조상 아담과 해와가 타락하여 하나님의 창조이상인 참사랑 참생명 참혈통이 실체화될 참가정의 이상을 잃어버린 이후, 하나님께서 학수고대하며 기다렸던 날"이었습니다.

본래 아담은 하나님의 축복 아래 해와와 결혼하여 부부의 사랑을 함으로써 자녀의 탄생과 함께 하나님을 중심한 참가정의 사위기대를 이루어야 했습니다. 이 참가정의 사위기대를 통해서 하나님의 무형의 참사랑 참생명 참혈통은 지상에 유형의 실체로 나타나게 됩니다. 이 참가정이 확대되어 사회, 민족, 국가, 세계를 이루게 되면 하나님께서 이상하신 평화이상세계가 실현됩니다. 이 세계는 하나의 완성한 모델적 가정과도 같아서, 인류는 하나님을 부모로 하는 하나의 가정을 이루게 됩니다.

남편이나 아내가 상대 없이 혼자서 부부가 될 수 없듯이, 자녀가 없이 부모가 될 수 없습니다. 참자녀의 탄생과 함께 아버님 양위분이 참부모가 되어 하나님을 중심한 참가정 사위기대를 이루자, 36가정 축복식(1961. 5. 15)이 거행됩니다. 이 36가정 축복식의 의의는 원죄를 갖고 있는 인류가 최초로 하나님의 참사랑 참생명 참혈통의 실체인 참가정에 접을 붙여서 중생(重生)을 받은 결혼식이라는 것입니다.

우리는 평소 "참부모님에게 축복을 받는다"는 말을 합니다. 그러나 하나님의 천도인 근본원리를 중심삼고 이론적으로 더 정확하게 설명하면 "참가정에 접을 붙여서 축복을 받는 것"입니다. 중생이라는 것은 '다시 태어난다'는 의미인데, 이미 지상에 태어난 사람이 또다시 태어날 수는 없습니다. 그래서 참어머니인 한학자 총재가 첫 번째 참자녀인 문예진 씨를 잉태하여 탄생시키기까지, 통일교회에 입교한 모든 식구는 이 기간 동안 개척전도활동이나 농촌계몽봉사운동과 같은 헌신생활을 조건으로 산고의 고통에 참여하여, 참어머니의 태중에 들어갔다가 나오는 것과도 같은 입장에 세워졌습니다.

이미 태중에 있는 참자녀와 식구들은 이를테면 쌍태, 즉 쌍둥이와 같은 입장에 있다고 아버님은 설명해주었습니다. 그래서 우리는 참자녀들에 대해서 나이의 많고 적음과 관계없이 형님, 누님이라고 불러왔습니다. 때문에 아버님은 '참가정이 생명나무'라고 하신 것입니다.

성서에서 아담, 구세주, 메시아, 재림메시아는 생명나무로 지상에 강림한다고 예언되어 있습니다. 참가정은 이 생명나무가 아담 개인 단위에서 가정 단위로 확대된 것입니다.

참부모의 상대격은 참자녀입니다. 참자녀의 탄생이 없었다면, 참부모도 참가정도 있을 수 없습니다. 최초로 아버님과 한 총재를 참부모의 격위로 서게 한 것은 직계자녀인 참자녀입니다.

참자녀의 탄생이 있었기에 두 분은 비로소 참부모의 위상과 참가정의 기대를 갖추어서 원죄를 갖고 태어난 인류에 대한 축복 역사를 출발할 수 있었습니다. 참자녀와 축복가정은 줄기와 가지 같은 관계에 있습니다.

줄기가 모양이 흉하다고 가지가 줄기를 부정할 수 있습니까?

줄기가 없이 가지가 살아남을 수 있습니까?

원죄를 갖고 태어난 인류의 중생식으로서의 축복식은 36가정으로부터 시작되어 72가정, 124가정, 430가정, 777가정, 1800가정,

6000가정, 6500가정까지 거행되었습니다. 그리고 진전된 섭리사의 혜택에 의하여 1992년부터는 축복의 보편화와 세계화에 의해서 축복식이 거행되었고, 전 세계에서 많은 결혼 적령기의 청년남녀들과 기혼가정들이 종교, 인종, 민족, 국가를 초월하여 동참했습니다.

저는 36가정 축복식의 은사를 받았습니다. 제가 축복을 받던 1961년에는 축복식 참석을 위해 하늘이 요구하는 기준도 높았지만, 무엇보다도 어느 누구도 이해하고 환영해주지 않는 환경이었습니다. 36가정이 가장 먼저 전인미답의 길을 가는 입장이었기 때문에, 축복의 관문을 통과해서 축복가정을 이루어 정착하기까지의 과정이 가장 어려웠지만, 그 이후에도 3만가정까지 축복식에 참여하는 신랑 신부들은 죽었다가 다시 살아난 것과도 같은 입장에서 가족, 친지, 친구를 포함한 주변으로부터 시련을 다 극복해내야만 했습니다.

6500가정(1988. 10) 이후부터 아버님은 모든 축복식의 조건을 국제축복결혼식으로 하였습니다. 축복식에 참석하는 신랑 신부는 대부분 서로 다른 국적을 가진 배우자와 맺어졌습니다. 6500가정은 대부분이 역사적으로 뿌리 깊은 원수 관계인 한국과 일본의 국적자들이었지요. 아버님은 3만가정(1992. 8) 이후부터 전 세계 국적, 민족, 인종, 종교를 다 뛰어넘어서 부부를 맺어주었습니다. 이처럼 국적, 민족, 인종, 종교를 초월한 축복식을 아버님은 '교차교체 축복식'이라고 말씀하였습니다. 그리고 2000년 밀레니엄시대의 개막과 함께, 아버님은 이미 작고하여 영계에 들어간 영인(靈人)들까지 영적으로 축복식에 참여하게 함으로써 영인들도 하나님의 아들과 딸이 될 수 있는 길을 열어주었습니다.

통일교회 시대의 축복식에 참여할 수 있는 조건이나 기준, 그리고 축복식의 의식은 대단히 까다롭고, 일반인들이 보기에 이해하기 어려운 내용이 많았습니다. 축복식에 참석을 희망하는 남성과 여성은 우선 통일교회에 입교한 지 3년 이상, 7일 금식 3회 이상, 믿음자녀(전도한 식구) 3인 이상, 21일 통일원리수련회 수료의 조건을 갖추어야 했습니다.

축복식에 참석해서는 성주(聖酒)를 마시고 성혼서약(成婚誓約)을 해야 합니다. 성혼서약으로 "하나님을 우리 가정의 부모로 믿고 모실 것, 부부가 순결을 생명시하고 절대적으로 지킬 것, 자녀를 하나님의 아들 딸로 양육할 것, 하나님의 섭리와 세상을 위하는 삶을 살 것"을 하나님 앞에 맹세합니다.

축복식에 참여하여 축복가정 부부가 된 것을 참부모 문선명 한학자 양위분이 선포하게 되면, 신랑 신부들은 성별기간(40일간 부부관계를 맺지 않고 하늘 앞에 정성들이는 기간), 3년간 공적 헌신생활(예수님의 3년 공생애 기간을 탕감복귀하고 그 심정과 일체되는 기간), 그러고 나서 축복가정으로서 출발하기 직전에 3일식을 하게 됩니다.

3일식은 에덴동산에서 아담과 해와, 천사장을 중심으로 타락하여 거짓사랑 거짓생명 거짓혈통의 인연을 맺은 것을 총탕감복귀하는 의식을 기도 정성을 들이면서 하나님 앞에 올리는 의례입니다. 일반적으로는 부부의 첫날밤에 해당하지만, 축복식의 과정에서는 최종적으로 하나님의 참사랑 참생명 참혈통을 상속받은 참된 부부가 되고 참된 가정을 출발하는 통과의례가 됩니다.

축복의 보편화, 세계화, 천주화

가정연합과 '가정맹세'의 시대가 출발(1994. 5. 1)하기 이전까지의 축복식은 교회와 종교 차원에서 올리는 중생식이었으며, 곧 통일교회 차원의 의식이었습니다.

그러나 축복식은 1993년 1월 1일 성약시대의 출발, 1994년 5월 1일 가정연합과 가정맹세의 시대가 출발한 이후부터는, 교회권과 종교권을 넘어섰으며, 통일교회의 의식도 아닌 것이 되었습니다. 이에 따라 소위 '통일교회 시대', '탕감복귀섭리시대'에 축복식 참가를 위해 필요했던 조건, 절차, 기준, 의식들은 대폭 간결해졌고, 개방되었습니다.

아버님은 세계평화통일가정연합을 창설한 1996년 8월부터 "축복의 보편화와 세계화"를 선포하셨습니다.

축복의 보편화라는 것은 무엇인가요?

첫째, 종파와 교파, 인종, 민족, 국가와 같은 모든 담을 허물고 축복을 받아 하나님을 부모로 모신 참된 가정을 소망하는 모든 사람들이 참여할 수 있다는 의미입니다.

축복의식은 더 이상 어떤 한 교파나 종파의 담에 갇혀있는 의식도 아니며 종교라는 범주 안에 있는 의례도 아닙니다. 전 인류를 위해 개방되어 있는 것입니다.

둘째, 평준화라는 의미를 포함하고 있습니다.

평준화라는 말은 통일교회시대에 개인의 생명을 걸고, 높고도 어려운 조건과 과정을 다 통과해서 받은 축복과 가정연합시대에 들어와서 대폭 간결해지고 수월해진 조건과 과정을 밟아서 받은 축복의 가치가 '차이가 없고 동일하다'는 의미입니다.

축복의 평준화에 대해서, 통일교회시대에 축복을 받고 수십 년간 어렵고도 힘든 신앙 길을 걸어왔던 선배 축복가정들과 공직자들이 저에게 불만을 털어놓았습니다.

"어떻게 우리가 통일교회시대에 받았던 축복과 이렇게 쉽고 간단한 축복의 가치가 같다고 말할 수 있으신지요?"

이에 저는 아버님께 여쭈었고, 다음과 같은 대답을 들었습니다.

"타락한 아담의 후예인 인간은 어떠한 조건을 갖추어도 원죄를 벗고 하나님의 아들딸이 될 수 없다. 하나님의 수고와 은혜로 축복을 받았고, 하나님의 특별한 조건에 의해서 너희가 아들딸로서 다시 태어날 수 있었던 것이다. 우리의 부모이신 하나님은 기준을 더 낮추고, 최소한의 조건이라도 세우면, 거짓사랑 거짓생명 거짓혈통으로 고통 받고 있는 인간들을 구원하고 해방시켜주고 싶으신 것이다. 그것이 부모님이신 하나님의 심정이다. 모든 축복의 가치는 같다."

축복의 세계화는 문자 그대로 축복의 글로벌화입니다. 이러한 의미와 함께 국적, 민족, 인종, 종교를 초월한 '교차교체축복'의 뜻도 있습니다.

교차교체축복은 요즘 한국에서 많이 말해지는 '다문화가정'입니다. 다문화가정이 이렇게 많아지기 전에는 '국제결혼가정'이라는 말이 있었지요.

아버님은 이 교차교체 축복식이야말로, 지구촌 인류가 하나의 가정을 이루고, 하나의 가족으로서 평화세계를 이룰 수 있는 가장 확실한 방법이라고 말씀하였습니다. 『평화신경』 제1장에는 교차교체축복의 의미가 이렇게 설명되고 있습니다.

"가장 저주하고 싶고 꿈에라도 만나기 싫은 원수 집안과 결혼축복을 통해 한 가족이 되어 보십시오. 원수의 감정에 젖어 있던 부모들의 혈통은 사라지고 새롭고 강력한 참사랑의 핏줄이 창조되는 것입니다. 양가의 자식들이 부부가 되고, 서로 사랑하며 행복한 가정을 이루어 사는 것을 저주할 부모가 어디 있겠습니까? 아무리 미워하는 원수의 딸이라고 할지라도 자기 아들의 사랑을 받는 며느리가 되어 수정처럼 맑고 깨끗하고 참된 하늘의 손자손녀를 안겨줄 때, 기쁨의 미소를 짓지 않을 할아버지 할머니가 어디 있겠습니까? 백인과 흑인이, 동양과 서양이, 유대교와 회회교가, 더 나아가서는 오색인종이 한 가족이 되어 살 수 있는 길이 교차교체축복결혼의 길 외에 또 무슨 방법이 있겠습니까?"

밀레니엄시대, 2000년대에 들어서부터 아버님은 '축복의 천주화(天宙化)'를 추가합니다. 축복의 보편화, 세계화에 이어 천주화입니다. 천주화는 지상에서 살다가 작고하여 영계에 간 영인들을 축복하는 것입니다.

통일원리에 의하면, 축복은 지상에 살아있을 때에만 가능합니다. 영계에 간 조상 영인들은 지상에 있는 후손들이 축복을 받을 때, 협조 하에 그 혜택을 받을 수 있었습니다. 하나님이 축복의 천주화의 문을 개방한 이후부터 영계의 영인들은 영계에서 직접적으로 축복을 받고 천국에 들어갈 수 있는 길이 열리게 된 것입니다.

통일교회와 '나의맹세' 시대가 끝나고, 가정연합과 '가정맹세' 시대가 시작된 1994년 5월 1일 이후에도 축복결혼식의 참가조건, 의식의 절차, 축복이후 가정출발을 위한 공적인 조건 등에 있어서 예전 통일교회시대의 내용들이 여전히 남아서 지금까지도 부분적으로 실행되고 있습니다.

하지만 하나님께서는 한 사람이라도 더 구원하여 하나님의 아들딸로 중생하게 하고, 그 가정에 함께하고 싶은 심정으로 조건과 절차를 간소화해 나가고 있기에, 축복은 더욱 더 보편화, 세계화, 천주화의 과정을 밟게 될 것이라고 예상합니다.

성주식, 성혼서약, 축도, 가정맹세를 중심으로 축복의식이 재구성되리라 예상합니다. 통일교회시대, 탕감복귀섭리시대에 필요했던 의식들은 간소화하거나 없어지는 방향으로 하나님의 축복섭리가 나아갈 것이라고 예상합니다.

축복의 보편화, 세계화, 천주화를 통해서 통일교회 시대에 축복식 참여를 어렵게 했던 종교, 인종, 민족, 국가와 같은 모든 장벽을 허물어버렸습니다. 이러한 하나님의 축복섭리는 '축복권'과 '축복집례권'에서도 큰 진전이 있었습니다.

아버님은 참가정의 참자녀를 대표하여 영계에서는 문흥진님, 지상에서는 문현진님에게 '축복권 이양'(2000. 9. 24)을 선포합니다. 또, 아버님은 종족적 메시아(1989. 1)의 사명을 말씀하는 가운데, "종족적 메시아에게는 자신의 자녀를 포함한 종족에 대한 축복권이 있다"고 여러 차례 언급하셨습니다. 축복가정의 위상과 가치와 사명에 관한 말씀을 할 때에도 아버님은 "축복가정이 자신의 직계 아들딸에 대한 축복권이 있다"고 말씀했습니다.

'축복집례권'도 그렇습니다. 아버님은 1997년 6월부터 지도자와 축복가정에게 '축복집례권'을 전수했습니다. 저 자신이 제일 먼저 아버님의 지시를 받아서 전 세계를 순회하며 축복식 집례를 했고, 185개국에 파송(1996)된 국가메시아들도 나중에는 소속된 국가에서 축복권과 집례권을 행사했습니다. 또한 종족적 메시아의 입장에서 저를 포함하여 많은 간부와 선배가정들이 자신의 성씨 종중(문중) 축복식을 집전했습니다.

아버님은 참부모의 심정으로, 축복으로 나아가는 데 장애가 될 만한 모든 담과 장벽들을 허물어버렸습니다.

누구나 가지고 있는 신앙이나 종교도 상관없고, 흑인이든 백인이든 한국인이든 미국인이든 관계없이 자신이 축복에 참여하여 '하나님의 참된 자녀가 되고 참된 가정을 이루어 하나님을 부모로 모시고 더불어 살고 싶다'는 소망과 책임의식만 가지고 있으면 다 참석할 수 있다고 하였습니다. 축복을 받고 축복가정이 된 후에는, 각자 자기 책임분담으로 가정맹세를 훈독하며 하나님과 함께 하는 인생을 살면 된다고 말씀했습니다.

축복가정의 책임과
천일국(天一國) 실현

축복가정은 악의 역사를 청산하고 살아계신 하나님의 참자녀권, 참부모권, 참왕권을 참사랑의 하나님의 왕국 속에서 실현하기 위한 소명을 받았습니다. 그 소명 앞에 책임 다하기 위해, 축복가정 앞에는 '초종교적 초인종적 화합을 완전히 성취하고 새로운 국가와 세계를 실현하기 위한 길'이 놓인 것입니다.

하나님의 왕권과 주관권

이러한 세계를 아버님께서는 '천일국(天一國)'이라고 하였습니다.
천일국은 참사랑 안에서 둘이 하나가 되는 나라입니다.
마음과 몸이 하나가 되고 남편과 아내, 부모와 자식, 영계와 육계, 하나님과 인류가 하나 되는 곳입니다.
따라서 천일국은 하나님을 중심한 통일세계 이상을 나타내는 것입니다.
아버님은 재세 시에 불철주야로 천일국을 실체적으로 이루기 위한 삶을 살아 오셨습니다. 하나님의 참사랑과 참생명과 참혈통의 실체인 참부모와 참가정을 뿌리로 하여 하나님의 왕권을 수립하여 하나님을 해원해드리고, 하나님의 영토와 관할권을 세계와 천주로 확장하고, 축복가정을 천일국의 주인으로 만들기 위해 생애의 마지막 순간까지 정성을 투입하였습니다.

아버님은 언제나 하나님의 한을 풀어드리는 것에 사무쳐 계셨습니다.

하나님이 주인이시고, 하나님이 시원이신데, 그 하나님이 주관권을 한 번도 행사해 보지 못하고, 한 번도 주인 대접을 받아 보지 못하셨기 때문입니다.

아버님은 이러한 하나님의 한을 풀어드리기 위해 하나님의 왕권을 세워드리는 섭리를 진행해 오셨습니다. 사람들은 오해할 수도 있는데, 하나님의 왕권은 타락한 세상에서 권세나 힘을 가지고 휘두르는 그런 왕권이 아닙니다. 참사랑의 완벽한 주관권입니다.

아버님은 2001년 하나님의 왕권즉위식을 선언적으로 봉헌해드렸고, 이후 2013년 기원절에 '실체적인 하나님 왕권즉위식 봉헌'을 목표로 전체 역사를 탕감하고 실체적으로 승리적인 조건을 세워 나왔습니다. 그 과정에서 손에 땀을 쥐게 하는 어려운 고비들도 많았습니다.

한 가지 잊을 수 없는 것은 제1장에서 언급한 예수님의 평화의 왕 대관식 행사였습니다.

2003년 12월 예루살렘에 3천 명의 종교 지도자들이 모여 국제회의를 진행하고 있을 때 아버님은 지시하셨습니다.

"유대교 대표, 기독교 대표, 이슬람 대표가 하나 되어 예수님의 왕권즉위식을 거행하도록 해."

상식과 통념을 벗어난 지시에 당시 저는 무척 당황했고, 제 딴에는 아버님의 생각을 바꿔보려고 노력했습니다. 그러나 아버님의 뜻은 굽힘이 없었습니다. 세상 누가 뭐라고 하건 '하나님이 보내신 독생자 예수님의 한을 먼저 해원해야 하는 것'이 아버님의 단호한 뜻이었습니다.

장시간 국제전화를 통한 아버님의 지도와 설득, 아버님의 뜻을 존중하는 종교 지도자들의 폭넓은 이해, 무엇보다 하나님의 도움 속에서 2003년 12월 23일, 기적과 같은 행사가 열렸습니다. 유대교 대표, 기독교 대표, 이슬람 대표, 가정연합 대표가 3천 명의 종교계 대표와 수많은 주민들이 모인 공원 야외무대에서 예수님과 성신의 왕관을 앞에 모시고 대관식을 올린 것입니다. 이와 같은 대관식은 이듬해 미국과 한국에서도 개최되었습니다.

아버님이 긴 고난의 복귀역사와 또 승리적인 섭리 노정을 걸어온 것은 우선적으로 인류의 부모이신 하나님의 왕권을 수립하고 하나님 주관권의 주권과 영역을 넓히기 위함이었습니다. 유형실체세계와 보이지 아니하는 무형실체세계(영계), 즉 영인의 세계까지 온 천주 앞에 하나님의 주권과 참사랑의 주관권이 미치도록 생애를 바쳐 오신 것입니다.

이처럼, 아버님은 하나님의 주권과 영역을 확보하는 데 근본적인 장애요인인 공산사상과 그 세력을 없애기 위한 승공운동을 많은 희생을 치르면서 전개하였고, 하나님의 참사랑의 이상에 배치되는 퇴폐문화에 대항하여 파괴된 가정의 질서와 윤리도덕을 바로 세우기 위한 참가정운동을 전개했습니다. 세계적으로 젊은이를 대상으로 순결운동을 추진했습니다. 하나님의 주관권을 확산하려는 아버님의 노력은 유엔 갱신운동까지 전개됐습니다. 정부의 신임장 하나 없이 유엔에 발을 붙이고 일한다는 것이 얼마나 어렵습니까? 그런 어려움을 뚫고 아버님은 궁극적으로 부모유엔이상까지 실현시켜 온세계에 하나님의 주관권이 세워지기를 바라셨습니다. 뿐만 아니라 사탄을 용서하는 지옥 해방식을 거행하고, 여러 계층의 막힌 영계까지 개문하여, 참사랑의 주관권이 전 영계에까지 미치게 하는 섭리의 행보를 밟아왔습니다.

천일국 주인 축복가정

천일국의 주권인 하나님의 왕권을 수립하고 천일국의 영토인 하나님의 주관권을 확산하는 섭리와 더불어, 아버님은 축복가정의 위상을 천일국 주인의 단계까지 격상시켜 오셨습니다.

축복의 보편화, 세계화 섭리가 출발하면서 아버님은 축복가정들에게 말씀하였습니다.

"너희들은 종족적 메시아다!"(1989. 1)

과거 종교 역사에서는 상상할 수 없는 혁명적인 조치입니다. 축복가정이 자기 종족을 축복해줄 수 있고, 구원해줄 수 있는 구세주와 같은 입장이라는 것. 아버님을 모시고 뜻길을 걸어온 우리조차 감히 생각할 수 없는 것이었습니다.

아버님은 여기서 그치지 아니하시고 제4차 아담권시대(1997. 9)를 선포하셨습니다. 참부모님의 축복을 받은 모든 축복가정이 가정맹세의 기준대로 살게 되면 누구나 '제4차 아담권 시대의 중심가정'과 연결이 된다는 것입니다.

제1차 아담은 에덴동산의 아담, 제2차 아담은 예수님, 제3차 아담은 문선명 아버님입니다. 제4차 아담은 아담과 해와가 타락 전 입장에서 완성하여 하나님의 축복을 받은 시대권의 아담을 말합니다.

이때부터 아버님은 축복가정이 '자기 이름으로 기도하는 시대'(1999. 9)를 열어주셨습니다. 이러한 시대가 출발했기에 아버님은 축복가정들에게 '축복중심가정'(2001. 1)의 위상을 부여하였습니다. 아버님의 말씀에 따르면 축복중심가정은 "타락세계와 아무런 관련이 없는 가정"을 의미합니다. 때문에 메시아도, 종교도 필요 없다고 했습니다. 참아버님의 말씀을 훈독하고 생활 속에서 실천하면 다 해결된다고 했습니다. 이와 같은 축복중심가정에 대하여 문현진 회장은 "하나님-참부모-참가정으로 이어지는 '종적인 축'에 연결된 확대 참가정의 일원"이라고 설명하였습니다.

마지막으로 아버님은 축복가정들에게 "너희들은 천일국 주인이다!"라고 하였습니다. 축복가정을 '천일국 주인'(2002. 11)으로 세우고 가정맹세 1절부터 8절까지의 내용을 '천일국 주인'으로 시작되게 하였습니다. "천일국 주인 우리 가정은"으로 시작되는 가정맹세에서 알 수 있듯 천일국 주인은 개인이 아니라 가정이 단위입니다.

이렇게 아버님께서는 섭리를 진전시켜 나오면서 축복가정들에 대하여 '종족적 메시아', '제4차 아담권', '자기 이름으로 기도하는 시대', '축복중심가정', '천일국 주인'으로 그 격위와 천주적인 가치를 높여주었습니다.

그러나 이러한 지위와 축복을 받았다고 해서 그 자체로서 자격을 갖추는 것은 아닙니다. 또한 그로서 하나님이 바라시는 궁극적인 뜻이 이루어지는 것이 아닙니다. 본연의 에덴동산에서 하나님으로부터 받은 3대 축복의 이상을 아담 해와가 스스로의 책임분담으로 이루어야 하듯, 축복가정에게도 그와 같은 자기 책임분담이 놓여 있는 것입니다.

아버님은 축복가정에게 천일국 주인으로서 최종적인 지위를 부여하셨을 뿐만 아니라, 그들의 책임으로 하나님의 뜻을 실체적으로 이루어 나갈 수 있는 모든 권한과 기준으로 삼을 수 있는 말씀을 상속해 주셨습니다.

2001년 '하나님왕권즉위식' 후에 아버님은 몇 차례나 말씀하셨습니다. "내가 너희들에게 축복권과 소유권과 상속권과 말씀까지 다 주었다.

이제 내가 더 줄 것이 없다. 그 받은 것을 가지고 너희들이 책임하고 다 베풀어라."

아버님은 일생 많은 말씀을 남겨주셨지만, 모든 인류가 하나님의 혈통에 접붙여진 축복중심가정, 천일국의 주인으로서 가야 할 길과 책임을 가정맹세로 집약해주셨습니다. 무려 615권에 달하는 방대한 아버님의 말씀선집과 지도 내용의 총 결론이요, 천일국의 주인인 축복가정이 지켜야 할 헌법과 같은 가정맹세문을 제정해주신 것입니다.

가정맹세 1절과 4절은 축복중심가정이 하나님의 창조이상인 지상천상천국을 창건하는 것과 자유와 평화 통일과 행복이 넘치는 천주대가족을 이루어야 한다는 기본 사명을 명시했습니다.

2절과 3절은 천일국 주인이 되는 가정의 기본 도리와 궁극 목표를 규정했습니다.

즉 효자 충신 성인 성자 가정을 이루는 기본 도리와 4대 심정권 3대 왕권 황족권을 완성해야 할 이상적 목표입니다.

5절과 6절은 가정의 구체적 생활 지침을 규정했습니다.

매일 천상세계에 동기를 두고 지상세계를 통일시켜 나가고 자기 가정의 삶으로 하나님과 참부모님을 증거하는 가정이 되어야 하는 내용입니다.

7절과 8절은 가정맹세의 결론에 해당합니다.

하나님의 참사랑 참생명 참혈통과 연결된 생활로 심정문화세계를 완성해야 하고 하나님과 인간이 참사랑으로 하나 되어 내외적으로 참된 해방과 자유를 얻는 천국을 완성하는 것입니다.

가정맹세는 1절부터 8절까지 '타락과 복귀와 탕감과 일절 관계가 없는 본연의 세계에서 본래의 인간이 하나님의 창조목적을 완성하고 하나님의 창조이상세계를 형성하여 살아가기 위한 도리와 책임과 역할'을 밝힌 천일국 주인의 계명입니다. 종교와 인종, 국가의 울타리를 넘어 전 인류에게 남겨주신 아버님의 가장 위대한 유산이자 축복의 말씀인 것입니다.

우리는 이렇게 천일국 주인, 축복중심가정으로서 축복권, 소유권, 상속권, 말씀을 상속하고 이것을 확장해야 할 사명과 책임과 권한을 위임받았습니다. 항상 잊지 말아야 할 점은 '우리의 중심이 어디이고 뿌리를 어디에 내리고 있느냐' 하는 것입니다.

만일 그 뿌리를 정확하게 못 내리면 축복가정들이 서야 할 토대가 없어지며, 그들의 기반은 사상누각이 될 것입니다.

앞에서 언급했지만, 〈하나님의 뜻과 본연의 창조이상〉은 하나님과 참부모님과 참자녀 삼대권을 이룬 참가정을 중심으로 하나님의 참사랑 참생명 참혈통이 실체화되는 것입니다. 그곳에 축복가정의 중심이 연결되어 있어야 합니다.

이 뿌리가 흔들리거나 이를 망각하면, 우리가 하늘로부터 상속한 축복가정 본연의 가치가 빛을 잃고 축복가정의 권리와 책임을 수행할 수 있는 토대를 잃게 됩니다. 우리는 이 점을 깊이 인지해야 합니다.

기원절은 완성되었는가?

천일국의 창건은 하나님의 섭리가 지향하는 구체적인 결실이자 목표입니다.

그 결실을 하나님에게 봉헌하는 의식이며 기념비적인 날이 본래 기원절입니다.

아버님은 이날을 2013년 1월 13일로 정하고 '이 지상에서 천일국의 창건과 기원절을 실체로서 하나님 앞에 봉헌해 드리고자' 했습니다.

이 날을 기해 참부모님이 천주적인 차원의 성혼식을 완성적으로 해야 하고, 그 기대 위에서 모든 축복가정들이 입적축복을 받아 천일국에 실체적으로 입적해야 합니다. 그리고 실체적인 하나님의 왕권 즉위식을 해야 합니다.

그런데 이 기원절은 주인공이 성화하셨고, 미완의 상태로 지상의 자녀권과 후대의 책임분담으로 남게 되었습니다.

참가정을 중심한 천일국 창건

우리는 천일국 창건과 기원절의 완성을 위하여 아버님이 우리에게 당신의 유지로서 남긴 책임분담이 무엇인지, 다시 생각해 보아야 합니다.

그것이 앞으로 축복중심가정이자 천일국 주인인 우리들이 나아갈 방향이기 때문입니다.

먼저, 천일국 창건과 기원절 완성은 아버님의 참가정 안에서 그 대(代)를 이어서 삼대권과 사위기대를 중심하고 완성하지 않으면 안 됩니다. 이 죄악과 곡절의 세계가 그 긴긴 역사를 거쳐 오면서 인간을 괴롭혀온 것은, 바로 죄의 근본이 인간조상으로 말미암아 발생한 혈통적인 범죄이기 때문입니다.

이 혈통 범죄의 굴레를 벗어나지 않는다면 이상세계는 꿈에 불과할 것입니다.

하나님, 참부모, 참자녀로 연결되는 참가정의 인연을 통해서만 하나님의 참사랑 참생명 참혈통의 씨가 연결되어서, 모든 죄악 역사와 세계가 다 정리가 되고 인류가 하나님을 중심한 한 가족이 될 것입니다.

여기에 계승의 참된 의미가 있습니다.

시간적으로는 아버님을 대신한 입장에서 그 책임이 다음 세대에서 종(縱)으로 이어지는 것이지만, 섭리적인 의미에서는 그 책임이 한 몸처럼 횡(橫)으로 계속되는 것과 같습니다.

섭리역사에도 이러한 예가 있습니다. 아브라함 가정의 책임이 이삭, 야곱까지 종적으로 연장되며 3대에 걸쳐 완수되지만, 아브라함 당대에 횡적으로 이루어진 것과 같은 것입니다.

천일국 주인된 축복가정은 반드시 참가정 삼대권 사위기대에 뿌리를 두어야 합니다.

그 뿌리를 절대로 놓치면 안 됩니다.

그리고 이제는 자기 가정이 주체적으로 책임을 지고 가야 합니다.

아버님께서 남겨주신 8대 교재교본을 중심으로 우리의 섭리관과 원리관을 바로 세우고, 하늘땅 앞에 축복가정의 본분을 다하는 가운데 당당하게 살아가면서 천일국을 이루고 하늘 앞에 기원절을 봉헌할 수 있는 그날이 오기를 소망해야 합니다.

한 가지 더 부연하면, '누가 아버님과 같이 이 섭리적인 사명을 책임지고 이끌 분인가' 하는 것입니다. 그분의 섭리적인 위치는 제3 아담으로 오신 참아버님의 사명, 즉 본래의 아담이 이루어야 할 사명을 완수하여 궁극적으로 참가정을 이 땅위에 정착시키고 하나님의 주권이 실제로 임한 하나님의 나라, 천일국을 세워 기원절의 이상을 완성해야 할 제4차 아담입니다.

아버님은 하나님의 본체의 씨를 가지고 땅에 왔지만, 거기 더해 '사명적인 책임분담을 완수하기 위해 누구와도 비교할 수 없는 생애를 개척하고 실천하고 이룩한 분'입니다.

하나님의 뜻과 꿈을 이루기 위해서, 하나님의 한이 무엇인가를 깨닫고 그 한을 풀어드리기 위해서, 충효지심을 가지고 하나님 대신해서 죄악의 인류를 그토록 긍휼히 여기고 참사랑을 일관되게 실천해온 분입니다.

어디를 가나, 누구를 만나나, 어떤 상황에서나, 핑계를 대거나 남의 책임이라고 말한 적이 없는 분입니다.

언제라도 '모든 것은 다 내 책임', '내가 해야 될 텐데, 내가 못해줘서 그렇다'고 말씀하신 분입니다.

50여 년간 지척에서 아버님을 모시면서 너무도 생생하게 보고 체감한 사실입니다.

하늘 뜻과 꿈에 대한 사무치는 정성과 충효지심.

하나님의 뜻을 이루기 위한 백절불굴의 투지와 추진력.

모든 세상사를 당신의 책임으로 느끼고 해결하겠다는 사명감과 실천력.

이러한 것을 가지고 있지 않다면, 감히 그 자리를 상상도 해서는 안 됩니다.

참아버님의 마지막 보고

2012년 8월 13일, 아버님은 지상에서의 삶의 마지막을 정리하는 긴박한 순간에 최종적인 선포와 함께 하나님께 최후의 보고를 올렸습니다. 지상에서 천일국 창건과 기원절 봉헌의 날을 맞지 못하고 영계로 갈 수 있다는 입장에서, 아버님의 사명과 책임을 인류 앞에 최후의 유언으로 남기는 보고였습니다. 가쁜 숨을 몰아쉬며, 하나님 앞에 바쳐온 한 생을 정성들여 종료하는 시간을 갖추어 최후의 유지를 남긴 것입니다.

"오늘 최종적인 완성의 완결을 지어 아버지 앞에 돌려드렸사오니
지금까지 한 생을 아버지 앞에 바친 줄 알고 있사오니
그 뜻대로 이제는 모든 생을 종료하는 시간을,
정성들여 종료하는 시간을 갖추어 가지고
본연의 에덴동산 타락이 없는 동산으로 돌아가 가지고…….
아담의 아내가 잘못되고, 아담의 책임분담에 걸린 것을
다 초월할 수 있도록
모든 것을 해방·석방의 권한을 가지고
부모님 뒤만 따라오면 4차원에서도 14차원에서도
지옥갈 수 있는 것을 천국으로 입양할 수 있는 4차원 입적과
14명의 아들딸 중심삼고 종족메시아가 국가를 대표할 수 있는 이름을 이루어 가지고 387나라만 하면 다 끝나는 것을 선포합니다. 그 일을 다 이루었다. 다 이루었다. 아주."

참자녀를 중심으로, 축복가정들이 종족적 메시아로서 하나님의 조국 광복을 이루고, 387나라(아벨 유엔권 194개국과 가인 유엔권 193개국)로 말씀한 가인 아벨 일체권의 참부모 유엔 섭리를 완수하면, 뜻이 이루어진다는 선포입니다.

"그 일을 다 이루었다"는 것은 무엇입니까?
아버님으로부터 모든 것을 상속한 참가정의 자손들과 천일국의 주인들이 "뒤만 따라오면" "대표할 수 있는 이름을 이루어 가지고" "387나라만 하면"이라는 전제조건을 일러주셨습니다. 즉 유업을 맡아 책임만 하면, 아버님의 사명과 일이 다 이루어진다는 뜻이 담겨 있습니다.

이 최후의 유언을 받들어 '천일국 주인 우리 가정'이 가야 할 길은 무엇입니까.
본연의 혈통인 참가정을 모시고, 하나님의 평화세계실현을 위한 참아버님의 생애 최종적 목표를 이루어드리는 것 아니겠습니까!

3장

누구를 위한 음해와 조작과 참소입니까?

아버님의 눈과 귀를 가리고
문현진 회장을 거짓으로 내몬
세력들에 대하여

참부모님을 모시고 뜻길을 걸어온 지 어느덧 60년. 만 스물두 살 때부터 시작해서, 그야말로 옆도 뒤도 돌아볼 새 없이 주시는 말씀과 지시에 따라 바쁘게 살아온 삶이었습니다. 고달프고 힘든 삶이라고 느낀 적은 없었습니다. 하나님의 가호와 참부모님의 사랑이 너무나 컸기 때문입니다. 참부모님께서 주도해 오신 하나님의 섭리가 놀랍게 진전되는 기적의 역사를 가까이서 목격해왔기 때문입니다. 그 과정에서 저는 원리강의와 신앙지도를 통해 참아버님의 섭리진전에 대한 가르침을 전해온 것이 있습니다.
"하나님의 복귀섭리역사(선천시대)는 종결되고, 하나님의 본연의 창조이상이 결실 맺는 성약시대가 후천시대로서 출발합니다. 이 시대에는 지상에 참부모와 참가정이 자리 잡고, 모든 인류가 하나님의 자녀요, 하나의 형제자매가 되어 살아가는 평화이상세계가 실현될 것입니다."
아버님께서 당신 생애의 목표로 삼아오신 가르침입니다. 그 꿈이 기원절을 통해 일단락되고 당신의 계대를 통해 계속 발전해나가기를 소망하셨습니다. 저는 이같은 아버님의 계획이 하나님의 천운과 축복 가운데 아버님 재세 시에 반드시 실현될 것임을 단 한 번도 의심하지 않고 살아왔습니다.
그런데 아버님은 기원절을 목전에 두고 성화(聖和)하셨습니다.
이것이 아버님의 본래 뜻이 아니라는 것을 저는 잘 압니다.
아버님께서 오매불망 이 날을 향해 투입하고 희생해 오신 때문에 아버님의 생애를 돌아보면 돌아볼수록, 참으로 허탈하고 비통하기 이를 데가 없습니다.
더 허망하게도, 아버님의 생애 마지막 4~5년간에 걸쳐 발생한 통일가 갈등과 혼란은 당신이 이룩하신 생애 업적과 기반들이 처참하게 파괴되는 것이었습니다. 가장 존귀한 참가정에 치명적인 분열과 갈등이 발생하였다는 것 또한 무엇보다도 가슴 아픈 일입니다. 하나님의 섭리역사 육천년을 통틀어 가장 빛나던 승리의 금자탑을, 불과 10년도 안 되는 사이에, 통일가 스스로가 허물어 버린 것입니다.

도대체 어째서 이런 일이 발생한 것일까요?

그동안 아버님의 가장 가까운 자리에서 많은 것들을 보고 듣고 경험해왔지만, 제가 목격한 진실에 대해 가급적 언급을 피하거나 침묵했습니다. 이 갈등과 혼란이 절대 일어나서는 안 될 참가정 안에까지 확산되고 심화되었기 때문입니다. 또한 어디까지나 존중되어야 할 참가정의 문제에 대해 제 입으로 왈가왈부하는 것은 신앙적 도리가 아니라고 보았고, 하늘이 살아계시니 사필귀정의 원칙으로 빠른 시일 내에 정리해주시리라 믿었기 때문입니다.

그런데 어느 순간부터, 이러한 저의 생각이 잘못된 것임을 깨닫기 시작했습니다. 원리적으로 보더라도 인간책임분담의 원칙이 있기에 우리가 책임 못하면 상황은 더 악화될 수 있습니다. 이 혼란에 대해 저에게도 어느 정도 책임이 있다면, 아무리 곤혹스러운 것이라 해도, 회피할 것이 아니라 누구보다도 먼저 이 불편한 진실에 대해 밝히고 정리를 해야 한다고 결심하게 된 것입니다.

이 결심이 서기까지, 또 하나의 각별한 계기가 있었습니다.

바로 현진님이었습니다.

현진님께서 성화하신 아버님을 끊임없이 위로해 드리며, 이 문제에 대해 끝까지 책임지고 근본적으로 해결하기 위한 눈물겨운 투쟁을 해 오셨기 때문입니다.

아버님의 계대를 이을 입장에서 억울하게 쫓겨나서 가족과 통일가 공동체로부터 모진 멸시와 박해를 받으면서도, 현진님은 결연하게 자신의 섭리적 위치를 지키며 뒤엉킨 실타래보다 더 복잡하게 얽힌 문제들을 근본에서부터 하나하나 풀어오신 것입니다.
이런 현진님을 대할 때마다 아버님을 모셨던 1세 원로로서 참으로 할 말이 없었습니다. 변명의 여지없이 책임 다하지 못한 것을 통감하고 하나님께 통회할 따름이었습니다.
그리하여 통일가 혼란에 대한 진실들을 기록하게 되었습니다.
제가 잘 나서, 제가 잘 살아서 이 글을 발표하는 것이 아닙니다.
제가 책임 다하지 못했기에, 진심으로 하나님 앞에, 아버님 앞에, 선지 선열 뭇 성현들 앞에 속죄하고 참회하는 심정으로 기록을 남기려는 것입니다.
또한 이 글을 접하는 축복가정들이 지금이라도 진실에 눈을 뜨고 하나님의 섭리 앞에 정도의 길을 가기를 바라는 마음입니다.
하나님의 복귀섭리사에서 아브라함이 비둘기 한 마리 쪼개지 않은 하나의 작은 사건조차도 섭리사에 중대한 영향을 미쳤습니다. 하물며 통일가는 물론 참가정 전체를 혼란에 빠트린 이 문제가 하나님의 섭리에 영향을 주지 않겠습니까? 그 영향이 축복가정들의 삶과 미래를 비켜갈 것으로 생각하지 않습니다. 하나님의 섭리 원칙과 원리적 기준에서, 그것은 가당치도 않은 일입니다.
이미 엎질러진 물을 다시 주워 담을 수는 없겠지요. 하지만 지혜가 있고 용기가 있는 축복가정이라면, 지금이라도 눈에 불을 켜고 마음을 다잡아야 합니다. 왜 이런 일이 발생했는지 그 원인을 찾고 바로 알고 고쳐나가야만 합니다. 하늘 앞에 통곡으로 회개하며, 해결을 위해 몸부림쳐야 할 때입니다.

천주사(天宙史)적인 혼란의 시작

사람들은 지난 10년간 통일가에 발생한 혼란을 두고 여러 해석을 내놓습니다. '형제간 다툼'이라 이야기하는 사람도 있고 '부모 자식간 갈등'으로 보는 사람도 있습니다. '자산싸움'으로 분석하기도 합니다.

겉으로 보이는 현상들이 그러할 뿐이지요. 이는 결코 갈등의 본질이 아닙니다. 분명히 못박아두지만 통일가 혼란의 본질은 형제간 다툼도, 부모 자식 간 갈등이나 자산싸움도 아닙니다.

이 갈등의 본질을 가장 잘 아는 분은 바로 현진님입니다.

현진님은 2011년 10월 29일, 부산 범냇골 성지를 7년 만에 다시 찾은 자리에서 "통일가 갈등은 하나님의 뜻과 섭리를 지키는 '천주사(天宙史)적인 싸움'이다"라고 하셨습니다. '하나님의 섭리의 방향을 놓고 벌어진 충돌'이요, 나아가 '하나님의 뜻을 이루기 위해 살아오신 아버님의 삶과 업적을 지키기 위한 싸움'으로 보았습니다.

하나님의 섭리역사를 돌아보면 이와 같은 사례가 몇 차례 등장합니다.

태초의 아담가정에서 해와가 천사장의 유혹으로 타락하고, 다시 그 해와가 아담을 타락시킨 사건은 분명 천주사적인 혼란의 시초라고 할 것입니다. 이후 복귀섭리역사 4천 년이 흘러 예수님께서 오셨을 때, 유대민족의 불신으로 메시아의 사명을 다 이루지 못하고 십자가에 돌아가신 사건 역시 하나님의 섭리 향방을 결정하는 또 하나의 천주사적인 혼란이었습니다. 다시 2천 년이 흘러 제3 아담으로 오신 아버님께서 메시아 사명을 완수하기 위한 삶을 살아오셨는데 그 기반과 권위를 후대에 상속하는 과정에서 큰 충돌이 일어났다면, 이 역시 하나님의 섭리에 중대한 영향을 미치는 천주사적인 혼란이 되는 것입니다.

갈등과 혼란의 본질

통일가 갈등의 본질을 하나님의 섭리적인 시각에서 파악할 수 있다면, 이것이 어떻게 천주사적인 혼란이 되는지 더 정확히 이해할 수 있을 것입니다. 그리고 이 문제를 해결하기 위한 올바른 방법도 찾을 수 있을 것입니다. 세속적이거나 인간적인 시각으로 이 문제들에 접근해서는 아니 됩니다. 그랬다가는 갈등의 본질을 밝히지도 못하고 문제를 해결할 수도 없습니다.

그러면 통일가 갈등의 본질은 무엇일까요?

단적으로 말하면, 어머님이 아버님과 하나 되지 못하고 당신의 정위치를 떠나 비원리적이고 반섭리적인 입장으로 떨어졌기 때문입니다.

어머님께서는 아버님의 섭리를 올바로 이해하지 못하였습니다. 아버님께서 이끌어 오신 섭리의 흐름과 방향과 목적을 이해하지 못하였을 뿐만 아니라, 어느 순간부터는 당신만의 목적과 계획을 관철시키기도 했습니다.

아버님은 현진님을 '참가정의 장자요, 제4차 아담권 시대의 중심인물'로 축복하여 당신의 기반과 권위를 상속해주시려는 섭리적인 뜻과 계획이 있었습니다. 그런데 아버님의 생애 마지막 단계에서, 어머님은 이와 같은 아버님의 뜻과 계획을 무시하였습니다. 그리고는 당신이 아버님의 기반을 취하려는 의도를 갖게 되셨다고 느낍니다.

어머님은 자신의 뜻을 관철시키기 위해 원리와 섭리 인식이 부족한 자녀분들과 교회 간부들까지 가세시켜 아버님을 고립시키고, 현진님을 장자의 자리에서 내몰았으며, 그 자리에 내적·외적 준비를 갖추지 못한 형진님을 세우셨습니다. 아버님 성화 이후에는 이런 형진님마저 내쫓고, 통일가 전체 기반을 차지하였으며, 결국 아버님의 혈통까지도 부정하는 '독생녀'라는 비원리적이고 반섭리적인 정체를 드러냈습니다. 이것은 참어머님의 도리가 아닙니다. 참어머님! 부디 초심을 세워 정위치를 찾으시기를 기도 드립니다.

한때 후계자가 되려는 속셈으로 하나님 대관식 행사를 후계자 책봉식으로 진실을 호도했던 형진님의 경우는 어떠합니까? 자신을 지원하는 어머님을 신격화했던 형진님은 어머님과 결별 후 180도 입장을 바꿔 어머님을 극단적으로 비난하였습니다. 그리고는 스스로 2대 왕에 즉위한 뒤 어머니까지 바꾸었습니다.

가정연합은 또 어떠합니까? 아버님 성화 후 어머님을 앞세워 교권을 장악한 가정연합 지도부는 근본도 없는 천일국 헌법을 만들었고, 궁극적으로 참가정 '혈통' 중심이 아니라 교권 중심의 세칭 '법통'으로 가려는 속셈을 드러냈습니다.

혼란의 과정에서 어머님과 형진님, 국진님, 인진님, 그리고 가정연합 지도부는 섭리적인 사명을 지켜가려는 현진님에게 형언할 수 없는 인격살인을 저질렀습니다. 또 수십 개의 소송을 일으켜 독생녀 앞에 굴복시키려 했습니다. 아버님이 이끌어가시던 '가정 중심' 섭리의 방향을 역행시켜 '교회 중심'으로 되돌렸으며 아버님 성화 이후에는 아버님의 말씀과 전통, 섭리기반마저 파괴하였습니다.

아버님의 섭리적인 비전과 방향과 목표를 알고, 올바르게 정렬한 분은 유일하게 현진님이었습니다.

그분은 교권 세력들의 불의한 결정과 압력에 굴복하지 않았습니다. 묵묵히 세계적인 기반을 닦으며 하나님의 섭리와 아버님의 업적을 지키기 위한 길을 걸어갔습니다. 가정연합 측의 공격으로 무수한 피해를 입었지만, 한 번도 그들을 심판하거나 저주하지 않고 참사랑으로 극복해갔습니다.

"원리도 모르고 자기중심적인 어머니와 동생들이 아버지 기반을 취해가지 않게 하고, 현진이 네가 앞으로 40년 이 운동을 이끌어야 한다."

그 같은 아버님의 당부를 현진님은 끝까지 받들었습니다.

참가정의 장자로서의 정통성을 굳건히 지켜냈습니다.

장자권이란?

최근 어머님은 '아버님의 장자는 2008년에 성화하신 효진님이고 그분의 아들이 대를 이어야 한다'고 주장하고 있는 듯합니다. 가정연합 간부들도 덩달아 앵무새처럼 그런 말을 하고 있습니다.

원리에서 말하는 장자권을 '태어난 순서에 의해 결정하는 유교적인 방식'으로 이해하시다니요? 한때는 막내이신 형진님을 후계자로 열렬히 선전하더니, 이제 와서는 동양적 전통을 따르려는 듯 효진님의 말이도 아닌 아들을 장자로 내세우다니요? 참으로 궁색한 모습입니다.

하나님의 섭리역사를 봐도 그렇지만 장자권은 태어난 순서에 따라 자동으로 결정되는 것이 아닙니다. 하나님의 섭리역사에서 말하는 장자권이란 단순히 하나의 가계를 잇는 '혈통적인 측면과 의미'만이 아니라 가장 중요한 하나님의 섭리적인 사명을 올바로 계승하고 책임지고 이루어야 하는 뜻이 담겨 있는 때문입니다.

장자권은 섭리의 중심이신 하나님의 축복과 공인을 받는 자리입니다. 그렇기 때문에 아버님께서는 아버님 가정에 첫째 아들이 태어났다고 해서 그분에게 장자권을 전수하지 않았습니다. 아버님도 자녀분 중에 '자신의 책임을 다하여 하늘이 공인할 수밖에 없는 자격을 갖춘 아들'이 나타나기를 기다려오셨습니다.

마침내 아버님께서 자녀 중 한 분을 장자의 자리에 세우시면, 그 아들은 상징적인 차원이 아니라 실질적으로 아버지의 모든 사명과 책임을 계승하게 됩니다. 뿐만 아니라 이를 수행하기 위한 아버지의 권위와 기반 전체를 상속하게 됩니다. 이처럼 장자는 아버지에 이어 섭리의 중심인물로서 하나님의 섭리를 책임지고 이끌고 그 뜻을 이루어야 하는, 후대에 그것을 온전히 전수해야 하는 막중한 자리입니다.

"아버지가 계시지 않을 때는 어머니도 다른 형제들도 모두 장자를 따라가야 한다"고 아버님은 분명히 말씀하셨습니다. 어머님과 자녀분들과 간부들에게까지 명확히 말씀하셨습니다. 이러한 말씀은 저만이 아니라 통일가 핵심 간부들도 직접 들었습니다. 아버님의 말씀선집에도 엄연히 수록되어 있는, 누구도 부인할 수 없는 내용입니다.

장자를 세워 아버님의 계대를 잇고 하나님의 섭리를 완성하려는 아버님의 뜻은 상황에 따라 이랬다저랬다 바뀔 수 있는 성질의 것이 아닙니다. 하나님의 섭리 원칙에 따라 한 치의 오차도 없이 진행되어야 하는 것입니다. 천도에 걸려서도 안 되며, 방향이 정해지면 반드시 가야 하는 것입니다.

어떤 가정연합 간부들은 아버님을 절대시하면서 '아버님이 결정을 바꾸면 누구라도 새로운 후계자를 세울 수 있다'고 주장합니다. 천부당만부당한 소리입니다.

하나님의 뜻을 책임 맡을 중심인물을 누가 결정하는 것입니까?

아버님입니까, 하나님입니까?

결국 하나님이 최종 선택하시는 것입니다. 하나님이 인정하셔야 하는 것입니다. 아버님으로부터 어떤 징표를 받았다고 해서 하나님이 그 사람을 자동으로 인정하실 것이라고 생각했다면, 그만큼 하나님의 섭리를 모르는 것입니다.

아버님이 안 계시다고 어머님이 그 뜻을 바꾸고 스스로 권위를 취할 수 있나요?

이 역시 하나님의 섭리 역사로 보나 원리 원칙으로 보나 있을 수 없는 일입니다.

'참자녀는 모두 동등하기 때문에 어떤 참자녀를 모시고 가도 문제가 없다'고 단순한 생각으로 말하는 이들도 있습니다. 역시 잘못된 생각입니다. 혈통적인 측면에서는 동등한 가치를 지니고 있지만 그 책임과 역할에 있어서는 절대 동등하지 않은 것입니다. 자격도 갖추지 못한 분이 참자녀라고 해서 천주의 주인이신 하나님의 섭리를 이끌 수 있다고 말한다면, 그것은 교만한 생각이지요.

섭리적 대전환기와 현진님의 등장

그렇다면 아버님은 생전에 당신의 계대를 이을 장자를 선택하셨을까요?

당연히 그렇습니다. 아버님은 이미 오래 전에 그 책임을 다하셨습니다. 그리고 이후 한 번도 그 결정을 바꾸지 않으셨습니다. 1998년, 가정연합 세계부회장 취임식에서 현진님을 아버님의 사명과 권위를 계승할 장자로 축복하신 것입니다.

그때 아버님이 왜 현진님을 장자로 책봉하셨는지, 우리는 그 섭리적 배경을 정확히 알고 있어야 합니다. 인륜지대사인 결혼식도 날을 받아 치르거늘, 이처럼 중대한 섭리적인 의미가 담긴 사건을 아무 때나 치르지는 않으셨겠지요. 제가 곁에서 지켜본 아버님은 어느 것 하나 아무렇게나 결정하는 법이 없는 분이었습니다. 늘 섭리의 때에 맞춰 치밀하게 준비하시고 빈틈없이 하나님의 섭리를 받들어 오신 분입니다.

섭리적인 대전환기

1994년, 아버님은 40년간 이끌어온 세계기독교통일신령협회 즉

통일교회의 간판을 내리고 "세계평화통일가정연합이 새롭게 출범한다"고 선언하셨습니다. 그 2년 뒤에는 미국에서 공식으로 세계 기준의 가정연합 창설대회를 가지셨습니다.

아버님은 종교 또는 교회를 세우기 위해 오신 분이 아닙니다.

아버님은 이 땅에 하나님을 중심한 가정의 근본 뿌리를 내리기 위해 오셨습니다.

당초 아버님은 하나님이 준비하신 기독교 기반 위에 이와 같은 뜻을 펼치려 하였습니다.

그러나 기독교가 그 뜻을 받아들이지 않자, 부득이하게 세계기독교통일신령협회를 세워 40년 광야노정을 거쳐 온 것입니다. 이 탕감기간이 끝나자 아버님은 다시금 메시아 본연의 사명을 수행할 수 있는 때를 맞이하여 성약시대를 선언하였고, 이 시대에 필요한 섭리기구로서 가정연합이라는 새로운 조직을 창설하셨습니다.

그야말로 아버님에 의해 하나님의 섭리 역사에서 한 번도 가보지 못한 길을 열어가는 때였습니다. 섭리의 패러다임이 근본적으로 바뀌는 대전환기였습니다. 참부모와 참가정의 이상이 지상에 자리를 잡고 현현하는 때였으며, 그 이상을 중심하고 하나님의 주권이 실체적으로 지상에 세워지는 때였습니다. 종교와 교회의 시대를 넘어, 하나님의 종적인 축에 연결된 축복가정들이 각자의 책임으로 가정맹세를 중심하고 가정이상을 완성해 나가는 때입니다.

아버님의 일생에 처음 맞는 날… 현진님의 취임

1998년 2월 2일, 아버님은 한남동 공관에서 재차 '새로운 성약시대'를 선포하셨습니다. 가정연합 간부들이 다 모인 자리에서 "지난

40년 역사는 2세를 위해 준비해온 것이었다"고 말씀하셨습니다. 그리고 "부모는 오로지 그 2세가 하나님의 뜻을 계승한 상속자가 되기를 바라는 마음 외에는 없다"고 하셨습니다.

이후 몇 개월의 준비과정을 거쳐 1998년 7월 19일, 미국 뉴욕 맨해튼센터에서 현진님은 세계평화통일가정연합 세계부회장으로 취임했습니다. 앞에서 언급했듯 이 행사는 섭리적인 맥락에서 현진님을 아버님의 사명과 권위를 계승할 장자로 공인하고 축복하시는 자리였습니다. 이 날 주신 아버님의 공식 말씀을 보더라도 행사의 의미는 더욱 분명해집니다.

"오늘은 하나님이 소망하시는 날입니다. 통일교회 역사와 선생님의 일생에 있어서 처음 맞는 날입니다. 하나님의 소원이 있었다면 이런 날이 있기를 얼마나 고대했겠는가를 생각할 때, 내 마음으로부터 깊은 감사를 하늘 앞에 드립니다."

"아담 가정에서 하나님이 1대라면 아담은 2대고 아담의 아들들은 3대인데, 3대를 못 본 것이 타락이고 3대 역사를 다시 일으키기 위한 것이 구원섭리요, 복귀섭리 완성이라는 것을 생각할 때, 이 3대를 중심삼은 하늘의 공적인 책임을 임명한다는 것은 천주사적인 이변이다 이렇게 생각합니다. 탕감복귀라는 마지막 페이지, 사탄혈통을 단절해 가지고 깨끗이 청산한 후에 하늘의 직계자녀 가정을 중심삼고 제4차 아담 승리권을 인계받을 수 있는 그 바통을, 여기서 시작하게 됐다는 사실이 놀라운 것입니다."

현진님 이전에 형님 되시는 효진님도 공적인 책임을 맡으신 적이 있었지만, 어째서 아버님은 이 날을 '처음 맞는 날'이며 '천주사적인 이변'

이라고 표현하셨을까요?

　그것은 어떤 조직의 직책을 자녀분에게 부여하는 자리가 아니라 하나님의 섭리역사 이래 처음으로 '하늘의 사명이 3대로 이어지는 자리'이고, 아버님의 가정에서 승리한 권한을 직계 장자에게 인계하는 자리였기 때문이었습니다.

　아버님은 이날 당신의 기쁨을 감추지 않으셨습니다. 감개무량하신 표정으로 "현진이는 이제 아버지보다도, 아버지가 이루지 못한 것까지, 아버지보다 낫기를 얼마나 낫기를 바라느냐 이거야. 백배가 아니야. 천배 만 배 낫기를 바라는 것입니다"라고 크게 축복하셨습니다. 그리하여 이날, 세계 지도자를 비롯하여 외부에서 초청된 종교계, 학계, 정계 등 400여 명의 지도자들이 함께 기뻐하고 축하했던 것입니다.

　현진님은 취임사에서 당찬 소감을 밝혔습니다.

　"하나님을 중심으로 참가정을 통해 하나님의 나라를 이 땅 위에 세우고자 하시는 제 부모님을 궁극적으로 도와드리려는 것이 삶의 목표였습니다. 오늘 이러한 선임으로, 저는 부모님의 구세활동에 마침내 동참할 수 있게 되었습니다."

　취임 행사 후에는 오찬과 축하공연이 열렸는데, 무엇보다도 감동적인 장면은 육신의 형님인 효진님께서 막중한 섭리적 사명을 인계 받은 현진님의 장도를 진심으로 축하해주셨다는 것이지요. 그 무거운 책임을 동생이 지게 되었으니 미안한 마음도 있었을 겁니다. 효진님은 축가로 감미로운 올드팝 '러브 미 텐더(Love Me Tender)'를 불러주셨습니다. 이에 화답해 현진님은 역시 엘비스 프레슬리의 로큰롤 '블루 스웨이드 슈즈'를 열창했지요. 아버님은 자녀님들의 열창에 손으로 탁자를 악기 삼아 손장단을 맞추시고, 참석자들도 자녀님들의 노래에 맞춰 흥겹게 춤을 추었습니다. 마지막으로 참부모님도 '엄마야 누나야'와 '대한

팔경'을 부르며 현진님의 취임을 축하하셨습니다.

저는 지금도 이 행사 영상을 보게 될 때마다 당시와 같은 감격과 환희에 눈물 젖곤 합니다. 현진님의 이름에 담긴 의미 그대로, 아버님 가정에 저렇게 훌륭한 아들이 나타나신 것입니다. 하나님의 뜻을 알고 함께 고생한 식구들이라면 누구나 저와 같은 심정일 것입니다.

다시 강조하지만, 이 행사는 아버님께서 참가정의 장자를 공식 인정하고 축복하는 '처음이자 마지막 행사'였습니다.

후일 천주사적인 혼란이 발생하며 막내이신 형진님이 '하나님 대관식 행사에 왕관을 쓰고 참석한 것'을 근거로, 또는 '아버님 침실에서 어머님의 강요로 작성된 문건'을 근거로 자신이 아버님의 후계자임을 선전하셨지요. 참으로 듣기 민망한 주장일 따름입니다. 그 엄중한 책임을 아버님께서 그런 식으로 맡기셨다니, 아버님을 욕되게 하는 것입니다.

한편 어머님께서는 '당신이 결정하는 사람이 후계자가 되는 것'이라는 주장을 하고 계십니다. 이 또한 얼마나 원리적으로 잘못된 주장이며 아버님의 뜻을 왜곡한 말씀인지, 우리는 분명히 알아야 합니다.

부자협조시대로 전환

그렇다면 아버님께서 섭리적인 대전환기를 맞아 현진님을 참가정의 장자로 세운 뜻은 어디 있을까요? 아버님의 다음과 같은 말씀을 보면 바로 이해할 수 있습니다.

"아버지와 아들이 하나 돼야 돼요. 알겠어요? 지금까지 복귀역사에 있어서는 모자가 협조해 나왔는데, 그 모자협조시대가 지나가는 것입니다. 탕감의 역사는 모자, 어머니와 아들딸이 희생돼 가지고 복귀했지만, 9.9절을 선포해 가지고 남북이 통일될 수 있는 운세로 들어가서 통일되는 날에는 부자협조시대로 들어가는 것입니다."

― 『문선명선생말씀선집』 303권, 264쪽, 1999. 9. 9

"나라를 세우려면 부자협조시대에 들어가야 된다구요. 어머니를 보게 되면 핏줄이 달라요. 핏줄로 남는 것은 부자가 남는 거예요. 알겠어요, 무슨 말인지? (예.) 어머니는 밭이에요, 밭. 씨는 밭만 있으면 어디에 심어도 얼마든지 맺히는 거예요. 그렇기 때문에 부자관계는 혈통이 연결돼 있다는 거예요."

― 『문선명선생말씀선집』 318권, 172쪽, 2000. 3. 6

현진님을 참가정의 장자로 세운 뜻이 분명하게 드러나는 말씀이지요. 바로 하나님의 주권이 실현된 나라를 세우기 위한 것입니다.

메시아가 이 땅 가운데 와서 이루어야 할 중요한 사명 두 가지가 있습니다. 하나는 하나님의 직계 혈통인 참가정을 자리 잡게 하는 것이고, 다른 하나는 그 참가정을 중심하고 하나님의 주권이 자리 잡은 하나님의 나라를 세우는 것입니다.

40년 탕감노정을 거쳐 이 뜻을 완성하기 위한 새로운 시대가 출발했을 때, 아버님은 이것을 당신 혼자 이루는 사명이 아니라 "하나님의 3대 왕권을 대표한 아버지와 아들이 하나 되어 이루어야 하는 것"으로 구도를 잡으시고 현진님을 세운 것입니다.

비록 지금 아버님은 지상에 계시지 않지만, 현진님이 아버님의 유지를 받들어 참가정을 지키고 하나님의 나라를 세워드리기 위한 길을 이어가고 계십니다. 그래서 아무리 사탄이 두 분 사이를 갈라놓으려 해도 부자협조는 지금까지 굳건히 지켜지고 있는 것입니다. 아버님의 체가 없어도 현진님이 거두시는 모든 승리는 곧 '아버님의 승리'가 된다는 것입니다.

절대로 형님을 내칠 수 없다

공적 노정을 출발하는 현진님에게 아버님은 "누구의 말도 듣지 말고 아버지와 절대 하나 되라"는 당부의 말씀을 주셨습니다. 본연의 참가정에 있어서 하나님의 뜻을 놓고 아버지와 아들의 관계(부자협조)가 가장 중요하며, 이 뜻을 중심하고 절대 하나 되어 있어야 한다는 말씀이었지요. 이러한 아버님의 당부 말씀을 현진님은 지금도 지키고 계십니다. 공적 사명의 동기를. 하나님 앞에 결의한 아버님의 약속과 메시아적 사명을 이루어드리는 것에 언제나 두어 오신 것입니다.

그런데 현진님은 출발부터 어려운 난관에 부딪혔습니다. 가장 먼저, 자신의 큰 형님인 효진님 가정의 문제를 푸는 것이었습니다.

1998년, 효진 형님이 전 부인인 홍난숙 씨 문제로 가장 큰 어려움에 직면했을 때 현진님은 끝까지 형님을 지켜드렸고 참가정 전체와 통일가의 명예를 보호하려 노력했습니다. 미국 지도자들이 미국 여론을 의식해서 공식적으로 효진님과 거리를 두고 '효진님 문제는 통일교회와 아무런 상관이 없다'는 입장을 취하려 하자, 현진님은 이스트가든 지도자 회의에서 단호히 말했습니다.

"내 시체를 밟고 넘어가기 전에는 형님을 내칠 수 없다."

그리고 2001년 9월 9일, 알래스카 코디악에서 미국 지도자와 식구에게 특별서신을 보내어 참사랑의 원칙을 지켜달라고 호소했습니다.

"부모의 사랑은 언제나 이해와 용서, 화해와 함께하며 어떤 상황에서도 구원의 가능성을 믿습니다. 저는 이 문제가 참사랑을 통해 모두 복귀될 것임을 압니다. 우리는 부모님과 함께 난숙 씨를 여전히 가족의 일원으로 생각하고 있습니다. 비록 그녀가 책에서 언급한 내용을 동의하지 않지만, 우리는 그녀를 비난해서는 안 됩니다. 책이 출판되어 발생한 피해에 대해 보상도 원하지 않습니다. 난숙 씨는 우리의 원수가 아닙니다. 우리의 딸이며, 아내이며, 어머니이자 자매입니다."

현진님은 당시 2세권 수습과 새로운 출발을 위해 알래스카에서 40일 수련을 주관하고 있었습니다. 많은 사람이 이 문제가 어떻게 수습되었는지 잘 모르고 지나갔지만, 보이지 않는 곳에서 참가정을 지키고 부모님의 짐을 덜어드리려는 현진님의 수고와 의지가 있었습니다. 덕분에 그 어려움이 수습될 수 있었지요.

지난 10여 년, 가정연합이 현진님을 상대로 자행한 수많은 비원리적인 행동을 떠올려봅니다. 어려운 문제들을 참사랑의 원칙으로 해결해 왔던 현진님과 그들의 방식은 그 얼마나 다른가요?

최근 형진님이 미국 생추어리 교회에서 총기를 휴대한 채 축복식을 한 것 때문에 세상이 벌컥 뒤집혔지요. 그때도 나는 어머님과 가정연합이 어떤 입장을 취하는지 관심 깊게 지켜보았습니다.

과연 그분을 여전히 참가정의 일원으로 받아들이며 책임지는 모습일까?

아니면 일정 거리를 두면서 참가정이 어떻게 되든 가정연합이나 지키려는 모습일까?

얼마 뒤, 형진님과 일정 선을 긋는 가정연합 협회장의 성명서를 접하며 참으로 씁쓸하고 가슴이 아팠습니다.

2세권 교육과 청년기반 강화를 위한 노력

요즘도 가시는 곳마다 2세 지도에 관심을 쏟고 계시지만, 현진님은 공적 노정을 출발하면서부터 통일가 2세권을 교육하고 청년기반을 강화시키기 위해 많은 노력을 기울이셨습니다. 2000년경에는 '상속과 발전'이라는 주제로 전 세계를 순회하셨는데, 그때까지 현진님을 잘 모르다가 처음 접한 젊은 청중들은 모두 깜짝 놀라곤 했습니다.

현진님이 얼마나 특출하십니까? 아버님도 "현진이는 나보다 미남이고 힘도 좋고 씩씩하고 패기도 있어"라고 현진님의 남자다운 면모를 한껏 기뻐하실 정도였으니 식구들은 오죽하겠습니까? 그런데 내가 당시 현진님의 활약을 보면서 더더욱 놀란 것은, 젊었을 때부터 섭리관이 확실하고 아버님의 수고하신 노정과 업적을 정확히 꿰뚫고 계시다는 점이었어요. 청중을 향해 쏟아내는 말씀 역시 대단히 체계적이어서, 타고난 설득력으로 강연장마다 사람들을 열광케 하는 실력이 보통 아니셨지요.

현진님은 아버님의 젊은 시절 모습을 완전히 빼닮으셨습니다. 섭리 현장마다 내가 확연히 느낀 사실이었습니다.

현진님은 사무실에 앉아 서류나 뒤적이는 분이 아닙니다. 아버님처럼 섭리의 최일선 현장에서 식구들과 호흡하고 그 자리에서 하늘의 메시지를 전하고 전략을 짜고 최고의 목표를 향해 도전하는 분이었지요.

당시 현진님이 섭리 현장을 향해 던진 가장 중요한 메시지는 "하나님 꿈의 주인이 되자"였습니다. "참부모님의 업적을 올바로 상속하자"였습니다. 또한 통일가 지도자들에게는 "리더십 패러다임을 전환하고 올바른 지도자 문화를 구축하자"고 역설하셨지요. 흔히 사람들은 책임을 맡으면 먼저 조직을 바꾸고 두 번째로 체계를 바꾸려고 하지 않습니까. 하지만 현진님은 그렇게 하지 않았습니다.

대신에 통일가의 뿌리라고 할 수 있는 참가정과 축복가정들의 정체성, 섭리의식과 주인의식을 강화하는 것에 정성을 다하셨습니다.

흥진님과 현진님에게 축복권을 이양

현진님의 진취적인 활약에 아버님은 크게 고무되셨습니다. 현진님의 '상속과 발전' 세계 순회가 끝난 2000년 9월 24일, 아버님은 영계와 지상의 축복권을 각각 흥진님과 현진님에게 이양하는 '축복권이양선포식'을 청평의 천성왕림궁전에서 거행하였습니다. 이는 섭리적으로 의미가 큰 선포였습니다. 참가정에서 참자녀가 태어남으로 말미암아 모든 인류가 사탄의 혈통에서 하나님의 혈통으로 전환할 수 있는 축복의 문이 열렸는데, 이제 그 자녀분들이 장성하여 아버지 대신 영계와 육계에서 축복을 할 수 있는 권한을 상속받았고 그 터 위에서 축복가정들에게도 그 자녀들과 일족들을 축복할 수 있는 길이 열리게 되었기 때문입니다.

어떤 식구들은 이런 아버님의 뜻과 역사적인 사실도 모르는 채 아직도 '축복은 오직 참부모님만이 할 수 있다'고 주장합니다. '현진님에게는 축복권이 없다고'까지 말하고 있습니다. 참으로 안타까울 따름입니다.

핵심 기득권층과 반목

현진님을 공적인 자리에 세우신 아버님은 그에 맞게 섭리 조직 전반에 걸친 세대교체를 단행하셨습니다. 선배가정들을 2선으로 물러나게 하고 6천 가정 중심의 젊은 40대 지도자들을 전면에 책임자로 배치하신 것입니다. 이와 같은 조치를 두고 아버님은 "아들의 앞길을 열어주기 위해 그렇게 조치한 것"이라는 말씀도 하셨습니다. 그리고 젊은 지도자를 대표하여 한국과 미국과 일본의 협회장이던 황선조, 양창식, 오오츠카 카즈미 씨를 불러 특별히 현진님과 하나 되어 나갈 것을 당부하셨습니다.

아버님은 다른 36가정들을 물러나게 하면서 저를 주요 섭리 조직의 책임자로 계속 두셨습니다. 축복 2세들과 젊은 지도자들을 잘 인도하고 세계 가인권 지도자들을 연결하여 현진님의 앞길을 닦아드리라는 뜻이 있었습니다. 아버님은 미국에서 저와 주동문 씨, 양창식 씨를 놓고 현진님을 위한 "기반을 닦아야 한다"고 수십 번도 더 말씀하셨습니다. 현진님이 "부모 대신 장자권을 만들 수 있게끔 협조하라"고 하셨고, 이렇게 하는 것이 "천리원칙"이라고도 하셨습니다.

지금 와서 생각하면, 저나 주동문 씨나 양창식 씨나 현진님을 위해 기반을 닦아드릴 만한 그릇은 아니었습니다. 당시에 현진님은 우리의 도움 없이도 출중한 능력을 발휘하실 최고의 실력과 내적인 기준을 이미 갖추고 있었던 것입니다.

그런데 일부 지도자들은 현진님의 부각을 '위협'으로 받아들였습니다.

현진님의 강하고 솔직한 성격에 '거부감'을 드러냈습니다.

2000년 3월 31일, 현진님은 World CARP 세계회장으로 취임하셨습니다. 이어 2001년 2월 25일, 세계평화청년연합 세계회장으로 취임하셨습니다. 그날을 기해 48세 이하 지도자들에 대한 인사 권한을 현진님이 위임받기도 하셨습니다.

21일 지도자 수련회에서 표출된 갈등

이때 현진님은 1세 지도자들과 달리 '내부에서 먼저 혁신이 일어나지 않고는 세속적인 문화에 대항할 수 있는 새로운 문화혁명을 주도하는 것이 불가능하다'는 것을 잘 알고 계셨습니다. 구조적인 변화와 혁신보다는 근본적으로 '통일운동 지도자들의 리더십 패러다임과 축복가정의 문화에 혁신이 일어나야 한다'고 보셨습니다. 그리고 이를 위해 전 세계

48세 이하 지도자들을 대상으로 3차에 걸친 21일 특별 지도자 수련회를 단행(2001년 상반기)하였습니다. 이것이 '정착시대를 위한 새로운 지도자의 패러다임'을 주제로 한 특별 지도자 수련회였습니다. 제1차는 2001년 3월 9일부터 30일까지 캐나다 퀘벡, 제2차는 2001년 4월 19일부터 5월 8일까지 미국 뉴욕 UTS, 제3차는 2001년 5월 28일부터 6월 17일까지 리투아니아에서 각각 개최되었습니다.

21일 수련회를 통해 현진님은 자신의 입장을 명확히 했습니다.

"통일가 신앙의 중심 뿌리는 하나님-참부모님-참가정으로 이어지는 종적인 축에 있습니다. 또한 축복가정은 종적인 축에 접붙여진 확대 참가정이지요. 정착시대(천일국시대)를 위한 축복가정의 책임은 참부모님의 사명과 레거시를 올바로 계승하여 이루어드리는 것에 있습니다."

그런데 수련회는 출발부터 어려움에 부딪히고 말았습니다. 현진님이 1차 21일 수련회를 기해 많은 문제를 안고 있던 일본의 리전 책임자들을 전원 정리했는데, 이에 통일운동 전체를 혁신하고자 하는 시도가 강한 저항을 불러온 것입니다. 문제는 제2차 21일 수련회 중에 크게 불거지고 말았습니다.

수련 중에 현진님이 "통일교회 지도자 가운데 정치적인 사람이 많다"는 것을 지적하자, 이 말씀에 발끈한 양창식 회장이 현진님 말씀을 정면으로 반박하듯 '참부모님을 모시고 뜻을 위해 온갖 핍박을 감수하면서 청춘을 바쳐 신앙 길을 걸어왔음'을 강하게 주장했습니다. 감정을 주체하지 못한 채 단상에서 거칠게 항변하였고, 수련회 분위기를 완전히 흐려놓았습니다. 그 와중에 미국에서 활동하던 구백중 교구장이 수련회 중간에 아버님을 찾아가서는 "현진님의 가르침은 아버님의 가르침과 다르다"고 참소한 것입니다. 구백중 교구장의 보고를 받으신 아버님은 수련생 전체를 이스트가든으로 불러들이셨고, 제비뽑기를 해서 절반은

UTS에 유학하도록 조치하셨습니다.

　마침 그날 수련회에 찾아간 저는 얼마 전 췌장암 수술을 받고 기적적으로 살아났던 내용의 간증을 했었는데, 거기서 2차 21일 수련회 당시의 복잡한 사정을 알게 되었습니다.

　현진님은 21일 지도자 수련회를 기획하며 "성약시대와 정착시대에 아버님 말씀을 가장 잘 이해하고 있고, 섭리적인 말씀을 가장 잘 가르치는 사람이 누구냐"고 물었고, 다들 이구동성으로 수도 겐(周藤 建) 강사를 추천하였다고 합니다.

　"제주도 국제연수원에서 실시한 일본여성지도자 16만 명 수련회 때, 원리강사로서 아버님의 지도를 받으면서 성약시대 말씀을 가장 잘 전수받은 사람이 수도 겐 강사입니다."

　그렇게 해서 발탁된 주 강사였는데, 이게 문제가 되었습니다. 일본식구들은 제주도 3박4일 수련회를 통해서 아버님 말씀을 듣고 수도 겐 강사한테도 교육을 받았기 때문에 그분의 강의 스타일에 익숙했지만, 정작 근년에 아버님께서 하신 새로운 차원의 섭리 진전 및 그와 연관된 말씀을 잘 모르는 한국지도자들은 수도 겐 강사의 말씀 프레임에 익숙하지 않았던 것입니다. 그래서 수련생의 한 사람인 구백중 교구장이 '수도 겐 강사가 현진님 주도 하에 엉뚱한 이론을 가르치고 있다'는 식으로 왜곡된 보고를 아버님께 드린 것입니다.

　제1차 수련회 이후 단행한 일본 교회 지도자들의 인사이동도, 실은 현진님의 뜻이라기보다 토쿠노 에이지를 비롯한 일본교회 간부들의 요청에 따라 현진님이 실행한 것이었습니다. 그런데 나중에 '일본에서 헌금이 턱없이 적게 나온 것이 현진님의 무리한 인사이동 때문'이라는 핑계성 보고가 올라갔고 이 때문에 현진님은 아버님에게 크게 책망을 받기도 했습니다.

3장. 누구를 위한 음해와 조작과 참소입니까? 151

현진님으로서는 억울한 상황이 이어지는 중이었습니다.

지도자들이 현진님을 참소하면, 아버님은 공식적으로는 그들을 야단치기보다 오히려 현진님을 더 책망하셨습니다. 그리고 현진님은 그것을 '섭리적인 책임을 진 아벨이 져야 할 십자가'로 이해했습니다. 아버지로부터 야단을 맞고 심지어 잘못된 보고로 인해 자리에서 물러나게 되어도, 그것은 현진님에게 아무 문제가 되지 않았습니다. 자리와 체면 같은 것은 처음부터 현진님의 관심의 대상이 아니었습니다.

현진님이 진짜 갈등한 부분은 따로 있었습니다. 아버님과 참가정 주위에서 잘못된 지도자들이 어떤 영향을 미칠 경우, 아버님이 일궈 오신 섭리기반과 업적이 자칫 흔들릴 수 있다는 문제였지요. 현진님은 이런 우려와 고민들에 대해 아버님께 솔직히 고백하기도 했습니다. 그때마다 아버님은 현진님의 섭리적인 책임이 얼마나 중요한가를 간곡하게 말씀해주셨습니다.

40년 광야노정 속에 굳어진 '통일가의 문화와 리더십 패러다임'을 전환하기 위한 현진님의 도전과 혁신은 계속되었습니다. 식구들과 2세들은 환영했지만, 이로 인해 기득권층을 형성하고 있었던 통일가 핵심 지도자 그룹들과의 반목은 불가피했습니다. 현진님은 특히 6천 가정을 주축으로 하는 일부 지도자 그룹들이 '참부모님의 측근 세력에 기생하여 정치세력화 되고 있는 것'에 대해 '박쥐'라는 표현까지 써가며 질타하기도 했습니다.

갈등을 몰고 온
참자녀의 등장

　현진님은 후천시대가 선포된 2004년을 뜻 맞게 정리하고 실체적 천일국이 출발하는 2013년 기원절 목표를 이루기 위해 '전체 통일가를 새롭게 출발'시킬 결심을 합니다. 그리고 '심정문화창조의 주인'이라는 주제로 순회강연회를 실시하셨습니다(2004년 11월 25일부터 30일까지 한국 5개 도시에서, 12월 2일부터 13일까지 일본 5개 도시에서). 누구의 지시에 의해서가 아니었습니다. 아들 스스로가 아버님을 돕기 위한 일념으로 단행하신 행사였습니다.

　한국 순회를 출발하기에 앞서, 아버님은 현진님에게 지극한 축도를 해주셨습니다. 그리고 현진님은 참부모님과 참가정의 승리권을 통일가 식구들에게 상속시키고자 가는 곳마다 대단히 심정적인 말씀을 전했습니다. 식구들은 현진님 말씀을 통해서 참가정과 문화적 일체감을 강화하는 한편 천일국 건설을 위한 결의를 다질 수 있었습니다. 성공적인 한국 순회 결과를 보고 받으신 아버님은 무척 흡족해하셨습니다.

　그 다음 순회 일정은 일본이었습니다.

　오사카 환영식에서, 현진님은 일본 지도자들에게 비장한 말씀을 남기셨습니다.

"목표를 이루지 못하면 여러분의 수고는 모두 무위로 돌아가게 됩니다. 여러분이 고생해온 것을 잘 압니다. 그러나 이 정도에서 만족하지 말고, 하나님의 꿈을 이뤄드리는 승리자가 되기 위한 길을 가기 바랍니다."

일본 강연회에서 현진님의 메시지는 '위하여 사는 심정문화창조의 중요성과 참사랑을 실천하는 삶'이었습니다.

가는 곳마다 대성황이었습니다. 큰 대중 집회만 아니라 일선 교회 현장과 카프 학사들까지 직접 방문하여 말씀을 주시고 지도자와 식구들을 격려해주셨습니다. 현진님 특유의 말씀과 강연은 큰 반향을 일으키며, 부흥회와 같은 분위기가 절로 연출되었습니다.

결과적으로 이 순회를 통해 '현진님이 아버님의 뒤를 이을 지도자'임이 일본 식구들에게 자연스럽게 받아들여졌습니다. 또한 하나님의 섭리와 통일가의 미래에 확고한 희망이 싹트게 되었습니다.

문국진 이사장과 문형진 회장의 등장

한국과 일본 순회를 성공적으로 마친 후 12월 13일, 현진님은 곧바로 미국으로 출국하셨습니다. 그런데 이상한 일이었습니다. 성공적으로 유종의 미를 거둔 일본 대회, 한국 못지않게 일본 식구, 특히 2세와 젊은이들이 큰 감동을 받았는데 그 실적과 가능성과 의미가 제대로 아버님께 전달되지 못한 것이었습니다. 심지어 '아버님 대신 현진님이 지나치게 부각되고, 권력이 현진님에게 집중되고 있다'는 주장까지 제기된 것 같았습니다.

이러한 영향 때문일까요?

2005년 1월 3일, 아버님은 현진님은 서양, 국진님은 동양, 형진님은 종교를 책임진다고 전격 발표하셨습니다. 판단이 빠른 현진님은 이 결정이 왜 일어났는지를 이해하고 있었습니다. 또한 이것이 후일 엄청난 파장을 몰고 올 수도 있다는 것까지를 간파한 듯합니다. 그래서 평상시와는 다르게 아버님을 찾아가 논의를 드린 것입니다.

"아버님, 동생들은 아직 지도자로서 준비가 되어 있지 않습니다. 그들이 공직을 맡을 경우 주변의 영향으로 인해 잘못된 욕망에 사로잡히고 이용당할 수 있습니다. 국진, 형진은 저와 가장 가까운 형제들입니다. 그러나 잘못하면 서로 충돌할 수도 있습니다. 다시 한 번 재고해주십시오."

그러나 아버님은 현진님의 간곡한 말씀에 귀를 기울이지 않았습니다. 현진님은 아버님 앞에서도 언제나 솔직하고 진실된 말씀을 드리는 분이었습니다. 그래서 아버님께서는 다른 사람의 말은 몰라도 현진님의 의견은 언제나 귀담아 듣곤 하셨지요. 그런데 이번만큼은 아버님도 물러서지 않으셨습니다.

아버님의 단호한 의지를 확인한 현진님은 더 이상 말씀을 못 드리고 물러날 수밖에 없었습니다. 그러나 이 조치로 인해 어떤 어려움들이 발생할지 잘 알고 있었습니다. 이로 인해 '참가정의 결점들이 세상에 드러나고, 지도자들의 당파적이고 자기중심적인 문제들이 참가정을 오염시킬 것'이라고 보신 것입니다.

안타까운 일이지만 이 조치에 쾌재를 부른 사람들은 결국 아버님 주변에 있는 교권의 기득권자들이었습니다. 다른 의도를 갖고 이 사안을 바라보고 있던 사람들이었습니다.

교회 조직상 모든 것이 복잡하게 얽혀 있는 상황에서, 세 자녀분에 대한 애매한 인사조치는 결국 본격적인 갈등의 촉발을 예고하는 도화선이 되었습니다. 이후에 일어난 모든 사건이, 사실상 현진님이 염려한

대로 벌어지고 말았습니다.

　현진님은 아버님의 결정을 존중하였으며, 발표가 있은 직후 6개월가량 자리를 비켜주었습니다. 염려는 많았지만 사랑하는 동생들의 앞길을 내주기 위해서였습니다. 이 기간, 춥고 위험한 알래스카 산 속에 들어가 3개월 이상 많은 정성을 들였다는 소식도 들었습니다. 현진님이 아버님께 보낸 2008년 3월 23일자 서신을 보면, 이 산행 중에 하나님을 만났다는 내용이 나옵니다.

"외롭게 자기희생을 요구하는 자리에서 하나님을 찾을 수 있었습니다. '이제 산에서 내려가 아버님을 도와드리라'는 말씀을 받고, 아버님이 그 어느 때보다 절실하게 저 자신을 필요로 하고 있다는 것을 깨달을 수 있었습니다."

　당파색 짙은 교회 지도자들이 분위기를 더욱 혼란스럽게 하던 때였습니다.
　장자를 세워 하늘의 계대를 이어가시려는 아버님의 뜻을 망각한 채, 새로운 조치에 대해 '3자녀 역할분담', '황금분할' 운운하면서 은근히 두 동생의 등장을 미화하고 장자승계구도를 무색하게 흔들던 때였습니다.
　바로 그러한 때, 현진님은 홀로 대자연 속에서 정성을 들이며 장차 발생할 통일가의 혼란 앞에 하나님을 붙들고 고심하셨던 것입니다.
　서신의 말미에는, 다음과 같은 안타까운 고백이 담겨 있었습니다.

"……산에서 다시 돌아왔을 때, 상황이 훨씬 더 어려워져 있었다는 것을 눈치 챘습니다."

문국진 이사장의 독선

국진님이 재단 일을 보도록 아버님이 말씀하신 다음날(2005년 1월 3일), 저는 아버님께 사의를 표명했습니다. 이제는 무거운 짐으로부터 자유로워져도 좋을 때가 왔다는 판단이 선 것이죠. 하지만 아버님은 고개를 저으셨습니다.

"아니야. 그 사람이 한국을 아나, 경험이 있나. 어림도 없어. 곽 회장 밑에서 최하 1년 반은 배워야 돼."

국진님이 저한테 뭔가를 배울 사람이겠습니까? 그럼에도 재단이사장직을 유지하라는 것이었지요. 그날은 더 이상 간청 드리지 못하고 물러나왔습니다.

국진님이 재단에 첫 출근한 2005년 1월 4일, 국진님을 뵙고 정중하게 인사드렸습니다.

"국진님은 경영학을 전공하셨으니 재단 운영도 잘 하시리라 믿고 아버님께 사의를 표했습니다. 그런데 당장 허락을 안 하시니, 일단 공식적으로는 제가 이사장 타이틀을 가지고 있겠습니다. 그러나 실무에 있어서는 재단이나 각 회사와 관련된 모든 일을 국진님이 관장하세요. 재단 인감도 그대로 놔둘 테니 필요에 따라 결재하십시오. 재단이사장 사무실도 그대로 쓰시고 업무에 관련해서는 재단 직원들에게 직접 지시하셔도 됩니다."

그 이후, 저는 실제로 기업에 관련된 일은 보고도 받지 않고 결재도 하지 않았습니다. 그리하여 2005년 중반부터 국진님은 각 회사를 직접 순회하면서 사장들에게 보고를 받는 등 실질적인 재단이사장 역할을 수행하였습니다.

그런데 어찌된 영문일까요?

재단의 실질적인 운영을 맡은 국진님이 아버님께 저에 관해서 매우 부정적인 보고를 드리기 시작했습니다. 한마디로 '모든 회사의 경영이 엉망이고 부정투성이어서 한심하기 짝이 없다'는 식이었습니다. 정말 말도 안 되게 왜곡된 보고였지요.

1월 4일 첫 회의 때부터 국진님은 이런 말을 했습니다.

"1992년도에 통일중공업을 정리하려는 내 계획을 곽정환 이사장이 반대해서 실현이 안 되었고, 그로 인해 약 20억 불이 손해가 났다."

재단에 첫 부임을 해서 재단이사장인 저에게 근거 없는 이런 말을 하다니요.

참으로 기가 막힌 노릇이었습니다. 감히 제가 통일중공업의 정리나 존속을 결정할 수 있었겠습니까? 20억 불이면 2조 2000억이 넘는데, 재단과 모든 회사 자산 총액보다 더 큰 돈이 저로 말미암아 손해가 나다니요?

그럼에도 국진님은 재단과 회사 임직원들을 면담하면서 "곽정환 이사장의 비위사실(非違事實)을 보고하라"고 종용하기까지 하였습니다.

저를 향한 국진님의 비난과 폭언은 계속되었습니다. 심지어 "세계일보 부지 개발, 아파트 분양 등으로 곽정환이 부정하게 치부했다"는 거짓말을 아버님 앞에 쏟아내기도 하였습니다. 이에 아버님도 심기가 불편하셨던지 "국진아! 곽 회장에게 사과해라"고 하셨지만 막무가내였습니다.

국진님은 처음부터 저를 부정한 사람으로 단정하고 직접 채용한 재단의 회계사와 변호사들을 모두 동원했습니다. 부정과 비리혐의를 입증한다는 명목으로 1년 넘게 제 주변을 이 잡듯 조사했습니다. 의혹들이 모두 사실인 양 공개적으로 비난하며 사람을 도둑으로 몰고 갔습니다.

아무리 조사해도 배임과 횡령의 뚜렷한 증거가 나오지 않자, 나중에는 '기업이 적자인데 흑자로 보고해왔다'는 식으로 비난의 화살을 돌렸습니다.

 제발 이사장직에서 물러나도록 아버님께 여러 차례 간청 드렸습니다. 그러나 아버님은 끝내 받아들이지 않으셨습니다.

 그 같은 비난과 불신은 저에게만 국한된 것이 아니었습니다. 국진님이 보기에는, 당시의 모든 간부들과 회사 임직원들이 무능하고 부정한 사람들이었습니다.

 또한 과거 통일그룹의 부도사태에 대해서, 국진님은 '전적으로 전문교육을 받지 못한 목회자 출신 경영인들 때문'이라는 선입견을 가지고 있었습니다. IMF 사태를 전후한 한국경제의 특별한 상황이나, 사회적으로 우리에게 비우호적이었던 특수한 국내 환경, 아버님의 설립정신 아래서 구조조정 등을 최대한 미루어왔던 아버님의 운영방침 등은 전혀 고려하지 않은 일방적 평가였습니다. 게다가 국가적인 위기 상황에서 모든 장애를 극복하고 재기에 성공한 실적은 전혀 인정하지 않았지요.

 근본적인 문제는 국진님이 '통일그룹에 대한 아버님의 섭리관'을 이해 못한다는 점이었습니다.

 아버님의 기업 경영은 이윤만을 쫓는 일반적인 사업과는 그 차원이 다릅니다. 통일그룹은 당장의 사업성과와는 무관하게 '한국의 산업화에 필요한 기술을 확보하기 위하여 거액을 투자'하는 방식이 많았습니다.

 일화 천마축구단 창설도 단순히 기업의 이미지나 수익을 위한 사업이 아니었습니다. 스포츠 발전을 통해 청소년들에게 건전한 정신을 심어주고 세계 속에서 한국의 위상을 높이고 그 운세를 몰아 평화적인 남북통일의 길을 열기 위한 포석이었습니다.

 황무지 같던 환경에서 오늘날 한국이 세계의 선진국들과 어깨를 나란히 할 수 있게 된 데에는 이 같은 아버님의 헌신적인 투자가 크게 기여한 면도 있었습니다.

물론 기업을 책임진 자라면 누구나 할 것 없이 더 큰 실적을 돌려드리지 못한 것에 늘 자책하는 마음을 갖는 것이 당연합니다. 하지만 그들은 누구보다도 먼저 아버님의 뜻을 이해하였고, 아버님께서 믿고 일을 맡길 수 있었던 최선의 사람들이었으며, 평생 헌신적인 자세로 직무를 수행했던 사람들이었습니다. 그렇기에 통일그룹의 부도를 막아보겠다고 기꺼이 개인연대보증을 섰고 그것으로 인해 개인적으로는 신용불량자 생활을 10여 년 한 분들도 있습니다.

당시 최고 책임자였던 입장에서 저 혼자 비난받고 욕을 먹는 것은 어떻게든 감내할 수 있었습니다. 그러나 모든 경영진의 수고가 무시당한 채 오히려 비도덕적이며 부정한 사람들로 비난받는 상황은 너무나도 안타깝고 마음이 아팠습니다.

여영수 비서실장은 저와 함께 IMF 외환위기[02]를 극복하고 M&A를 통해 재단이 재기할 수 있는 기반을 닦으며 실무책임을 맡아온 사람입니다. 국진님은 그를 상대로도 상상할 수 없는 음해를 하고 누명을 씌우며 공직에서 해임할 것을 아버님께 요구했습니다. 아버님은 그 말을 그대로 믿고 여 실장의 해임을 수차례 지시하셨는데, 저는 그때마다 사실대로 설명 드리려고 노력했습니다. 국진님은 이 건을 놓고도 '곽 회장은 신앙이 좋은 것 같지만 아버님 말씀에 순종하지 않는 자'라고 공공연히 비난했습니다.

결국 여영수 실장은 스스로 공직을 사임하고 말았습니다.

---

02 한국은 금융기관의 부실, 차입 위주의 방만한 기업경영으로 인한 대기업의 연쇄부도, 대외신용도 하락, 단기외채의 급증 등으로 외채를 상환할 수 있는 외환보유고가 급격히 줄어 1997년 외환위기를 겪게 되었습니다. 이에 한국 정부는 IMF(국제통화기금)에 구제금융을 신청하여 외환위기의 고비를 넘겼으나, 이에 IMF는 자금을 지원하는 조건으로 한국경제 체질 전반의 개혁을 요구하였습니다. 이와 같은 과정에서 많은 기업과 은행이 도산하고 대량실업이 발생하여 극심한 사회적 고통을 겪었습니다.

여의도 부지에 대한 국진님의 욕망

아버님은 국진님이 재단 일을 처음 보기 시작할 때부터 여의도 관련한 일에는 관여하지 말라고 당부하셨는데도 국진님은 여의도 부지개발 사업을 직접 맡고 싶어 했습니다. 온갖 방법을 동원하여 그 뜻을 이루고자 했습니다.

2005년 10월, 세계 순회를 앞둔 아버님은 "여의도 부지 개발에 재단이 해야 할 사무적인 협조를 하지 않는다"며 국진님을 질책하시고 "여의도 프로젝트에 관여하지 말 것"을 재차 더 강조하셨습니다. 그러나 국진님은 성격 때문인지, 그 같은 아버님의 말씀을 순순히 받아들이지 않았습니다.

제가 참부모님 양위분을 모시고 세계 순회 중 유럽에서 머물 때, "부지 소유주인 재단이 사무적인 협조를 하지 않아 여의도 관련 업무가 진척되지 않는다"는 보고를 한국으로부터 받은 적이 있었지요. 이것을 아버님께 말씀드렸다가는 국진님에 대해 야단하실 것이 분명했기에, 어머님께만 보고를 드렸습니다. 그러자 어머님이 국진님에게 전화를 해서 가까스로 문제를 처리할 수 있었습니다.

세계 순회 중이던 2005년 11월 초, 한국프로축구연맹 회장이었던 제가 프로축구이사회 관계로 잠시 귀국했습니다. 회의를 마치고 저녁 8시경 유지재단 이사장실에서 국진님을 잠깐 만나게 되었지요. 국진님은 앉으라는 말도 안 하고 "곽 회장은 감옥에 가야 해. 이거 읽어 봐"라며 두툼한 서류를 내려놓고는 휙 사라지는 것이었습니다.

국진님이 재단에서 채용한 변호사와 회계사를 시켜서 만든 '여의도 부지개발 관련 검토 보고서'였습니다. 그간의 사정은 다 무시한 채 부정적 시각으로, 국진님의 의도에 따라 꿰어 맞춘 어이없는 주장들이었습니다. 한마디로 '여의도 개발계획이 근본적으로 잘못 진행되어 왔으니 곽 회장은 손을 떼고 원점에서 새로 시작해야 한다'는 것이었어요. 국진 님은 어떻게 하든 이것을 빼앗아 자신이 직접 맡아야 한다는 생각인 듯 보였어요. 집요한 그의 성격으로 볼 때, 여의도 부지 개발 사업의 험난한 앞날이 예고되는 안타까운 보고서였습니다.

아버님의
중대한 결정

존경 받을 짓을 해야 예우할 것 아닙니까?

2006년 2월 9일, 국진님은 광화문에 있는 파크원 프로젝트의 실무 책임자 폴 로저스의 Y22 사무실에 찾아가 구타 일보 직전까지 가는 언쟁을 벌였습니다.

외국 사람들은 약속도 없이 방문객이 불쑥 찾아오는 것을 예의 없는 행동으로 생각하지요. 그런데 그날 국진님은 수행원을 데리고 무작정 사무실에 들이닥쳐 파크원 개발에 관해서 대뜸 따진 것입니다. 폴 로저스는 국진님이 '파크원 개발에 관여하지 말라'는 아버님의 의지를 이미 잘 알고 있었습니다. 게다가 여태까지 재단이 정작 협조해야 할 일도 제대로 하지 않다가 갑자기 나타나서 사리에 안 맞게 추궁하며 자료를 내놓으라고 큰소리를 치니, 폴 로저스도 자료를 못 주겠다고 버틴 것입니다.

급기야 국진님이 오른손을 치켜들고 때리려고 했습니다. 한국 식구라면 국진님이 경우 없이 나오더라도, 참자녀인 점을 감안해서 참고 있었을 것입니다. 그렇지만 폴 로저스는 영국 사람입니다. 상대방의 무례하고 부당한 태도에 참을 이유가 없었겠지요. 국진님이 때리려고 다가

오자 그는 두 손은 뒷짐 지고 가슴을 들이대면서 "자, 때려 봐라" 한 것입니다. 그랬더니 국진님은 욕을 하면서 그냥 나가더라는 거지요.

나중에 자초지종을 설명하는 폴에게 제가 말했지요.

"그래도 참자녀이신데 좀 더 참고 예우를 갖추지 그랬어요."

그랬더니 폴이 고개를 졌더군요.

"존경받을 짓을 해야 예우를 할 것 아닙니까?"

그 이야기를 전해 들으며, 눈앞이 캄캄해지는 기분이었습니다. '여의도 개발이 이렇게 물 건너가는구나!' 싶었습니다. 현 단계는 폴 로저스가 꼭 필요한데 국진님과 일촉즉발 상황까지 갔으니, '인제 온갖 거짓 보고가 다 들어가겠구나!' 싶었지요.

여의도 파크원 개발은 하늘이 원하는 사업이고, 아버님이 온갖 정성을 들인 일입니다.

그런데 왜 아들이 나서서 폴 로저스를 세우신 아버지의 뜻을 모르고 흔들어놓는지 도무지 이해할 수가 없었습니다.

국진님과 폴 로저스의 충돌을 놓고 걱정이 된 나머지 그날 저녁, 김효남 훈모에게 전화를 했습니다.

"훈모님! 제가 요즈음 힘든 일이 좀 많습니다. 그래서 통사정할 것도 있고, 그것을 하나님과 영계가 어떻게 보시는지 좀 알고 싶어요. 내일 시내에서 저하고 이야기할 수 있는 시간을 좀 가졌으면 좋겠는데요."

"예, 회장님! 제가 그럴게요."

다음날 오전에 서울 캐피탈 호텔 커피숍에서 훈모와 만나기로 약속을 했습니다.

간발의 시간차로 들통 난 가짜 영계 지시

그렇게 날이 바뀌어 2월 10일 아침, 한남동 공관 훈독회에 갔는데 아버님이 저를 보시고 물으시더군요.

"너 효율이 만났어?"

"아닙니다. 못 만났습니다."

마침 훈독회에 김효율 씨는 보이지 않았습니다.

"효율이하고 이야기 좀 해."

"예, 알겠습니다."

아버님과 잠깐 대화를 나눈 다음 훈독회를 마쳤습니다.

그리고는 캐피탈 호텔로 가서 약속대로 훈모를 만났고, 전날 발생한 국진님과 폴 로저스 사건을 소상히 털어놓았습니다.

"어제 전화로 간단히 얘기했지만 여의도 파크원 개발사업이 어려운 고비들을 기적같이 다 넘기고 인제는 건축허가를 신청해서 마지막 꼭지를 따야 할 텐데, 국진님이 이해를 못 하시니 참 답답합니다. 사업이 가뜩이나 어렵게 진행되고 있었는데, 국진님이 재단에 오시고 나서는 더 어렵게 돼 가네요. 어제는 육탄전 일보직전까지 갔답니다. 보나마나 앞으로 더 어려워질 것 같습니다. 아버님께서 그토록 이루고 싶어 하시는 일인데, 아이러니하게도 아드님이 나서서 일을 더 어렵게 만드시다니."

"곽 회장님이 참 마음 쓰실 게 많으시겠네요."

"도대체 이 일이 지금 되는 것인지 안 되는 것인지. 혹여 하늘이 원치 않는 것인지……. 그래서 훈모님을 만나자고 했습니다. 혹시 근간에 하나님께서 곽정환이 하는 일을 못마땅해 하시는 내색이나 말씀 같은 게 있으신지, 흥진님은 특별히 무슨 말씀을 하신 내용이 있는지 궁금합니다."

저는 영계의 말은 비교적 진실하게 받는 편입니다. 저 역시 영계를

3장. 누구를 위한 음해와 조작과 참소입니까? 165

체휼하였고 영안이 열려서 환상도 보고 음성도 듣고 몽시도 경험했지만, 스스로 영계와 통하지는 못하기 때문에 '영통하는 사람'이라면 일단은 존중하지요. 그렇다고 무조건 따라가지는 않아요. 언제나 원리적으로 판단하고 아버님 말씀으로 타당성을 점검합니다.

훈모의 이야기는 무척 긍정적인 것이었습니다.

"아이고, 회장님! 하나님께서는 늘 회장님을 귀하게 보시고 언제나 음으로 양으로 돕고 싶어 하십니다. 그리고 흥진님도 근간에 회장님에 대해서 이랬으면 좋겠다거나 뭐 그런 내색이 전혀 없으시고, 전에도 그런 것은 없었습니다. 제가 알기로 하나님께서는 매번 회장님을 치하하십니다."

김효남 훈모의 미소 진 얼굴을 대하노라니 기분이 조금 나아지더군요.

잠깐의 만남을 끝내고 재단으로 갔는데 마침 김효율 씨로부터 전화가 왔습니다.

"곽 회장님! 이른 오후에 찾아뵙겠습니다."

"예, 그렇게 하세요."

아침에 아버님으로부터 김효율 씨와 얘기하라는 말씀을 들었기에 아버님의 이야기가 있었나 보다 싶었습니다. 그런데 오후에 찾아온 김효율 씨가 생각지도 못한 말을 하는 겁니다.

"장은증권과 연계된 채권정리 잘못으로 8,000억 손실이 생길 수 있습니다. 아버님이 곽 회장과 폴 로저스에 대해 염려가 많으세요. 게다가 영적으로도 느낌이 계셨나 봐요. 곽 회장이 미국 일에 전념할 수 있도록 여의도 개발은 국진님에게 맡기고 빨리 떠나라 하셨습니다. 청평 훈모님으로부터 영계 지시가 있을 터이니 받으십시오."

뜻밖의 내용이었지만 저는 담담하게 받아들였습니다.

"그래요. 아버님 뜻을 잘 알았습니다. 그런데 8,000억 손실 이야기는 전혀 근거 없는 말입니다. 재론하지 마세요"라고 하고는 보냈습니다.

'오전에 훈모를 만났을 때는 별 말이 없었는데 갑자기 무슨 영계 메시지일까?' '아침에 뵈었을 때 아버지는 왜 이런 말씀을 직접 하시지 않으셨을까?' 조금 의아했지만 한편으론 해방감이 일었습니다. 그 무거운 여의도 프로젝트 책임의 중압감에서 벗어나고, 더불어 국진님과 부딪칠 일이 없어질 터였으니까요. 폴 로저스와 국진님과 관계가 걱정되긴 했지만, 모든 것을 아버님의 뜻에 맡기기로 마음 정리를 하였습니다.

그런데 알고 보니 사실은 그와 많이 달랐습니다. 아버님은 지시를 하신 것이 아니라 어제의 돌발사고에 대해 '내 의중을 알아보고 의논을 하라'고 하셨던 것이었습니다. 아침에도 그런 뜻에서 '효율이하고 이야기 좀 하라'고 하신 것이지요. 그런데 한술 더 떠서 '아버님이 지시하신 것'이라고 전달하다니, 이걸 어떻게 받아들여야 좋을까요?

그뿐 아니었습니다. 김효율 씨가 가고 1시간도 지나지 않아 훈모에게서 전화가 왔습니다.

정말 기어들어가는 목소리였습니다.

"회장님! 제가 잠깐 찾아뵈어야겠습니다."

"예, 시간 나시면 언제라도 오세요."

그렇게 오전에 만난 훈모가 오후에 제 사무실로 찾아왔습니다. 그런데 뭔가 대단히 난처한 기색이었습니다.

"······저어, 회장님."

"예. 말씀하세요."

"회장님, 미국에 가셔서 더 큰 일을 하시기를, 하늘도 바라시고 아버님도 바라시는 것 같습니다."

훈모가 '계시 받았다'는 소리는 못하고 두루뭉수리로 우물거리더군요. 순간 가슴이 덜컥 내려앉았습니다. 더 이상 훈모의 입장을 어렵게 만들 이유가 없다고 생각했습니다.

"알았습니다. 아버님이 미국 가기를 바라시는데 제가 여기에 더 있겠습니까? 저도 여의도에서 손을 떼면 자유인이 됩니다."

영계 계시에 대해서는 언급을 안 하고, '아버님 뜻에 순순히 따르겠다'고만 말하고 훈모를 돌려보냈습니다.

이렇게 해서 나는 2006년 2월 12일부로 그 무겁고 처신이 어려웠던 여의도 개발업무로부터 해방이 되었습니다.

누가 훈모에게 이런 영계 메시지를 전하도록 했는지, 충분히 눈치 챌 수 있었습니다. 저와 '상의해보라'는 것을 '아버님의 지시'로 둔갑시키게 하고, 게다가 그것을 '영계의 지시'로 포장하도록 지시할 만 한 분은 딱 한 분밖에 없었지요. 몇 년 뒤 속초에서도 비슷한 사건이 일어났지만, 이때부터 그분들은 목적한 바를 이루기 위해서라면 신성시 되어야 할 영계 메시지까지도 서슴지 않고 악용했습니다.

이를 위해, 그분들은 먼저 사건의 내용을 자신들이 원하는 방식대로 각색시켰습니다. 국진님은 이런 방향으로는 정말 비상한 분 같았습니다. 전날 발생한 사건에 대해 아버님께 직접 보고하지 않고 주변 사람이 보고하도록 한 것도 바로 그런 이유 때문이었지요.

그래서 사건의 실제적인 내용과는 완전히 다른 보고가 들어간 것이지요. 예전에는 국진님이 '폴 로저스는 나쁜 놈'이라 아무리 해도 귀담아 듣지 않던 아버님이었는데, 제3자를 통해 '폴 로저스와 국진님이 주먹다짐까지 할 뻔했다'는 보고를 들으시고 깜짝 놀라신 겁니다.

"천하에 우리 식구 가운데 참자녀님하고 주먹다짐할 식구가 어디 있느냐?"

"그 인간은 더 이상 식구가 아니다. 아주 나쁜 놈이다."

거듭된 왜곡 보고로 아버님도 혼란이 일어나기 시작했지요. 거기 더해서 어머님이 훈모를 이용해서, 아버님을 더욱 혼란시킨 것입니다.

"영계에서 계시가 왔답니다. 곽 회장은 미국으로 떠나고, 여의도 프로젝트는 국진이가 맡는 게 좋다고 했답니다. 훈모 계시가 그렇답니다."

그러고는 제게도 그 내용을 전하도록 한 것이지요.

그런데 결정적으로 시간차가 문제였습니다.

오전에 나를 만날 때까지는 어머님으로부터 아무 말씀이 없었는데, 나중에 그 같은 지시를 받고 오후에 다시 저를 만나게 된 훈모로서는 난처할 수밖에 없었을 겁니다.

결국 저를 미국으로 보내고 국진님을 세워서 여의도 프로젝트를 추진하고자 한 것은 하늘의 계시도 아니고 아버님의 지시도 아니었습니다. 바로 어머님의 계획이었던 것입니다.

이튿날 아침 저는 인천공항으로 향했습니다. 피스컵 관계로 스위스에서 세계축구연맹(FIFA) 조제프 블라터 회장을 만날 약속이 있었거든요. 스위스에 다녀온다는 보고를 전날 아버님께 드렸고, 그날 아침에는 훈독회에 못 나갔습니다. 그런데 출국 수속을 밟으려던 즈음 전화가 왔습니다.

"아버님께서 전하시는 말씀인데, 곽 회장이 올 때까지 훈독회를 끝내지 않으시겠답니다."

아버님의 호출을 거역할 수는 없었지요. 결국 비행기 탑승을 취소하고 부랴부랴 차를 몰아, 정오 가까운 시간까지 계속되고 있는 훈독회에 겨우 참석했습니다. 아버님은 대노하시면서 많은 식구들 앞에서 저를 심하게 책망하셨습니다.

"내가 여의도에서 손을 떼라고 한 게 그렇게 섭섭해? 그래서 훈독회에도 안 나와?"

누가 어떻게 보고를 했는지 그래서 어떤 오해를 하고 계시는지 모르는 채, 오랜 시간 아버님의 책망을 들어야 했습니다.

"아버님, 어제 제가 김효율 씨와 훈모한테 아버님 말씀대로 미국 가겠다고 다 말씀드렸는데요."

그러나 아버님은 그 보고도 못 들으신 듯 야단만 치셨습니다. 그 야단을 죄다 맞고, 그날 저녁 다시 공항으로 갔습니다. 블래터 회장을 만나기 위해, 홍콩을 경유해 스위스로 가는 비행기에 몸을 실어야 했지요.

현진님의 UCI 이사장 취임과 여의도 개발에 대한 방침

여의도 문제로 소란스럽던 2006년 2월을 지나, 4월 1일, 저의 후임으로 현진님이 UCI 이사장으로 취임하게 되었습니다.

그즈음 뉴욕 이스트가든에 머물고 계신 아버님으로부터 급한 연락을 받았습니다. "국진님과 폴 로저스를 대동하고 급히 오라"는 내용이었습니다. 현진님의 UCI 이사장 취임식에 참석하고 귀국한 지 이틀밖에 안 된 시점이었습니다.

영문도 모른 채 국진님과 같은 비행기를 타고 뉴욕 이스트가든으로 갔습니다.

국진님 책임 하에서 여의도 부지 개발은 2개월여 지나도록 전혀 진전이 없던 상황이었습니다. 이런 와중에 Y22를 대표한 폴 로저스가 "여의도 사업이 토지 소유주인 재단의 비협조 때문에 전혀 진척되지 않고 있으며, 불필요한 경비만 막대하게 지출되는 지경이다"라고 탄원하는 편지를 아버님에게 보냈던 것입니다. 이에 진실을 알게 된 아버님이 크게 노여워하시며 즉시 국진님과 나와 폴 로저스를 미국으로 호출하신 것이지요.

2006년 4월 23일 이스트가든 2층 거실. 어머님, 현진님, 국진님, 통역으로 김효율 보좌관 등이 참석한 가운데 아버님이 회의를 주재하셨습니다. 그 자리에서 아버님은 현진님과 국진님에게 파크원 프로젝트에 관한 명료한 지침을 내려주셨습니다.

"국진은 파크원 프로젝트에서 완전히 손을 떼고, 앞으로 파크원은 현진의 책임 하에 예전처럼 폴 로저스가 실무 책임자로서 추진해라. 곽정환은 현진이를 돕도록 해. 파크원은 한국재단 땅에 짓긴 하지만 세계적인 프로젝트이므로 UCI가 관장한다. 앞으로 UCI는 세계재단의 역할을 수행하면서 한국과 일본 등 세계의 모든 재단까지 관장하며, 현진이가 법적인 이사장의 직위를 가지고 그간 기반을 닦은 나라들에 적극 개입해야 한다. 국진이는 한국의 일을 중단하고 미국으로 돌아와서 현진이 밑에서 UCI 부이사장으로 일을 해라."

이와 같은 아버님의 결정 앞에 국진님은 크게 반발하였으며, 아버님은 그를 책망하고 장시간 교육하셨습니다.

1차 회의를 마치고, 아버님은 보통 때와 달리 국진님으로 하여금 아래층에 있는 저를 불러오라고 하셨어요. 1층에서 대기하고 있던 제가 국진님을 따라 2층 거실로 갔지요. 그러자 아버님은 국진님에게 "그동안의 일들을 곽 회장에게 사과하라"고 하셨습니다. 그리고 앞서 나열된 결정사항들을 제게 모두 말씀해주셨습니다.

이어 아버님은 폴 로저스를 올라오도록 해서, 그에게 결정된 이야기를 해 주라 하시어, 뉴욕으로 폴 로저스를 부른 뜻을 알게 했습니다.

폴 로저스를 음해하고, 여의도 개발을 지연시키고, 저에 대한 아버님의 신뢰를 떨어뜨렸던 사태가 그렇게 2개월여 만에 바로 정리되었습니다.

마지막으로 회의를 마치면서 아버님은 한국의 간부들에게도 이 내용을 전달하라고 지시하셨습니다. 그런데 어머님께서 '늦었으니 다음날 아침에 하는 게 좋겠다'고 하셨고, 아버님은 결정하신 내용을 간부들에게 전달하라고 재차 지시하신 뒤 모임을 파하셨습니다.

 이날 현진님은 '재단이사장을 역임하는 것'과 '국진님이 부이사장 역할을 하는 것'에 대해 명확히 하기 위해, 아버님과 어머님이 함께 계신 자리에서 재차 여쭈었습니다. 이에 아버님은 '현진님이 한국재단이사장에 취임하고 국진님은 CEO로서 현진님 밑에서 일하면서 여의도 프로젝트에 확실히 협조하는 체제'에 대해 다시 한 번 명확히 해주셨습니다.

 다음날 아침 훈독회에서도 아버님은 저를 세워서 "앞으로 모든 경제 기반은 UCI 세계재단의 관리 감독을 받는다는 것"을 재차 천명하시고, 또한 "여의도 프로젝트가 대단히 중요하다"는 점을 강조하셨습니다.

 제가 UCI를 맡았을 때도 법과 정관에 맞게 책임지고 운영하였지만, 현진님이 제 후임으로 UCI를 맡고부터는 이점은 더욱 철저하였습니다.

참어머님의 위약과
가중되는 혼란

회의가 있던 그날(4월 23일) 늦은 밤, 어머님이 홀로 현진님 댁을 방문하셨다는 이야기를 나중에 자세히 들었습니다. 그 자리에서 어머님과 현진님이 나눈 이야기는 다음과 같습니다.

어머님의 지켜지지 않은 약속

"한국 재단이사장직을 국진에게 양보해라. 그렇게 하지 않으면 국진이는 직책을 거부하고 참가정을 떠날 거야."

이에 현진님은 답했습니다.

"국진이 그렇게 하지는 않을 것입니다. 어머님을 걱정하시게 해서 자신이 원하는 것을 관철시키려는 국진이 특유의 방법이지요. 어머니, 국진이는 이사장이 되어서는 안 됩니다. 여의도 프로젝트를 계속 망칠 테니까요."

그러나 어머님은 당신의 뜻을 굽히지 않으셨습니다.

"그러지 말고 양보해라. 너는 모든 것을 갖고 있지만 국진은 아무것도 없지 않니. 네가 이사장직을 맡아 국진이가 한국을 떠난다면, 식구들은 '형이 동생을 밀어냈다'고 욕할 거야. 결국 참가정을 부끄럽게 만드는 것이 되겠지."

"어머니, 죄송하지만 그 말씀에는 동의하기 힘드네요."

"뭐야?"

"저는 제가 책임 진 분야를 단 한 번도 저 자신의 것이라고 생각하지 않았습니다. 다만 청지기로서 책임 진 공적자산을 관리하고 불려서, 뜻과 섭리 앞에 더욱 기여하도록 만들어야 한다고 다짐해왔을 뿐입니다."

이어 현진님은 동생 국진님에 대한 그간의 의견을 밝혔습니다.

"제가 이사장이 된다 해도 국진이 한국을 떠나지 않을 것이고, 설사 떠난다 해도 질서가 잡히면 다시 돌아올 것입니다. 어머님이 국진을 지나치게 두둔하시면, 오히려 국진의 아집만 강해질 뿐입니다. 이러다가 아버님의 지시마저 무시하는 아들이 될 수 있습니다."

"국진이를 두둔하는 게 아니다. 긴 말 말고 이사장직을 양보하도록 해."

"국진이 그런 자리에 앉았을 때, 아버님께서 지시하신 내용을 과연 따를 것인지 걱정스럽습니다. 여의도 프로젝트를 위해서 모든 것을 협조할 것인지, 아버님 지시대로 상위기관인 UCI를 존중하고 형인 저를 상관으로 받들 것인지, 솔직히 믿음이 가지 않습니다. 이러지 말고 아버님께 가서 상의를 드리면 어떨까요?"

"그럴 필요 없어. 이 자리에서 결정하도록 해."

현진님은 더 이상 이 문제로 어머님과 논쟁을 하고 싶지 않았습니다. 어머님의 생각이 너무 완고하신 데다, 6월부터는 아버님의 지시에 따라 UPF 창설을 알리는 세계 순회를 어머님을 모시고 떠나야 했으니까요.

"어머니, 세 가지 내용에 대해 협력해주실 것을 **하나님께 약속해주세요.** 그럼 말씀대로 따르겠습니다."

그 첫 번째는 '국진 동생이 여의도 프로젝트 성공을 위해 전적으로 협조하는 것'

그 두 번째는 'UCI 소유로 있는 한국 자산을 UCI가 직접 관리하고, 한국재단은 그 활동 내용을 UCI에 정기적으로 보고하는 것'

마지막 세 번째는 '참가정 내에서 형제간의 질서를 세우고, 국진 동생이 현진님을 참가정의 장자로 존중할 수 있도록 어머님이 협조하실 것' 이었습니다.

어머님은 이 제안에 동의하셨고 흔쾌히 약조해주셨습니다. 국진님이 과연 이런 내용을 실행할 것인지는 의문이었지만, '어머님이 협조하신다면 해결될 수 있으리라'고 현진님은 생각했습니다. 이로써 가장 가까운 동생인 국진님에게 기회를 주고 형제간의 신뢰도 구축할 수 있기를, 진심으로 원했던 것입니다.

세계재단으로서 UCI의 위상 문제

그러나 안타깝게도 그 판단은, 천주사적인 혼란의 불씨를 끌 수 있는 마지막 기회를 놓쳐버린 뼈아픈 실책이 되고 말았습니다. 더불어 아버님께서 심사숙고 끝에 결정하신 중대 사안을 어머님이 개입해서 당신의 뜻대로 관철시킨, 중대한 사례로 남게 되었습니다.

한밤중에 이런 결정이 내려진 줄도 모르고, 다음날 아침 저는 아버님의 결정을 간부들 앞에서 설명하고 공문으로 기안도 마치고 결재도 하였습니다.

어머님은 과감히 행동하셨습니다. 아버님과 상의도 드리지 않은 채 국진님을 곧바로 한국으로 보내 재단이사장에 취임하게 하신 것입니다. 훗날 이야기이긴 하지만, 2011년 6월경 스페인을 방문하신 아버님은 "국진을 재단이사장으로 임명한 적이 없다"는 말씀을 여러 차례 하셨지요.

2006년 5월 8일 10시, 국진님은 그렇게 한국의 유지재단 이사장으로 공식 취임했던 것입니다. 이후 국진님은 여의도 프로젝트에 대해 더욱 더 비협조적으로 나오며 이를 지연시켰습니다. 어머니께서 협조해주시리라 믿었던 현진님으로서는 그저 기가 막힐 따름이었습니다.

재단에 어려운 과제를 요구하는 것도 아닙니다. 최종계약 조건을 지키는 것과 건축(허가)신청을 위한 날인 등입니다.

할 수 없이 현진님은 저를 통해서 아버님께 보고 드렸고, 이에 아버님께서 적극적으로 협조해주시며 가까스로 추진이 재개되었습니다. 그리하여 기반시설 분담금법 시행 하루 전날에 어렵게 건축허가를 받을 수 있었습니다.

2006년 6월 천정궁 입궁식 행사로 한국에 들어온 현진님은 "UCI가 세계재단으로서 각국의 재단을 관리 감독해야 한다"는 차원에서 한국재단의 임원 및 몇몇 지도자들과 회의를 가졌습니다.

이 회의에서 현진님은

첫째, UCI 세계재단에 대한 보고체계를 세우기 위해 한국재단에 분기별 재무제표와 경영관리 자료를 요청하였습니다.

둘째, '한국재단에 UCI 대표를 이사로 파견하여 재단의 상황을 파악'할 수 있도록 하였습니다. 그 외에도 몇가지 요구사항을 표하셨지만 이에 대해서 국진님은 '모든 것을 거부하고 아무것도 이행할 수 없다'고 했습니다. 또한 행사 직전의 식사 자리에서, 어머님은 '국진님이 센트럴시티와 용평리조트를 책임질 것'이라고 발표하셨습니다. 현진님과는 한 마디 사전 논의도 없이 내린 결정이었습니다.

천정궁 입궁식을 놓고 가족 간의 마찰을 삼가야 할 시기였지요. 그래서 현진님은 그에 대해 더 이상 문제 삼지 않았습니다. 그러나 고민은 깊어질 수밖에 없었으니, 국진님을 앞세운 어머님의 개입이 더욱 심해지고 있었던 것입니다.

어머님의 어처구니없는 제안

당시만 해도 현진님은 국진님이 협조적으로 나올 것을 기대하며 많은 것을 양보했는데, 그런 형을 무시하는 국진님의 태도는 심해져만 가고 있었습니다. 국진님은 심지어 아버님의 지시에도 눈 하나 깜짝하지 않았습니다. 뒤에 계신 어머님의 존재 때문이었습니다. 어머님의 협조를 굳게 믿었던 현진님으로서는 그야말로 믿는 도끼에 발등 찍힌 격이었지요.

잠자코 있던 현진님은 입궁식 이후 어머님과 함께 세계순회에 오른 후, 6월 16일 몽골에서 이에 관해 이야기를 나누었습니다. 어머님은 "UCI가 여의도를 책임지게 되었으니 한국에 있는 센트럴시티와 용평은 아무것도 없는 국진이에게 맡기는 것이 옳다"는 논리를 펴셨습니다. 현진님이 '여의도까지 차지한 상태에서 센트럴시티와 용평까지 빼앗아 가려 한다'고 어머님은 인식하고 계셨던 것 같았습니다.

현진님은 그 같은 어머님의 주장을 이해할 수가 없었습니다.

현진님은 2005년 잠시 뒤로 물러서 있던 기간에 '자신에 대한 어머님의 생각이 많이 변하였다'는 느낌을 받았다고 합니다.

현진님을 더욱 낙담시킨 것은 어머님께서 유럽을 순회하시는 기간에 저를 통해 제안한 내용이었습니다.

"한국재단 명의의 여의도 부지 소유권을 UCI 명의로 되어 있는 센트럴시티와 용평 등의 주식과 맞바꾸도록 해야 한다는 것이었습니다. 그렇게 되면 국진이 여의도에 더 이상 신경을 안 쓰게 될 것이고, 서로가 여의도와 센트럴시티를 가지고 다투지 않을 것이니 깨끗하게 정리되지 않겠니."

(국진님이 김효율 씨를 통해 어머님을 설득한 내용으로 생각됩니다.)

어머님의 제안은 간단히 구두계약으로 될 일도 아니요, 경제논리로 봐도 어처구니없는 내용이었어요. 법적인 명의이전은 서로 사고파는 과정에서 엄청난 세금을 물 수 있기 때문이었지요. 결국 '자신의 한국 내 기반을 확장하기 위해서는 그런 손해도 불사하겠다'는 국진님의 의도를 엿볼 수 있는 대목이었습니다.

게다가 '참자녀들이 앞장서서 이것저것 나누는 모습'이 보여진다면 식구들 사이에, 어떤 파문이 일겠습니까.

심각한 섭리적인 위기의식을 느낀 현진님은 2006년 8월 10일 자로 아버님께 서신을 작성하였습니다. 그리고 이를 아버님께 읽어드리도록 내게 부탁하였습니다.

하늘이 캄캄해지는 불신의 충격

8월 17일 늦은 시간, 나는 천정궁 저녁식탁에서 아버님께 현진님의 서신을 읽어드렸습니다.

편지를 읽으며, 그 내용의 훌륭함에 속으로 경탄하고 또 감격했습니다. 자신의 각오와 포부는 물론 참가정을 염려하는 효심이 흠뻑 묻어나는 편지를 통해, 현진님은 자신이 처한 심각한 딜레마를 호소하였습니다.

"하늘의 뜻이 성취되느냐 마느냐 입니다. 참부모님의 참가정이 바로 서느냐 마느냐 입니다. 아버님, 저는 어머님과 다투고 싶지 않습니다. 형제들과도 싸우고 싶지 않습니다. 하지만 이대로 방치했다간 장기적으로 볼 때 하나님의 뜻과 아버님께서 일생 동안 투입하시며 닦으신 기반이 섭리의 최종 목표를 향해 가지 못하고 다 갈라지게 되고 말 것입니다."

식구들은 그저 아버님의 승리에 취해 앞으로 모든 일이 다 잘될 것이라고 안이한 생각에 젖어 있었지만, 현진님은 곧 다가올 천주사적인 혼란에 대해 홀로 고심하는 중이었습니다. 저 역시 누구에게도 말할 수 없는 어려운 시기를 보내고 있었기에, 편지 속 현진님의 고심이 얼마나 크고 깊었는가를 절절히 느낄 수 있었습니다.

그런데 편지를 다 읽고 나서였습니다. 아버님이 감았던 눈을 뜨고 고개를 드시면서 말씀하셨습니다.

"뭐 그렇게 길어!"

그러고는 잠시 뒤 다시 한 마디 하셨습니다.

"그 편지, 네가 쓴 거 아니야?"

가슴이 철렁 내려앉았습니다. 저와 현진님에 대한 음해와 불신의 바이러스가 이 정도로 심했던가 싶었습니다. 그렇지 않고서야 아버님의 오해가 이 정도로 심할 수는 없는 일이었습니다. 당시까지도 전혀 몰랐지만, 저와 현진님에 대한 시기와 질투, 음해의 목소리가 아버님의 귀에 다각도로 들어갔다는 증거입니다.

저는 문자 그대로 숨이 막히고 가슴이 쿵쿵 뛰었어요. 말을 못 할 지경이었습니다.

'아버님을 50년 동안 모셔왔는데, 그 세월만큼 저를 알아온 아버님인데, 이런 엄청난 불신이라니. 감히 아드님 이름을 빌려 간언하는 사람으로 저를 오해하시다니!'

'하나님의 섭리 전반에 맞게 뜻을 이루고 그 중심에 참가정을 바로 세우겠다는 현진님의 효심을 모르시다니. 당신 아들을 그렇게 모르시다

니!'

제가 조금만 융통성이 있는 사람이라면, 너스레를 떨면서 차분히 설명 드렸을 것입니다.

"아이고, 아버님! 무슨 농담을 그렇게 하십니까? 현진님이 써 보낸 편지가 맞습니다."

아니면 정색을 하고 이렇게 말했을 수도 있었겠지요.

"아버님, 어떻게 저를 그렇게 보십니까? 어떻게 제가 감히……. 이렇게나 확실하게 섭리를 아는 분은 현진님밖에 없습니다."

그러나 그 순간, 저는 충격이 너무 커서 머릿속이 하얗게 비는 것 같았습니다. 꼼짝도 못하고, 땀만 뻘뻘 나고, 도저히 그 자리를 지킬 수가 없었습니다.

"아버님, 먼저 시내로 돌아가겠습니다."

결국 그렇게 물러나고 말았습니다. 언젠가는 아버님이 이 진실을 아시리라 믿으며, 이후 현진님께는 이 일에 대해 말하지 않았습니다. 행여 부자간에 틈이 더 벌어질까 염려되었던 것입니다.

최고위 지도자들은 공석에서 야단을 많이 맞습니다. 가장 많은 야단을 맞은 지도자가 아마도 저일 것입니다. 그런데 이에 관해서 제게는 평생의 신조가 있습니다. 설사 오해에 기인한 질책이라도 공석에서는 어떠한 변명도 해명도 하지 않는다는 것이지요. 그렇게 아버님의 위상을 세워드린다는 것입니다.

쉬운 일은 아니었어요. 가슴이 아플 때도 많았지요. 그러나 속으로 삼키고 또 삼켰습니다. 사필귀정(事必歸正)을 되뇌면서 말입니다.

그런데 뒤늦게 깨달은 것이 하나 있었습니다.

진실이 바르게 드러나기까지, 제가 기대했던 시간과 하나님이 셈하는 시간은 차원이 다르다는 사실이었습니다.

2005년까지만 해도 국진님의 부정적인 성토나 정죄성 발언에 대해, 아버님께서는 저를 보호해 주는 편이었습니다. 그러나 2006년에 들어와서는 아버님도 많이 흔들리는 모습이었습니다. 특히 현진님 편지를 읽어드리고 도리어 오해를 산 뒤부터는 아버님의 질책이 심해졌습니다. 저뿐 아니라 현진님에 대해서도 오해가 부쩍 많아졌습니다.

내적인 고민이 심했지만 현진님은 결코 그 마음을 드러내지 않으셨습니다.

2006년 상반기에 묵묵히 어머님을 모시고 세계 120개국 순회에 나선 데 이어, 하반기에는 참가정 3대권 사위기대 40개국 세계 순회에 임하였습니다. 크고 작은 어려움 속에서도 부모님의 섭리적인 목표를 이루어드리기 위해 투입하시는 현진님의 앞길을, 하늘은 언제나 크게 열어주셨습니다. 세계를 향해 뻗어나갈 수 있도록 언제나 힘껏 인도해 주셨습니다.

2006년 10월 21일. 원리연구회 창립 40주년 기념행사에 이어 다음날 세계평화청년연합 대회가 있었습니다. 그리고 이틀 뒤인 10월 23일, 아버님은 평화대사의 영역을 모든 연령층으로 확대하면서 '평화대사들에 대한 조직 및 관리' 책임을 현진님께 부탁하셨습니다. 이는 곧 현진님이 가정연합 세계부회장, 월드카프 세계회장, 청년연합 세계회장, UCI 재단이사장에 이어 UPF에 대한 책임까지도 맡을 준비를 하라는 의미였습니다.

형제간 갈등으로 변질된 통일가의 혼란

한편 국진님은 어머님의 전폭적인 지원 속에 2006년 6월과 7월에 통일그룹 기관 기업체를 대상으로 전면적인 감사를 시행하였고 8월부터는 120개 교회 순회를 시작하였습니다.

현장파악이라는 명분으로 진행된 120개 교회 순회는 대단히 큰 화제였습니다. 매주 빠짐없이 교회를 찾아가 교회 책임자와 식구들로부터 의견을 들었고, 교회 현장의 열악한 상황들을 파악해나갔습니다. 감사와 현장순회는 사실상 재단 내부의 방침에 따라 교회를 축소하기 위한 구조조정과 인적 청산의 명분 쌓기 수순이었습니다.

투명성을 내세운 감사와 시스템 운영의 기치 아래 현장을 직접 누비는 국진님의 행보를, 동조세력들과 언론기사들은 열심히 홍보해주었습니다. 이는 아버님으로부터 두둑한 신임을 얻는 계기가 되었고 후일 가정연합 세계회장을 형진님으로 교체하는 데 결정적인 힘을 발휘하게 됩니다.

2006년 6월 하버드 대학 신학대학원을 졸업하고 귀국한 형진님은 청심신학대학원을 거점으로 천일국 백성 워크숍을 주관하였고, 9월에는 자신의 12,000배 경배정성을 홍보하면서 공식적인 활동을 시작하였습니다.

2006년 11월 1일, 어머님이 세계평화통일가정연합 선교회 재단이사장으로 취임하셨습니다. 극히 일부에게만 알려진 사실입니다. 선교회 자체가 IMF 경제 위기 때 만들어진, 일반 식구들은 존재하는지조차 몰랐던 조직이었지요.

이곳 이사장으로 어머님께서 조용히 취임하신 이유가, 약 2년 뒤인 2008년 6월 12일과 13일 회의를 통해 밝혀지게 됩니다. 아버님이 2006년 4월 23일 이스트가든 회의에서 결정하신 내용을 완전히 무효화하고, 당신이 '선교회 재단 이사장이 되어 세계의 모든 자산을 UCI 대신 직접 주관하시려는 뜻'이 담겨져 있었던 것입니다.

2006년과 2007년에 걸쳐 국진님과 형진님은 현진님을 제외한 다른 형제들로부터 협력을 받고 대중의 인기를 얻는 전략을 펼쳤습니다.

그들은 1차적으로 '3자 역할분담'(3남은 NGO, 4남은 경제, 7남은 종교)이라는 논리를 만들어 자신의 고유 활동영역을 구축하기 시작했습니다. 하여 '현진님이 섭리의 한 분야인 NGO 운동을 책임 맡은 분이라는 이미지를 심어 장자의 위치에서 참자녀 중 한 분'으로 격하시켰습니다. 반대로 '형진님은 영적인 지도자'라는 이미지를 부모님께 심고 식구들에게 부각시키기 위해 노골적인 홍보를 시작했습니다.

특히 두 분은 서로 칭찬하고 띄워주는 형식으로 형제애를 과시해 보이는 등 감성적인 접근으로 상당한 환심을 샀습니다. 특히 형진님은 이러한 접근에 탁월한 능력을 보여주었습니다. 초기에 나이든 식구들의 발을 씻겨 주고, 그들의 가정을 방문하고, 새벽 2시에 기상하여 정신수행을 하는 등 구도자로서의 이미지를 부각시켰습니다. 마포교회 목사로 공직을 출발하고, 일본 교회를 방문하였을 때는 호텔이 아니라 교회 안에서 침낭을 깔고 자는 등 식구들에게 상당한 호응을 불러일으키는 행동을 취했습니다. 국진님 역시 세밀한 경영관리기법을 들여오고 전문 회계사들을 채용하는 등 경영자로서의 충실한 면모를 보여주려 하였습니다.

어머님의 적극적인 지지 하에 핵심 참모들과 동조 세력들은 '민심은 천심'이라는 말까지 동원해가며 국진님과 형진님 띄우기에 열을 올렸습니다. 그런데, 그 정도가 도를 넘어 영계까지 이용하려는 시도도 여러 번 있었습니다. 훈모에게 "영계에서는 누가 가장 효자인지를 기도해보라"는 의뢰가 있었는데, "현진님"이라는 답이 나오자 그 결과를 입 밖에 내지 말라는 지시가 하달되기도 했습니다. 이 사실을 내가 알고 있었으니 그대로 덮었지, 몰랐다면 아마도 정반대의 결과를 만들어서 홍보했을 지도 모릅니다.

한 번은 어느 영능자에게 "참자녀님들을 위해 기도를 해 달라"는 어머님의 의뢰가 전달됐는데, 이 분이 "세 분의 아드님 모두를 위해서 기도하겠다"고 했습니다. 그런데 현진님은 빼고 진행하라는 주문이 내려졌고, 그러자 영능자가 "그런 부탁은 들어주기 힘들다"면서 연락을 끊은 일도 있었습니다.

2007년 2월, 형진님은 천일국 지도자대회 발표를 통해 '과거 왕조들의 권력다툼과 다양한 정치체제'를 설명하면서 '앞으로 통일가 분열과 독재를 막으려면 참부모님의 절대적인 권위를 지키는 가운데 카운실(의회)과 같은 기구가 필요하다'고 주장하였습니다. 당시 지도자들은 이러한 설명에 대해 크게 환호했습니다. 하지만 저는 그것이 얼마나 섭리와 동떨어져 있고 위험한 발상인지 알고 있었어요. 어머님과 국진님과 형진님이 서로 이해관계로 결탁하여 섭리를 주도할 때 얼마나 큰 피해를 초래할지, 두려운 마음조차 들었지요.

국진님과 형진님은 '참부모님은 오직 한 분밖에 안 계시다'는 것을 계속 강조하면서, 마치 현진님이 참부모님의 권위에 도전하여 또 다른 참부모가 되려고 하는 사람인 양 여론을 만들어나갔습니다.

그들이 참부모님의 절대성을 그토록 강조한 이유가 무엇이었겠습니까?

어머님의 전폭적인 지지 아래 모든 것을 마음대로 주관하고 통제할 수 있다고 믿었기 때문입니다.

그토록 참부모님을 절대적인 존재로 신격화하고 절대 복종을 강조했던 분들이, 아버님 성화 이후에는 어머님 말씀에 불복하고 나중에는 어머님을 비난하고 심지어 새로운 어머니를 들이기까지 했습니다. 결국 그분들이 행동해온 모든 것은, 자신들이 목표로 하는 것을 얻기 위한 수단에 불과했다는 것이 드러난 것입니다.

UCI를 접수하려는 어머님과 국진님의 의지

현진님은 동생들의 도전에도 아랑곳하지 않고 섭리적으로 굵직한 활동들을 전개해나갔습니다. 부모님 지근에서 효심을 드러내고 식구들에게 환심을 사는 동생들과 달리 세계와 미래를 향한 아버님의 경륜과 꿈을 이루는 데 주력했습니다. 또한 아버님도 새롭게 창설한 UPF를 놓고 현진님에게 큰 기대를 걸고 계셨고, 전 세계를 무대로 활동을 전개해 나가도록 지시하였습니다.

2007년 2월, 현진님은 미국 12개 도시 기독교 교회 순회강연을 실시하였고, 3월 17일에는 하와이 국제회의에서 기조연설을 하였습니다. 이 행사에 참석한 VIP들이 너나없이 큰 감동을 받았고, 이에 아버님은 "2013년까지 매달 17일에 국제회의(ILC)를 개최하고 이를 현진과 곽 회장이 주관하라"는 지시를 주셨습니다. 이때부터 현진님은 UPF의 공동의장으로 소개되었고, 공식적으로는 2007년 7월에 UPF 상임위 추대로 공동의장으로 정식 취임하였습니다.

아버님의 말씀과 지도에 따라 현진님은 UPF를 국제회의만 하는 조직이 아니라 실질적인 평화운동과 섭리운동을 주도하는 최상위 기관으로 성장시켰습니다. 또한 매월 실시되는 ILC를 통해 참부모님의 업적과 가르침을 정립해 나가면서 국제무대에 넓은 인맥을 쌓아 나갔습니다.

2007년 4월부터 6월까지 한국과 일본, 미국에서 어머님을 중심한 말씀 순회가 있었는데, 아버님은 한국 대회부터 현진님 부부를 같이 수행하게 하셨습니다.

그런데 결정적으로 어머님의 심경에 커다란 변화를 줄 계기가 찾아왔습니다. 일본 순회가 끝나고, 아버님이 어머님과 현진님에게 미국을 순회할 것을 지시하면서 '아버님 말씀을 현진님이 대독하고 어머님께 아들을 소개하라'는 말씀을 주셨습니다. 이와 같은 지시는 양창식 미국 대주회장과 마이클 젠킨스 미국 협회장을 거쳐 행사를 준비하는 실무자들에게 전달됐습니다.

아버님의 조치는 다시 한 번 아버님의 권위를 누가 상속하는지 세상과 전체 앞에 드러내는 뜻이 있었습니다. 이미 아버님은 어머님이 듣는 자리에서 현진님에게 "앞으로 아버지 대신 모든 것을 책임질 수 있도록 하라"는 언질을 주셨습니다. 이미 선포하신 대로 모자협조시대가 끝나고 부자협조시대, 2세시대가 도래한 섭리진전을 실증하시는 것이지요. 그러나 어머님이 그것을 받아들이지 않으셨고, 그래서 아버님이 공개적으로 그 뜻을 분명히 하신 것입니다.

예전의 어머님이시라면 그 같은 아버님 지시에 순종하고 협조하셨겠지요. 그러나 연로하신 아버님을 대하는 어머님의 태도는 판이하게 달라져 있었습니다.

결국 어머님은 대범하게도 아버님의 지시를 무시하였습니다. 미국에 도착한 뒤, 현진님이 어머님을 소개하고 어머님께서 아버님 말씀을 읽도록 하신 것입니다.

'현진님을 세우신 아버님의 뜻에 동의하지 않는다'는 어머님의 공식적인 반발이었습니다. 어떤 측면에서 어머님은 '아내를 택할 것인지 아들을 택할 것인지 결정하라'는 심각한 딜레마를 아버님에게 던진 것입니다.

이런 상황에서 아버님 주변의 불의한 지도자들이 나섰습니다. '아버님 다음에는 어머님이 실권을 쥘 것'이라는 정치적 판단에 따라, 어머님 뜻을 더 우선하며 아버님을 고립시켜 나간 것입니다.

마침 미국 행사를 마치고 귀국한 공항에서 현진님이 국진님을 나무란 일이 있었습니다. 이를 두고 어머님은 "현진이 독재자와 같이 동생들을 주관하려 한다"고 아버님께 고했습니다.

그런가 하면 국진님은 여수에 현진님과 함께 내려갔을 때, 아버님과 간부들이 지켜보는 자리에서 "형은 독재자이고 문현진이 아니라 곽현진"이라는 막말까지 쏟아냈습니다. 이때부터 아버님은 두 형제가 서로 심각하게 다투고 있다고 인식하셨고, 공식석상에서도 "싸우지 말라"는 말씀을 자주 하시게 되었습니다.

이때부터 어머님과 어머님 주변의 간부들은 '두 형제가 다투니 어머님을 세워서 교통정리를 해야 한다'는 입장으로 몰고 갔습니다.

결국 그들은 2008년 4월 6일 하와이 의식과 6월 13일 선교회 미팅 이후 '재단이사장은 어머님'이라는 명분을 내세워 가정연합선교회재단을 UCI를 포함한 세계 모든 재단의 중심으로 세워나가려 하였습니다. 또한 국진님은 어머님을 등에 업고 실질적인 경영권을 장악하려 했습니다.

현진님을 세우려는 아버님의 의지는 2007년도까지 아무 변함이 없었습니다. 아버님은 여러 차례 현진님에게 말씀을 주셨습니다.

"어머니는 원리도 모르고 네 동생들은 자기중심적이기 때문에 이 운동을 맡아선 안 된다. 그들이 빼앗아가지 않도록 네가 앞으로 이것을 지키고 이끌어나가야 한다. 이 아버지가 어린아이와 같이 되는 때가 올 것이다. 내 말을 명심하라."

여수에서는 다음과 같은 말씀도 주셨습니다.

"지난 40년은 내가 이끌어왔지만 앞으로 40년은 네가 이끌어가야 한다. 축복도 네가 해야 한다."

공개적으로는 내색 않으셨지만, 이미 아버님도 주변에서 일어나는 변화의 조짐들을 감지하고 계셨던 것입니다. 이때까지만 해도 아버님은 당신이 모든 것을 컨트롤 할 수 있지만 후일 더 연로해졌을 때를 염려해 '아버지 뜻이 현진님에게 있음'을 명확히 하셨습니다.

아버님은 다시 한 번 현진님을 세우고자, 2007년 세계문화체육대전 조직위원장까지 현진님에게 맡겨 전체 행사를 총괄하게 하셨습니다. 세계문화체육대전은 88서울올림픽 이후 각 섭리기관의 역량을 총 결집한 최대의 행사였습니다. 그간 내가 계속해서 조직위원장을 맡아왔는데, 이때 처음으로 현진님이 조직위원장에 취임한 것입니다.

현진님을 세우려는 아버님의 변함없는 뜻과 더불어 어머님과 다른 두 아들에 대한 아버님의 인식도, 어머님은 분명히 알고 계셨습니다.

그렇기 때문에 2007년 이후 현진님은 어머님의 야망을 이루는 데 가장 큰 위협이자 걸림돌로 인식되었을 것입니다. 그것은 다른 두 동생들과 어머님을 지지하는 지도부들에게도 마찬가지였습니다.

결국 어머님을 구심점으로 하는 '반 현진님 세력'이 형성되었습니다.

그들은 이후 수년간 천정궁과 내실로 들어가는 사람들과 정보들을 통제하며 실제로 어머님의 허락 없이는 지도자들이 아버님을 만나지 못하게 되어 아버님의 눈과 귀는 점점 더 가려지고 연로하신 아버님을 고립시켰습니다. 또한 현진님을 몰아내기 위해 상상할 수 없는 수단과 방법들을 동원했습니다.

2006년 6월 한남동에서 천정궁으로 거처를 옮기신 아버님은, 이후 정확한 정보와 보고를 들을 기회가 갈수록 줄어들었습니다. 반면에 현진님에 대한 부정적인 보고는 점점 심해졌습니다.

결국 현진님을 대하는 아버님의 시각이 예전과 다른 모습을 보이기 시작했고, 왔다 갔다 하는 모습이 자주 눈에 띄었습니다. 저에 대해서도 마찬가지였습니다.

2008년부터 급격한 혼선과 변화가 찾아왔습니다. 10년 이상 현진님을 주축으로 세워져왔던 후계구도에 근본적인 지각변동이, 이로 인한 대혼란이 몰려드는 중이었습니다.

목표와 방향이 다른 두 운동

2008년 2월 12일 참부모님 탄신일, 2월 14일 유천궁 봉헌식에 참석한 뒤 미국으로 돌아간 현진님에게 아버님의 특별한 요청이 떨어졌습니다. 남미 파라과이에서 발생한 위기를 해결하고 동시에 중남미 평화대사 12,000명을 교육하라는 것이었습니다.

파라과이에서는 2007년도에 일본 국가메시아가 납치되는 한편 차코 지역에 매입한 약 60만 헥타르의 방대한 토지를 몰수당할 수도 있는 최악의 상황을 앞두고 있었습니다.

현진님은 2월 27일 미국 대통령의 동생인 닐 부시와 함께 파라과이를 방문했습니다. 상황은 생각보다 심각했습니다.

제7장에서 설명하겠지만, 현진님은 대통령과 담판하면서 아무도 감당치 못했던 위기를 훌륭히 극복했습니다.

현진님이 세계에서 큰 목표를 정해놓고 투입하고 있을 때, 한국에서는 형진님이 열심히 기반을 넓혀나갔습니다.

2007년 12월 1일 본부교회 당회장으로 취임하시더니 얼마 후 인위적으로 용산교회와 마포교회 등 주변의 몇 개 교회를 본부교회로 통합하고, 21만 명 세계평화통일성전 건축에 대한 청사진을 내걸며 점차

교회를 중심한 자신의 색깔을 분명히 해나갔습니다. 현진님이 미국에서 기독교 대형교회인 '메가 처치 투어'를 진행하자 자신도 대형교회 목사로서 이미지를 구축하려 했던 것 같습니다. 그런데 스스로 성장한 기독교 대형교회들과 달리 형진님의 교회는 규모도 작지만, 국진님의 지원까지 받아 인위적으로 주변 교회들을 통합한 것입니다.

현진님은 아버님께서 추진해나가시는 섭리 방향과 동생들이 추구하는 활동 방향이 '서로 역행하고 있다'고 보았습니다. 그리고 이는 장차 '아버님의 레거시에 중대한 걸림돌'이 되리라고 보았습니다. 미국 이스트가든에서 아버님께 솔직한 표현을 담은 서신을 작성하기 시작한 것이 이즈음입니다. 이 서신은 3월 중순경 완성되었으나 3월 17일 효진님의 갑작스러운 성화로 인해 며칠 뒤인 3월 23일자로 아버님께 보고되었습니다.

현진님의 서신은 '2008년과 이후 섭리의 길을 가는 아들의 출사표'와 같았습니다.

"아버님은 천의와 보편적인 원리에 따라 하나님 아래 인류 한 가족의 세계를 실현해 나가는 섭리적인 목표에 초점을 맞추어오셨습니다. 이를 위해 통일교회 간판을 내리고 포괄적인 섭리 운동을 전개해오셨습니다. 저 역시 지난 10년간 아버님과 같은 꿈과 목표를 갖고 매진해 왔습니다. 이런 점에서 기존의 교회 제도와 기반을 유지하려는 통일교 지도부는 반성해야 할 것이 많습니다. 앞으로 저는 통일교회의 틀을 벗어나 UPF와 UCI를 중심하고 진정한 초종교 초국가 운동을 전개해나갈 생각입니다."

아버님은 이 편지의 내용을 흡족하게 받아들이셨어요. 4월 6일 하와이에서 열린 참부모의 날 행사에, 훈독회의 모든 지도자에게 이 내용을 읽어주라고까지 하셨으니까요.

형진님의 가정연합 세계회장 취임

현진님이 중남미 6개국 방문길에 오른 2008년 4월 18일, 형진님은 가정연합 세계회장으로 취임하십니다. 이는 곽정환에서 문형진으로 인사이동 된 것이 아닙니다. 실제 세계회장인 형님을 밀어낸 인사입니다. 그것도 형님인 현진님이 중남미 6개국 순회 집회 중인 기간입니다. 현진님이 대륙회장이 받은 공문을 보고 이런 사실을 알아서야 되겠습니까?

저는 형진님의 임명 배후에 어머님과 국진님이 계시다는 것을 알고 있었습니다. 한 번은 2008년 1월인가, 국진님이 저에게 메시지를 보내어 '아버님의 지시로 형진님이 가정연합 세계회장이 되었으니 공문으로 발표하라고'까지 통보한 적이 있었지요. 그러다가 효진님의 성화와 총선 결과로 하와이에서 낙담하고 계신 아버님을 찾아가 한국의 교회 상황에 대한 자료를 가지고 형진님 임명을 관철시킨 것입니다.

형진님의 취임식은 인사발표 약 이틀 만에 신속히 이루어졌습니다. 너무나 갑작스러워 대주회장들이 다 참가할 수 없을 정도였습니다. 그는 취임사를 통해 현진님의 3월 23일 편지를 정면으로 반박하는 한편 교회와 신학의 필요성을 강조하였습니다.

자리 때문에 이 길을 걸어온 것이 아니다

그 다음 순회지인 파나마에서 취임식 소식을 들은 현진님은 큰 혼란에 빠졌습니다.

그 혼란은 '자리'가 아니라 '방향'에 있었습니다. 3월에 올린 편지의 내용대로 현진님이 소신 있게 나갈 경우, 결국 두 아들이 서로 다른 방향으로 향하며 '아버지가 한 입으로 두 말을 하는 결과'를 만들 것이기 때문이었습니다.

현진님에게는 두 가지의 선택이 있었습니다.

하나는 나머지 3개국 순회일정을 취소하고 미국으로 돌아가는 것이었습니다. 모든 자리에서 물러나는 것이었습니다.

다른 하나는 이대로 순회를 계속하는 것이었습니다. 그것은 후일 큰 충돌이 빚어지는 한편 교회 전체에 큰 시련이 온다 해도 섭리의 바른 방향을 세우는 것입니다.

결국 현진님은 파나마에서 훌훌 털고 순회를 계속했습니다.

"자리 때문에 이 길을 걸어온 것이 아니다"라고 현진님은 말씀했습니다.

또한 "하나님 앞에 약속드린 내용이 있기 때문"이라고 말씀했습니다.

하나님의 역사는 오묘했어요.

모든 것을 비운 현진님은 가는 곳마다 불같은 말씀을 토해냈지요. 그로써 브라질에서는 마노엘 페레이라 비숍과 같은 남미 최고의 기독교 지도자를 GPF 운동의 든든한 파트너로 만들었습니다. 아버님은 현진님의 순회소식에 고무되었고, 특히 페레이라 비숍과의 미팅이 성공적이었다는 보고에 대단히 기뻐하셨습니다.

하와이에서 뉴욕으로 오신 아버님은 순회 끝내고 돌아오는 현진님을 환영했으며, 현진님과 함께 워싱턴에서의 국제회의행사를 주관하셨습니다.

하늘의 이치가 참으로 오묘했습니다.

현진님이 가정연합 책임자 자리에 연연하지 않고 순회를 계속하자 많은 지도자가 연결되었고, 순회를 마치고 돌아온 현진님 가정에는 아홉 번째 자녀님인 신은님이 탄생하였습니다.

교회 내에서 현진님의 기반을 없애려는 저의

현진님이 이때의 상황을 놓고 가장 안타깝게 생각했던 것은 '카프'였습니다. 1998년 가정연합 세계부회장으로 취임한 이래, 현진님은 카프와 2세 교육에 큰 열정을 쏟았습니다. 미래 섭리가 그들의 손에 달려있기 때문이었습니다.

현진님은 공적도 치하 받지 못한 상태에서, 졸지에 월드카프 회장 자리까지 내줘야 했습니다. 그들은 현진님이 아버님을 모시고 미국 워싱턴과 텍사스에서 국제행사를 하던 (2008년 4월 28일~5월 3일) 중인 5월 2일을 택해서 세계 월드카프 지도자들을 한국으로 불렀습니다. 그리고는 현진님 이임식도 하지 않은 채 자체적으로 취임식을 했습니다.

국진님과 형진님은 월드카프 세계회장 취임식에서 '대학생 조직과 활동'에 특별한 의미를 두지 않았습니다. 다만 교회부흥을 강조했습니다. 그뿐입니까. 취임식 직후 국진님은 월드카프 본부의 미국 사무소를 즉시 폐쇄하고 본부를 한국에 있는 가정연합 세계선교본부와 통합했습니다. 또한 오랫동안 독립적으로 활동해 오던 대학생 조직을 '신앙운동만 하는 통일교 일반 교회조직'으로 만들어버렸습니다. 현진님이 공들여 키워온 STF 교육 프로그램과 선교사 양성 프로그램(MTF)도 해산되었고, 해외로 나가 활동하던 MTF 단원들도 해체하였습니다.

사람이 잠시 없는 틈을 타서 전격적으로 가정연합 회장과 카프 회장을 바꾸고 2세 교육 프로그램을 전면 폐지한 것은 교회 내에서 현진님의 기반을 없애려는 어머님과 국진님, 형진님의 저의가 분명히 드러난 사건이었습니다.

이와 때를 같이하여 여의도 파크원 프로젝트에도 중대한 위기가 발생하였습니다.

여의도 부지에 설정된 근저당권[03] 말소 신청서에 5월 8일까지 재단이 사인을 해줘야 건축허가 신청조건이 완전히 갖추어지는데, 국진님이 끝까지 도장을 찍어주지 않는 것이었습니다. 재단 재산인 여의도 부지가 채무담보로부터 벗어나는 기쁜 일에 감사하지는 못할망정 날인을 피하면서 개발계획을 방해하다니요? 이렇게 되면 파크원 사업에 사회적 이미지 손상이 발생하고 채권 은행단이 협력을 거부하는 일이 생길 수도 있었습니다.

여의도 프로젝트는 아버님께서 현진님이 맡아 추진하라고 2006년 4월 회의에서 정리해주셨지요. 그러나 국진님은 처음부터 여의도에 대한 자신의 생각을 바꿀 마음이 없었습니다.

마감 시한인 5월 8일이 넘어가고, 현진님은 밤새 잠을 이루지 못하였습니다. 이미 디폴트 상태(약속 불이행)가 되었기에 은행권이 언제라도 Y22를 상대로 제제를 걸어올 수 있었습니다.

결국 이 문제는 아버님께 정식으로 보고되었습니다. 라스베이거스에서 보고를 받으신 아버님은 국진님에게 직접 전화를 걸어 심하게 야단치셨습니다. 국진님이 계속 버티자, 김효율 씨는 "속된 말로 (미국으로) 쫓겨날 입장까지 야단을 하셨다"고 했습니다.

상황이 돌변하자 당황한 쪽은 어머님과 형진님이었습니다. 계속 버텼다가는 정말 국진님의 '목이 날아갈' 수도 있었습니다. 결국 그들의 설득으로 국진님은 고집을 접었고, 5월 10일 극적인 해결이 이루어졌습니다. 그러나 어디까지나 잠정적인 해결이었습니다.

현진님은 국진님이 재단이사장 자리에 있는 한 언제라도 자신과 부딪

---

03 저당권의 일종으로서 채무자와 계속적 거래계약 등에 의해서 발생하는 불특정채권을 일정액의 한도에서 담보하는 저당권을 말합니다.

히면서 여의도 프로젝트를 가로막고 심지어 UCI까지 탐낼 것임을 잘 알고 있었습니다.

어머님을 섭리의 중심으로 세우기 위한 시도들

이와 같은 일이 있은 후, 한편에서는 이미 정해졌던 장자 중심의 후계체제를 뒤집기 위한 작업들이 은밀히 그리고 부지런히 진행되었습니다.

어머님을 중심한 교권세력은 '현진님과 국진님의 대립'을 아버님께 적극 부각시키고, 아들로서 책임을 다하고자 하는 현진님의 주체적인 주인의식을 '아버님의 권위에 도전하는 모양'으로 비춰지게 했습니다. 그리고 서서히 어머님을 섭리의 중심으로 내세우기 시작했습니다.

그 첫 시도가 2008년 5월 14일에 있었던 하와이 의식에 대한 홍보였습니다.

김효율 씨는 이 행사를 참어머님 완성 선포의식으로 선전했습니다. 이로써 어머님은 완전하며 아버님과 동격이라고 했습니다. 이것이 발단되어 선문대학교 신학대 오택용 교수는 '참어머님, 하나님 부인론'을 들고 나왔습니다.

한편 이 행사에서 아버님은 현진님과 국진님을 각각 어머님의 오른편, 왼편에 세운 뒤 기도를 하셨는데, 이것을 근거로 교회는 '현진님은 타락한 아담의 입장, 국진님은 예수님의 입장, 형진님은 재림주의 입장'이라는 논리를 폈습니다. '현진님이 가인이고 국진님은 아벨'이라는 논리도 나왔습니다.

아버님의 섭리적인 의식을 정략적 이해관계에 따라 이용하고 선전하는 모습을 보면서, 나는 쓸쓸함을 금할 길이 없었습니다. 하나님을 중심으로 모신, 타락과 무관한 참가정 안에서 '하나님 부인'이니 '가인 아벨 관계'니 '타락한 아담'이니 하는 것이 있을 수 있는 주장인지요?

이 의식에 대하여 현진님이 기억하는 내용은 달랐습니다.

현진님의 설명에 따르면, 영계에서 장자 효진님이 동생의 입장이고 차자 흥진님이 형님의 입장이 되어 형님 동생의 위치가 바뀌었는데, 지상에서는 현진님이 영계의 형님인 흥진님의 위치와 역할을 대신하고, 국진님이 영계의 동생인 효진님의 위치와 역할을 대신한다는 의미였다는 것입니다. 아버님이 이 의식을 거행하신 배경에는 "참가정 내에서 어머님께서 가정의 질서를 바로 세우고 형제간의 질서를 바로잡는 책임을 다해야 한다는 기대가 담겨 있다"고 현진님은 보셨습니다.

그럼에도 교회 측은 참가정에 복귀섭리 논리를 끌어들여서 '가인이 아벨에 순종 굴복하여 어머님을 통해 아버님께 나가야 한다'는 개념으로 해석하고 홍보하였습니다. 이것은 모자협조시대를 종결하고 부자협조시대를 열어 가시는 아버님의 뜻을 역행하는 주장이었습니다. 본연의 형제간 질서가 자리 잡아야 하는 참가정 내에 타락한 아담가정에서 적용된 가인 아벨 관계의 원리를 끌어들여, 결과적으로 부모님 가정을 복귀섭리 원칙에 구속 받는 가정으로 전락시킨 것입니다.

가정연합 세계회장과 카프 세계회장 인사이동을 계기로 현진님 측과 국진님·형진님 측은 공식적으로 방향을 달리하게 되었습니다.

월드카프 본부에 소속되어 있던 주요 지도자들은 청년연합으로 옮겨왔고, 2009년에 현진님이 청년연합 세계회장 자리까지 박탈당하자 완전히 사표를 내고 GPYC를 만들어 새롭게 출발하였습니다. 통일가에서 가장 뛰어난 젊은 지도자들이 현진님 밑에서 활약하고 있었습니다. 그들은 맹목적인 신앙에 길들여진 2세들이 아니었습니다. 그들은 국진님과 형진님의 방침에 결코 동조할 수 없었기 때문에, 결국 미련 없이 사표를 던지고 현진님과 함께 했던 것입니다.

2008년 6월 13일 천정궁 입궁식 대관식 기념행사를 위해 세계 주요 지도자들이 입국하였을 때, UPF와 가정연합은 전날인 6월 12일 대륙 대표자 회의를 따로 소집하였습니다. 이날 대주회장들은 오전에는 센트럴시티에서 현진님 주관의 UPF 회의에 참석하고, 오후에는 청파동 협회본부에서 국진님과 형진님 주관의 가정연합 회의에 참석해야 했습니다.

　이때 국진님은 대륙 대표들 앞에서 가정연합 선교회의 조직구조와 역할 등에 대하여 직접 설명하면서 '앞으로 참어머님께서 이사장으로 있는 선교회가 세계의 모든 자산을 관리 감독하게 된다'고 발표하였고, 차트 상에 자신이 선교회 재단의 CEO임을 표시해 넣었습니다. 그리고 다음날인 6월 13일 오후, 김효율 씨는 UCI와 한국 및 일본의 재단 실무 관계자들을 소집하여 동일한 내용을 설명하고 '이것이 아버님의 지시'라고 통보하였습니다. 설립 목적이 전혀 다른 선교회를 국진님과 김효율 씨가 들고 나와서 어머님을 이사장에 옹립한 것은 무엇 때문이었을까요? 세계재단의 위상을 갖추어가던 UCI의 격을 끌어내리고 UCI 소유의 자산을 주관하려는 의도였습니다. 그리고 현진님이 이 지시를 따르지 않을 경우 '선교회 vs UCI', '어머님 vs 현진님'과 같은 갈등구도를 만들어 내려는 의도였습니다. 안타깝게도 실제로 그렇게 상황이 진행되었습니다.

　2008년 6월 회의 이후 선교회는 몇 차례에 걸쳐 세계 공적 자산을 파악하는 공문을 발송하였고, 7월부터는 일성건설 같은 한국 내 UCI 소유 자산의 주식을 선교회 소유로 돌리기 위한 시도가 이어졌습니다. 일본교회가 UCI로 헌금하던 자금을 선교회로 보내게 한 뒤, 이 자금으로 UCI 소유의 일성건설 지분을 매입하려는 꼼수였습니다. (이는 결국 무산되었습니다.)

선교회와 어머님을 앞세워 UCI를 통제하고 한국 내 주요자산을 자신의 손아귀에 넣으려 했지만 이마저 뜻대로 되지 않자, 2009년부터는 UCI 이사진을 교체하는 쪽으로 방향을 바꾸었습니다. 이마저도 김효율과 주동문이 해임되며 무산되자, 최후의 수단으로 자금지원 중단과 법적 소송이라는 카드까지 빼들었습니다.

파라과이 GPF의 성공

2008년 7월 5일, 현진님은 선교기반이 열악한 파라과이에서 GPF 행사를 성공시키셨습니다. 현진님의 투혼에 빛나는 획기적인 승리였습니다.

현진님은 파라과이 지도자들과 국민의 마음을 얻기 위해 직접 파라과이 오지까지 들어갔고 파라과이 최고의 축구스타 칠라베르트를 포함한 파라과이 최고 지도층 자제들과 함께 캐틀 드라이브(소몰이) 프로젝트를 진행하였습니다.

파라과이 GPF 성공의 견인차 역할을 한 분은 파라과이 다수당의 당수이자 상원의원인 릴리안 사마니에고 여사로, 이후 이 분은 파라과이뿐 아니라 남미권에서 현진님을 가장 확실히 지지하는 GPF 운동의 동역자가 되었습니다.

이때 브라질의 자르딘과 새소망농장을 책임지고 있던 양준수 씨 등 한국 지도자들이 현진님을 찾아와 브라질 문제를 해결해달라고 도움을 청했습니다. 사기꾼 변호사들에 엮여 자르딘 땅을 다 빼앗기고 소송이 걷잡을 수 없이 늘어나자 겁을 먹고 현진님을 찾아온 겁니다. 바쁜 일정 중에도 현진님은 그들의 사정을 다 들으시고 "아버님의 허락을 구해주면 흔쾌히 도와주겠다"고 했습니다. 현진님은 일절 그들의 잘못에 대해 거론하지 않았습니다. 한 번은 저에게 이렇게 말하시더군요.

"곽 목사님, 내가 저분들을 나쁘다고 욕할 수 없어요. 그들이 브라질에서 법을 어기고 큰 문제를 일으킨 것은 맞지만 다 아버님의 희망사항을 빨리 수행하겠다고 그렇게 한 것이죠. 저 나이가 들도록 아버님을 따라왔고 또 지시에 따라 브라질까지 온 사람들인데, 내가 그들을 심판할 수가 없어요. 그분들에게 앞으로는 법을 그만 어기고 교육하는 일에만 신경 쓰고, 법률적인 것은 우리 전문가에게 맡기라고 했어요."

참으로 감탄스럽고 감동스러운 지도력 아닙니까. 이후 현진님은 조용히 UCI 담당자를 불러 브라질의 최고 법률회사를 접촉하게 하였고, 이후 산적한 문제들을 치밀하게 해결해나가셨습니다.

그런데 이게 웬일입니까.

얼마 뒤 통일교회는 현진님을 '브라질 땅을 빼앗으려는 도둑'으로 몰아갔고, 극적으로 반전시켜놓았던 소송 관계 일도 '다 손 떼고 브라질에서 나가라'고 성화를 부렸습니다. 어쩔 수 없이 그들이 원하는 대로 해주고 말았지만, 이후 브라질에서 교회가 땅을 되찾고 소송에서 좋은 소식을 거뒀다는 소식을 들어보지 못했습니다.

내가 참으로 가슴 아프게 생각하는 것은 당시 내가 보는 앞에서 현진님을 찾아와 '살려 달라'고 빌던 몇몇 교회 원로들입니다. 그들 중 한 사람은 지금도 '신대위'라는 교회 사조직의 대표가 되어 지난 8~9년간 끈질기게 현진님을 괴롭혀온 인물이지요. 물에 빠진 사람을 조건 없이 구해줬더니 보따리 내놓으라는 짓입니다.

참부모님 헬기 추락사고

기적 중의 기적

2008년 7월 19일 오후 5시, 참부모님과 보좌진과 승무원 등 16명이 탑승한 헬기가 태풍으로 인한 악천후 속에서 운항하던 중 불시착하는 사고가 발생했습니다.

부모님 일행은 이날 오전 9시 9분, 천정궁을 출발해 서울에 도착한 뒤 서울 반포 메리어트 호텔에서 가정연합 선교회 지도자들과 모임을 갖고 천정궁으로 귀환하던 길이었습니다. 그런데 갑작스러운 기상악화로 헬기가 청평 장락산 중턱 숲속에 불시착하고 만 것입니다.

사고 헬기는 불시착 후 연료통에 불이 나면서 화염에 휩싸였는데, 기체가 폭발하기 전에 부모님을 비롯한 탑승자 16명 모두가 기적적으로 빠져 나와 인명 피해는 없었습니다. 사고 직후 부모님은 인근 청심국제병원에 입원하여 치료를 받았습니다.

엄청난 충격이었습니다. 국내외 언론도 실시간으로 사고 소식을 전했습니다. 헬기사고는 생존율이 무척 낮다고 합니다. 그런데 기체는 폭발하고 탑승자 전원은 생존하다니 기적이었지요. 저도 사고 현장을 둘러보았지만, 하늘의 보살핌이 아니고서는 '탑승자 전원이 무사한 것'을 설명할 수 없다고 했습니다.

저는 이 사고를 하나님의 무서운 경고라고 보았습니다. 참가정과 통일가가 진정으로 하나 되기를 바라는 하늘의 경고 메시지였다고 느꼈습니다.

청심국제병원 병실을 방문한 세 아드님, 현진님과 국진님과 형진님을 세워놓은 아버님은 "형을 중심하고 형제간에 서로 하나가 되라"는 간곡한 당부를 하셨습니다. 국진님은 현진님의 오른팔이 되고 형진님은 현진님의 왼팔이 되라는 말씀입니다. 아버님도 이 사고의 원인에 대해 뭔가를 느끼셨기에 이와 같은 당부를 하신 것 아닐까요?

당시 아버님은 89세이셨습니다. '하나 되라'는 말씀은 격려 차원이 아니라 최후의 유언이었던 것입니다. 어떤 상황에서도 3형제가 올바른 섭리 목표와 방향으로 하나 되는 것, 이것이 참가정에 부여된 자녀님들의 책임분담이었던 것이지요.

헬기사고 후 3주 뒤인 8월 7일, 제12회 칠팔절 기념행사가 천정궁에서 개최되었습니다.

아버님은 현진님에게 이 행사를 주관하고 아버님을 대신하여 말씀하라는 지시를 하셨습니다. 가정연합 세계회장으로 형진님이 임명됐지만, 병실에서 형제간의 질서를 잡아주신 것처럼, 공식적으로 그것이 드러나게 하신 것입니다.

현진님은 "이 날을 기하여 전체 통일가와 우리 운동이 하나의 목적과 비전을 중심하고 완전히 하나 되고 새롭게 출발해야 한다"는 아버님의 메시지를 그 자리에 참석한 참자녀들과 축복가정 대표들에게 전하였습니다.

'하나 되라'는 아버님의 당부 말씀은 2008년 12월 24일 크리스마스이브 행사 때에도 이어졌습니다.

"선생님이 구순(2010년) 때까지 자기들이 해야 할 것, 하늘나라의 무엇을 하지 않으면 안 된다는 것을 지시를 받은 모든 것을 다 끝을 내야 된다고요. 오늘도 강력한 지시를 했습니다. 자, 그러면 앞에 서라고요. 형님을 중심삼고 주는 거예요. 현진이가 가운데로 서라구. 한 발 뒤 국진이는 왼쪽에 서! 형진이는 네가 전체를 책임지니까 바른쪽에 서! 형님을 중심삼고, 부모님과 하나님을 중심삼고 하나 되어야 되는 거예요. 6수가 하나 된다고요. 개인시대, 가정시대, 종족시대, 민족시대, 국가시대……."
— 『문선명선생말씀선집』 604권, 201쪽, 2008. 12. 24

인진님까지 세워 파국으로 치닫는 통일가의 분열

엄중한 하늘의 경고에도 불구하고, 참가정과 통일가의 분열은 진정은커녕 나날이 파국으로 치달아갔습니다.

헬기사고의 충격이 가시기도 전인 7월 29일, 어머님을 중심한 교회 지도부는 인진님을 미국 총회장으로 발령 냈습니다. 10년 넘게 공적인 삶에서 멀어져 있던 인진님을 갑자기 끌어들인 이유는 분명해 보입니다. '미국에서 현진님을 견제하기 위한 것'이었지요.

인진님의 등장으로 미국에서는 큰 혼란이 일었습니다. 미국에는 대륙회장이 있고, 현진님이 그 위에 오랜 기간 미국 섭리 전체를 이끌어왔던 것입니다. 새로 등장한 인진님이 과연 총회장으로서 미국 전체를 책임진 것인지 아니면 교회만 책임 맡은 것인지, 그 점을 명확히 할 필요가 있었습니다. 당시 김병화, 박정해 공동 대륙회장이 아버님께 찾아가 직접 여쭈었는데, 아버님의 답은 분명하였습니다.

"인진은 총회장이 아니라 목회만 책임 맡는 축사장이다."

덧붙여서 "남편 박진성은 교회 일에 관여하지 말라"는 지침까지 내려주셨습니다. 김병화 회장은 아버님의 말씀을 녹음까지 해서 인진님에게 가져갔는데, 인진님은 아버님의 음성을 직접 확인하고도 받아들이지 않았습니다. 인진님은 자신을 실제 발령 낸 어머님, 실권자인 국진님과 조율을 하면 문제가 없다고 본 것 같습니다. 대놓고 아버님 말씀을 거역한 것입니다.

8월 9일 미국 국회의사당 앞에서 현진님은 GPF 행사를 개최했습니다. 그러나 이날 당연히 참석해야 할 인진님 부부는 참석하지 않았습니다. 그리고 8월 14일 취임식을 갖자마자 인진님은 바로 교회 이사진 교체를 시도하였습니다. 기존의 미국 이사진들을 교체하여 미국 통일신령협회가 갖고 있는 자산들을 현진님과 연결된 사람들의 간섭 없이 자유롭게 주관하고자 했습니다. 특히 수억 불을 호가하는, 뉴욕의 상징과도 같은 뉴요커 호텔과 그 옆의 맨해튼 센터 등은 미국 통일신령협회 이사회가 경영권을 가진 건물들입니다.

그들은 밤늦은 연락을 통해 '다음날 아침 일찍 전화 회의를 통해 이사회를 개최한다'고 통보하였으며, '기존 이사들의 일괄 사임과 인진님이 세운 새로운 이사진 영입'의 안건을 통과시켰습니다. 이사회 소집 방식도 비정상적이지만, 인진님이 기존의 이사들을 밀어내고 영입하려는 이사들의 면면은 상식을 벗어난 수준이었습니다.

일련의 사실이 아버님 귀에 들어갔고, 아버님은 지체 없이 원상복귀를 명했습니다. 인진님 부부는 사임한 숫자의 일부만 이사로 복귀시키고, 자신이 심은 몇몇 사람은 계속 남겨두었습니다. 그리하여 2009년 2월의 미국 이사회 사건과 속초 사건의 화근을 만들었습니다.

이사회 파동 직후, 현진님은 한국에 들러 아버님을 뵈었다가 칭찬 아닌 야단을 맞았습니다. 아버님은 현진님이 미국 자산을 통제하고자 직접 이사회를 바꾸었다고 오해하신 것입니다. 누가 아버님에게 이런 거짓말을 했을까요? 누가 인진님이 한 일을 현진님에게로 뒤집어씌운 것일까요? 이런 일이 참가정에서 일어날 수 있는 일일까요?

"왜 이사회를 다 바꿨냐!"

크게 야단을 맞은 현진님이 자신은 아무것도 하지 않았다고 말씀드렸지만 아버님은 들으려 하지 않으셨습니다.

"네가 미국 책임자인데 아무것도 하지 않다니! 다시 다 바꿔 놓도록 해!"

어떻게든 GPF의 가치를 깎아내리려

현진님은 파라과이와 미국에서의 성공에 이어 2008년 연말까지 전 세계 10개국 이상을 방문하면서 GPF 바람을 이어나갔습니다. 현진님이 직접 방문하지 않은 나라까지 계산하면 세계 20개국 이상에서 GPF 행사가 개최되었습니다.

현진님은 주요 대륙회장들을 행사에 참관시켜 그 결과가 아버님께 곧바로 보고되도록 했고, 때로는 아버님을 직접 뵙고 보고를 드리기도 했습니다.

현장의 지도자들 대부분 현진님의 지도력과 GPF의 가능성에 대해 대환영하는 모습이었습니다. 현진님은 언제 어디서나 단상에 서면 그 자체로 아버님 대신한 아드님으로 비춰집니다. 자연스럽게 아버님의 위상과 가치를 빛냈습니다.

물론 현진님의 반대편에 선 세력들은 어떻게든 GPF의 가치를 깎아내리려 애썼습니다. 현진님은 아버님의 가치를 크고 근본적인 차원에서 증거하고 계셨지만, 그들이 천편일률적으로 써먹은 거짓말은 '현진님이 아버님을 증거하지 않고 있으며, GPF 행사가 아버님을 드러내지 않는다'는 것이었습니다.

부정적 보고에 앞장 선 사람은 김효율 씨와 주동문 씨였습니다. 주동문 씨는 자신이 발표한 공개서신에서 "GPF가 참부모님을 도외시하고 하나님의 섭리 앞에 정렬되지 못했으며, 목표를 상실한 일시적인 사회운동에 지나지 않는다"고 비판하며 본색을 드러내기도 했습니다. 이것은 그만의 생각이 아니었습니다. 배후에서 그를 지휘하는 세력 전체의 시각 또는 주장이었습니다. 이 같은 시각 또는 주장이 현장 분위기와 얼마나 큰 괴리가 있는지, GPF에 직접 참가한 사람들은 다 알 수 있는 내용입니다.

국진님과 형진님도 GPF에 대해 부정적이고 냉담하기 이를 데 없었습니다. 국진님은 '사회운동, 평화운동으로 하나님의 뜻이 이루어질 수 있느냐'고 비판하였습니다. 현진님이 하시는 GPF 운동을 단순한 NGO 활동으로 폄하한 것입니다. 세계적인 종교 지도자들이 어째서 이 운동에 참여하고 있는지, 그분의 정신세계로서는 이해할 수 없었을지도 모릅니다. 그러했기에 나중에 형진님이 UPF 책임자 자리에 올랐을 때, UPF를 통일교 산하의 선교를 위한 하나의 도구이자 수단으로 인식했던 것입니다.

국진님과 형진님이 형님의 하는 일을 얼마나 무시했는지 한 가지 기가 막힌 사례가 있습니다. 현진님이 몽골 GPF 행사를 끝내고 한국에 돌아왔을 때, 선문대에서 진행된 자녀님들의 명예박사 학위수여식에 참석하게 됐습니다. 전숙님도 학위를 수여받게 되어서 공항에 도착하자마자 바로 선문대 행사장으로 갔는데, 학위를 수여받은 자녀님들을 대표해서 형진님이 인사말을 했습니다. 행사장에 있던 많은 사람이 '몽골에서 현진님이 큰 행사를 성공리에 마치고 귀국하였고, 그 행사에 형진님의 부인인 이연아 씨도 참가하고 돌아왔다'는 것을 알고 있었습니다. 그런데 형진님은 인사말에서 국진님에 대해 길게 칭찬을 늘어놓고, 현진님에 대해서는 한마디도 하지 않는 것이었습니다.

이런 상황이지만, 세계를 누비는 현진님의 활약에 가장 크게 만족하고 기뻐하시는 분은 바로 아버님이셨습니다. 말레이시아에서 GPF 행사를 끝내고 돌아왔을 때 아버님은 "현진이가 이슬람의 문을 활짝 열었다"고 기뻐하셨고, 일본 GPF 행사를 끝내고 돌아왔을 때는 팸플릿에 '현진왕'이라는 칭호를 써주시기도 하였습니다. 그런 한편으로, 노령의 아버님은 GPF에 대해 종종 현진님에게 확인을 하곤 하셨습니다.

"이것이 아버지 것이냐 현진이 네 것이냐?"

누군가 아버님에게 악의적인 보고를 하고 있으며, 그것에 아버님이 어떤 영향을 받으신 게 분명해보였습니다.

현진님은 2008년 후반기 내내 전 세계를 누비며 GPF 돌풍을 일으켰고, 참부모님께 올린 서신에서처럼 "통일운동 전반을 통일교를 벗어난 초종교 운동으로 혁신"하려 했습니다.

그러나 국진님과 형진님은 어머님을 등에 업고 한국과 일본을 중심으로 '통일교를 앞세운' 정 반대의 길을 걸었습니다. 새로운 직책을 받은 인진님도 '러빙라이프미니스트리(Lovin Life Ministry)'라는 자신의 목회 브랜드를 만들어 미국에 독자적인 기반을 구축하기 시작하였습니다.

네 분의 참자녀님은 겉으로는 각자의 분야에서 바쁜 시간을 보내는 듯했지만, 실제로는 다른 세 형제들이 현진님과 대결구도를 구축하는 방향으로 전개되었습니다.

2008년은 천주사적인 갈등의 본질이 본격적으로 드러나기 시작한 해였습니다.

다시 말하지만 이것은 단순한 형제간의 갈등이나 자산싸움이 아니었습니다. 그 안에 감춰져 있던 근본 섭리관, 섭리 운동의 목적과 방향,

참부모님의 레거시에 대한 인식 등의 문제들이 서서히 밖으로 표출되면서, 누가 왜 이 문제를 주도하고 조종해왔는지 그 실체가 드러나기 시작한 것입니다.

2009년부터는 갈등의 양상이 급속히 악화되면서 '모든 갈등구조의 핵심에 어머님께서 자리를 잡고 계시다는 것'이 7년간의 과정을 통해 밝혀지게 됩니다.

2005년에 세 자녀님에게 허락한 각각의 책임은 기대대로 흘러가지 않았습니다. 현진님은 책임을 자각하고 이를 수습하려 했으나 실현되지 못했고, 결국 2009년 이후 광야로 내쫓겨 철저히 부정당하는 가운데 자력으로 장자권을 되찾아오는 길을 시작하지 않으면 안 되었습니다.

후계자 책봉식으로 변질된 하나님 왕권 대관식

2008년 GPF 행사를 끝낸 현진님은 그 어느 때보다 큰 포부를 갖고 새해를 맞이하였습니다. 현진님에게는 'GPF를 앞세워 2013년까지 어떻게 섭리적 목표를 이루어나갈 것인가'에 대한 분명한 로드맵이 있었습니다.

그러나 2009년 들어 참가정과 통일가로부터 완전히 버림받은 입장에서, 현진님은 공적 노정을 다시 출발하게 되었습니다. 이것은 누구도 상상 못한 충격이었습니다. 현진님은 이 고통을 하나님의 섭리와 참부모님의 레거시를 지키기 위한 천주사적인 갈등으로 인식하고 정면 돌파를 해나갔습니다.

2009년 1월 3일, 여느 때와 다름없이 아침 훈독회가 거의 끝나갈 무렵, 아버님은 1월 15일 예정된 '하나님 왕권 대관식' 행사를 두고 '형진님 부부가 자녀들을 대표하여 2001년 하나님 왕권즉위식 행사 때 사용했던 왕관과 용포를 쓰고 뒤를 따른다'는 내용의 말씀을 갑자기 꺼내셨습니다.

이 한 마디가 2009년 이후 섭리의 방향을 완전히 바꾸어 놓았습니다.

이 말씀을 접한 현진님은 뭔가 직감한 것이 있는지 즉시 메리어트 호텔로 거처를 옮겼고, 천정궁과의 모든 연락을 차단하였습니다. 그리고 "어떤 오해를 받더라도 15일 행사에 불참하여 정치적으로 이 행사를 이용하려는 자들의 수에 말려들지 않겠다"는 뜻을 분명히 하였습니다. 그리고 단호하게 1월 6일 출국을 결행하였습니다.

이에 가장 당황한 사람은 당연히 이 모든 일을 주도한 어머님이시겠지요. 자기들이 만든 함정에 현진님이 말려들지 않자, 어머님은 여러 사람을 보내 현진님과 접촉을 시도하고 출국을 막으려고 했어요. 결국 이 시도는 무산되었습니다.

현진님은 미국에 도착하여 아버님께 올리는 간곡한 편지를 작성하였습니다. 이 편지는 밀봉되어 1월 15일 행사를 앞두고 천정궁에 전달되었는데, 아버님께 보고 드리는 과정에서 제지되어 읽혀지지 못했습니다. 결국 아버님은 현진님이 아무 연락도 없이 섭리적으로 중요한 행사에 참석하지 않은 채 가족과 함께 사라진 것으로 생각하셨습니다.

이후 1월 25일, 현진님은 라스베이거스에 머물고 계신 아버님을 직접 찾아가 독대해 말씀을 나누었습니다.

"하나님 대관식이라는 거야. 선생님 대관식이 아니야. 하나님 대관식은 역사에 처음이야."

아버님은 서두에 그렇게 행사의 중요성을 말씀하시면서 현진님의 불참을 책망하셨습니다. 3시간가량 진행된 대화 속에서 아버님은 줄곧 하나님 대관식의 중요성을 강조하셨습니다. 형진님을 후계자로 세웠다는 표현은 한 마디도 하지 않으셨습니다. 현진님이 뉴욕에서도 아버님께 확인했지만, "바뀐 것은 아무것도 없다"고 하셨습니다.

그럼에도 불구하고 이때부터 교회는 의도적으로 이 행사를 '후계자 책봉식'으로 대내외에 선전하였습니다. 그리고 김효율과 미국의 조슈아 카터 부협회장 같은 사람이 나서서 나팔수 역할을 했습니다. 조슈아 카터는 '책봉식을 세 번이나 한 것은 현진님이 한국 행사에 참가하지 않았기 때문'이라고 둘러댔습니다.

어쩌자고 아버님께서 정성들여 준비하신 하나님 대관식까지 이용하는 무리수를 뒀을까요?

결국 현진님이 그들에게 가장 두려운 존재였기 때문이었을 것입니다. 그대로 두면 아버님께서 모든 기반을 현진님에게 물려주실 것이 분명했기 때문입니다.

2008년 초부터 12월까지 거의 대부분의 날들을 집 밖에서 지내며 온 세계에서 거둔 현진님의 실적에 아버님이 얼마나 기뻐하시고 기대가 크셨는지, 어머님이 옆에서 너무도 생생하게 확인했기 때문입니다.

그들에게는 이것을 뒤집을만한 극단적인 수단이 필요했을 것입니다.

그래서 대관식 행사에서 본래 현진님이 수행해야 할 역할을 형진님에게 맡긴 것이었고, 그것을 '후계자가 교체되었다'고 선전한 것이었습니다. 아버님의 뜻과는 정반대로, 그들이 아버님의 눈과 귀를 가리고 그렇게 포장한 것입니다.

아버님께서 형진님을 공식 후계자로 임명하는 행사를 가지신다면, 이런 식으로 편법을 동원할 필요가 있었겠습니까? 하나님의 3대 왕권을 대표하는 가장 고귀한 장자권 상속 의식을 다른 행사에 끼워서 진행할 이유가 어디 있었겠습니까?

1998년 현진님 취임식 행사 때, 아버님께서 얼마나 감격하셨던가요. 전 세계 앞에, 이것을 하나님이 고대하신 천주사적인 사건으로 드러내지 않으셨던가요.

후일 형진님이 어머님과 결별한 뒤 이 행사를 후계자 책봉식이라고 선전하니까, 그때서야 마지못해 당시 사회를 봤던 양창식 회장을 내세워 '그것은 후계자 책봉식이 아니라 하나님 대관식 행사'라고 해명하게 했습니다. 자신들의 입으로 하나님 대관식을 문형진 후계자 임명식이라고 선전하더니, 이제는 그것이 아니라고요?

라스베이거스 미팅에서 현진님이 아버님께 여쭈었던 적이 있습니다.

"후계자를 정하는 것은 전적으로 하나님 아버지의 권한이며, 그 후계자가 곧 아버님의 레거시를 대표할 것입니다. 아버님께서 앞으로 제게 바라는 것이 무엇이시죠?"

이때 아버님은 답하셨습니다.

"세계 순회를 하면서 '글로벌 피스 홈 어소시에이션(Global Peace Home Association)'을 조직하도록 하여라."

현진님이 몬타나로 돌아오는 도중에 1박을 하였는데, 그날 밤에 몽시를 보았습니다.

이른 아침 눈을 뜬 현진님은 정원주 편에 전화를 드려 "아버님을 도와드리겠다"고 말씀했습니다. 아버님은 "1월 31일 한국과 미국에서 같은 날에 개최되는 대관식 행사에 꼭 참석하라"고 당부하셨고, 현진님은 전숙님과 함께 두 행사 모두 참석하였습니다.

미국 행사가 끝나고 이어진 지도자회의에서, 아버님은 현진님에게 "세계 180개국 순회강연을 7월까지 완료할 것"을 지시하셨습니다. 현진님이 다 돌 수 없을 때는 '곽정환 가족이 이를 분담하라'는 지시까지 내리셨습니다. 특이한 것은 순회강연의 연설문에 대한 부분이었는데, '아버님 말씀이 아니라, 현진님이 GPF에서 발표한 연설내용이 좋으므로 그것으로 하라'는 것이었습니다.

속초
영계메시지 조작사건

일본에서 발생한 큰 사건

순회 준비로 정신이 없던 2009년 2월 초, 일본에서 큰 사건이 발생하였습니다.

일본 경시청 공안부(공안)가 일본 통일교 본부교회가 속해 있는 남동경교구의 인감회사를 압수수색하여 과거 10년간 관리해온 1천명 이상의 고객 리스트를 압수해간 것입니다. 그 동안 일본 공안은 수차례에 걸쳐 전국에 있는 교회 또는 관련 회사들을 압수수색해 왔는데, 교회는 꿈쩍도 하지 않았습니다. 그렇기에 이번 사건은 큰 충격이었습니다.

공안이 일본 통일교회 본부 코앞에까지 접근한 상황이었습니다. 설마 했던 본부 압수수색이 현실로 다가올 수 있다는 초조함까지 더해졌습니다. 깜짝 놀란 일본 본부는 2월 12일 우라야스 연수원에서 전국 공직자 총회를 소집하였고 토쿠노 에이지 협회장은 공식 입장을 밝혔습니다.

"통일교회 종교법인은 일체 경제활동을 하지 않으며, 교회 공직자가 조직적으로 신도를 동원하여 경제활동을 하는 것을 일체 없도록 합니다."

하나님 대관식 행사가 끝난 직후 발생한 이 사건은 약 6개월 전 발생한 헬기 추락 사건에 이어 또 한 번의 충격을 안겨주었습니다. 뭔가 크게 잘못되고 있다고 판단하신 아버님은 2월 15일 귀국하시자마자 미국 하와이에서 결정한 새로운 인사조치 내용을 알리도록 했습니다. 이에 김효율 보좌관이 일본에서 온 책임자들과 교회 간부들이 모인 자리에서 발표한 내용은 다음과 같습니다.

"한국은 형진님, 미국은 현진님, 일본은 국진님이 책임을 맡는 것으로 아버님께서 결정하셨습니다."

대관식 행사를 후계자 책봉식 행사로 호도하여 선전하고 있던 어머님과 형진님 쪽에서는 이 예상 못한 조치에 당황할 수밖에 없었습니다. 왜냐하면, 아이러니하게도 그들은 현진님으로 상속되는 장자 승계 구도를 깨기 위해 2005년부터 3자녀 역할 분담론을 들고 나왔는데, 이번에 아버님께서 다시 한 번 세 아들에게 섭리 중심 3개국의 책임을 각각 맡긴 것입니다. 그로써 그들이 선전하고 있는 형진님 승계 구도가 '시작부터 불안정함'을 드러낸 것입니다.

그들은 아버님의 조치내용을 한동안 함구하고 심지어 공문으로도 내보내지 않았습니다. 현진님은 미국에서 이 소식을 듣고 미국 분봉왕이었던 주동문 씨를 통해 아버님의 뜻을 확인했습니다. 며칠 뒤 주동문 씨는 아버님으로부터 직접 확인한 내용을 정식으로 알려왔습니다. '현진님이 미국에 대한 전체 책임을 맡으며, 인진님은 축사장 역할만 한다'는 것이었습니다.

현진님은 교회 핵심 지도부가 왜 아버님의 결정을 쉬쉬하고 있는지 잘 알고 있었습니다. 자신들이 짜 놓은 구도에 아버님에 의한 변화가 생겼기에, 이에 대한 대비책을 세우려는 속셈이었던 것으로 보입니다.

현진님을 비판하는 식구 집회

현진님은 이런 권력 다툼에 끼어들고 싶은 마음이 없었습니다. 다만 세계 순회를 통해 아버님을 도우려는 마음으로 가득 차 있었습니다. 또한 일본으로부터 경제적 지원이 끊기더라도 미국이 자력으로 〈워싱턴 타임즈〉의 기반을 지킬 수 있어야 한다고 보셨습니다. 현진님은 세계 순회를 떠나기 전에 이러한 뜻을 미국 지도자들에게 전하고자 했습니다. 그리하여 출발 이틀 전인 2월 23일 뉴요커 호텔에서 '가정연합과 UPF를 중심한 섭리기관 합동 지도자 회의'를 가졌습니다.

이 미팅을 갖기 전에는 인진님을 별도로 만나 아버님의 결정을 전달하고 협조를 부탁했습니다. 인진님은 '아버님을 직접 만나 확인하겠다'고 하면서 그 자리를 떠났고, 결국 현진님 혼자 내려와서 지도자들을 만나게 됐습니다.

김병화 대륙회장은 아버님께 올리는 보고서에서 "현진님이 미국을 맡게 되어 어려운 난국을 타개하는 데 큰 해결점을 찾게 될 것이라고 모두가 환영하는 분위기였습니다."라고 언급하였습니다.

미국 지도자 회의는 이처럼 시종 진지한 내용이었건만 그 반응은 기가 막혔습니다. 약 1년 뒤인 2010년 1월 11일, 인진님의 지시를 받아 뉴욕 벨베디아 교회에서 열린 '현진님을 비판하는 식구집회'에서 조슈아 카터 미국 부협회장은 '작년 2월 23일 회의가 최악의 집회'였다고 심하게 왜곡했습니다. 그는 이날 현진님과 인진님의 대화 내용에 대해서도 '현진님의 인격을 완전히 모독하는 날조된 내용'을 늘어놓았습니다. "내가 소집한 집회에 함께 가지 않으면 누나를 부끄럽게 만들 거야"라고 인진님을 협박했다고 했습니다.

나중에 알게 된 사실이지만, 조슈아 카터는 박진성 씨 측이 작성한 '인진님과 현진님의 날조 대화록' 내용을 그대로 인용한 것이었습니다. 인진님 측은 2월 23일 현진님과 인진님의 대화 내용을 날조하여 대화록이라는 것을 만들었고, 이 자료를 가지고 현진님에 대한 흑색선전을 해왔습니다. 박진성 씨는 당시 미국 카프 회장이던 켄슈 아오키를 호출 (2009년 3월 25일), 날조된 대화록을 보여주며 현진님에 대한 나쁜 이미지를 심으려 했습니다. 또한 '현진님이냐 인진님이냐'를 선택하라고 하면서 '인진님 팀'으로 들어오도록 종용했습니다.

켄슈 아오키는 후일, 이 대화록이 "현진님을 아주 잔혹하고 무자비한 사람으로 보이도록 작성되어 있었다"고 진술하였습니다. "정말로 그분(현진님)이 이런 말을 다 했습니까?"라고 진성 씨에게 묻자, 진성 씨는 강하게 "그래! 이제 내가 무슨 말을 하는지 알아듣겠어?"라고 대답했다고 합니다. 켄슈 아오키가 2010년 3월 29일 공증문서로 남긴 진술내용입니다.

나중에 이 내용을 보고 받으신 현진님은 놀라거나 화를 내지 않으셨습니다. 충분히 그런 짓을 할 만한 사람이라고 이미 파악하고 계신 것 같았습니다. 이런 비윤리적 행동에 어떻게 대처할 것인지 묻자, 현진님은 인진님에 대해 안타까워하시면서 '그냥 두라'고 했습니다.

영계 메시지 조작 사건

2월 23일 미국에서 지도자 회의가 있던 날 밤, 세계선교본부 석준호 본부장이 발송한 이메일이 김병화 미국 대주회장 앞으로 도착했습니다.

공문에는 '인진님의 총회장 지위에는 변함이 없다'는 국진님의 지시가 적혀 있었고, '형진님이 아버님의 대신자이자 현진님의 상관'이라는 설명이 도표로 그려져 있었습니다. 인진님과 긴밀하게 연락을 주고받던 국진님과 형진님 측이 아버님의 결정과 지시사항을 거역하고 현진님을 견제할 목적으로 급조해서 보낸 공문이었습니다.

다음날 아침 보고를 접한 현진님은 불편한 기색이 역력했습니다. 그리하여 본래 이사회에 손을 댈 뜻이 없었던 현진님은 '미국 이사진을 원상 복구시키겠다'는 결심을 하게 되었습니다. 이런 결정에 대하여 교회 측은 '현진님이 미국에서 쿠데타를 일으킨 것처럼' 보고하였고, 이미 현진님에 대해 오해하신 아버님은 네 자녀님들을 강원도 속초로 소환하셨습니다. 속초 회동을 통해 자녀들이 서로 대화를 나누며 문제를 풀어보도록 기회를 주신 것입니다. 현진님이 국진님과 대화를 시도하셨으나 시작부터 언쟁으로 번졌고, 소득 없이 서울로 올라오게 되었습니다.

현진님은 아버님이 1월에 지시하신 대로 2월 27일부터 세계 순회를 떠났습니다.

첫 번째 국가인 일본에서는 5만 명 대회가 성황리에 종료되며 성공적인 테이프를 끊었습니다. 다음 국가는 필리핀으로, 오랜 기간 현진님이 공을 들여 온 국가인 만큼 성대한 환영 속에 행사가 진행되었습니다. 특히 2007년 12월 12일 필리핀에서는 최초의 공식적인 GPF 행사가 개최되었고, 이듬해인 2008년 12월 13일에는 2008년 GPF 대회의 대미를 장식하는 마지막 행사가 마닐라 퀴리노 광장에서 개최되었지요. 연이어 필리핀을 방문하는 현진님을 많은 VIP들이 진심으로 환영해주었습니다.

현진님의 순회는 5월 15일까지 각 대륙 26개 국가를 하루도 쉴 틈 없이 방문하는 대장정이었어요. 피날레 행사는 뉴욕 UN에서 예정되어 있었지요.

가는 곳마다 아침부터 밤늦게까지 빠듯한 스케줄이었고, 매사에 전력투구하시기에 더욱 고달픈 강행군이었습니다. 2008년 하반기에

만 10개국을 돌며 놀라운 반향을 불러일으켰는데 2009년 상반기에 26개국 순회를 마치면 그 결과가 어떠할지, 상상만으로도 뿌듯했습니다. 이 여세를 몰아 2013년 기원절을 향해 나간다면…….

어쩌면 하나님은 자리에 집착하는 사람들에게는 자리를 내주고 뜻을 이루고하 하는 이들에게는 자유롭게 세계로 나가 당당하게 자신의 길을 개척할 길을 열어주시는지도 모르겠습니다. 현진님의 세계 순회가 계속해서 그렇게 진행됐더라면, 정말로 그렇게 되었을 겁니다.

그런데 세 번째 순회지인 대만에서 행사를 모두 마쳤을 때, 아버님께서 갑자기 현진님을 속초로 재소환하셨습니다. 남은 순회 일정을 모두 취소하라는 명령이셨습니다.

속초에서 어떤 일이 진행되고 있는지, 현진님은 이미 여러 루트를 통해 감을 잡고 있었어요. 속초에 있던 어느 지도자는 다급하게 전화로 "지금 이곳에서는 현진님을 역모자로 몰아 제거하려는 계획이 추진되고 있습니다. 빨리 대비하십시오!"라는 연락을 해오기도 했으니까요.

그러나 현진님은 자신에게 다가오는 운명을 피해가지 않았습니다.

3월 8일 강원도 속초 천정원 새벽집회에는 참자녀님들, 저를 비롯한 교회 고위 지도자들, 그리고 일본에서 온 수련생 등 400여 명이 참석해 있었습니다.

훈독회가 진행 중이던 8시경에 현진님이 도착하자, 아버님은 "자 훈독은 여기서 멈추고 이제 영계 메시지 읽자" 하셨어요. 단상의 어머님께서 봉투를 사회자요, 훈독을 하던 양창식 회장에게 건네주셨어요. 양 회장은 봉투에서 메시지를 꺼내 효진님의 영계 메시지를 낭독했습니다. 길지 않은 메시지였고, 중간에 "효진이가 영계에서 느끼는 것이 많을 거야"라고 아버님의 간단한 언급이 계셨어요.

문제는 바로 다음에 읽었던 보고서였습니다. 아버님은 이를 '훈모 메시지'라고 하시며 낭독을 위해 김효남 훈모를 찾았습니다.

"자 이제는 훈모님. 훈모님 메시지야. 영계의 실상이야. 훈모! 훈모님 왔나 말이야. 물어보는 거야. 어? 어디, 훈모!"

훈모는 보이지 않았습니다.

양 회장이 보고서를 읽기 시작했습니다.

"······경애하는 만왕의 왕 참부모님께 보고 드립니다."

그러자 아버님이 다시 강조했습니다.

"잘 들으라고. 이거 훈모님 영계 메시지야."

아버님은 이 보고서를 어떻게 생각하고 계신지 단적으로 보여주는 장면이었습니다. 이것은 아버님에게 '김효남 훈모의 개인 의견을 담은 보고서'가 아니라 '영매자인 훈모가 영계로부터 받은 내용을 정리한 영계보고서'인 셈이었습니다. 아버님께서 이 점을 여러 차례 강조하셨으므로, 그 자리에 있던 사람들 모두 '효진님의 영계서신에 이어 이 보고서도 당연히 영계 메시지일 것'이라고 인식했습니다.

그런데 양 회장이 읽어 내려가는 보고서의 내용이라는 게, '참으로 이상한 것들'이었습니다. 교회 내에 갈등이 일고 있는 조직, 지휘체계, 후계구도에 대한 구체적인 제안들로 온통 가득했던 것입니다. 한마디로 형진님을 상속자로 임명하고, 현진님은 그 밑에, 그리고 자녀들은 반드시 어머님을 통해 아버님께 나아갈 것 등을 영계가 제안한다는 내용이었습니다.

더욱 이상한 것은 미국에서 조직원리대로 현진님을 모시고 일을 하는 닐 살로넨 브릿지 포트 대학교 총장, 타일러 헨드릭 통일신학대학장, 휴 스펄진 이사, 곽진만 몽골분봉왕 등을 전부 면직시키는 인사이동 내용까지 있었습니다.

지금까지 숱한 영계 메시지를 접해봤고 아버님께 직접 전해드리기도 했지만, 이런 종류의 보고서를 훈모가 영계로부터 받았다니, 상상도 할 수 없는 노릇이었습니다. 아버님의 말씀에도 어째서 훈모가 나타나지 않았는지, 비로소 이해할 수 있었습니다. 하나님의 섭리사에 두고두고 문제가 될, 참으로 암담한 일이 벌어지고 있는 중이었습니다.

보고서가 다 읽혀지자 아버님은 다시 한 번 "영계가 이렇게 보고 있는데…"라고 하시며 이를 '영계의 사실'로 믿고 계신 듯 했습니다. 이어 소감을 말하는 자리에서, 가장 먼저 어머님이 이런 말씀을 하셨습니다.

"최종적인 거는 아버님께서 하실 일이지만 영계에서 보고 있는 것, 지금 메시지를 통해서 보게 될 때 얼마 남지 않은 2013년을 놓고 아버님 재세 시에……. 아버님이 질서를 잡아주시면……."

영계의 메시지에 대해 아버님이 어서 최종 결정을 내려주셨으면 좋겠다는 것이지요. 이것이 '영계 보고서'임을 어머님도 재차 부각시키신 겁니다. 어머님 다음으로 주동문도 '영계를 모르고 자기 생각대로 착각을 일으켜 이런 혼란이 일어났다'는 식으로 발언을 이어갔습니다.

이날 아버님께서 제 의견을 물어 보시기에, 이렇게 대답하였습니다.

"이렇게 정한 결정이 부모님의 뜻이라면 이견이 없지만, 과연 그 과정이 순수하게 전개되었느냐 하는 점에는 유감의 내용도 있습니다."

그래서 아버님의 제지를 받았습니다.

아버님은 "미국 이사회 변경 건에 가담했던 사람들을 책임을 물어 해임시키겠다"는 말씀을 하시며 현진님의 의견을 물어보셨습니다. 줄곧 침묵하며 듣고만 계시던 현진님이, 급기야 전체가 보는 앞에서 참담한 심정을 폭발시켰습니다.

"기가 막혀도 아버지를 봐서 참고, 불쌍하신 아버님을 돕기 위해 세계를 향해 떠났건만, 그런 아들을 정리하고 싶으시면 그냥 하세요. 왜 이런 영계 보고서로 인민재판을 하십니까? 여기 이 사람(그 메시지로 면직된 지도자)들이 내 사람들입니까? 바로 아버지를 존경하며 따라온 아버지 사람들 아닙니까? 그들이 한 자리 해먹겠다고 따라왔습니까? 자르시려거든 나를 자르십시오. 내가 다 책임지고 물러나겠습니다."

너무나 격한 마음에 한국어가 제대로 나오지 않는 모양이더군요. 드문드문 끊어지는 말투로 몇 마디 던진 현진님이 밖으로 나갔습니다.

제가 쓴 것이 아닙니다

후일 이 사건은 '속초 영계 메시지 조작 사건'으로 불리게 되었습니다.

아버님께서 영계 실상을 알리는 훈모 영계 메시지라고 말씀하시고 어머님께서도 영계로부터의 메시지라고 하셨으니, 감히 누가 이 말씀의 권위에 도전하겠습니까? 평상시 같으면 상상도 할 수 없는 일이지요.

그런데 엄청난 내막이 단숨에 드러나고 말았으니 현진님이 나가고서 불과 10분도 지나지 않아서였습니다. 영계가 살아 있다는 것이 무섭게 전율로 느껴지는 순간이었습니다.

저는 현진님을 멈추려 무대 뒷문을 통해 밖으로 나왔습니다. 그리고 얼어붙은 얼굴을 한 채 그 뒷문 앞에 나와 서 있는 훈모를 지나쳐 현진님에게로 가서 '다시 아버님께로 가자'고 간곡히 부탁을 드렸습니다. 마침 주동문 씨가 따라 나오기에 저는 '현진님을 모시고 들어올 것'을 부탁하고 다시 훈모에게로 갔습니다.

"훈모님! 도대체 어쩌자고 그렇게 하신 겁니까? 이거 무엇을 하자는 것입니까?"

"회장님, 저는 아무 것도 모릅니다. 저는 관여하지 않았습니다."

가슴이 철렁 내려앉는 순간이었습니다. 짧게 한 마디씩 주고받은 대화만으로, 뜻 안에서 가장 부끄럽게 여겨야 할 일이 이곳에서 자행되었음이 드러난 것입니다. '목숨보다 소중한 천리원칙을 참부모 스스로 농락하도록 만든' 이 사건을 어떻게 수습해야 할지 눈앞이 캄캄해지는 순간이었습니다.

더 이상 훈모와 말을 할 사안이 아니라서 다시 장내로 돌아와 앉았습니다.

이후 어떤 소리도 제대로 귀에 들어오지 않았습니다.

집회가 끝나고 현진님으로부터 내막을 전해들은 김경효 씨는 바로 다음날, 사회를 봤던 양창식 회장을 워커힐 호텔에서 만났다고 합니다. 그 자리에서 "훈모가 보고서를 작성하지 않았다고 현진님께 직접 실토했다"고 말하자, 양 회장은 더 놀라운 사실을 털어놓았습니다.

"그 보고서는 어머님의 의뢰로 제가 작성했고, 김효율 씨의 감수를 받아 어머님께 전해드린 것입니다."

나중에 집회에서 어머님께서 건넨 봉투를 열어보니, 자기가 작성한 보고서가 거기 들어있어서 놀랐다고 했습니다. 음모의 전말이 밝혀지는 순간이었습니다.

유추해보면 답이 나옵니다. 어머님이 양 회장에게 보고서 작성을 지시했고, 양 회장이 작성한 초안을 김효율 씨가 다듬어 어머님께 드렸으며, 어머님이 이것에 '훈모 보고서'라는 타이틀을 붙여 아버님께 '영계 메시지'로 둔갑시킨 것이죠.

저로서는 어머님의 계획이 참 대범하다는 생각과 함께 한 가지 의문이 들었습니다. 처음부터 아버님의 결정과 지시로 꾸며댈 수도 있었을 텐데, 왜 '한 다리 거쳐서' 영계에서 추천하는 형태를 만들어 그것을 아버님이 결정하시도록 했을까?

아버님은 효진님의 갑작스러운 성화로 충격을 받으시고 속초 천정원에 칩거하시다시피 하셨습니다. 김병화 회장의 증언에 의하면, 천정원

호수에서 낚시하시면서 아버님은 "나는 하나님과 영계의 계시만을 믿는다"라고 주변사람들에게 반복해서 말씀하셨다고 합니다. 어머님은 이러한 아버님의 심리상태를 이용하여 '영계 메시지 조작'을 준비하였던 것 같습니다.

정확한 이유는 이것을 기획한 당사자들만이 알고 있겠지요. 제 생각으로는 '어머님이 선택한 후계자가 영계의 인정과 지지를 받고 있다'는 것을 드러내고, 아버님께도 이것을 각인시켜 '아버님의 결정에 쐐기를 박으려'고 한 것 아니었나 생각해봅니다.

결론적으로 '속초 영계 메시지 조작 사건'은 천주사적 혼란 속에서 가장 부끄러운 역사의 한 페이지로 남았습니다. 또한 아버님의 기반을 탈취한 현 교권 세력들의 비정통성을 그대로 드러낸 사건으로 기록되었습니다.

속초 집회 이후 현진님은 UPF 공동의장직에서 면되고, 아버님은 "1년간 쉬라"고 하셨습니다. 김기훈 회장에게 '현진님 대신 1년간 GPF를 책임 맡으라'고도 하셨습니다. 동시에 현진님 편에 가담했던 이사들도 모두 물러나라고 하였으며, 특히 미국 총책임자였던 김병화, 박정해 공동 대주회장도 사직하라고 하셨습니다.

현진님은 속초 사건 이후 미국으로 돌아가 몬타나주 산속에서 칩거하였습니다. 그곳에서 5월이 되고 40세 생신을 맞아, 새롭게 출발할 것을 하늘 앞에 결의했습니다. 가짜 영계 메시지를 동원한, 무엇보다 효진님을 먼저 떠나보내고 힘들어하시는 아버님의 감정까지 이용한 어머님과 교회 지도부의 압박에 현진님은 절대 굴할 수 없었습니다.

섭리적 갈등의 확산

현진님이 몬타나에 칩거하면서 모든 상황은 정리된 것 같이 보였습니다.

인진님은 4월부터 뉴욕 맨해튼 센터를 중심으로, 한국에서 형진님이 하던 방식으로 교회를 통합하여 예배를 보기 시작하였습니다.

국진님과 형진님은, 현진님이 여전히 청년연합 세계회장직에 계심에도, 3월에는 한국청년연합의 재정감사를 단행하였고 4월 28일에는 한국청년연합을 가정연합 산하에 두어 통합 관리함과 동시에 한국회장을 일방적으로 교체한다고 발표하였습니다.

이사회 변경을 통해 UCI를 접수하려 했던 계획

5월에는 주동문 씨가 아버님께 UCI 이사 2명을 추가할 것을 건의드림으로써 UCI를 장악하려고 구체적으로 시도했습니다. 국진님과 김효율, 주동문 등은 2008년 6월 가정연합 선교회를 재가동하여 어머님을 이사장으로 옹립한 뒤 UCI의 주요 자산을 선교회로 귀속시키려 하였고, 이것이 무산되자 UCI 자체를 접수하는 것으로 방향을 바꾼 것죠. 그들은 먼저 UCI 이사로 등재되어 있던 김효율과 주동문을 앞세워 UCI 이사진 개편을 위한 시도를 하였습니다. 주동문 씨는 2009년 5월 아버님을 뵙는 자리에서 'UCI 이사를 더 보강하여 숫자를 7명으로 늘리자'고 제안 드리고, 후보자로 신임 미국 대륙회장이자 아버님이 신임하시고 현진님과도 교류가 있는 김기훈 회장과 참자녀님인 선진님을 추천하였습니다. 이것은 일견 현진님을 위한 배려로 보였지만, UCI에서 현진님을 몰아내기 위한 교활한 술책과 전략이 숨은 제안이었습니다.

미국 통일교회 이사회 파동에 이어 UCI 이사회까지 이야기가 나오자, 아버님은 "왜 자꾸 이사회를 갖고 그러냐"며 역정을 내셨습니다. 그러자 옆에 계시던 어머님께서 주동문을 거들었다고 합니다.

결국 아버님은 김기훈 회장에게 현진님을 만나 보라고 지시 내렸고, 김기훈 회장과 주동문 씨는 하루 간격으로 몬태나로 직접 찾아와 현진님을 만나고 돌아갔습니다. 주동문 씨는 현진님이 속마음을 터놓고 이야기한 말씀을 곡해하고 주관적인 생각을 덧붙여 한국으로 돌아갔습니다. 이후 아버님 주변에서는 '현진님이 아버님과 경쟁하고 자신을 새로운 메시아라고 한다'는 말이 돌기 시작했습니다. 이사회 보강을 위한 그들의 제안이 현진님 쪽에 먹혀들지 않자 김효율과 주동문은 2009년 7월 9일 이사 2명을 추가 선임하기 위한 UCI 이사회를 소집하였습니다. 그러나 다른 이사들이 불응함으로써 이사회는 무산되었습니다.

현진님은 7월 30일부터 8월 7일에 걸쳐 남미 파라과이와 브라질을 방문하게 됐습니다. 1년 반 가량 투입해온 파라과이 기반을 점검하고, 푸에르토 카사도에 있는 참부모님 공관을 다시 오픈할 예정이었죠. 그런데 8월 2일 파라과이의 푸에르토 카사도로 향하는 비행기 안에서 '카사도시의 참부모님 공관을 둘러싸고 발생한 소요사태'에 대한 보고를 받았습니다. 결국 방문계획을 취소하고 다른 지역을 돌아보는 것으로 일정을 변경하였습니다.

　사건 발생 즉시, 사태가 일어난 배경에 '한국 재단이 관련되어 있다'는 정황들이 드러났습니다. 이후 약 한 달간에 걸쳐 조사가 진행되었습니다. 그 결과 선교회 소속 박진용 변호사가 현지에서 채용된 사보리오 변호사 등과 함께, 소요사태를 일으킨 과격단체 '프로티에라'와 교류한 사실이 드러났습니다.

　이에 대하여 한국 재단은 'UCI 밑에서 일하는 파라과이 토지관리 책임자 토마스 필드가 현진님의 카사도 방문을 무리하게 추진하다 자초한 일'이라고 거짓 주장하였습니다. 그리고 이때부터 국진님 측은 'UCI가 파라과이 땅을 사유화하는 과정을 밟아 왔다'고 비난하고, '통일교 재산을 지켜야 한다'는 논리를 펴나갔습니다.

　몇 년 뒤, 이 사건은 새로운 국면을 맞았습니다. 소요사태를 일으킨 프로티에라 조직의 회원이던 푸에르토 카사도의 전 시장(2006~2010)이 양심선언을 한 것입니다. "국진님과 형진님의 배후 조종을 받고 있는 한국인과 코스타리카 변호사가 2009년 중반에 이 지역에 들어와서, 현진님을 도덕적으로 문제가 있는 인물이자 공금을 남용하고 아버지의 재산을 가로채려는 도둑으로 몰고 갔다"는 내용이었습니다.

　본론으로 돌아가서, 푸에르토 카사도 방문을 취소한 현진님은 8월 2일 메노나이트 정착촌에 기착하여 1박을 하게 됩니다. 이날 밤 중대한 결정이 내려지게 됩니다. UCI 이사회가 소집되어 김효율과 주동문을 전격 해임한 것입니다. 한국 재단 관계자가 파라과이까지 와서 범죄집단과 손을 잡고 폭동 사건을 일으켜쓸 때 이미 돌이킬 수 없는 강을 건넜다고 봐야 할 것입니다. 그러나, 김효율과 주동문의 해임은 돌아올 수 없는 루비콘 강을 건넌 사건이 되었습니다.

현진님 입장에서, 이는 아버님을 '뒷방 노인' 신세로 만들어놓고 모든 것을 좌지우지 하고 있는 어머님과 동생들, 김효율과 주동문 같은 지도자들의 전횡을 더 이상 좌시하지 않고 적극적으로 아버님의 섭리적 기반을 지키겠다는 강력한 의사표시와도 같았습니다.

교회 측도 현진님을 압박하는 본격적인 실력행사에 들어갔습니다. '이사회 변경을 통해 UCI를 접수하려던 계획'이 무산되고 되레 김효율과 주동문마저 해임되자, 국진님과 형진님 측은 UCI로 들어가는 자금줄을 차단하고 보유 자금을 고갈시키는 전략으로 선회하였습니다.

그들은 가장 먼저 일본 교회로부터 매월 〈워싱턴 타임즈〉를 위해 지원되던 수백만 불의 자금을 즉시(2009년 8월부터) 중단하는 초강수를 뒀습니다. 약 30년간 2조 원가량을 투자하여 쌓아 올린 〈워싱턴 타임즈〉가 무너지는 것도 감수하겠다는 의미였습니다.

이에 현진님은 8월부터 9월에 걸쳐 여러 차례 아버님께 편지를 보내 〈워싱턴 타임즈〉에 대한 문제해결을 호소했습니다. 그러나 뚜렷한 해결책은 제시되지 않았습니다. 김효율은 UCI 이사를 먼저 원위치 시키라고 요구하였고, '재정에 대해서는 일본을 책임 맡은 국진님과 상의하라'고 공을 떠넘겼습니다. 국진님 측이 더 이상 지원할 의사가 없자, UCI는 미국 통일교회에서 대출금 반환형식으로 약 900만 불을 돌려받았고 이후 강력한 구조조정과 최소 운영자금으로 1년 가까이 버텼습니다.

국진님은 미디어로 가는 지원금을 차단한 데 이어 부모님이 사용하는 전용기 운영 자금의 지원마저 중단해버렸습니다. 부모님의 전용기는 UCI 계열사의 중계를 거쳐, 외부 전문 회사의 관리 하에 일본에서 지원하는 자금으로 운영되고 있었습니다. 이후 교회는 전용기 사용중단에 대한 책임을 줄기차게 현진님에게 뒤집어 씌웠습니다. 또한 '연로

하신 아버님이 전용기도 마음대로 사용하지 못하게 막아버렸다'고 음해 비난하면서 현진님을 불효자로 매도하였습니다.

　11월 8일에는 UCI 계열사인 워싱턴 타임즈 항공(WTA)의 회사자금 2,100만 불이 주동문에 의해 선교회 계좌로 불법 송금되는 사건이 발생하였습니다. 이 또한 UCI 자금줄 차단의 맥락에서 나온 계략으로 보였습니다. WTA가 미국 회사 규정에 의해 자금을 돌려달라고 요청하면서 통지서를 보내고 계좌를 동결시키자, 교회 측은 대대적으로 '현진님이 참어머님을 고소하는 패륜을 저질렀다'는 최악의 음해성 네거티브 캠페인을 전개하였습니다. 여기에 박진용, 신동모, 이상보와 같은 자들을 앞장세웠습니다. 이들을 비롯한 다른 교권과 지도자들이 오늘에 이르기까지 다른 자녀님들의 진짜 일탈행위들에 대해서는 왜 벙어리가 되었는지 궁금하네요.

　특히 남미 대주회장 신동모는 2010년 3월경 현진님의 케냐 방문활동을 비난한 '가면'이라는 글에서 "참어머님을 빚쟁이로 만들어 버렸습니다. 설마!!!! 아들이 어머니를!!!!! 감히 참어머님을 고소한 그들"이라는 노골적인 표현도 서슴지 않았습니다.

한국과 미국의 변화들

한국은 완전히 국진님 세상이 되고 있었습니다.

　9월 2일, 저는 선문대학원 재단이사장 자리에서도 물러나게 되었습니다. 한국에 갖고 있던 마지막 공적 직함이었지요.

　이임한 바로 다음 날, 한국 재단에서 파견된 여러 명의 감사가 대학과 산하 중·고등학교에 들이닥쳤습니다. 꼬투리 하나라도 잡으려고 제 주변을 이 잡듯 뒤졌답니다. 그러나 선문대 돈으로 섭외비 하나 쓴

게 없으니 뭐가 나올 리가 없지요. 그것은 예고편에 불과했습니다. 후일 저를 향해 무차별 소송이 쏟아져 들어오기 시작했으니 말이지요.

국진님은 제 후임으로 석준호 이사장과 방영섭 상임이사를 보냈습니다. 방 이사는 인수인계 과정에서 '한국 재단에서 연봉 2억을 받았다' 하면서 그에 준하는 예우를 요구해왔습니다. 선문대에서 그렇게 많은 급여를 줄 수가 없을 텐데 싶더군요. 그러나 더 이상 제 소관 사항이 아니기 때문에 홀가분한 마음으로 마지막 공직을 내려놓았습니다.

미국에서는 인진님의 목회가 점차 기형적인 형태로 발전하고 있었습니다.

형진님과 인진님은 LA와 시카고, 워싱턴 D.C.를 거쳐 9월 6일 뉴욕에서 합동 예배를 가졌는데, 인진님은 자신의 두 번째 21주 사역을 출발한다고 광고하면서 "9월 6일부터 미국 통일교 산하 모든 교회들은 21주 동안 매주 1차 21주 예배 비디오를 시청하는 예배 캠페인에 들어간다"고 하였습니다. 각급 교회의 예배를 21주간이나 '인진님의 지나간 설교와 예배 영상'으로 대체하는 무리한 정책은 현장의 불만을 일으키고 말았습니다.

그럼에도 이 캠페인이 끝나자, 인진님은 아예 맨해튼 본부교회에서 실시되는 예배를 전국에서 인터넷 중계로 동시에 시청하며 예배드리도록 했습니다. 결과적으로 현장 목사들은 설교권을 상실한 채 어두컴컴한 성전에서 사회자 수준의 단순 역할로 전락했습니다. 결국 2010년도 들어서부터, 전국 교회의 평균 예배 숫자가 눈에 띄게 줄고 '반 토막 났다'는 말까지 나왔습니다.

이 와중에 현진님은 워싱턴 타임즈 문제 해결을 위해 아버님께 여러 차례 편지를 올렸는데, 그 내용 가운데 하나가 아버님의 마음을 움직였습니다.

당시 아버님과 현진님 사이에 메신저 역할을 했던 사람은 김기훈 회장이었습니다. 현진님은 아버님 주변 지도자들에 대한 극도의 불신감을 표시하였고, 아버님께 전하고 싶은 메시지를 바로 김기훈 회장을 통해 전달하였습니다. 김기훈 회장으로부터 편지 내용을 들은 아버님은 현진님을 만나 보고자 했습니다. 현진님도 아버님을 다시 만나 섭리를 놓고 깊은 말씀을 나누고 싶었습니다.

아버님이 라스베이거스에서 기다리고 계시는 동안, 현진님은 산 속에서 2주간 정성의 기간을 보냈습니다. 아버님과 현진님이 곧 만난다는 소식이 알려지면서, 당시 통일가에는 정성을 들이는 식구들이 급속히 늘어났다고 합니다.

정성을 다 마치고 산에서 내려온 현진님의 귀에 처음 들려 온 소식은 '타카에의 편지 사건'이었습니다. 이스트가든에서 오랜 기간 일해 온 타카에라는 일본 부인 식구가 있는데, 어머님께서 이 부인을 통해 현진님 가정의 큰 아들 부부에게 편지와 메시지를 전달한 것입니다. 그런데 이 가운데 '아버지가 할아버지와 하나 되어 있지 않으니 언제나 할아버지를 따라가야 한다'는 대목이 문제가 되었습니다.

현진님은 이 사건을 대단히 심각하게 받아들였습니다.

참가정과 통일운동 내에 발생하고 있는 모든 문제로부터, 현진님은 어떻게든 당신의 자녀들을 개입시키지 않고 보호하려 했던 것입니다. 자칫하면 자녀들이 가져 왔던 참부모님 즉 할아버지 할머니와 참가정에 대한 기준이 깨져나갈 수도 있었으니까요. 현진님의 자녀들, 특히 장성한 자녀들은 현진님이 어떤 기준으로 어떻게 살아왔는지를 잘 알고 있었습니다. 미 육군 장교로 임관한 장남 신원님은 웨스트포인트 졸업식에서 아버지를 '참된 원리인(You are a man of principle)'으로 증거하고 부대 상관에게도 아버지를 자랑스럽게 증거할 정도로 아버지에 대한 믿음과 신뢰가 굳건했습니다. 그런데 할아버지 할머니가 이러한 아버지를 불신하는 모습을 본다면, 어린 자녀들로서는 커다란 충격을 받지 않겠습니까.

현진님은 몬태나까지 직접 마중 나온 김기훈 회장을 통해 '아버님을 독대하고 싶다'는 의사를 전달했습니다. 현진님으로서는 하나님의 뜻과 섭리를 놓고 아버님과 깊은 대화를 나누고 싶었고, 자식으로서 언제나 그랬던 것처럼 아버님께 모든 것을 솔직하게 말씀드리고 싶었습니다. 어머님이 옆에 계시면 대화가 원활히 이루어질 수 없다는 것을 잘 알고 있었던 것입니다.

9월 9일 저녁 라스베이거스에 도착한 현진님은 즉시 아버님을 뵙기를 원했습니다. 그런데 도착 보고를 드리러 간 김기훈 회장이 약 1시간 뒤에 현진님에게 돌아와 아버님의 메시지를 전하였습니다. "현진님이 정성을 들이고 먼 길을 왔으니 이 날은 푹 쉬고 다음날 아무 때나 찾아오면 이야기를 충분히 들어볼 것이며, 정성기간에 하늘로부터 어떤 메시지를 받았는가도 듣고 싶다"는 내용이었습니다. 현진님의 눈가에는 눈물이 글썽였습니다. 아들의 사정을 이해해 주신 아버님이 너무나 고마웠던 것이죠.

다음날인 9월 10일, 날이 밝기도 전에 낭보가 날아들었습니다. 참부모님의 4대손이자 현진님 가정의 첫 손자가 예정일보다 일주일 앞서 태어난 것이죠. 아침에 소식을 들은 아버님은 기뻐하시며 '정남'이라는 이름을 하사하셨습니다.

모든 것은 순조로운 듯 보였습니다.

아버님을 만나려면 먼저 서명을 하라

그런데 오전에 상황이 완전히 뒤바뀌었습니다. 김기훈 회장과 조정순 회장 등 몇몇 일행이 현진님이 머물고 있는 숙소로 찾아온 것입니다. 그들은 아버님의 전갈이라고 하면서 '아버님의 말씀에 절대 순종하겠다는 백지 서명을 해야 아버님을 만날 수 있다'고 주장했습니다.

현진님은 "이게 무슨 공산당이냐." "자식이 아버지를 만나 말씀을 나누는데 무슨 서명이 필요하냐"며 그들을 돌려보냈습니다.

아버님이 왜 하룻밤 새 생각을 바꾸셨는지, 그것이 진정 아버님의 뜻인지는 모를 일이었어요. 이 기회에 누군가 현진님의 서명을 받으려는 의도는 분명했습니다. 그날 만남의 결과와 상관없이, 필요에 따라 언제라도 이 서명을 활용할 속셈이었고, 특히 은밀하게 준비해온 법적 소송을 위해 그것을 어떠한 근거로 삼을 속셈이었겠지요. 현진님이 그런 얄팍한 수단을 눈치 못 챌 리 없었습니다.

대주회장을 역임한 통일가 최고 지도자들을 시켜 '서명을 받아오라'고 하며, '아버님을 만나지 않고 그냥 돌아가던가 아니면 가진 것을 다 내놓겠다고 서명을 하고 아버님을 만나든가 둘 중에 하나를 선택하라'고 종용한 분은 바로 어머님이었던 것입니다.

아버님의 사자(使者)라고 하는 사람들이 또 다시 현진님을 찾아왔습니다. 그리고 난처한 표정으로 똑같은 내용만 전달했습니다. 하지만 현진님은 끝내 서명을 하지 않으셨습니다.

그들이 돌아간 뒤로 아무런 연락이 없이 하루가 다 지나가고 있었습니다. 현진님은 결국 아버님 만나는 것을 체념하고 정남님 봉헌식을 위해 뉴욕으로 돌아갈 표를 끊었습니다. 그때 김기훈 회장으로부터 연락이 왔습니다. '아버님께서 잠시 출타하셔서 현진님 가까운 곳에 나와 계시니, 직접 만나 뵙는 것이 어떻겠냐는 제안이었습니다. 현진님은 인사라도 드리고 떠날 생각으로 아버님이 계신 공공장소로 갔습니다.

현진님의 인사를 받는 아버님의 표정은 밝지 못했습니다. 아버님은 가까운 곳에 떨어져 계시던 어머님을 부르셨고, 부모님은 잠시 쉬고자 준비해놓은 호텔 객실로 올라가셨습니다.

아버님과의 대화는 채 1시간이 되지 못하였습니다. 대화를 풀어가기 위한 상황 이해가 너무나 달라져 있었습니다. 결국 현진님이 '다음에 다시 찾아뵙겠다'고 말씀드리고 자리에서 일어나려고 했습니다. 그때 아버님이 돌발적으로 현진님의 옷을 잡고 놓아주지 않으셨습니다. "다 내놓기 전에는 절대 그냥 갈 수 없다!"

전 인류의 구세주로 오신 당신의 아버지에게 붙잡혀서 이와 같은 말씀을 들어야 하는 것이, 현진님에게는 참을 수 없는 고통이자 슬픔이었습니다. 한 순간도 아버님을 떠나지 않았고 모든 것을 아버님을 위해 해온 시간이었습니다. 너무나도 변해계신 아버님을 대하면서, 아버님의 눈과 귀를 멀게 한 자들에 대한 분노가 치밀었습니다. 현진님은 일단 아버님을 안심시켜드리고 방을 나와 뉴욕으로 돌아왔습니다.

현진님 가정의 서부 이주

봉헌식 날이 가까워지던 즈음, 부모님께서 알래스카를 거쳐 이스트가든으로 오실 계획이라는 소식이 들려왔습니다. 현진님은 김기훈 회장에게 연락하여 "이스트가든에 찾아오시는 것을 이번만큼은 단념해주시라"고 간곡한 부탁을 넣었습니다. 어린 자녀들이 보는 앞에서 어떤 상황이 벌어질지 장담할 수 없었던 것이죠. 그럼에도 재차, 부모님의 전용기가 알래스카를 출발하여 9월 17일 뉴욕으로 향할 것이라는 소식이 전해졌습니다. 정남님의 봉헌식 날이었습니다.

9월 17일 저녁 7시, 신원님은 현진님 댁 거실에서 조촐하게 봉헌식을 치렀습니다. 이렇다 할 현수막도 없이 프린터로 출력하고 스카치테이프로 연결해 붙인 종이 배너가 장식물의 전부였습니다. 축하해드릴 하객도 없었습니다. 참부모님의 역사적인 4대 직계손의 봉헌식이 이렇게 치러지다니 꿈에도 생각 못할 노릇이었습니다.

봉헌식을 마친 현진님 내외분과 신원님은 심각한 내용의 가족회의를 가졌습니다. 그 자리에서 현진님은 자신의 뜻을 밝히고 아들의 의견을 물었습니다. 그리고 신원님이 용단을 내렸습니다. 이 상황에서는 아버지의 가정과 어린 동생들을 지키는 게 무엇보다 중요한 일이었습니다. 반대하는 자들로부터 오해를 뒤집어쓰고 비난을 받을지언정, 아버지를 도와 참가정을 보호하는 것이 장남의 역할임을 신원님은 잘 알고 있었습니다.

가족회의는 오래가지 않았고 그럴 시간 여유도 없었습니다. 그로부터 몇 시간 뒤 자정을 앞두고, 현진님 가정은 수 십 년 정들었던 이스트가든을 떠나 대륙을 횡단하는 이주 길에 올랐습니다. 챙겨온 것이라곤 얼마간 지낼 수 있는 옷가지와 생활도구가 다였습니다. 몬태나에 잠시 머문 현진님 가정은 다가올 환태평양 시대를 준비하기 위해서 시애틀에 정착할 것을 결정하고, 집을 빌려 이사를 완료하였습니다.

이혼시켜서라도 현진이를 데리고 오라

이와 같은 일이 있고 나서 얼마 뒤인 10월 2일, 아버님은 워싱턴 D.C. 국제회의에 와 있던 저를 호출하셨습니다. 부르신 시간에 맞춰서 이스트가든에 갔는데, 아버님은 계시지 않고 어머님만 2층 응접실에 혼자 계셨습니다. '조용한 데 가서 이야기를 나누자'고 하시기에 어머님이 안내하는 방으로 따라갔습니다. 거기서 어머님은 저를 호출한 이유를 밝히셨습니다.

"아무래도 곽 목사 가정이 현진이 문제에 대해서 책임을 져야 되겠어. 진만이도 떠나야 하고, 전숙이도 떠나면 현진이 혼자 어떻게 버티겠어. 그러니까 곽 회장이 다 데리고 와야겠어."

그때 갑자기 아버님이 들어오셨습니다.

"곽정환이는 이 사태를 어떻게 보나?"

"아버님 어머님께 제가 감히 한 말씀 드리겠습니다. 제가 아는 현진님은 부모님 앞에 효자이십니다. 또 아버님과 어머님이 현진님을 얼마나 아끼고 사랑하시는지도 제가 압니다. 그런데 이 일을 왜 확대해서 해결하려고 하십니까? 부모님께서 사랑하는 자식을 부르시고, 효성을 다하고 계신 아드님께서 부모님과 마음껏 통사정하고 대화를 나누시면 해결되지 않을 문제가 어디 있겠습니까?"

여기까지 말씀드리는데 아버님은 벌써 마음속에 오해가 가득한지 버럭 화를 내셨습니다.

"이놈의 자식, 네가 나를 교육하려고 해? 입 닥치라고!"

그러더니 청천벽력 같은 말씀을 하시는 것이었습니다.

"가서 현진이를 데리고 와. 안 오려고 하면 전숙이를 이혼시켜서라도 데리고 와. 혼자 놔두면 기어서 들어올 거 아니야. 진만이도 데리고 오고, 진만이까지 안 오겠다면 남숙이와 이혼을 시켜. 네 가정이 책임을 져라."

아버님께서 '이혼'이란 단어를 입에 올리시는데, 그만 현기증이 났습니다.

'아버님이 말씀하신 축복의 가치가 얼마나 대단한 것인데 친아들을 이혼시키라고 하시는지요? 어떻게 이혼하라는 말씀을 다 하십니까?'라고 되묻고 싶었지만 입을 꾹 다물고 아무 말도 할 수 없었습니다. 아버님 또한 참담한 상황을 겪고 계신 것을 누구보다 잘 알고 있었기 때문입니다.

그 이튿날, 몬태나 산 속으로 현진님을 찾아갔습니다.

아들 진만이 공항에 마중을 나왔더군요. 차를 타고 가면서 현진님 근황을 물었더니 '산에 들어가 계시다'고 했습니다.

자동차로 가면서, 먼저 진만이에게 아버님 말씀을 전했습니다.

"혹여 현진님이 안 가시겠다고 하면 너라도 아버님 앞에 가야겠다."

잠자코 듣던 아들이 입을 열더군요.

"아버지! 제가 참부모님을 거역하면서 현진님을 모시고 있다고 생각하십니까? 현진님이 지금 참부모님을 거역하십니까? 부모님과 대화가 안 되어서 외롭게 계시는데 저마저 없으면 현진님은 어떻게 하시겠습니까? 제가 현진님을 모시고 보필하는 것이 참부모님을 거역하는 일이라고는 꿈에도 생각해본 적이 없습니다. 저는 참부모님을 모시는 마음으로 현진님을 모시고 있습니다. 아버님 앞에 끌려간다 해도 저는 지금과 똑같은 말씀밖에 드릴 게 없을 것입니다."

진만이의 이야기를 들으며, 진한 감동이 제 가슴을 적셔왔습니다.

'아하! 이 사람이 어느새 마흔이 넘었지, 어느새 나보다 그릇이 커버렸구나.'

더 이상 아들을 강요할 수는 없었습니다.

현진님이 산에서 내려오셨기에 인사를 드렸습니다. 저는 내 입장에서 또한 원리적인 입장에서 할 수 있는 이야기를 다 했습니다. 제 말을 다 들으신 현진님이 말씀하셨습니다.

"곽 목사, 곽 목사가 아버님을 걱정하고 그 뜻을 염려하는 것과 아들인 내가 부모님을 걱정하고 그 뜻을 염려하는 것 중에서 어느 쪽이 더 크다고 생각합니까?"

저는 아무 대꾸도 할 수 없었습니다. 그래요, 제가 아무리 아버님에 대한 심정적 인연을 말한들, 직계 아들의 절절한 부자지관계와는 비교될 수 없는 것이겠죠. 현진님은 아버님의 효성스러운 아들이기에 오늘의 섭리적인 혼란 속에 누구보다 비통한 심정으로 처절하게 몸부림치고 있는 것이었습니다.

참아버님께 드린 편지

결국 그날, 아버님으로부터 들은 말씀을 꺼내지도 못하고 돌아설 수밖에 없었습니다.

하릴없이 한국으로 돌아와 부모님께 편지를 썼습니다.

존경하고 사랑하는 참부모님 존전에 올리옵니다.
부족한 소자, 부모님 말씀을 받고 서부 몬태나에 가서 현진님을 만나 뵙고는 이곳 한국으로 돌아와서 안타까운 심정으로 펜을 들었습니다.
소자는 하늘의 큰 은사로 감당할 수 없는 은혜의 길을 걸어왔습니다. 구름기둥 불기둥에 휩싸여 오직 뜻만을 바라보며 감사하는 마음으로 숨 가쁜 생을 살았습니다. 죄악의 세상을 해방하고 태초의 꿈인 지상천국, 천상천국을 만드시려는 당신의 뜻을 받드는 그 이상의 기쁨을 저는 알지 못했습니다.
주시는 말씀으로 하루를 열고 지시를 받들어 하루를 뛰며 하루하루 감사하며 생활했습니다. 주시는 지시를 감당해야 한다는 책임감으로 뜻 앞에 부끄럽지 않은 모습이 되기 위해 최선의 노력을 다해 왔습니다. 부모님을 자랑하고 사랑하는 그 믿음으로 살고 있습니다. 해야 할 일마다 뜻을 행하고 뜻을 세우는 그

일밖에 할 일이 무엇이 있었겠습니까? 크신 부모님의 사랑으로 그 어떤 부러움도 부족함도 느끼지 않았으며 당신만을 바라보고 있습니다. 그저 뜻의 완성, 부모님을 닮는 것밖에 무슨 뜻이 있겠습니까?

사랑하는 참부모님!

부모님의 한량없는 사랑으로 저희 가정은 놀라운 축복을 받고 지내왔습니다. 참가정의 일원이 되는 영광을 받았고, 대표 가정으로서 공직의 길을 걸어왔습니다. 당신의 은혜를 알고 있기에 그저 감사드릴 뿐입니다. 2세들은 당신의 뜻을 받들어 감당하기 위해 노력하는 대견한 모습을 보게 됩니다.

그러나 상상할 수 없는 일들이 벌어지고 있습니다. 갈피를 잡지 못하고 있습니다. 어떻게 무엇이 잘못 되었는지 이해하기 힘든 지경으로 빠져들고 있습니다. 이것을 어찌 감당해야 할지 답이 보이지 않고 실마리를 찾지 못하고 있습니다. 저희 부부는 참부모님과 참가정을 모시는 것을 지상과제로 삼고 자녀들에게 뜻을 위해 최선을 다해야 한다고 가르쳐왔습니다. 어떻게 사는 것이 참된 공도의 길인지를 보여주며 그 길을 따라야 한다고 했습니다. 그래서 하늘의 부르심으로 효진님과 흥진님과 현진님과 국진님을 모심에 있어서 자신의 뜻보다 하늘을 중심해서 모시려고 애쓰는 모습을 보며 귀한 자녀를 주신 하늘 앞에 늘 감사하며 살아왔습니다.

사랑하는 참부모님!

그런 자녀들이 이제 제 품을 떠나려고 합니다. 제가 부모님을 모시고 일생을 따라 왔듯이 현진님을 모시고 일생을 가겠다고 합니다. 현진님을 모시고 가는 것이 참부모님의 뜻을 실현하는 것으로 믿고 있습니다. 한 하나님 아래 인류 한 가족의 꿈을 이루는 것이 참부모님의 뜻을 이루는 것이라고 진정으로 여기고 있습니다. 현진님을 모시고 뜻을 위해 노력하는 것이 부모님을 위한 것이라 생각하고 있습니다.

부모님의 뜻을 전하면서, 너무 커버렸다는 것을 알게 되었습니다. 제 품안에 있기에는 너무 큰 자식이 돼 버렸습니다. 어렸을 적에 본 진만이가 아니라 마흔이 넘은 아들의 모습을 보고 놀랐습니다. 제 나이 마흔넷에 무슨 일을 하고 어떤 결단을 하고 살았는지를 생각해볼 때 그 이상 꿈을 꾸지 못했음을 알았습니다. 저희들이 부모님을 모시고 세계를 순회하던 시절을 2세들이 살아가고 있습니다. 40대에 뜻을 이루어야 했던 한 많은 그 시대를 2세들이 살아가고 있습니다. 아버님의 한을 해원하기 위해 세상과 부딪혀야 한다고 하늘의 공도를 결의하고 있습니다. 하늘의 뜻을 이루겠다고 그 길을 가겠다고 합니다.

제가 어찌해야 하겠는지요?

참부모님을 만 인류의 참부모로 모실 수 있도록 해야 한다며 가려고 하는데 어찌해야 하겠습니까? 제 품을 떠나려는 자식을 보면서 '이것이 인생이구나.' 하고 있습니다. 부모의 품을 떠나 참부모님을 위한 길을 개척해 나가려고 하고 있습니다.

사랑하는 부모님!

이제 소자는 부모님의 뜻을 실천해 나가는 것이 어렵다는 것을 느끼게 됩니다. 제가 공직을 떠나야 한다는 것이 믿어지지 않습니다. 안타까운 마음만이 가슴을 채우고 있습니다.

부모님과 현진님의 관계를 이해하기가 어렵습니다.

저는 부족하여 알기가 어렵습니다. 참사랑의 길이 왜 이리 어려워야 하는지 모르겠습니다.

저는 이제 모든 공직에서 벗어나서 축복가정의 한 사람으로써 갈 길을 걸어가야 할 것 같습니다. 종족적 메시아로서 자신에게 주어진 책임을 다하겠습니다.

사랑하는 부모님!

잘못한 것이 있다면, 모든 책임을 저에게 지워주시고, 부모님의 영광을 돌려드릴 수 있는 길을 허락해 주시기를 간절히 바랍니다.

2009년 10월 7일

아버님을 직접 찾아가지 않고 이 편지를 쓴 것은, 말씀을 제대로 이행 못했다고 발길에 차이고 귀뺨 맞는 것이 겁나서가 아니었습니다. 현진님의 불변의 기준과 뜻과 결의 앞에, 제가 할 수 있는 길은 모든 공직에서 떠나는 것뿐이라는 판단이 들었기 때문입니다. 그래서 송구스러운 심정으로 부모님께 편지를 쓴 것입니다.

아버님이 누구에게 어떤 이야기를 들으셨는지는 모르지만, 현진님에 관해서 끔찍한 오해를 하고 계심이 이번에 명확히 드러났습니다. 연로하신 아버님을 거짓과 불의로 오판하도록 해서 그 어떤 결정이나 선포가 나왔다면 거기에 하나님이 운행하실 수 있을까요? 그것은 비원리요, 반섭리입니다. 얼마나 분노하셨으면 '이혼'이란 말을 거론하면서 당신의 아들을 데려오라고 채근하시겠습니까? 아버님의 눈과 귀를 가리고 부자지간의 틈이 벌어지도록 종용하고 미혹한 자들은 분명 사탄의 상대가 된 자들이었습니다.

이런 비운의 처지에서도 현진님은 낙망하는 대신 아버지가 이루시려는 하나님의 숭고한 뜻을 이루기 위해 정성을 들이시고 동분서주하고 계셨습니다. 그 모습 덕분에 저는 제 가슴을 진정시킬 수 있었습니다.

하나님은 결코 실패한 하나님이 아니셨습니다. 진흙탕 같은 현실 속에서도 좌절하지 않고 오히려 연꽃 같은 희망을 품고 축복가정들을 진두지휘하고 계시는 현진님을 발견했기 때문입니다.

7백만 불 횡령사건의 진상

저는 모든 공직에서 물러나겠다는 서한을 정원주 씨 이메일을 통해 아버님께 전달한 이후, 느닷없는 아버님의 전화를 받게 되었습니다. 한국으로 귀국한 지 며칠 되지 않은 때였습니다. "현진이가 UCI 재단의 공금 700만 불을 훔쳐서 빼돌린 거, 너 그거 알아? 그럴 수가 있어? 이놈의 자식. 네가 당장 미국으로 와서 고소를 해서라도 찾아와. 곽정환이, 알겠나?"

놀라운 말씀이었습니다. 화가 단단히 나신 아버님은 다음날 이스트가든 훈독회에서도 '현진님이 공금을 함부로 쓰고 있다'며 역정을 내셨답니다. 식구들은 영문도 모른 채 그 소리를 듣고 있어야 했습니다.

여독이 채 풀리기도 전에 다시 뉴욕행 비행기에 몸을 실었습니다. 10월 8일 오후 1시경, JFK 공항에 도착하여 곧장 부모님이 계시는 이스트가든으로 향했습니다. 아버님께서는 점심도 안 드시고 저를 기다리고 계셨습니다. 김효율 씨가 그 자리에 같이 있었습니다.

아버님을 뵙고, 그동안 저 자신도 몰랐던 내용을 설명 드려야 했습니다. 뉴욕으로 출국하기 전에 현진님 쪽으로부터 들은 이야기였습니다. 기가 막혔습니다. 사실 확인도 안 하고 무작정 아버님께 그런 음해를 하다니요? 참가정을 파괴하려는 사탄이 어떻게 역사하는지, 하늘은 똑똑히 보여주고 있었습니다. 아버님도 놀라셨는지 제 설명을 듣고 계셨습니다.

2007년 11월경, 미국에서 박진성 씨 회사가 부도 직전에 내몰렸답니다. 그는 '집도 재산도 다 날리고 인진님과 이혼할 상황까지 가게 됐다'면서 현진님에게 다급한 도움을 요청하였습니다. 현진님으로서는 누님 가정이 무너지는 것을 모른 척할 수도 없었습니다. 게다가 이것은 미국 사회에 큰 물의를 일으킬 수도 있는 문제였습니다. 그래서 여수에 계신 아버님에게 찾아가 상황을 설명 드리고 도울 수 있는 방안을 상의 드렸습니다.

이후 박진성 씨의 투자회사는 500여 만 불을 지원받게 되었습니다. 이는 물론 아버님께서도 인지하셨고 무상지원이 아닌 차용금이었습니다. UCI가 산하 회사로부터 배당받은 7백만불이 있었는데, 이 가운데 약 500만 불은 박진성 씨의 회사로 지원되고 나머지는 교회 지도자들의 잘못으로 발생한 '브라질 자르딘 지역 토지와 관계된 소송문제'를 해결하기 위한 법률비용으로 지출되었다고 합니다. 아버님은 묵묵히 제 설명을 듣고 계셨습니다. 그로써 700만 불 건은 그 자리에서 해명되었습니다.

인진님 가정은 나락으로 떨어지기 직전, 현진님의 도움으로 간신히 살아난 것입니다. 현진님은 참가정의 위상을 감안하여 가까운 스텝들에게도 알리지 않았던 것입니다. 7백만 불 사건이 터지지 않았더라면 가슴에 묻고 갈 일이었습니다.

700만 불 건에 대해 아버님께 보고한 사람은, 알고 보니 김효율과 주동문이었습니다. 제대로 알아보지도 않고 현진님을 도둑으로 몰아세운 것입니다. 아버님은 일찍이 그들에게 '현진님의 기반이 되어 줄 것'을 신신당부하셨는데, 반대로 현진님을 섭리 중심에서 축출하려고 비방과 음해를 일삼고 있었던 것입니다.

진상이 다 밝혀졌건만, 김효율 씨는 사과 한마디 없었습니다. 도리어 태연하게도 "그것 말고도 석연치 않은 것이 많이 있다"는 소리를 하는 것이었습니다. 늦게 도착한 주동문 씨는 아버님과 미팅을 끝내고 아래층 대기실로 내려오더니 나에게 "현진님이 아버님의 메시아성에 대해 관을 달리하고 의심하고 있다"는 말을 꺼내더군요. 저는 "그것이 얼마나 엄청난 말인데 쉽게 입에 담는가?"라고 되물었어요. 그러자 "현진님과 대화를 나눠보니 그런 느낌을 받을 수가 있었다."고 하는 것이었습니다.

제 앞에서도 그렇게 대범하게 현진님을 폄훼할 정도니 그 동안 아버님께 어떤 표현을 어떻게 해왔을지, 충분히 짐작해볼 대목이었습니다.

참가정을 파괴하려는 사탄적 역사

그들이 뒤에서 무슨 작당을 꾸미고 있는지, 현진님은 훤히 알고 있었습니다. 어머님의 지지를 등에 업고 다른 자녀님들과 한 패가 되었던 그들, 부모님의 눈과 귀를 가리고 UCI 이사진을 장악하고자 꾸몄던 집요한 시도들을 다 설명하자면 끝도 없을 것입니다.

이후 그들의 전략은 급선회하여 'UCI를 법적으로 탈취하는 방안'을 극비리에 추진하였습니다. 그런데 이를 구체화하기 위해서는 아버님의 재가가 필요했습니다. 결국 예의 7백만 불 사건은, 아버님의 감정을 자극하여 법적 소송에 대한 허락을 따내기 위한 자작극에 다름 아니었습니다. 이를 입증하는 단서가 바로 2009년 10월 8일, 제가 미국에 도착하던 날 개최된 미국 통일교 이사회에서 김효율 씨가 국진님과 나눈 전화 통화 내용입니다.

김효율 씨는 이사회를 주관하고 있던 국진님에게 전화를 걸어 "아버님께서 사람을 감옥에만 넣지 말고 어떤 비용이 들더라도 모든 법적 수단을 동원해서 UCI를 찾아오라는 지시를 주셨다"고 하면서 '일본의 지지, 즉 국진님의 지지가 있으면 주동문 씨로 하여금 이를 계속 추진하게 하겠다'고 발언했습니다. '주동문 씨가 이미 워싱턴 D.C.에서 최고의 로펌과 접촉해왔다'는 것까지 말했는데, 소송을 위해 이미 상당한 사전준비를 해온 것이었습니다.

이 같은 김효율 씨의 보고에 대해, 일본을 책임진 국진님은 "일본은 준비가 되어 있고, 아버님의 지시라면 무엇이든 하겠다"고 답변하였습니다.

이후 국진님 측은 일본에서 UCI로 들어가는 모든 자금줄을 차단하고 비밀리에 세계 각 대륙과 연통하면서 본격적으로 UCI에 대한 법적 소송을 준비하였습니다.

주동문 씨가 워싱턴 D.C.에서 최고의 로펌까지 접촉하여 UCI에 대한 소송을 준비하고, 이를 김효율 씨가 공개적으로 발표하자, UCI 입장에서 주동문 씨를 UCI 산하 조직에 계속 남겨둘 수는 없었을 것입니다. 그는 2009년 10월 22일과 28일에 타임즈 항공 관련 기업에서 해고되고 11월 8일 해고사실을 통보받았습니다. 현진님은 상대의 법적 소송 시도에 대해 냉정하게 대처해나갔습니다. 또한 파국을 막기 위해 11월 20일 아버님께 서신을 올려 '저들의 위험한 책동을 제지해 달라'고 간곡히 부탁드렸습니다.

"아버님, 이 서신에서 직접적인 표현으로 설명 드릴 수 없지만, 지금 어느 한 쪽에서는 지극히 위험한 방식으로 현재의 문제를 해결하려는 시도가 있습니다. 아버님께서는 이것이 무엇을 의미하는지 잘 알고 계시고, 현재 핵심 간부들도 절대 이 방식만은 사용해서는 안 된다는 것에 의견을 같이 하고 있습니다. 제가 심각하게 우려하는 이유는 이것은 섭리를 망치고 부모님을 직접적인 곤경에 빠트리게 하는 것이기 때문입니다. 특히 〈워싱턴 포스트〉를 비롯한 주요 언론사들과 반대세력들이 우리를 예의주시하고 있는 상황에서 이것은 절대 용납 못할 것이기에, 그들을 물러나게 할 수 밖에 없었습니다.
현재 위험한 오판에 제동을 걸 수 있는 유일한 분은 아버님밖에 안 계십니다. 부디 이 아들이 책임지고 하는 일을 믿어 주시고, 불신과 혈기로 가득 찬 근거 없는 보고들을 다 물리쳐주십시오. 그리고 차분히 대화로 풀어가고 이 아들의 설명이 굴절 없이 아버님께 전달될 수 있다면, 그 동안의 많은 오해가 풀리게 될 것입니다."

현진님의 이러한 호소와는 상관없이 그즈음 국진님 측은 계속해서 소송에 대한 당위성을 부각시키고 내부 여론을 조성해나갔습니다. 세계를 돌며 수차례의 비판 강연을 실시하였고, 현진님을 아버님을 거역한 불효자요, 어머님을 고소한 패륜아요, 섭리의 이단자 폭파자로 만들어 나갔습니다. 그리고 결국 2010년 11월, 여의도 지상권무효소송을 제기하였습니다. 12월에는 브라질에서 현진님을 상대로 형사소송을 제기하였으며, 2011년 5월 11일에는 UCI에 대한 소송장을 미국 법원에 접수시켰습니다.

가정연합을 통일교로 되돌린 사건

2009년 10월, 형진님은 가정연합 명칭을 '통일교(Unificationism)'로 교체하라고 정식 지시하였습니다.

아버님의 섭리 방향을 거꾸로 되돌린 충격적이요, 반섭리적 사건이었습니다.

'섭리가 통일교회(Unification Association 또는 Unification Church)-가정연합(Family Federation)-통일교(Unificationism)로 전개되며 통일교는 완성 단계의 종교'라는 주장은 그야말로 난센스였습니다. 이런 것을 아버님이 허락하셨다고요? 어머님이 뒤를 봐주지 않았다면 이렇게 대범한 일을 꾸밀 수 없었겠지요. 그러나 이런 반섭리적 결정에 대해 교회 쪽에서는 어느 누구 하나 이의를 다는 사람이 없었습니다. 아버님을 찾아가 확인하는 지도자도 없었습니다. 그랬다가는 형진님에 의해 목이 날아갈 게 뻔했으니까요. 먹고 사는 문제가 그들에게는 더 중요했으니까요.

문제의 심각성에 대해 용기 있게 지적해온 사람들은 오로지 현진님을 따르는 지도자들과 축복가정들뿐이었습니다. 당시 현진님 측이 공개한 문건에는 형진님의 문제점을 날카롭게 지적하고 있습니다.

"문형진 회장은 '소생기 통일교회, 장성기 가정연합, 완성기 통일교'라고도 했다. 장성기 섭리기관인 세계평화통일가정연합이 완성기 통일교로 발전했다는 것은 섭리사적으로 중대한 사건이자 대전환이 아닐 수 없다. 그렇다면 이와 관련된 참부모님의 말씀과 섭리적인 행사와 기록들이 무수히 남아있어야 한다. 그러나 애석하게도, 참부모님의 말씀과 섭리 행사에 관한 기록들을 꼼꼼히 검색해 보았지만, 이에 관한 어떠한 말씀이나 행사도 찾을 수 없었다."

"문형진 회장의 통일교는 최근 섭리, 그리고 원리적인 프로그램에 의해서 진행되고 있는 미래섭리 어디에도 설 곳이 없고, 원리적으로도 전혀 성립이 안 된다. 문형진 회장의 통일교(Unificationism)는 통일교회(Unification Church)와 가정연합으로 이어져온 섭리사를 파탄내고 출현한, 그 근본을 알 수 없는 사생아와 같은 것이다."

이 문건은 마지막에서 "섭리의 시계를 거꾸로 돌린 문형진 회장의 통일교는 하나님과 참부모님의 섭리 앞에 이단자 파괴자인가? 상속자 대신자인가?"라는 질문으로 끝맺고 있습니다.

아버님 성화 이후인 2013년 1월, 어머님은 "형진이가 교회를 망쳐 놓았다"고 책망하시면서 교회명칭을 다시 가정연합으로 되돌렸습니다.
형진님 뒤에 어머님이 계셨다는 것은 모두가 아는 사실이요, 아버님의 가정연합을 통일교로 바꾼 것이 어머님과 형진님의 합작품임은 아버님 침실에서 작성된 문건(2010. 06. 05)에 잘 나와 있는 내용입니다.

그러함에도 사태의 책임을 아들에게 돌리다니, 제 신앙적 기준으로는 이해할 수 없는 일이었습니다.

대략 3년간, 어머님의 실질적인 지배 하에서 '전 세계 통일가는 통일교로 존재해왔습니다'. 이 사실에 대해 어머님은 지금까지 아무 설명도 없이 침묵하고 계십니다.

현진님의 출사표

2009년 10월 21일. 통일교 세계본부가 형진님 명의로 공문 하나를 발송하였습니다.

"UPF(천주평화연합)의 세계회장을 10월 20일부로 곽정환 회장에서 황선조 회장으로 교체한다."

최소한의 요식절차도 거치지 않은 공문입니다.

그리하여 황선조 회장이 한국에서 UPF 세계회장 취임식을 가졌습니다.

그 며칠 뒤인 11월 4일, 통일교 세계본부는 형진님 이름으로 또 하나의 공문을 발표했습니다.

"UPF 세계회장인 황선조 회장은 수석 부회장으로 내려가고, 그 자리는 문형진 회장이 맡는다. 11월 18일 이·취임식을 가지며 UPF 이사회가 참석해야 한다."

세상에 이런 인사가 다 있습니까?

아버님께서 최상위 섭리조직으로 창설하신, UN에도 등록되어 있는 공신력 있는 국제조직의 세계회장 인사가 이렇게 단기간에 번복되었습니다. 이런 전례는 여태 없었습니다. '인사에 신중한 아버님과 전혀 맞지 않는 것'이라는 말도 나왔습니다. 법적으로 서로 별개인 통일교 본부가 UPF의 세계회장 인사이동 공문을 내는 것도 이치에 맞지 않았습니다.

UPF의 세계회장 인사가 통일교에 의해 좌지우지되고 UPF가 통일교 하부조직으로 전락하는 상황에, 현진님은 미국 날짜로 11월 4일, 전 세계 UPF 지도자와 평화대사 앞으로 성명서를 발표하였습니다.

"통일교가 발표한 UPF 세계회장 인사는 UPF의 이사진이나 사무국 직원 누구와도 논의되지 않은 채 이루어진 것입니다. 법적으로나 정책적으로 현 통일교 및 UPF와 상관없는 GPF 재단을 별도로 설립, 아버님의 유지를 계속 받들어나가겠습니다."

같은 날 현진님은 자신의 심경을 솔직하게 피력한 서신을 참아버님 앞으로 전달하였습니다. 이 서신에서 현진님은 자신의 처절한 심정을 다음과 같이 호소하였습니다.

"아버님. 통일교에는 이미 진실과 정의가 죽어 있습니다. 거짓이 정통이 되고 비원리적인 방식이 섭리를 결정하는 수단이 되고 있습니다.

아버님께서는 진실을 모르신 채 잘못된 보고만을 믿으시고 이 자식을 오히려 배도자로 몰아 갈라질 수밖에 없는 궁지로 내몰고 계십니다.

40년간을 지켜보신 이 자식의 삶과 행동, 수많은 공적 단상에서 아버님을 증거하며 외쳐왔던 이 아들의 호소와 절규는 아버님의 기억에서 사라지고, 이제 남은 것은 제가 아버님의 지위와 권한 심지어 재물을 남용하고, 제2의 참부모가 되어 아버님과 갈라지려 한다는 거짓된 증언밖에 없습니다.

이 아들이 그토록 아버님께 다가가 40년간 변함없이 아버님과 함께 달려온 자식이 여기 있음을 알리려 했지만, 당신은 이미 어떤 소리도 저의 욕심과 집착으로 밖에 받아주시지 않았습니다.

하나님의 섭리사에 있어 중대한 고비를 맞은 이 때에, 고통과 시련이 거듭될 수록 저의 역할과 사명은 더욱 분명해지고 있습니다. 단적으로 말씀 드려서, 저는 하나님의 섭리적 방향과 아버님의 영원하신 업적을 지키기 위해 어떤 투쟁과 어려움도 감수할 각오가 되어 있습니다. 이것은 결코 타협할 수 없는 것이기 때문에 그렇습니다.

이와 같은 결단과 더불어, 저는 아버님을 보호하고 UCI 재단을 지키기 위해 필요한 조치들을 소신껏 취해나갈 것입니다. 비록 최근의 여러 조치들과 앞으로의 행보를 놓고 아버님께서 이해하시기 어렵겠지만, 언젠가는 모든 진실이 드러날 것으로 믿습니다.

결단코 이것은 아버님의 권위를 넘보는 것도 아니요, 개인적인 지위와 권력에 집착한 분쟁도 아닙니다. 오로지 하나님의 뜻과 섭리를 위해 일생 기준을 지켜오신 아버님의 숭고한 명예와 권위를 지켜드리고, 궁극적으로 그 뜻을 이루기 위한 것입니다.

부디 이 자식의 진심을 믿어 주시기를 바라겠습니다."

교회 측의 실력저지에도 굴하지 않고

아버님과 세계 UPF 관계자들에게 자신의 입장을 전달한 이후, 현진님은 본격적으로 독자 노선을 걷기 시작하였습니다.

12월에 필리핀 마닐라에서 GPC(Global Peace Convention)를 개최할 것을 결정하였습니다. 이후 교회에서는 아버님의 지시를 앞세워 필리핀 GPC를 반대하는 움직임이 일었고, 그러자 현진님은 11월 20일 또 한 통의 편지를 아버님께 전달하였습니다.

"사람들이 저를 아버지와 대적하는 자로 몰고 있습니다. 이는 두 번 생각할 것도 없는 거짓입니다. '하나님의 섭리'와 참부모님의 '생애 업적'을 지키기 위해 GPC를 중단하거나 연기할 계획은 없습니다. 어머님과 형제들은 원리적이지 못한 방식으로 하나님의 섭리를 좌우하려 하고 있습니다. 저는 절대 이것에 따르지 않을 것입니다. 잘못된 보고로 저를 계속 매도할 경우, 더 이상 침묵하지 않을 것입니다."

12월 10일 필리핀 GPC가 예정대로 개최되었습니다.

형진님의 통일교는 용정식 아시아 책임자를 앞세워 실력저지에 나섰습니다. 그러나 필리핀, 네팔, 말레이시아, 몽골 등 아시아의 젊은 지도자들은 이에 굴하지 않고 현진님의 뜻에 동참해주었습니다. 필리핀의 중심적인 평화대사들도 전원 현진님을 지지하였습니다.

말레이시아의 탄스리 잘레아 UPF 회장, 제임스 만참 세이셸 공화국 건국대통령 등 세계적으로 UPF 운동의 구심점 역할을 하던 중심적인 VIP들 또한 현진님을 믿고 이 행사에 동참했습니다.

세계적인 GPF 운동을 일으키며 UPF를 성공적으로 이끌던 현진님을 끌어내린 세력들에 의해 형진님이 UPF 세계회장으로 취임하고 UPF를 통일교의 하부조직으로 전락시켰을 때, 그분들은 매우 실망하였습니다. 그리하여 현진님이 불의에 무릎 꿇지 않고 GPF를 독립시켜 출발하자 기꺼이 힘을 보탠 것입니다.

교회 측은 '아버님의 협조가 없을 경우 현진님은 아무것도 못하리라' 생각했습니다. 그러나 현실은 그와 달랐습니다. 필리핀 GPC는 통일교의 극심한 반대에도 불구하고 큰 성공을 거두었고, 2010년 GPF 활동을 재개할 수 있는 발판을 만들어 주었습니다.

케냐에서 동아프리카 최고의 경제인으로 활동하는 마누 찬다리아 콤크라프트 그룹 회장, 엘리웃 와부카라 케냐 성공회 대주교, 인도네시아에서 기반이 넓은 찬드라 박사가 GPC를 계기로 현진님과 첫 인연을 맺었으며, 그들은 2010년에 인도네시아와 케냐에서 GPF 행사와 GPC를 성공시키는 데 결정적인 기여를 해주었습니다.

이단자 폭파자 선포문과 동영상

유천궁에서 시작된 식구들의 인격 살인

현진님이 GPF를 독립시켜 필리핀에서 행사를 갖자, 어머님과 국진님과 형진님, 그리고 교권 세력들은 공개적으로 현진님을 비난하고 나섰습니다. 2010년 2월 22일, 유천궁에서 있었던 김효율 보좌관의 비난이 식구들에 의한 현진님 비난의 시작이었습니다.

아버님께서는 현진님이 책임 맡은 카프 젊은이들을 교육하기 위해 특별한 하사금을 주신 바 있습니다. 그 금액으로 하계동 교회 부지에 유천궁을 짓게 된 것입니다. 유천궁이라는 이름도 아버님이 직접 지어주신 것이죠. 봉헌식도 2008년 2월 14일 현진님이 직접 오셔서 했습니다. 2년 뒤 바로 이곳 유천궁에서 참부모님 탄신일 직후 세계지도자총회가 개최되었는데, 김효율 씨가 현진님을 비난하고 나선 것입니다.

김효율 씨가 발표한 내용을 받아본 저는 제 눈을 의심했습니다. 그는 40년 참부모님 가정을 모신 배경을 앞세워 현진님을 비난하고 있었는데, 참으로 나쁘게 현진님의 입장을 왜곡하는 내용뿐이었습니다.

"(현진님 쪽에 있는 사람들이) 아버님께서 자녀들과 더불어 참가정을 이루는 것에 실패했다고 말하고 있다.

(현진님은) 세상 앞에 참가정의 본을 세웠으므로 '여러분은 나를 따르라'고 말한다. 그는 아버님이 실패했다고 분명히 말하지는 않았지만 그 모임을 통해 그러한 암시를 풍기고 있다.

그(주동문)는 현진님이 이런 분열과 자신의 활동을 4, 5년 전부터 준비했다는 것을 이제야 알게 되었다고 말했다.

때로 돈은 아주 매혹적인 미끼이다. 누구와의 친분관계, 현진님과의 개인적인 친분 등 그 어떤 것이라도 나의 영생보다 더 중요한 것이 뭐가 있겠나? 이것을 분명히 해라."

아버님이 김효율 보좌관을 얼마나 신뢰해주셨는지 저는 잘 알고 있습니다. 자녀님들이 그에 대해 솔직하게 보고드릴 때에도, 아버님은 오히려 김 보좌관 편을 들어주시곤 했습니다. 부모님 가까이에 있는 자가 저런 식으로 끊임없이 왜곡된 말씀을 드려왔다면, 결국 어떤 일이 벌어지겠습니까? 아버님께서 현진님에 대해서 결국 어떤 생각을 갖게 되겠습니까? 누구보다 참가정을 보호해야 할 위치에 있는 자가 참아드님을 공격하는 선봉에 서다니요? 언젠가는 진실이 드러날 텐데 저렇게 엄청난 말을 쏟아 내다니, 그가 믿는 구석이 무엇이었겠습니까?

저는 분노가 느껴지는 한편, 오랜 세월동안 함께 뜻길을 걸어온 형제에 대해 안타깝고 측은한 마음이 들기도 했습니다.

현진님이 어떤 분이라는 것은 제가 아니더라도 많은 사람이 증거하고 있습니다. 식구들뿐이 아닙니다. 저명한 언론인, 종교인, 정치인 등 각 분야의 수많은 사람이 현진님의 인격과 신앙 지도력에 존경을 표하고 있습니다. 그토록 어려움을 당하면서도 변함없이 부모님을 사랑하고 아버님의 가르침과 업적을 올바로 드러내는 모습에 특히 크게 감동하고 있습니다.

현진님이 주관하는 크고 작은 모임에 수없이 참석해보았지만, 독대한 적도 많았지만, 현진님께서 '아버님은 실패했으니 나를 따르라'고 말하는 것을 저는 단 한 번도 들은 적이 없습니다.

현진님이 높은 공적 기준과 뜻에 대한 열정으로 특별히 참부모님과 참가정에 대한 모심의 기준을 잃지 않고 살고 있다는 것은, 제 자식들을 포함하여 현진님을 따르는 2세들과 축복가정들 모두 알고 있는 사실입니다.

저는 김효율 씨가 하루속히 진실을 깨닫기를 바랄 뿐입니다. 그때가 되면 진심으로 현진님께 용서를 빌기를 바랍니다.

유천궁에서 또 한 사람이 현진님을 '어머님을 고소한 사람'으로 몰아갔습니다. 바로 박진용 변호사입니다. 저와 같은 36가정 축복을 받고 함께 뜻길을 걸어온 박종구 목사의 아들이지요. 박종구 목사는 안타깝게 일찍 영계로 떠나갔지만 제가 가깝게 같이 일해 온 분이었습니다. 어느 날 그의 아들이 변호사가 되어 세상에서 일하다가 뜻 앞에 봉사하고자 한다는 소식을 듣고 참 기뻤습니다. 제 큰 아들 진만과 같은 나이여서 더 애틋한 마음이 들었습니다. 이런 사람이 현진님을 정면으로 비난하는 한편 지금까지 현진님과 저에 대해 온갖 소송을 일으킬 것이라고 어찌 상상이나 했겠습니까.

하나님은 공의로우신 분입니다. 하나님의 천법을 놓고 현진님이나 저에게 죄가 있다면, 당연히 그 탕감을 치르게 되겠지요. 그러나 하늘법은 물론 세상 법으로도 아무 잘못이 없는 사람을 무고하고 천문학적인 공적자금을 탕진하며 소송을 일으켜왔다면, 이로 인해 축복가정의 뿌리가 되는 참가정을 진흙탕 싸움으로 몰아넣었다면, 누가 그 사람의 죄를 묻겠습니까?

현진님이 참 귀하신 것은, 이미 그런 단계를 초월한 분이라는 점입니다. 자신을 죽이려 한 사람들의 죄를 따지기보다 그들을 살려주기 위한 길을 찾고 계신 분입니다.

예배를 막는 부끄러운 공문

2010년 참부모님 탄신일에 브라질에서 유명한 기독교 목사 한 분이 초청을 받아 오셨습니다. 남미에서 가장 큰 개신교 교단을 이끌고 있는 마노엘 페레이라 비숍이었습니다. 2008년 현진님을 처음 만난 이후 현진님의 GPF 운동을 적극 협력해 오신 분이지요.

이분이 한국 행사에 초청을 받았을 때 "문현진 회장도 한국에 계시냐"고 물었다더군요. 교회 관계자가 그렇다고 답을 했고, 그러자 페레이라 비숍은 '현진님을 보고' 초청에 응했습니다. 그런데 탄신일 행사에 와보니 현진님은 없었고, 이에 무척 의아해했겠지요. 브라질로 돌아가서 사정을 알아본 즉 현진님이 큰 어려움을 겪고 있었던 것입니다. 비숍은 현진님에게 다음과 같은 격려의 글을 보냈습니다.

"어떤 어려움이 있더라도 당신의 아버지께서 하나님으로부터 받은 '하나님 아래 인류 한 가족'의 비전을 잘 지키고 발전시켜 나가십시오."

예상치 못한 메시지에 현진님은 대단히 감동하였습니다. 교회 전체가 '아버님을 떠난 자'라고 자신을 비난하고 있을 때, 페레이라 비숍이 현진님의 진심을 알아준 것입니다.

2010년 5월 30일. 현진님은 페레이라 비숍과 함께 세계적인 GPF 운동의 구상을 논의하기 위해 브라질을 방문하였습니다. 현진님이 브라질에 오신다는 소식이 알려지자, 당연하게도 식구들은 현진님을 협회에 초청하여 말씀을 듣고 싶어 했습니다. 무엇보다 브라질 식구들은 한국을 중심으로 벌어지는 교회 혼란에 대해 아직 잘 모르고 있었고, 더욱이 현진님에게 각별한 고마움과 존경의 마음을 갖고 있었습니다. 2008년 브라질 자르딘 문제를 해결해주시고 2008년 12월에 브라질에서 페레이라 비숍과 함께 GPF 행사를 크게 성공시켰던 분이 바로 현진님이었기 때문입니다. 그래서 보통 같으면 100여 명 정도가 예배를 보던 상파울루 본부교회에, 이날은 현진님을 보겠다고 1,000명 가까운 식구들이 모여들었습니다.

현진님이 교회에 오신다는 소식이 돌자 한국의 통일교 본부에는 비상이 걸렸습니다. 그들은 현진님 집회를 막기 위해 5월 27일자로 세계본부 공문을 내보냈습니다. 참으로 어처구니없고 부끄러운 공문이었습니다.

"대륙본부 또는 국가 협회본부 지원으로 개최되는 식구집회나 행사는 참부모님의 허락을 받아야 한다. (현진님 주관의) 일요예배는 참부모님의 공식 허락이 없기 때문에 식구들은 대륙회장과 협회장 지시에 따라야 한다."

공문의 내용도 말이 되지 않는 데다, 이런 식으로 참부모님을 끌어들여 역사에 오점을 남기는 행위가 안타까울 따름이었습니다.

식구들이 말씀을 듣고 싶어 한다는 요청에 현진님은 거절하지 않았습니다. 저런 공문까지 내보내는 교회가 또 어떤 함정을 파놓고 기다릴지 모르지만, 그것이 두려워 하나님 아버지의 집을 피하고 식구들을 피할 현진님이 아니었지요.

일요일에 현진님은 상파울루 본부교회를 찾으셨습니다. 식구들은 크게 환영했지만, 당시 대륙회장이던 신동모는 현진님이 입장하시는 데도 단상에서 내려가지 않고 오히려 단상에 드러눕는 추태를 벌이며 집회를 방해했습니다. 다음날 훈독회에서 현진님은 대륙회장의 지도자답지 못한 행동에 대해 강하게 질책하셨습니다.

교회 쪽에서는 이런 장면을 몰래 촬영하였고, 그 영상을 한국으로 보내 '현진님의 폭력적인 이미지를 연출'하기 위해 교묘하게 편집한 뒤 인터넷에 유포했습니다.

하지만 그들이 간과한 부분이 하나 있었습니다. 매체를 이용한 거짓 선동의 역효과가 그것이었지요. 영상이 나가면 모든 식구들이 등을 돌릴 것으로 그들은 생각했지만, 거짓과 왜곡에 근거한 혼란과 충격은 일시적인 것에 그쳤습니다. 뒤에 가서 진실을 접한 식구들의 반발은 오히려 거세었습니다. 이러한 것을 지시한 교회 지도부에 대해 등을 돌리는 이들이 더 많아졌던 것이지요.

그들은 이 영상을 근거로 현진님을 브라질 법원에 형사고발하기도 했습니다. 이 과정에서도 간과한 부분이 또 하나 있었습니다.

그들은 당시 협회장 페라볼리 이름으로 현진님을 고소하게 했습니다. 현진님을 형사고발한 첫 사례였습니다. 믿어지지 않지만 이를 위해 어머님께서 직접 협회장에게 전화까지 주셨다는 것입니다. 이 영상 하나만 있으면 현진님이 보나마나 형사처벌을 받을 것이라고 생각하셨던 모양이지요. 그런데 브라질 재판부는 교회가 제출한 편집 영상이 아니라 '집회 전체 동영상'을 분석하였습니다. 그 결과 최종 결론으로 당시 집회와 신동모에 대해 현진님이 지도하신 행동은 "문제가 될 수 없다"고 판단하였습니다.

더 자극적인 6분짜리 영상으로 다시 만들라

브라질 소동 며칠 뒤인 2010년 6월 5일 토요일 새벽, 경천동지할 일이 청평 천정궁 아버님 침실에서 벌어졌습니다.

　그 며칠 전, 김효율 등은 아버님이 서명한 명령서를 전 세계에 보내려고 6월 2일자로 된 '참부모님 특별지시'라는 공문을 만들어 6월 1일 양창식 편에 보냈지요. 하지만 여수에 계신 아버님께서는 이 공문을 보시고 승낙하지 않으셨습니다. 그러자 어머님이 직접 전화를 하신 겁니다. 당시 배에서 아버님의 낚시를 거들던 최종호 씨의 증언에 의하면 "큰일이 났으니 빨리 올라오시라."는 내용이었다고 합니다.

　아버님이 서울로 돌아오시자, 형진님은 협회가 16분짜리로 편집한 브라질 사건 영상을 '더 자극적인 6분짜리 영상으로 다시 만들라'고 지시했습니다. 6월 5일 새벽에 아버님께 보여드리기 위한 목적이었습니다. 한편 구리 수택리 중앙수련원에 전국 목회자들을 대기시켜 놓은 형진님은, 아버님의 서명 문건을 받는 대로 이를 공개하기로 결정하였습니다.

　문제의 5일 새벽, 아버님 침실에는 네 분이 있었습니다.

　아버님과 어머님이 침대 앞에 걸터앉아 계셨고, 형진님은 바닥에 앉아 있었습니다. 곤란한 표정의 아버님은 어머님의 계속되는 재촉과 요구에 못 이겨 두꺼운 종이판에 글을 적고 계셨습니다. 또한 형진님은 뭐가 그리 초조한지 가만히 앉아 있질 못하고 안절부절하였고, 영상이 잘 찍히고 있는지 카메라 쪽을 확인해보기도 했습니다. 그 자리에서 오가는 대화 내용이란 참으로 듣기에 민망한 수준이었습니다.

　참아버님의 선포문이 작성되는 과정이 고스란히 담긴, 바로 그 동영상에 나오는 장면들입니다. 그 자리에 있던 이연아 씨가 촬영하고 통일교가 올린 그 동영상은 온 식구들을 충격에 몰아넣었습니다. 영상을 본 평화대사나 세상 사람들도 입을 다물지 못했습니다. 저 또한 억장이 무너지는 심정으로 그 동영상을 보았습니다. 지난 수십 년을 고귀하게 지켜온 부모님의 위상이 단 한 순간에 무너지고 말다니, 그렇게 허무할 수가 없었습니다.

거의 강요나 다름없었지만, 어쨌거나 아버님이 직접 쓰신 선포문 2개는 다음과 같습니다.

"만왕의 왕은 한 분 하나님, 참부모님도 한 분 부모, 만세대의 백성도 한 혈통의 국민이요, 한 천국의 자녀이다. 천주평화통일본부도 절대 유일의 본부다. 그 대신자, 상속자는 문형진이다. 그 외 사람은 이단자며 폭파자이다. 이상 내용은 참부모님의 선포문이다."

"특보사항은 천주통일교, 세계통일교 선교본부의 공문만 인정한다."

그간 50년 이상 부모님을 측근에서 모시고 섭리의 길을 달려온 자로서 감히 드리는 말씀이지만, 아버님께서 중요한 공적 문서를 이런 식으로 쓰신 적은 여태 단 한 번도 없었습니다. 언제라도 간부들이 보는 앞에서 자연스럽게 그 의미를 설명해주시는 아버님이셨습니다. 이른 새벽, 정돈 안 된 부모님 침실에서 억지로 강요당하며 선포문을 쓰시는 그 모습은 제가 보아온 아버님의 모습이 아니었습니다.

문형진 이외에는 이단자요, 폭파자라니

그들은 어디서 어떻게 작성하든 '아버님이 직접 쓰신 글'이면 다 된다고 생각했을까요?

거기에 '문형진이 상속자'라는 글만 들어가면 문제없다고 생각했을까요?

아버님의 이미지가 어떻게 되든 자기들의 목적만 달성하면 그만이라고 생각했을까요?

그런 끔찍한 장면을 연출하고 스스로 비디오로 찍어서 세상에 공개하다니, 역설적이게도 그로 인해서 이 모의를 계획한 사람들의 순수하지 못한 동기가 세상에 여실히 공개될 따름이었습니다.

미리 준비한 내용을 '받아 적으라'고 어머님이 아버님께 종용하는 그 모습은, 서글픔을 넘어 비통함 그 자체였습니다. 무엇보다도 그 동영상 속 아버님 모습은 고령의 육신적 한계를 그대로 보여주고 있었습니다. 건강하실 때의 명석하고 예리하던 판단력은 흐려지고, 어머님에 의해 좌지우지되는 안타깝고 가슴 아픈 모습이었습니다.

아버님의 사인이 있다고 해서, 그 과정이 어떤 거짓과 강요와 불의한 욕망과 왜곡으로 넘치더라도 과연 하나님이 공인하실까요?

더욱 아연실색할 일은 "이단자 폭파자"라는 단어였습니다. 형진님을 상속자로 세우려는 의도가 아무리 절절하다 해도 세상에, 다른 자녀님에게 이단자 폭파자라는 낙인을 찍는 표현을 보면서 머릿속이 혼란스러웠습니다.

제가 아는 아버님은 참사랑과 참된 평화를 위해서 한 생애를 사신 분이십니다. 그런 분에게 '문형진 회장 이외에는 이단자요, 폭파자'라는 선포문을 쓰시도록 강요하다니, 이는 결단코 아버님을 모독하는 행위로 밖에 보이지 않습니다.

이단자 폭파자가 누구를 지칭하는 것입니까?

어머님이나 국진님, 형진님, 그리고 김효율, 주동문, 양창식 같은 사람들이 하나 같이 없애고 싶은 사람이라면, 그 사람이 누구입니까?

현진님을 장자의 자리에서 제거하고자 아버님 손으로 당신의 아들을 심판하는 글을 남기게 하다니, 이것은 하나님의 섭리역사에 가장 뼈아

푼 과오가 아닙니까?

　설사 연로하신 아버님께서 잘못 판단해 그리 쓰신다 해도 어머님이, 옆에 있는 자녀분들이, 모시고 있는 보좌진들이 욕을 먹고 뺨을 얻어맞더라도 이를 만류하고 나아가 종이를 찢어버려야 하는 것이 아버님을 올바로 모시는 도리 아니겠습니까?

　그게 뭐 자랑스러운 모습이라고 동영상으로 촬영하고, 인터넷에 올리고, 언론에까지 공개를 합니까?

　제 기억 속의 참어머님은 정말 청순하고 숭고한 분이었습니다. 첫 인상이 아주 고우셨던, 한 점 티 없이 맑으신 한편 연세에 비해서 의젓한 분이었지요. 역사에 처음 있는 어린양 잔치, 참부모님 성혼식에 홀연히 등장하신 어머님을 뵈었을 때의 느낌이 그러했습니다. 초유의 일이었기에 마음 설레었던, 감동과 감사와 형언할 수 없는 은혜에 취해서 옷깃을 여미고 참석했던 참부모님 성혼식도 벌써 오랜 시간이 지난 일이군요. 그때의 감동은 아직 제 가슴에 깊이 남아있습니다. 부모님을 모시는 생활 속에서, 아무 말씀 안 하고 우리 앞에 미소 짓고 앉아 계시는 어머님의 자태를 보는 것만으로도 큰 은혜가 되고 감사하던 세월이었습니다.

　그런데 형진님을 상속자로 세우고자 안절부절못하는 비디오 속 어머님의 모습에, 저는 망연자실했습니다. 그것은 평생을 존경하고 모셨던 본연의 어머님의 모습이 아니었습니다. 어떤 일이 있더라도 아버님을 지켜주셔야 할 어머님이 왜 그렇게까지 하셔야 했는지, 모든 자녀를 하나 만들어 아버지께 와야 한다는 아버님의 거듭된 가르침으로 보나, 참어머님의 본연의 자정(慈情)으로 보나, 어떻게 자식을 이단자, 폭파자로 낙인찍는 일을 하실 수 있으신지 저는 아직도 이해가 되지 않습니다.

　이 선포문은 그날 아침 수택리에 대기하고 있던 전국 공직자들에게 공개됐습니다. 선포문을 소개하던 김종관 협회 총무국장은 형진님이 통일교(Unificationism) 이름을 가지고 하는 것에 대해 "부모님께서 통일교를 확실히 말씀해주셨다"고 발표하였습니다. 여태껏 아버님을 속이고 섭리 진행을 역행시킨 간 큰 자들의 단면을 보여주네요.

어머님과 형진님이 두 번째 선포문에 왜 그토록 집요하게 '통일교'라는 문구를 집어넣으려고 했는지, 그 답이 김종관의 입에서 나온 겁니다. 어머님은 첫 번째 선포문이 작성된 뒤에도 만족하지 않고 무려 10회 이상 '통일교'를 반복하면서 아버님에게 '통일교가 들어간 추가 글을 적어 달라'고 부탁하였습니다. 형진님이 가정연합을 통일교로 바꾼 것을 놓고, 이것을 '참부모가 인정한 것'으로 만들기 위해 아버님께 끈질기게 요구한 것이죠. 심지어 현진님이 현재 법인 이름을 무시한다며, 아들까지 팔아가면서 통일교 이름을 써 달라하고 했습니다. 동영상 속에서, 아버님은 더 이상 쓰고 싶지 않으셨는지 한 번은 '어머님더러 쓰라'고 하시더군요.

식구들 앞에서는 '통일교회, 가정연합 시대를 거쳐 통일교가 완성단계의 종교'라고 설명하더니, 어째서 아버님 앞에서는 그런 식으로 당당하게 설명하고 재가를 받지 않았을까요?

어째서 통일교 세계본부 공문만 인정한다는 식의 글만을 받아냈을까요?

이런 공문을 보여주고 '아버님이 드디어 통일교를 인정했다'고 외치면 식구들이 또 후세가 다 믿을 것이라 생각하였는지요?

그러나 이 글을 받아내기 위한 대화의 내용이 세상에 적나라하게 공개되었습니다. 이 영상을 본 사람이면 누구나 어머님과 형진님이 아버님을 이용했다고 생각하게 되었습니다. 아버님이 진정으로 형진님의 통일교를 인정했다고 생각하는 사람은 없을 것입니다.

그 동영상에 여실히 드러나지만 참아버님께서는 이단자 폭파자라는 글을 쓰고 싶지 않으셨음을 분명히 알 수 있습니다.

"내가 여기 현진이 이름을 쓰지 않는 거야"

"그 누구의 이름도 쓰고 싶지 않아"

하지만 어머님과 형진님이 받아낸 선포문은 전 세계에 공문으로 나갔습니다(6월 7일). 이때 김효율 씨는 남미 대륙회장 신동모에게 보내는 글에서 '선포문에 문현진 이름 석 자를 새겨 넣지 못해 아쉽다. 언젠가는 그렇게 할 것'이라는 뜻을 내비쳤습니다.

"한 가지 아쉬운 점은 그 선포문에 '문현진' 이름 석 자를 새겨 넣지 않았다는 것입니다. 추후 필요하면 다시 한 번 이름을 박아 넣어서 최후통첩을 할 수도 있겠지요."

천주사적 갈등의 배후에서 이 사람이 어떤 역할을 했는지 보여주는 뚜렷한 증거입니다.

그들은 1년 뒤인 2011년 5월 29일, 그 제작 경위나 진실여부는 알 수 없지만 결국 현진님 이름이 들어간 참부모님선포문(2011. 5. 25)을 제작 발표하며 기어코 자신들의 뜻을 이루었습니다.

세계적으로 진행된 지도자와 축복가정의 일탈과 비난 캠페인

아버님의 침실 선포문이 발표된 다음날인 6월 6일, 천복궁 교회에서는 현진님에 대한 비판 강연이 실시되었습니다. 일요일 예배 시간, 조성일이 미리 준비한 파워포인트 자료를 가지고 현진님과 UCI를 비판한 것입니다. 2010년과 2011년에 걸쳐 집중된 '인격살인 캠페인'의 시작이었습니다.

다음날 협회는 '세계평화통일가정연합 명칭을 통일교로 변경한다'는 공문을 세계로 발송하고 축복 2세들인 유경석, 정진화 등을 내세워 한국과 일본 미국 등 전 세계를 돌게 하면서 비판 강연을 이어갔습니다.

비판의 수위는 갈수록 높아졌습니다. 2010년 10월 13일, 청평수련원에서 개최된 일본 지도자 수련회에서 형진님은 "곽정환은 타락한 누시엘로, 형님인 현진님은 타락한 아담"이라고 비난하였습니다. 10월 17일, 천복궁 목사 김갑용은 다음과 같이 비난을 이어갔습니다.

"곽 회장과 현진님은 수도 없이 참부모님의 지시와 말씀을 어긴 것으로 보아 분명한 타락한 입장에 있음을 부인할 수 없는 것입니다. 곽정환 회장은 타락한 천사장 입장에, 현진님은 타락한 아담의 입장이므로 우리는 전혀 존경할 수가 없습니다. 그리고 사랑할 수도 없습니다."

10월 1일 일본통일교회 창립 50주년 기념행사에서 가지쿠리 겐타로 협회장은 "곽정환은 사탄, 문현진님은 타락한 아담이다"라고 공개적으로 선언하였습니다.

한국에서 그들은 급기야 전국 목회자들을 비디오카메라 앞에 세우고 충성맹세를 강요하면서 현진님과 저를 타락한 아담, 사탄으로 규탄하고 정죄하도록 강요하였습니다. 이 와중에 어느 양심적인 목회자는 충성맹세 비디오 촬영을 거부하면서 다음과 같이 양심선언을 했습니다.

"죄 없는 현진님을 타락한 아담이라고 비난할 수 없습니다. 또한 공적인 삶을 평생 살아온 곽정환 회장을 사탄 누시엘이라고 정죄할 수 없습니다."

그들로서는 아버님으로부터 받아낸 1차, 2차 선포문을 실행한다는 명분으로 '자신들을 대신하여 계속 현진님 쪽을 공격해줄 사람들'이 필요했을 테지요. 자신들이 계속 앞에 서기에는 부담이 되었던 것이죠. 그래서 2011년 7월 만들어진 것이 '참부모님선포문실행위원회'(위원장 박보희)입니다. 또한 이 선포문실행위원회를 앞세워서 만들어진 것이 9월 19일 '참부모님 선포문 성취를 위한 36가정 성명서'입니다.

36가정들의 인생역정에서 지워버리고 싶은, 그야말로 수치스러운 역사입니다.

문국진, 문형진 두 분의 초청으로 그들은 한남동 국제연수원 추석절 만찬 모임에 참석했습니다. 총 17가정 26명이 참석했는데, 오찬 중에 안호열이 나와서 성명서 내용을 설명하고 서명을 요청하자 모두가 이에 응했습니다. 아버님의 섭리적 꿈을 이루어드리기 위해 노심초사하시는 현진님과 하늘이 맺어준 형제라 불러온 곽정환을 규탄하고 또 실체도 없는 곽그룹으로 매도하는 문건에 서명했습니다. 섭리 속 36가정의 위상에 대해 조금이라도 의식이 있다면 서명하기 전 선행해야 할 조치들이 얼마나 많은 것쯤은 말과 행동으로 보여주었어야죠! 후일 두고두고 반섭리적인 행위로 역사적인 평가를 받게 될 일입니다. 36가정조차 이러 했으니, 전 축복가정들의 섭리인식이 무지하다는 것을 잘 보여주는 사례입니다.

그들이 악의적인 비난 캠페인을 수년간 전개한 이유가 무엇일까요?

불의한 지도자들이 만들어낸 현진님과 저에 대한 음해성 프레임을 고착시키려 했던 것 같습니다. 대중 언론을 동원하고 여론을 일으키어 열심히 선전했습니다. 참부모선포문실행위원회, 신도대책위원회, 원로목회자 모임 등 어용단체를 활용해서 그 프레임을 고착시켜 나갔고 또 그렇게 된 듯합니다. 과연 하나님이 그 가짜 프레임 위에 임하실까요?

이런 비난에 대해 현진님은 오랜 기간 침묵해오셨습니다.

저 또한 여태 어떤 입장도 표명한 적이 없습니다. 거짓이론과 흑색선전을 무시하고 방치하고 효과적으로 대응을 못한 것도 사실입니다.

오늘은 여기에 대해 제가 한마디 하고 싶은 말이 있습니다.

세상에서도 누군가 범죄자로 확정될 때까지는 그 사람을 결코 죄인으로 매도하지 않습니다. '피고인 또는 피의자는 유죄판결이 확정될 때까지는 무죄로 추정한다'는 이른바 무죄추정의 원칙이지요.

그런데 하나님의 심정과 참사랑을 논하는 영원의 이상과 영생을 믿는 세계평화통일가정연합에서 이게 무슨 일입니까?

현진님이 대관절 무슨 잘못을 했다고, 제가 무슨 죄가 있다고 '타락한 아담'이니 '사탄'이니 하면서 범죄자로 매도하고 천하에 몹쓸 인간으로 인격살인을 합니까? 섭리의 길 속에서 이런 엄청난 누명을 이처럼 쉽게 씌울 수가 있는 것입니까?

억지로 밀어붙인다고 현진님과 제가 죄인이 되겠습니까?

아무런 죄가 없는 사람을 정죄한 자들, 특히 현진님을 정죄한 자들은 하루속히 자신의 말과 처신에 책임을 느껴 크게 참회하고 자신들의 정위치로 돌아오기를 기도합니다.

GPF(Global Peace Festival) 방해활동

앞에서 말했듯이 2009년 11월, 현진님은 더 이상 현 통일교 내에서 하나님의 뜻과 아버님의 레거시(업적)를 지켜나가는 것이 어렵다고 보았습니다. 그리하여 GPF 재단을 설립하고 독자적인 활동을 시작하였습니다. 그러자 통일교 지도부는 기다렸다는 듯 현진님의 GPF 활동을 저지하고 방해하기 시작했습니다. 현진님을 단순히 비방하는 수준을 넘어 GPF 활동을 방해하며 앞길을 가로막고자 했습니다. 거기에는 분명한 이유가 있었을 것입니다.

2008년, 현진님이 불과 6개월 사이에 세계적인 GPF 바람을 불러일으켰다는 사실을, 아버님께서 큰 기대를 갖고 계시다는 사실을 그들도 알고 있었습니다. 그런 현진님이 다시 한 번 전 세계를 상대로 성공적인 GPF 기반을 일으키게 될 경우, 아버님의 마음이 다시 현진님에게로 기울 것이었습니다.

그들은 바로 그것이 두려운 것이었습니다.

그리고 그들은 속단했습니다. 아버님의 기반과 통일교의 협력 없이는 현진님이 아무것도 할 수 없을 것이라고. 자기들이 마음만 먹으면 얼마든지 GPF를 무너뜨릴 수 있을 것이라고.

결과적으로 그들의 행동은 현진님의 앞길을 막지 못하였습니다. 그저 오늘날 통일가의 부끄러운 면면만 드러냈을 뿐입니다. 핍박받는 현진님 주위에 의롭고 양심적인 세계의 지도자들이 더 많이 모이고 협력하는 결과를 낳았을 뿐입니다.

네팔 GPF 행사 방해

2010년 9월 말, 네팔 수도 카트만두에서 서남아시아 지역 GPF 행사가 개최됐을 때의 일입니다.

2010년에 GPF 활동을 재개한 현진님은 1년간의 활동을 집약하여 10월과 11월 사이에 세계 4개 대륙권에서 GPF 행사를 계획하였습니다. 네팔에서 개최된 서남아시아 GPF를 시작으로 아시아 태평양 지역 행사가 인도네시아 자카르타에서, 남미 지역 행사가 파라과이 아순시온에서, 그리고 아프리카 지역 행사가 케냐 나이로비에서 준비되고 있었습니다.

현진님의 GPF 활동은 처음부터 행사 자체에 초점을 맞추지 않았습니다. 그보다는 각계 지도자와 시민과 청소년들을 계몽하여 사회가 안고 있는 다양한 문제들을 실질적으로 해결하고, 그 성공적인 사례를 공유해 더 큰 가능성을 열어가는 것에 초점을 맞추어왔습니다.

예를 들어 네팔에서는 수천 명의 카트만두 청소년들을 동원하여 바그마티강 정화 프로젝트를 추진해왔는데, 이는 수십 년 간 오염되어 누구도 손쓰지 못했던 강을 깨끗하게 회복시키는 결정적인 계기가 되었습니다.

케냐에서는 리프트 밸리에서 벌어지고 있던 고질적인 부족 간 갈등문제 해결을 위해 GPF가 꾸준한 노력을 기울였고, 그 결과 UN까지 그

공로를 인정하여 GPF를 표창하고 격려하는 실적을 거두기도 했습니다.

이처럼 '구체적인 성과 위에 개최'되기 때문에, 행사 자체의 규모와 상관없이 사람들은 GPF 활동이 자기들의 국가나, 지역사회에 꼭 필요한 운동이라고 인식하며 참여하고 있는 것입니다.

2009년 12월, 필리핀 GPF 행사를 저지하려다 실패하고 만 통일교 지도부는 그럼에도 물러나지 않았습니다. 아시아 대륙회장 용정식을 앞세워 또 다시 네팔에서 개최된 GPF 행사부터 적극적인 방해 활동에 나선 것입니다.

행사가 더없이 평화적으로 진행되고 있음에도 용정식 회장은 2010년 10월 1일, 현진님의 행사를 악의적으로 음해하는 보고서를 참부모님께 보냈습니다. GPF 본 행사를 하루 앞둔 시점에서 김효율, 정원주 등에게 전달된 이 보고서는 참으로 기가 막힌 내용들뿐이었습니다.

그는 평화롭게 진행된 GPF 행사를 두고 "세계대전과 같은 전쟁을 치르고 있다"면서 "GPF 저지를 위해 온 힘을 다해 분투 중"이라고 했습니다. "신문과 방송들이 GPF에 대하여 몹시 부정적으로 다루고 있다"라고 했으며, "GPF 쪽에서 1만 명이 모여 봉사활동을 했는데 미디어에는 언급이 되지 않고 있다. 에크낫과 로버트 키틀 박사가 미디어 관리를 잘해온 덕분"이며 "학생들이 강제 동원되고 있다"고 덧붙였습니다.

이것은 완전한 거짓말입니다.

1만 명이 봉사활동 한 것은 인정하면서도 자신들이 미디어 관리를 잘해 전혀 언급이 없는데다가 그 학생들을 GPF가 강제 동원했다니, 도대체 네팔이라는 나라를 어떻게 보고 이런 가당치 않은 거짓 보고서를 참부모님께 올린 것입니까?

그들은 이 보고서가 참부모님에게만 보고되고 그 외에는 비밀에 부쳐질 것이라고 생각했는지 근거도 없는 말을 있는 대로 쏟아냈습니다.

"GPF 쪽에서 협박전화가 걸려오고 있다."

"나(용정식)를 잡으려고 GPF 사람들이 공항에서 대기하고 있다."

"대회에만 300만 불이 투입되었고, 그 외에 정치자금은 얼마나 투입되었는지 모른다."

2009년 10월 8일 김효율이 '현진님이 7백만 불을 횡령했다'고 아버님께 올린 악의적인 보고를 떠올리게 하는 내용입니다.

감히 현진님을 이렇게까지 음해할 수 있는 것입니까?

감히 아버님과 아들 사이를 이렇게까지 이간질해도 되는 것입니까?

이 보고서를 접하고는, '내가 사탄의 하수인을 키웠구나' 하는 자책감으로 가슴이 아팠습니다. 이런 사람을 한 때 충직한 하늘의 일꾼으로 생각하고 오세아니아 대륙에서 그가 범한 결정적인 실수를 덮어주려 했습니다. 가장 중요한 선교지인 아시아 책임자로 아버님께 추천까지 드렸던 것을 하늘 앞에 진심으로 회개하고 통곡했습니다.

2007년까지만 해도 "엄마와 동생들이 이 운동을 가로채게 해서는 안 된다", "앞으로 40년은 네가 이끌어가야 한다"는 말씀을 주시며 현진님에 대해 굳건한 신뢰를 보여주시던 아버님이셨습니다. 2008년 현진님의 GPF 활약에 대해서 그렇게 자랑스러워하셨던 아버님이셨습니다.

그런 아버님께서 2009년 이후부터는 왜 그토록 갑작스럽게 현진님을 오해하게 되셨을까요?

풀리지 않는 의혹의 실마리를, 용정식의 하늘 무서운 줄 모르는 음해성 거짓 보고서 하나로, 그 전말을 알 것 같았습니다. 아시아 현장의 대륙 회장이 이런 짓을 하니 하물며 연로하신 아버님 지근에서, 음해성 거짓 보고들로 성총을 어지럽힌 사람들의 패역은 어떠했을까요?

인도네시아 GPF 행사 방해

그들의 GPF 행사 방해는 같은 달 인도네시아 행사에서도 계속되었습니다.

그들이 저지하려고 한 아시아 태평양 GPF 행사는 인도네시아 최대 무슬림 단체인 NU와 GPF가 공동 개최하는 행사였습니다. 결론적으로 이 행사는 큰 성공을 거두었으며, 현지 언론에서는 "GPF 운동은 가장 크고 든든한 수호천사를 만났다. 그것은 전 세계 가장 큰 무슬림 단체 NU이다"라는 언급까지 했습니다. NU의 참여로 GPF 행사가 돋보인 것은 사실이지만, 행사 성공의 가장 큰 원동력은 GPF의 비전이었습니다. 행사장을 가득 메운 인도네시아의 젊은 무슬림 대학생들이 현진님의 선창에 따라 '원 패밀리 언더 갓(One Family Under God)'의 비전에 열광하던 모습을 저는 잊을 수 없습니다.

이런 행사를 통일교가 저지하겠다고 나섰으니, 그들이 아버님의 얼굴에 얼마나 먹칠을 하고 다녔는지, 통일가 식구들은 분명히 알아야 합니다.

아시아 순회사 로버트 키틀은 GPF 행사가 끝난 2010년 10월 18일에 세계본부에 있는 문형진, 문국진, 김효율, 용정식, 토마스 월시 등에게 '방해(intervention)'라는 보고서를 보냈습니다.

그는 보고서에서 "세계본부가 인도네시아 GPF 활동 방해를 위해 UPF 소속의 타지 하마드를 보낸 것은 최고의 전략이었다"고 적었습니다. 현진님 행사를 방해하기 위해 타지 하마드를 보낸 것도 기가 막힌 일이지요. 그런데 실상 GPF 관계자들은 타지 하마드가 들어왔는지조차 모를 정도로 그가 미친 영향은 없었어요. 그럼에도 마치 그 방해공작이 큰 성공이나 거둔 것처럼 거짓 보고서를 올린 것입니다.

"타지 하마드를 이곳에 보낸 것은 최고의 전략이었습니다. 절대적으로! 그는 거의 50번이나 이곳에 온 적이 있었고 많은 사람들을 오랫동안 알고 지내왔습니다. 또한 그의 이슬람 배경 때문에 그에 대한 신뢰가 빠릅니다. 그는 매우 바쁘고 높은 지위의 사람들과 아주 쉽게 약속을 할 수 있었습니다."

제가 너무도 잘 알고 있는 타지 하마드를 이토록 과장 선전 허위보고를 하는 그들을 저는 이해할 수가 없습니다.
로버트 키틀의 보고서를 접하면서 가슴 깊이 깨달을 수 있었습니다.
섭리적 방향과 비전을 상실한 통일교가 얼마나 빠르게 영향력 미미한 조직으로 전락하고 마는지를.
반대로 하나님의 섭리와 비전에 정렬된 운동이 단 한 번으로도 얼마나 큰 영향력을 발휘하는지를.
그 진리를, 이 행사를 통해 하늘은 분명히 보여준 것입니다.

박보희 회장의 부끄러운 시도

박보희 회장이 '2010년 12월 4일 참부모님으로부터 몽골 분봉왕 및 국가메시아로 임명 받았다'는 소식을 듣게 되었습니다. 당시 박보희 회장은 몽골 분봉왕 책임을 맡아 왔던 제 아들 진만에게 12월 8일자 편지를 보내 이 내용을 알려 왔습니다.
우리 운동은 참부모님께서 관여하신 인사사항에 대한 것은 신앙적으로 받아들이고 존중하는 문화가 구축되어 있었습니다. 하나님의 뜻과 섭리를 위해 부모님의 결정에 순종한다는 믿음이 각별했던 것입니다. 그런데 통일가에 불어 닥친 천주사적인 혼란은 이와 같은 신뢰와 믿음에 돌이킬 수 없는 상처를 남겼습니다.

몽골의 젊은 식구들은 저나 제 아들을 따르는 식구들이 아니었습니다. 우리는 그들을 그렇게 지도하지 않았습니다. 그들은 우리가 입교했을 당시의 젊은 모습처럼, 처음부터 하나님의 뜻을 중심하고 헌신을 결심하고 축복을 받은 소중한 식구들이었습니다. 특히 현진님께서 그 식구들을 직접 지도하신 뒤로 그들의 섭리의식은 더 강화되고 깊어져 있었습니다.

이런 식구들이 존경해오던 현진님이 하루아침에 타락한 아담이 되었으며 또 오랜 기간 몽골을 위해 열정을 쏟았던 저와 제 가족이 타락한 천사장, 사탄이 되었다고 주장하는 말을 믿겠습니까?

급기야, 교회 지도부는 참부모님선포문실행위원회 대표가 되어 현진님과 저를 향한 비난에 앞장섰던 박보희 회장을 몽골 분봉왕으로 임명했습니다. 이에 당연히 큰 동요가 일었습니다. 세계 국가메시아들 사이에서는 이미 다 아는 대로 박보희 회장은 아프리카의 카메룬 국가메시아 임명을 받고서도 여태까지 그 나라에 가서 기도 한번 하지 않았던 사람인데, 그런 사람을 몽골 분봉왕으로 임명한 의도를 똑똑한 젊은 식구들이 모를 리가 없습니다.

그리하여 2010년 12월 13일, 몽골의 통일운동 기반 전체가 "몽골 평화통일운동 공동결의문"을 발표하였습니다. 혼란 사태가 발생한 뒤 처음으로, 국가단위의 교회기반 전체가 세계본부의 지시에 이의를 제기하고 '불의한 결정에 따르지 않겠다'는 선언을 한 것입니다.

저는 그들이 발표한 글을 읽어보고, 안타까우면서도 참으로 자랑스러운 마음이 일었습니다.

몬태나에서 저를 감동시킨 제 아들처럼, 그들은 현명하고 정의로웠으며 성숙했습니다.

"16년 전 암울한 공산 치하에서 갓 벗어난 몽골이 세계섭리에 기여할 수 있는 장성한 국가로 거듭나기까지, 끝없이 투입된 참부모님의 정성과 사랑을 어찌 잊겠는가. 오늘의 몽골 평화통일운동이 있기까지 진리와 더불어 일편단심으로 살아온 선배들의 피와 땀과 눈물의 기대, 젊은 식구들의 열정이 함께 어우러져 있음을 역사가 증거한다. 우리는 참부모님으로부터 계시된 하나님의 뜻과 말씀을 상속받고 조국 복귀의 비전과 사명을 이어받았기에, 혹한 속에 말씀을 외치고, 이국땅에서 만물복귀 현장을 누벼도, 입가엔 미소와 자신감이 사라지지 않았고, 눈가엔 하나님의 눈물이 마르지 않았다."

이렇게 시작되는 성명서를 읽는 내내, 눈물을 멈출 수가 없었습니다. 불의에 항거하는 선언문은 참으로 사람의 심금을 울리는 것이었습니다. 성명서의 결론은 이렇게 맺고 있었습니다.

"우리는 통일가 내에서 진실임을 가장한 거짓이 득세하는 문화를 더 이상 용납하지 않을 것이며, 현 통일가 지도부가 지향하는 정책과 결정에 있어서 거짓과 위선이 발견될 시 이를 강력히 거부할 것이다."

유명한 36가정을 몽골 분봉왕으로 임명하면 식구들이 쉽게 따라오리라고 교회 지도부는 생각했겠지요. 그러나 세상은 그들의 의도대로 되지 않았습니다.

식구들이 따라주지 않자 박보희 회장은 입에 올리기에도 참담한 계획을 시도하였습니다. 이 내용이 무엇인지 저는 알고 있었지만, 지금까지 그분이 선을 넘지 않기만을 기도했습니다. 일일이 대응하지 않고 침묵을 지켜왔습니다. 당연히 하늘은 비원리적인 길을 걷는 그의 편이 아니었습니다.

그는 2011년 5, 6월경, '몽골에 있는 현진님의 기반을 모두 없애주는 조건'으로 몽골 현지 브로커와 매우 큰 금액의 계약을 체결하고 거액의 착수금까지 건넸다고 합니다. 다행히 그들이 원하는 대로 진척되지 않아 큰돈만 날린 것으로 알고 있지만, 이런 시도가 하나님의 섭리에 얼마나 큰 과오가 될 것인가를 생각하면 같은 36가정 동료로서 그저 안타까울 뿐입니다.

당시 현진님은 한국에서 남북통일운동의 불을 다시 지피기 위해 8월 몽골 GPF 행사를 준비하고 있었습니다. 몽골에서부터 통일운동의 바람을 몰고 와서, 11월 한국에서 '코리안 드림'의 비전을 중심하고 새로운 차원의 통일운동 전개를 꿈꾸고 계셨습니다.

이것이 누구의 일입니까?

하나님의 일이요, 아버님의 일 아닙니까?

그 일을 하고자 하는 아들의 앞길을 막는 사람은, 도대체 누구를 위한 일을 하고 있는 것입니까?

의로운 축복가정들

하나님의 뜻과 섭리를 지키기 위한 현진님의 투쟁은 결코 외롭지 않았습니다. 어떤 상황에서도 아버님 곁을 지킨 초창기 형제들처럼, 현진님 곁에도 용기 있는 축복가정들이 있었습니다.

그들은 교회 측의 제명과 면직 압력에도 절대 굴하지 않았습니다.

2009년부터는 현진님을 따르겠다고 결의한 지도자들이 나타났습니다. 현진님에 대해 인격살인에 가까운 비난이 이어지고 가정연합에서 통일교로 섭리가 역행하자, 2010년부터는 이에 대한 부당함을 지적하는 양심적인 축복가정들의 외침이 들려왔습니다. 2010년 3월, 미국 UTS 신학대학원 교목이었던 김경효 목사가 처음으로 공개서신을 발표하였습니다. 그 후 김동운 회장, 권용안 회장, 정만회 목사 등 다수의 축복가정들이 제명을 당하면서도 용기있는 행동을 이어갔습니다.

개인적인 차원만 아니라 교회와 국가 차원에서도 섭리의 정도를 벗어난 교회 지도부를 질타하고 진실을 알리는 활동이 전개되었습니다. 의를 위한 용기 있는 행보입니다. 몽골 식구들이 연합하여 2010년 12월, 공개 결의문을 발표하며 행동에 나섰고, 2011년 10월에는 부산교구 소속 식구들이 양심선언문을 발표하고 최진태 목사와 함께 현진님을 따를 것을 결심하기도 했습니다.

축복가정들의 궐기는 한국, 일본, 미국은 물론 아시아, 남미, 유럽, 아프리카, 오세아니아 대륙까지 전 세계로 확산되었습니다.

통일교가 식구들의 자유로운 소통을 억압하고 통제하자, 식구들은 인터넷에 개인 블로그 등 독립적인 소통 채널을 만들어 부패한 통일교 지도부의 잘못과 현진님에 관한 진실을 세상에 알렸습니다.

그 결과 아프리카 오지에 있는 식구들까지도 진실한 정보를 접하고 양심적인 행동에 나서게 됐습니다. 이러한 축복가정들의 용기 있는 행동은 지난 2017년 가정평화협회의 출범으로 이어졌습니다. 앞으로 창설 주역들에 의해서 섭리의 내적 기반을 온 세계에 굳건히 쌓아 갈 것을 확신합니다.

여태까지 그들은 치열하고 절박하게 싸웠습니다.

낮과 밤이 따로 없었습니다.

진실과 정의가 바로 잡히고 섭리가 바로 세워지는 것을 그들은 바랐습니다.

과거 우리 모두가 하나 되어 달려갔던 것처럼, 하나님의 뜻을 중심하고 다시 하나가 되는 것을 그들은 바랐습니다.

천주사적 혼란기에 현진님을 모시고 싸우는 축복가정들의 행적은 장차 섭리 역사의 한 페이지가 되어 길이 남아질 것입니다.

언젠가 누군가에 의해, 섭리를 지킨 그들의 소중한 활약상이 자세히 기록되기를 저는 소망합니다.

그분들에게 진심으로 존경과 감사의 마음을 전하면서 하나님의 가호가 항상 함께하시기를 빕니다.

지금까지 통일가 갈등의 본질이 무엇이며 이 갈등이 어떻게 전개되어 왔는가를 정리했습니다.

그리고 지금, 여러분 모두에게 이렇게 묻고 싶습니다. 이러한 갈등이, 과연 누구를 위한 갈등인지요?

여러분 모두는 갈등에 대해 자유로운지요?

하나님의 바라심은 사필귀정이 아니겠습니까?

4장

과연 누가 하나님과 아버님을 떠난 자인가?

통일가 형제들을 위한 기도

초창기 식구들은 참부모님과 동시대에 사는 영광과 기쁨에 취해서 살아온 세대입니다. 멀리 갈 것도 없이 제 삶을 돌이켜보면 그렇습니다. 감히 말씀컨대 참부모님과 더불어 살았을 뿐 아니라 참부모님의 사랑으로 다시 태어난 사람이 바로 저라는 존재니까요.
그 사랑의 인연을 세상 누가 무엇으로 끊을 수 있겠습니까.
한 번은 제가 사는 아파트 바로 옆 동에 몇 년을 살면서도 연락도 않던 72가정 부부가 찾아왔어요. 이사를 가야 할 예정인데 인사도 않고 떠나기가 너무 마음에 걸려서 왔다고 하여 차 한 잔 나눈 적이 있습니다. 그런데 그 부인이 다음날 같은 교회에 다니던 부인식구들에게 "글쎄, 곽 회장 집 거실에 대형 참부모님 존영이 걸려있어서 놀랐다"고 했답니다. 그동안 조직적으로 하나님과 참부모님을 떠난 사람으로 매도당한 처지를 한 번 더 실감할 수 있었습니다.
무한히 깊고 넓은 참부모님의 사랑을, 어느 한날 어느 한 시도 잊어 본 적이 없습니다. 그것은 저의 생을 다하는 날까지 영원히 잊지 못 할 것입니다.
현진님과 저를 두고 '아버님을 떠난 자'라고 비난하는 사람들이 많습니다. 현진님의 경우는 별도로 이야기하겠습니다.
이유 여하를 막론하고 통일운동의 최고 지도자 가운데 한 사람으로서, 아버님을 가장 가까이에서 보필하고 모셨던 축복가정의 선배로서, 오늘날의 참담한 사태에 대해 일단은 책임감을 느끼고 하늘 앞에 깊이 참회할 따름입니다.
저는 흔들림 없이 믿고 있습니다.
참과 거짓은 언젠가 반드시 환히 밝혀지리라는 것을.
하나님의 섭리 속에서 모든 부조리가 사필귀정으로 자리 잡히리라는 것을.
이번 장에서는 제가 직접 경험한, 제3장에서 미처 다 밝히지 못한 사연들을 기록할 것입니다. 특별히 2009년경 아버님과 저 사이에 있었던 일을 중점적으로 돌아볼까 합니다.
그즈음 아버님으로부터 이유를 알 수도 없는 꾸중을 느닷없이 듣는 일이 너무도 많았습니다. 이제 와 돌이켜볼 때, 그것은 아버님 주변에 존재했던 부조리한 세력들에 의한 결과였습니다. 그들이 입에 담지 못할 거짓으로써 연로하신 아버님의 성총을 흐리게 하고 섭리를 농락해온 탓이었습니다.
그간 통일가에 발생한 부끄러운 갈등과 혼란에 대해, 저는 오랫동안 침묵을 지켜왔습니다. 숨 막히도록 고통스러운 시간들이었습니다. 그럼에도 감히 입을 열어 진실을 밝힐 용기를 내지 못했습니다. 자칫하면 참부모님과 참가정의 내적인 사연을 적나라하게 드러내야만 하는 입장이기 때문이었습니다.
이제 더는 침묵을 지킬 수가 없을 것 같습니다. 그동안 견지해온 저의 조심스러운 입장에, 어떤 변화가 불가피할 것 같습니다. 우리 통일가의 상황이, 안타깝게도, 더는 손 놓고 지켜보고 있을 수 없는 상황에까지 이르렀기 때문입니다.
늦었지만 이제 모든 진실을 밝히려 합니다.
그리하여 그들이 뜻과 아버님의 이름으로 자행한 비원리적인 행위로부터, 아버님의 숭고한 명예와 위상을 지켜드리고자 합니다. 더불어 이것이 단순한 차원의 갈등이 아닌, 하나님의 섭리 전체를 뒤흔드는 천주사적 갈등임을 밝히고자 합니다.

2009 스페인 피스컵 대회의 희비

    2009년은 제4회 피스컵(PEACE CUP)[04] 대회가 스페인 안달루시아에서 열린 해입니다.

    개최지가 어디라는 사실 하나만으로도 그해 대회는 엄청난 관심과 화제의 중심에 설 수 있었습니다. 축구에 있어서 스페인이 어떤 나라입니까. 피파(FIFA, 국제 축구연맹) 랭킹 1위에 수차례 오르내리는, 레알 마드리드며 FC바르셀로나 같은 지구 최강의 클럽을 보유한 축구 강국 스페인에서 우리가 피스컵 대회를 개최하는 일은, 마치 제3세계 국가의 누군가가 불쑥 대한민국 서울에 찾아와 태권도 세계대회를 주최하는 것과 견줄 만한 상황이라고 할 터였습니다.

    FIFA의 승인 없이는 어느 누구도 마음대로 국제축구대회를 개최할 수 없는 현실에서, 피파가 쉽지 않는 과정을 거쳐서 피스컵 대회를 승인해주었습니다. 피스컵의 국제적인 가치를 피파가 인정했다는 의미

---

04   선문평화축구재단이 주최하는 피스컵은 2003년 제1회 대회가 '피스컵 코리아'로 개최된 이래 2005년 제2회, 2007년 제3회까지 모두 대한민국에서 열렸다. 2012년 제5회 대회가 열린 곳도 대한민국 수원이었다. 월드컵과 달리 대륙별 국가대표팀이 아니라 세계의 대표적인 프로 클럽팀이 참가하는 대회다.

이지요.

　피스컵을 처음 준비할 때 제가 한국프로축구연맹 회장이었는데, 그 자격으로 어렵사리 블래터 피파 회장을 만나 아버님이 지시한 피스컵 대회를 공인 받을 수 있었습니다.

　불가능에 가깝도록 어렵다는 피파의 공인을 받은 것입니다.

　유엔 가입국보다도 많은 게 피파 가입국이다 보니, 피파 회장의 국제적인 지위와 실권이 대단합니다. 전용기를 타고 어느 나라에 가든지 수상이나 대통령에 버금가는 예우를 받을 정도입니다. 그런 피파 회장과의 일정을 겨우 맞춰서 찾아갔더니 마침 그 자리에 AFC(아시아축구연맹) 함만 회장이 와 있었습니다. 피스컵의 미래를 위해서는 아시아축구연맹 회장도 넘어야 할 벽이었는데 마침 잘 되었다 싶었지요. 피파 회장과 이야기를 하면서 자연스럽게 함만 회장도 동참하게 된 것입니다.

　피스컵(Peace Cup)은 문자 그대로 평화를 위한 국제축구대회입니다. '지구상의 평화 이상 실현을 위한 축구 제전'에 초점을 맞춰 블래터와 함맘 두 사람에게 열심히 대회 목적과 가치를 설명했습니다. 감사하게도 블래터 회장이 마음을 열어주었습니다. 그렇게 피파가 공인하는 피스컵 대회를 시작할 수 있었습니다.

　그 자리에서 함께 있던 AFC 함맘 회장이 훗날 연락을 해온 일이 있었어요. '평화를 위한 축구'라는 제 설명에 깊은 감명을 받았다며, AFC의 '사회책임분과위원회' 위원장으로 영입하고 싶다는 것이었습니다. 아시아에 나라가 얼마나 많습니까? 그 많은 나라의 축구인들이 서로 맡으려고 욕심내는 위원장 자리를 선뜻 제안하다니, 피스컵을 향한 아버님의 깊은 뜻이 여러 사람을 감복시킨 것 같아 저 스스로도 여간 흐뭇하지 않았습니다.

　이후로도 함만 회장은 한국에서 개최된 여자 피스컵 대회에 와서 축사도 하고, 스페인에 피스컵이 진출할 수 있도록 도와주는 등 여러 모로 협조를 했습니다.

스페인에서 피스컵이 성공하면 이후 영국 이탈리아 프랑스 독일 등 유럽의 축구 명문 여러 나라를 돌아가며 피스컵을 개최할 아버님의 계획이었습니다. 축구를 사랑하는 많은 이들에게 기쁨을 선사하는 피스컵 대회를 통해 진정한 평화주의자로서 본래 아버님의 위상을 온 세상 앞에 당당히 드러내려는 청사진이었습니다.

뒤바뀐 훈독회 시간

피파 부회장이기도 했던 스페인 프로축구연맹 회장의 허락과 개최지인 안달루시아 체육부장관의 협조를 얻어, 2009년 7월 24일 드디어 스페인 피스컵 대회(2009. 7. 24~8. 3)가 개최되었습니다.

외적으로는 별다른 차질 없이 거의 완벽하게 치러진 성공적인 대회였어요. 그러나 내적으로는 제가 아슬아슬, 살얼음판을 걷듯 갖은 홍역을 치러야 했던 대회였습니다.

2009년은 천주사적인 갈등이 본격화되고 저와 현진님을 곡해하시는 아버님의 불편한 심기가 현저하게 드러나던 시기였습니다. 대회 기간 내내 아버님은 이해하기 어려운 지시와 요구사항을 내놓으며 연일 시련을 주셨습니다. 예전 피스컵 때는 전혀 없었던 사실들이라 저로선 거듭 당황할 수밖에 없었습니다. 그래도 아버님의 지시인지라 최선을 다해 받들었고, 도저히 안 되는 것은 온갖 야단을 다 맞아가며 겨우 넘어가야 했습니다.

첫 번째 어려움은 7월 22일, 스페인 현지에서 대회를 위한 마지막 준비에 한창이던 즈음 시작되었습니다.

당시 아버님 일행은 스페인으로 오시다가 모나코에 잠시 머물고 계셨습니다. 그날 아침 아버님의 전화를 받았습니다. 전화 저편 음성에 불편하신 심기가 그대로 전달되었습니다.

"피스컵 개막전 때에 경기장에서 훈독회를 할 생각이다."

느닷없는 말씀이었지요. 한국대회 때도 없었던 지시였습니다.

"아버님, 아직은 그런 분위기가 조성되지 않았습니다. 준비되지 못한 상황에서 축구에 열광하는 스페인 관중들에게 갑자기 훈독회를 하신다면, 관계자들이 펄쩍 뛸 것입니다. 그건 후일에 차차 분위기를 봐서……."

"이놈아! 못하겠다는 거야?"

"아이고 아버님, 이번에는 어려울 것 같습니다. 이해 좀 해주십시오."

야단을 맞으며, 겨우 통화를 마쳤습니다.

그날 낮, 김효율 씨로부터 다시 전화가 왔어요.

"내일(23일) 아버님이 도착하실 예정인데, 밤에 환영만찬회를 개최하라고 하십니다."

"잘 알겠습니다. 달리 주문하신 사항은 없으셨어요?"

"그 자리에 각 팀 구단주, 감독과 지도자들을 다 초청하라 하십니다. 거기서 아버님이 말씀 훈독을 하겠다고 하십니다."

재차 당황스러울 밖에요. 스페인까지 와서 피스컵을 열게 된 것만도 다행스러운 일인데, 구단주며 감독을 느닷없이 모으시라니. 그 콧대 높은 양반들이 콧방귀도 뀌지 않을 일이었지요.

전화를 끊고는, 그 바쁜 일정을 다 제쳐두고 공항으로 향했습니다. 모나코로 가서 아버님께 직접 사정 말씀을 드려야겠다 싶었던 것입니다. 공항에서 정신없이 출국수속을 하고 있는데 아버님으로부터 다시 전화가 걸려 왔습니다.

"올 필요 없다."

"아버님, 제가 가서 자세히 말씀을……."

"내일이면 볼 텐데 바쁜 사람이 뭐 하러 여기까지 와? 그만 둬."

직접 뵙고 사정을 말씀드릴 기회도 주지 않았습니다.

달리 도리가 없었습니다. 일단은 분부대로 진행했습니다. 아버님이 오시면 일단 훈독회를 하실 수 있도록 만찬장을 준비하는 게 급선무였어요. 다른 한편으로 개회식장인 스타디움 안에 아버님을 모실 VIP룸과 아버님 좌석, 스페인 지도자들의 좌석 배열을 정했고, 스카이박스(Sky Box) 공간과 경호, 동선, 참가정 좌석 등 개회식을 위한 온갖 준비에 밤늦은 시간까지 다 점검했습니다.

아버님은 7월 23일 오후 늦게 도착하셨어요.

환영 만찬에는 아버님이 바라신 기준에는 못 미쳤지만 그런대로 각 구단 관계자와 스포츠, 문화 예술계 인사 등이 200명쯤 모였습니다.

먼저 제가 인사말을 하고 아버님을 단상에 모셨는데, 아버님은 당신의 자서전 출판기념회에서 하신 말씀을 펴놓고 훈독을 시작하였습니다. 우리 식구들 앞에서 하듯이 부연 설명까지 하셨습니다.

시간이 정말 많이 걸렸지요. 이날 행사는 미술전람회 오픈 행사를 겸한 것이었고, 이 때문에 온 VIP들이 많았어요. 참석자의 절반이 언짢은 표정을 하면서 자리를 떠나더군요. 그나마 한국에서 온 이연택 체육부장관, 이두식 위원장 등이 고맙게도 끝까지 자리를 지켜주었습니다.

진땀나는 만찬이 끝나고, 테이프커팅 의식과 기념촬영까지 마친 뒤 아버님은 숙소로 가셨습니다. 나머지 뒷수습과 정리를 마치고 호텔로 돌아온 것은 새벽 1시쯤. 그때 어느 스텝으로부터 어머님의 말씀을 전달받았습니다.

"오늘 아버님께서 늦게 오시고 먼 여행도 하시고 말씀도 하셨으니까, 내일 아침 훈독회는 5시가 아니고 7시에 하는 줄 아십시오."

잠깐 눈을 붙인 뒤 새벽 4시 40분쯤 일어나서 그날 일정을 준비하고 있었습니다. 평소 습관이기도 했지만, 대회를 치를 일이 걱정되어서 긴 잠을 이룰 수 없었던 거지요. 그런데 5시에 연락이 왔어요.

"아버님이 훈독회장에서 기다리시는데 왜 안 오십니까?"

이게 무슨 일인가? 다행히 저는 준비가 되었던 터라, 제일 먼저 그곳으로 달려갔습니다. 아버님께 아침인사를 드리는데, 딱 뵙기에도 무척 노하신 것 같았습니다. 뒤이어 사람들이 올 때마다 "외국 나왔다고 훈독회 시간을 안 지켜도 되느냐." "어느 놈이 훈독회 시간을 제멋대로 바꾸고 하느냐?"고 야단을 치시는 것입니다. 하지만 그 앞에서 "어제 어머님이 그러셨습니다"라고 말씀드릴 수 없더군요. 누군가 경위를 보고 드렸겠지 생각했습니다. 그런데 김효율 씨나 아버님 측근 지도자들은 그 상황에서 뭐라고 경위 설명도 안 하고 눈치만 보고 있었지요. 더 기가 막히는 것은 문 하나를 사이에 두고 말소리가 다 들리는 바로 옆방에 어머님이 계셨는데, 역시 아무 말씀도 안 하시는 것이었습니다. 지시를 내린 분이 나서서 뭐라고 한 마디 해주시면 간단히 넘어갈 일인데 말이지요. 새벽부터 자리에 앉지도 못하고 야단을 맞고 있는 것을 뻔히 알면서도 잠자코 계시다니, 조금 야속한 생각이 드는 속에서 적극적으로 해명도 못하고 그 꾸중을 다 듣고 있었습니다. 요즈음 생각하면 참 바보처럼 산 저 자신임을 느낄 때도 있습니다. 그렇게 그날 아침 훈독회에서 아버님은 장장 4시간 동안 우리를 세워놓고 다시 자서전 출판기념 행사 때의 말씀을 훈독하고 부연 설명을 이어가셨습니다.

바로 그날 피스컵 개막식을 하는 날이었습니다.

스페인은 본래 축구를 늦은 시간에 시작하는 편이라, 밤 10시에 개막선언을 했지요. 개막식 행사에는 스페인 지도자들과 아시아축구연맹의 함맘 회장을 비롯하여 한국의 박실 의원, 이선민 장군, 이연택 장관, 김봉호 전 국회부의장 등 여러 인사들이 참석했습니다. 개막전 경기를 관전하신 아버님은 다음날, 독일 쪽으로 여행을 떠나셨습니다.

가슴 아픈 아버님의 오해

그 이튿날(26일), 아버님이 독일에서 전화를 주셨습니다. 경기장에서 축구관계자를 포함해서 전체 관중에게 축복을 해주실 구상에 대해 말씀하시더군요. 도저히 행할 수 없는 지시였습니다. 별 도리 없이 야단만 맞고 있을 수밖에 없었습니다.

7월 31일은 준결승전이 있는 날이었어요. 이날은 참부모님도 경기장에 오셔서 관전하셨습니다. 전반전이 끝나고, 부모님께서 관전하시는 스카이라운지로 찾아가 잠깐 인사를 드렸습니다. 그런데 아버님께서 또 어려운 지시를 하시는 겁니다.

"경기 끝나면 운동장에 내려가서 호날두 같은 대표선수들과 악수하고 격려하면서 기념사진을 찍을까 한다. 그 준비를 좀 해라."

암담한 노릇이었지요. 후반전이 곧 시작되는 상황이기도 했지만 더욱 문제는 시간이 아니었습니다. 유럽이나 남미의 세계적인 선수들은 대부분 신변보호를 위해 엄청난 액수의 '대인보험'에 가입해 있지요. 선수의 신변에 이상이 생길 경우 상상을 초월하는 돈을 지불해야 하는 시스템으로, 그래서 공식적인 프로그램을 맡은 사람이 아니면 그런 선수들 근처에도 가지 못하는 게 현실이었습니다.

이 같은 사정을 어렵게 말씀드리는데, 아버님은 제 이야기는 들으려 하지 않고 또 야단을 치시는 것이었습니다. 송구스러운 마음이었습니다. 피스컵의 주인이신 아버님께서 원하시는 것을 제대로 해드리지 못하는 것이 거듭 죄송했습니다.

오후 10시에 시작한 준결승 경기가 끝나고 자정이 훨씬 넘어 호텔에 돌아갔습니다. 간부들이 다 소집되어 있더군요. 그 자리에서 새벽 5시 훈독회까지, 밤을 꼬박 새우다시피 질책을 받아야 했습니다.

내적인 어려움 속에서도 8월 3일, 결승전과 함께 스페인 피스컵 대단원의 막이 내렸습니다.

그 이튿날 새벽 5시 훈독회 시간이 되었습니다. 다른 대회 때는 축승회를 하고 케이크도 자르고 책임자에게 보고도 시키시고 하는 분위기였는데, 이날은 뭔가 달랐습니다. 케이크커팅 후 훈독을 하신 뒤에 곧바로 공항으로 떠나신 것입니다.

스페인 피스컵 대회를 돌아보면, 축구의 본고장 스페인에서 세계적인 프로팀들이 겨루는 대회를 치러냈다는 것만으로도 기적과 같다는 생각이 듭니다. 하나님이 역사하지 않고는 불가능했을 대회라고 생각했습니다. 내적으로는 우여곡절이 많았지만 미디어를 통해 세계 80여 개국의 축구인들에게 아버님의 평화이상을 알릴 수 있었으니, 참으로 감사하고 기쁜 축제였지요. 특히 세계의 젊은이들이 피스컵을 통해 평화운동을 하시는 아버님을 알게 되고 아버님에 대해 좋은 이미지를 갖게 된 점은, 대회를 위해 오랜 시간 불철주야 수고한 모든 스텝들의 가장 큰 보람이었습니다.

누구보다 아버님은 언제나 피스컵의 주인이요, 누구보다 피스컵을 사랑하셨던 분입니다.

그런데 무엇보다 아쉽고 가슴 아픈 것은 아버님께서 힘겹게 닦아 놓으신 '축구 섭리' 전체가, 아버님의 성화 이후 그만 문을 닫은 것입니다. 참으로 가슴 아픈 일입니다.

아버님의 기대대로 하나님의 계속되는 역사 가운데 유럽 지역을, 더 나아가 전 세계를 순회하며 피스컵 대회가 이어졌더라면 과연 어떠했을까. 아버님의 이름으로 세계 축구사에 큰 족적을 남겼을 것이고, 이는 아버님의 평화운동에도 크나큰 기여를 했을 것입니다.

스페인 피스컵은 제게 커다란 보람과 함께 가슴속 아픔으로 남는 대회였습니다. 이 역사적인 대회를 전후해서, 아버님께서 예전과 달리 크게 역정을 내시는 모습을 자주 접해야 했기 때문입니다.

어째서 그러했을까요?

가만히 돌아보면, 언제부터인가, 아버님께서 뭔가 오해를 하시는 것 같다는 생각입니다. 스페인 피스컵 대회를, '아버님을 모시지 않고 곽정환이 현진님과 둘이서 개최하려 했지 않으냐'는 생각을 갖게 되신 듯한 느낌이 저에게 전달되었기 때문입니다.

어째서 그런 오해를 하시게 되었을까요?

도대체 누가 그토록 아버님을 곡해하시도록 만들었을까요?

아직도 저는 그 대답을 정확히 모르고 있습니다.

왜 현진이를
안 데려오느냐?

　스페인 피스컵 대회가 끝나고 2009년 하반기가 되자 상황은 더욱 안 좋아졌습니다. 저를 향한 아버님의 꾸중과 질책이 전과 다르게 늘어가고 그 정도가 갈수록 심해져가는 것이었습니다. 훈독회에서도 그랬습니다. 아버님 앞에 있기가 민망하리만큼 심하게 꾸중하신 적이 한 두 번이 아니었습니다.

　이해하기 어려운 아버님의 공식석상 꾸중이 2006년부터 조금씩 늘기 시작하였고, 해를 넘길수록 더 빈번해지다가, 2009년에는 그로 인해 차마 말로 표현할 수 없는 어려움을 겪어야 했습니다. 바깥세상이 아닌 섭리의 중심에서 당하는 것이라, 더욱 견디기 힘들고 어렵더군요. 부모님을 모시고 훈독회에 참석한 횟수만 보면 나보다 더 많이 참석한 사람은 아마 극소수일 것입니다. 훈독회에 하루도 안 빠지고 참석한다는 게 쉬운 생활이겠습니까?

　서울에서 천정궁 훈독회에 가려면 매일 새벽 3시 30분에 일어나야 합니다. 명색이 책임자이다 보니 제 자리는 언제나 맨 앞줄 가운데, 아버님과 거의 마주 보는 위치입니다. 그 자리에서 거의 1년 넘게 아버님의 질책을 감내해야 했습니다. 물론 그 상황에서 저는 단 한 번도 토를 달거나 변명을 하지 않았어요. 저 역시 지치는 노릇이지만, 무엇보다 아버님의 옥체에도 크게 무리가 따르지 않을까 여간 걱정스럽지 않았지요.

그 같은 아버님의 변화의 이면에, 아버님 측근의 사람들이 아버님에게 좋지 않은 영향을 미치고 있었습니다. 또한 예전과 많이 달라진 당신의 기력과 체력, 판단력이 한편에 자리하고 있었습니다.

이 자리에서 모든 것을 다 언급할 수 있겠습니까. 다만 아버님이 어째서 저를 향해 그토록 화를 내고 꾸중을 하셨는지, 그 배경과 원인을 짐작케 할 수 있는 사연 몇 가지를 밝히고자 합니다.

2009년 8월 18일 오후 3시경이었습니다. 아버님이 부르신다고 하기에 서울의 센트럴시티 중식당에 갔습니다. 그곳에 국진님과 형진님을 비롯하여 주요 간부들 30여 명이 참부모님을 모시고 있더군요. 라운드테이블 식탁이 세 개인데, 저는 부모님 가정과 같은 테이블에 앉게 되었습니다.

그 자리에서 아버님은 저와 제 가정과 현진님을 한데 묶어서 일방적으로 심판적인 말씀을 길게 하셨습니다. 무슨 일 때문인지 기분이 몹시 언짢으셔서 식사도 안 하시고 무려 3시간 가깝게 야단을 치셨어요. 결국 아버님은 식사도 거르시고 "천정궁에 와서 식사하라"는 말씀을 남기면서 일어나셨습니다.

거기서 저는 어떤 대꾸도 할 수 없었습니다. 여러 간부들이 있는 데서 어찌 아버님 말씀에 토를 달겠습니까. 온갖 꾸중을 고스란히 다 듣고 앉아 있을 밖에요. 한없이 가슴이 아픈 한편, 이런 의문이 고개를 쳐들었지요.

'아버님의 마음이 왜 이렇게 되셨을까?'

'저와 제 가정, 더구나 당신의 아드님인 그 귀한 현진님을 어째서 저렇게 오해하실까?'

그날 도저히 천정궁으로 들어갈 수가 없더군요. 누구에게도 이야기 하지 않고 휴대폰 전원마저 꺼놓은 채 차를 타고 춘천 쪽 어딘가로 향하다가 어느 한적한 펜션에 자리를 잡았습니다. 연락을 일절 끊고 그곳에서 3일간 기도하고 명상하면서 마음을 정리했습니다. 50년 넘게 공적인 삶을 살아오는 동안 처음 있는 일이었습니다.

아버님의 아드님을 어찌 이리도 모르십니까?

더 이상 공직을 맡을 수 없다는 결심을 하게 되었고, 이 결정을 아버님께 말씀드리기 위해 청평에 전화했습니다.

"지금 뵈러 간다고 아버님께 여쭈어주세요."

아버님이 계신 내실로 찾아갔습니다. 거기에 이미 김효율, 주동문, 김기훈 등이 와 있더군요.

"어디 갔다 왔나?"

아버님이 평온하게 저를 대하셨습니다. 며칠 전과는 완전히 다른 모습으로. 그러나 제 마음은 편할 수 없었지요.

"아버님, 제가 며칠을 기도하며 시간을 보냈습니다. 그 와중에 여러 사정을 생각해보고 고민한 끝에 돌아왔습니다. 아버님께서 요즘 들어 저를 보실 적마다 그렇게 노하시고 꾸중하시는데, 사실과 맞지 않는 것이 많이 있습니다만 제가 일일이 대꾸는 안 했습니다. 아버님이 저를 대하시는 기준이 예전과 많이 다르기 때문에 제가 공직을 계속 맡고 있는 것은 여러 모로 아버님께 누가 될 것 같습니다."

"뭐야?"

"지난 3일간 기도하고 고민했습니다. 결국 모든 공직에서 떠날 것을 결심했습니다. 부디 허락해 주십시오."

"무슨 소리를 하는 거야? 네가 아니면 누가 하겠느냐!"

아버님은 계속해서 제 마음을 다독이셨지만, 그 말씀이 귀에 들어오지 않았습니다. 지금까지 아버님 말씀에 응하지 않으면서 오래 버텨본 적이 없었지만, 이날은 제가 아주 작심을 하고 버텼던 것 같습니다.

결국 아버님이 격노하셨지요. 순식간에 화산 폭발하듯 화를 내시는데, 그만 숨이 깜빡 넘어가실 정도로 격한 모습이었어요. 덜컥 겁이 나더군요. 이러다가 아버님 건강이 갑자기 잘못 되는 거 아닌가 싶었지요. 할 수 없이 저의 주장을 접고 한 발 물러섰습니다.

"예, 그러면 아버님 뜻을 따르겠습니다. 다만, 책임을 완전히 줄여주십시오."

그로부터 3일 뒤인 8월 24일, 조찬식탁에서 아버님이 말씀하셨지요.

"곽정환이, 가족 데리고 몽골로 이주해라."

처음 하시는 말씀이 아니었습니다.

"공직 다 내놓고 몽골에 가서 살아. 가족 데리고 몽골에 가서 꼼짝도 하지 마라."

이후로도 여러 차례 몽골 이야기를 꺼내시며 거듭 야단을 하셨지요. 그리하여 10월 27일, 마침내 비자를 받고 몽골로 가게 됐습니다.

몽골 생활에 막 적응하려던 10월 31일, 새벽에 아버님께서 전화를 주셨습니다.

"거기서 뭘 하고 엎드려 있는 거야?"

아버님께서 전화를 주실 때 자주 사용하시는 표현이죠.

"예, 여기에서 평화대사들을 만나고 식구들을 지도하고 있습니다."

단박에 음성이 커지시더군요.

"여기 축구연맹 관계하고 피스컵하고 그런 것은 생각도 안 하고 들러붙어 있어? 빨리 와. 당장 내일 와."

항상 해 오던 대로 사리를 따지지 않고 비행기를 타고 한국에 돌아와서는 다음날, 천정궁에 가서 인사를 드렸지요. 저를 앉혀놓으신 아버님은 그런대로 좋게 대해주셨는데, 그 다음날 훈독회에서는 선문대학교 이사장직을 그만두라고 하셨습니다. 저의 마지막 대표적인 공직이었습니다.

이런 곡절은 계속되었고, 저를 향한 아버님의 책망과 꾸중 또한 계속해서 이어졌습니다.

아버님이 저를 야단치시는 이면에는 '현진님에 대한 커다란 불신과 오해'가 중요한 몫을 하고 있었습니다. 아버님은 현진님이 당신의 말을 듣지 않고 마음대로 하고 있다고 여기셨습니다. 공적 자산을 갖고 나가 독립된 단체를 만들면서까지 당신의 위상에 도전하고 있다고 생각하셨습니다. 심지어 저와 제 가족 전체가 다 한통속이며, 나아가 저희 가족 때문에 현진님이 잘못된 길로 가고 있다고 오해하셨습니다.

그래서 아버님은 저를 보실 때마다 심하게 꾸중하시고 닦달을 하신 겁니다.

"왜 현진이를 안 데려오느냐?"

그럴 때면 제 속이 찢기는 심정이었습니다.

'아버님께서 직접 당신의 아들을 찾으시면 될 텐데, 어째서 저한테 데려오라 하십니까?'

'아버님께서 아버님의 아드님을 어찌 이리도 모르십니까?'

'제가 현진님을 잘못된 길로 이끌다니 그것이 가당키나 한 말입니까?'

'현진님이 제 말을 듣는 분입니까?'

제 속에서는 그런 해명들이 반복되고 있었지만, 마음속의 수많은 이야기를 단 한 마디도 꺼내지 못하고, 그저 고개를 숙이고 있을 밖에 없었습니다. 이 와중에도 주변의 지도부들은 아버님 앞에서 대놓고 저에게 따지기를 서슴지 않았습니다. 그로써 아버님의 불신과 오해를 더욱 키우려 들었습니다.

그 결과 여하를 떠나, 묵묵히 복종하는 자세로만 있기 보다, 그때그때 좀 더 적극적으로 알아들으시기 쉽게 해명을 했더라면 어떠했을까, 그랬더라면 이후에 결과들이 조금은 달라지지 않았을까 후회도 해보았습니다.

9,200만 불을 어디에 썼는지 밝히라고?

그해 11월경, 어머님의 지시로 미국에 가서 현진님을 만나고 온 일이 있습니다.

형진님이 UPF 세계회장이 된 다음에 직전 책임자인 현진님이 평화대사들에게 당신의 입장을 밝히는 공개서신을 발표한 직후였습니다. 어머님이 제게 말씀하셨어요.

"곽 회장이 미국에 다녀와야 되겠다. 현진이에게 가서 왜 그랬는지 알아보고, 다시 수습해놓고 오라."

그렇게 미국에 가서 현진님을 만나고 돌아와서는 11월 14일, 다시 훈독회에 참석했습니다. 그날도 아버님은 조찬식탁에서까지 저와 저희 가정에 대해서 책망하고 야단을 하셨습니다. 그날은 게다가, 김효율 씨가 취조라도 하듯 이런 말을 하더군요.

"일본에서 유정옥 씨가 보낸 9,200만 불을 곽 회장이 어디에 썼는지 밝혀야 합니다."

일본에서 보내온 돈을 제가 어디로 빼돌리기라도 했다는 듯한 말투였지요. 참으로 오만 방자하다는 생각이 들었습니다. 그때까지 일본에서 지원받은 게 어디 9,200만 불뿐이겠습니까? 그보다 엄청난 금액이 수

년간 지원된 사실을 그 자리에 있었던 김효율, 유정옥 두 책임자가 잘 알고 있습니다. 여러 용도의 자금들이 다양한 형식을 통해 들어왔지만 제가 직접 받은 것은 한 푼도 없다는 것을 또한 그들이 모를 리 없습니다. 그런 돈들이 저에게 직접 올 리 만무했으니 말입니다. 그런데 뜬금 없이 '9,200만 불을 어디에 썼는지 밝혀야' 한다니, 그렇게 말하는 의도가 너무 빤하고 불손하지 않습니까?

그래서 제가 분명히 대답했습니다.

"일본에서 온 돈이 그것뿐이겠습니까? 저에게 구체적으로 언제 얼마를 보냈는데 그것을 어디에 썼는지 물어야 제가 맞춰볼 것이 아닙니까? 구체적으로 알려주면 제가 답을 하겠습니다."

그랬더니 아무 말도 못하더군요.

어머님의 지시로 미국에 가서 현진님을 만나고 온 것을, 그날 아버님도 알고 계셨을 겁니다. 그런데 가서 잘 만났는지, 무슨 이야기를 나눴는지, 혹시 무슨 전갈을 가져왔는지, 전혀 묻지 않으시는 겁니다. 어머님도 마찬가지였습니다. 뭔가 이상했지요. 지시 하에 현진님을 만나고 와서 그 내용을 보고하기 위해 들어간 자리인데, 그 중요한 문제를 거론조차 하지 않으시다니요.

그러더니 참으로 이해되지 않는 말씀을 하시는 것이었습니다.

"오늘날 통일교회 사태의 책임을 놓고, 너희 가정이 잘못했다고 하는 내용으로 신문에 공고를 내라."

그러고는 자리에서 일어나시는 것이었습니다.

듣는 귀가 의심되는 상황이었습니다.

참으로 가슴이 찢어질 듯 무너져 내리는 심정이었습니다.

제 명예나 위신의 문제가 아니었습니다. 만에 하나 그런 공고문이 나갈 경우, 세상이 통일교회를 어떻게 생각하며 아버님을 어떻게 보겠습니까?

나아가 하나님의 섭리사에서 이것이 어떻게 평가되겠습니까?

제 잘못을 시인하고 그것을 신문에 내라는 것은, 다시 말해 제가 어떤 잘못을 해서 현진님이 저렇게 잘못됐다는 것을 세상에 알리라는 이야기 아니겠습니까?

아버님 대신 제가 나서서 현진님이 잘못되었다는 것을 공개적으로 비판하라는 이야기 아니겠습니까?

제가 모신 어른은 하나님의 한을 해방하고 온 인류를 구원하기 위한 참사랑의 삶을 살아오신 분입니다. 원수까지도 품고 용서해 오신 분이십니다.

그런 위대한 어른께서 어찌 당신의 가장 충직한 아들을 몰라보신단 말입니까?

어찌 이토록 참담한 지시를 내리신단 말입니까?

미국에 가서 만나본 현진님은 여전히 하나님의 뜻과 아버님의 소원을 이루기 위한 바른 삶을 살고 계셨습니다. 여전히 변함없는 섭리 중심의 효자 중에 효자였습니다. 몰리고 오해 받으면서도 오히려 부모님을 걱정하면서 눈물을 보이는 분이었습니다.

그런데 어찌하며 주변의 말만 듣고 그 아들을 내친단 말입니까?

저는 간부들 몇 명이 있는 데서 아버님의 지시에 대해 논의해보자고 했습니다.

"그런 내용을 신문에 대서특필해 실으면 세상이 뭐라고 할 것 같습니까? '오호라, 통일교회가 곽정환 때문에 분란이 생겼구나.' '그 사실을 본인이 자복하는구나.' 그렇게 받아들일 것 같습니까? 천만에요."

"……"

"저와 제 가정이 무슨 잘못을 했다고 해야 합니까? 한 번 말들을 해보세요."

간부들은 제 말을 묵묵히 듣기만 할 뿐이었습니다.

그 이튿날 훈독회에서, 여지없이 또 야단을 맞았습니다. 지시했건만 신문에 공고를 안 냈다는 이유에서였지요. 그런데 누가 어떤 식으로 보고를 드렸는지, 아버님이 말씀하시더군요.

"어제 간부회의 하면서, 곽정환이 하는 말에 간부들이 큰 실망을 했다지?"

전날 제 이야기를 묵묵히 듣기만 하던 간부들이, '아버님 말씀에 순종하지 않는 곽정환의 자세에 실망했다'는 것이었습니다. 참으로 기가 막힐 따름이었습니다. 그러나 아버님 말씀이라면 무조건 얌전히 듣고만 있어야만 하는 것이 저의 훈독회 일과였습니다.

누가 어떤 거짓으로 아버님을 혼란시켰는가

며칠 뒤인 11월 19일, 아시아축구연맹 회의에 참석차 말레이시아의 수도 쿠알라룸푸르에 머물던 중이었습니다. 한국에 있는 지인이 연락을 해왔어요. 그 사람이 들려주는 이야기가 참으로 착잡한 내용이었습니다.

"천정궁 아침 훈독회에 참석했는데, 아버님께서 어제 거행된 형진님의 UPF 세계회장 취임식을 두고 많이 진노하셨어요. 아버님의 허락도 없이 행사를 치렀다고 형진님뿐만 아니라 그 자리에 참석한 간부들까지 책망하셨죠. 그리고는 취임을 취소하라고 지시하셨습니다.

"……그런 일이 있었습니까."

"예, 아버님은 '곽정환과 현진이가 맡아야지, 너희가 왜 쫓아내느냐?' '아벨유엔복귀, 피스컵 대회, 미국의 섭리 등 그 두 사람 말고 누가 이 책임을 할 수 있느냐?'라고 야단을 하셨어요. 어머님에게까지 '자녀들과 하나 안 되었다'며 심하게 나무라셨지요."

UPF 공동의장으로서 큰 활약을 해 오신 현진님을 사전에 의논도 없이 몰아내고 형진님을 UPF 세계회장으로 발령 낸 것이 11월 4일. 그로부터 2주나 지난 시점에 아버님도 모르게 자기들끼리 취임식을 했다는 것입니다. 있을 수 없는 일이었습니다.

서울로 다시 전화를 걸었습니다. 그리고 부탁을 하나 했지요.

"내용을 자세히 듣고 싶네요. 말씀 녹음한 것을 복사해서 준비해주세요."

그런데 놀라운 대답이 돌아왔습니다.

"힘들 것 같습니다."

"어째서요."

"어머님의 지시로 그날의 훈독회 말씀 기록 전체가 삭제되었거든요."

"삭제?"

아버님께서 훈독회를 주관하실 때면, 언제나 역사편찬위원회 직원이 그 말씀을 녹음하곤 합니다. 그래서 필요한 말씀이 있을 때면, 역사편찬위원회에 부탁해서 복사본을 받곤 했습니다. 그런데 그날은 훈독회가 끝나고 부모님께서 내실로 들어가셨는데, 어머님이 곧바로 다시 나오더니 녹음 담당 직원을 불러 "오늘 훈독회 말씀 기록을 모두 지우라"고 지시하셨다는 것입니다.

이를 어떻게 생각해야 옳을까요?

아버님의 말씀을 그렇게 간단히 없애다니요?

그 자리에 있었던 사람이 한두 명 아닐 텐데, 어째서 그런 수상한 지시를 하셨을까요?

그 내용이, 자신들이 아버님을 이용하여 온당치 못한 일들을 벌이고 있는 결정적인 증거라고 판단했던 것 아닐까요?

내용인즉 11월 4일 '아버님의 지시라고 하며' 형진님을 UPF 세계회장으로 세웠는데, 그로부터 2주도 못 가 아버님께서 전혀 다른 말씀을 하신 것입니다. 어머님도 많이 당황하셨을 겁니다.

참으로 안타까웠습니다.

어머님은 어떤 상황에서도 아버님을 지켜드리고 중심에 모셔야 했습니다.

그러나 직접 개입하셔서 일을 더 어렵게 만드셨습니다.

11월 27일, 말레이시아에서 귀국해 다시 훈독회에 갔습니다. 저를 보신 아버님께서 말씀하시더군요.

"곽정환은 아들딸이 감옥 가서 면회하게 되면 어떻게 할래? 곽정환이도 감옥에 갈지 모르지."

아버님의 입에서 그런 말씀이 나오다니, 가슴이 아프고 말문이 막혔습니다. 과연 누가 무슨 거짓말로 그 귀하신 아버님의 마음을 이토록 흔들어 놓았단 말인가.

감히 말씀드리지만, 저는 그렇게 경우 없이 살지 않았습니다. 주변 사람들에게 '섭섭하다'는 소리를 들을 정도로 공금 사용에 인색했습니다. 공적인 삶에 쫓기다 보니 자식들과 많은 시간을 보내지 못했지만, 그 아이들을 아무렇게나 키우지 않았습니다. 그런 저와 제 가정을 누구보다도 잘 아시는 분이 아버님이십니다.

2001년 미국 이스트가든 만물의 날 기념식전은 마침 UTS를 수석 차석으로 졸업하는 현진님 내외분의 축하도 겸했습니다. 그때까지의 전 졸업생들과 지도자들이 모인 그 자리에서 참부모님은 부족한 저의 가정을 전체 축복가정의 대표 가정으로 표창하시고 특별한 축도까지 해 주셨습니다. 덧붙여서 아들딸 모두를 말씀대로 UTS를 졸업하게 하였다고 칭찬하셨습니다. 그리고 전체 참석자들이 저희 부부에게 경배하라고 하셨습니다. 조금 지나 한국 한남동 훈독집회에서도 같은 지시를 하신 아버님이셨습니다.

그런데 누가 도대체 어떤 거짓으로 아버님을 혼란시켰단 말입니까? 2008년 6월 19일, 천정궁 훈독회 때 제가 쓴 평화훈경(신경) 서문을 잘 썼다고 치하하시고 "축복 있으라" 강복해주시고 간부들에게 "곽정환에게 협력하고 일체가 되라. 곽 회장의 귀함을 알라"고 하셨습니다. 나아가 "가정연합 세계회장(형진님)이 분봉왕들을 관리 지도하는 것이 아니고 곽정환과 현진이가 해야 된다. UPF와 분봉왕의 사명이 국가복귀다"라고 일깨우셨습니다.

1주일 지나 6월 26일, 천정궁입궁대관식 2주년 기념식과 국제회의, 또 피스퀸컵 대회를 성공리에 치렀음을 치하하시면서 차고 계시던 금시계를 하사하시는 영광을 받았습니다. 이 일이 2008년 6월 하순입니다. 그런데 누가 어떤 음해로 곽정환과 그 아들딸들이 다 도둑놈이고 심지어 감옥까지 갈 것으로 아버님께서 믿도록 했단 말입니까?

아이러니하게도 저는 아침 훈독회에서 아버님께서 저를 질책하시는 말씀을 통해 부정한 세력들이 어떻게 아버님 주변을 통제하는지, 온갖 잘못된 정보들을 보고해 왔는가를 역으로 확인할 수 있었습니다.

며칠 뒤인 11월 29일, 김효남 훈모가 전화를 했어요. "어머님이 저를 만나기를 원한다"는 전갈이었지요. 곧바로 청평에 가려고 차를 준비시키는데 다시 훈모가 전화를 걸어왔어요.

"어머님 말씀을 그대로 전해드립니다. '곽 회장은 필리핀에 가서 현진님이 필리핀에서 하려는 GPF 국제대회를 그곳의 디베네시아 전 국회의장이 돕지 못하도록 하라'고 하셨습니다."

디베네시아 의장과 저는 오랜 인연을 맺어온 사이입니다. 제가 맡았던 유엔 관계 일도 많이 도와주었고, 현진님 일도 기쁘게 돕는 분이었지요. 당시만 해도 우리의 내분(內紛)에 대해서는 전혀 모르고 있던 그분을 필리핀까지 찾아가서 '현진님을 돕지 말라'고 하라는 겁니다.

어머님의 굴절된 단견을 가슴 아프게 실감하는 순간이었습니다.

'어머님은 현진님에게 어머니로서의 자정(慈情)이 전혀 없으신 것인가?'

'현진님에게 말 한마디 하지 않고 1년 전에는 세계평화통일가정연합의 세계회장 자리, 또 이번에는 UPF 회장 자리에 형진님을 세우시고는 계속해서 현진님에게 이러실 수 있는가?'

제가 훈모에게 답했습니다.

"저는 그 일을 할 수가 없습니다. 한 번 생각을 해보세요. 이 대회는 현진님께서 외부 지도자들과 함께 하나님과 아버님의 뜻을 위해서 하는 것입니다. 그런데 이 대회를 돕고 있는 분에게 제가 뭐라고 하면서 돕지 말라고 해야 하겠습니까? 아버지와 아들이 서로 대립하고 있다고 말할까요? 우리 내부의 이야기를 다 설명할까요? 이런 말이 전달되면 아버님의 국제적인 위상과 권위에 얼마나 나쁜 영향을 미칠 것입니까? 참 안타깝습니다. 어머님 말씀은 안 들은 것으로 하겠습니다."

어머님이 이렇게까지 개입하시는 의도를, 참으로 이해할 수 없었습니다. 그 처사를 이해할 수가 없었어요. 그 이면에 더욱 깊은 근본 문제가 도사리고 있다는 것을, 그때만 해도 정확하게는 몰랐던 것입니다.

아버님의 눈과 귀를 가리고

"곽 목사! 아버님이 연세도 많으시고 건강도 예전 같지 않아서 내일부터는 조찬모임을 갖지 않기로 했으니까 그렇게 알고 협조해줘요. 아버님이 찾으시면 부를 것이니 그렇게 알아요."

2009년 어느 날 훈독회를 마친 직후 어머님이 하신 말씀입니다.

당시 아버님의 연세 89세.

아버님은 120세가 되어도 건강하시리라 철석같이 믿었던 저로서는 한 마디로 충격이었습니다. 결국은 '이런 날도 오는구나!' 싶었지요. 그즈음 자리만 나면 아버님으로부터 모질게 야단맞는 신세였지만, 조찬모임을 주관 못하실 만큼 건강이 따라주시지 않는다는 생각에 정말이지 마음이 아팠습니다.

조찬모임의 의미는 대단히 큽니다. 단순한 식사 자리를 넘어, 섭리 전반에 관해 회의를 진행하는 자리지요. 각 지도자로부터 자연스럽게 업무 내용을 보고 받고 뭔가를 지시하는 것도 그 식탁에서 벌어집니다. 어제 어떤 일이 있었는지 오늘은 어떤 일을 진행할 것인지도 그 자리에서 논의되지요. 아버님이 섭리 현장 상황을 정확히 파악하고 계셨던 것은 (친히 현장순회 다니시는 것을 좋아하기도 하셨지만) 1년 365일 하루도 빠짐없이 간부들과 조찬모임을 가진 덕분이었습니다.

조찬 모임을 더 이상 주관 않으신다는 것은, 이제 아버님께서 더 이상 각 분야의 활동을 현장 책임자로부터 직접 전해 듣지도 못하고 지시하지 못한다는 의미였습니다. 지척의 한두 사람이 하는 말에 전적으로 의지하여 간접적으로 주관할 수밖에 없게 된다는 의미이기도 했습니다. 그러잖아도 연세가 많아지면서 현장시찰 횟수가 줄어든 아버님이, 이제는 서울에서 멀리 떨어진 청평의 천정궁 안에만 계시며 가까운 몇 사람의 보고에 의존하는 상황이 된 것입니다.

'아버님이 찾으시면 부를 것'이라는 어머님의 전언을, 저는 그대로 믿었습니다.

이후, 아버님과 식탁에서 마주하는 기회가 눈에 띄게 줄어들었고, 직접 찾아 뵐 기회도 철저히 차단되었습니다. 아버님과 저의 관계도 점점 멀어지게 되었습니다.

나의 마지막 천정궁 훈독회

2009년 12월 6일, 그날을 기억합니다.

제 자리는 언제나 그렇듯 맨 앞줄이었는데, 이날 훈독회에는 제 좌우에 손대오 씨와 유정옥 씨가 앉아 있었습니다.

아버님께서 제 두 아들을 정죄하시는 투의 말씀을 시작하셨습니다.

"곽정환이 언제 통일교회를 팔아먹을지 모르지 않아. 진만이, 진효가 계획하고 만든 것을 2세 3세가 따라갈 것 같은가? 손대오, 유정옥 두 사람은 옆 사람의 자녀와 손자들이 장차 어떻게 되나 봐라"

참담했습니다. 이어 아버님이 말씀하셨습니다.

"곽정환은 베링해협터널 관계로 직접 러시아에 가서 교섭하고 모금할 생각을 하지 마라. 이용흠에게 그 일을 맡기고, 한 3년간 내 앞에서 사라져라."

그날 저는 일지에 이런 기록을 남겼습니다.

"나는 살아계신 하나님을 믿는다.

내가 부족한 것이 많은 사람이지만, 이런 심판을 받을까? 아무리 생각해 봐도 현재의 환경 속에서는 아버님의 편향된 시각과 오해를 바꿀 방법이 보이지 않는다.

　아버님의 마음을 저토록 부정적으로 만든 주변 사람들은 나중에 어떻게 될까?"

　아버님이 저에게 당신 앞에서 사라지라고 말씀하셨고 해서, 훈독회를 마치고 저는 훈모를 따로 만났습니다. 훈모에게 솔직한 이야기를 하면서 제 뜻을 부모님께 전해달라고 부탁했습니다.

　"아버님이 저를 볼 때마다 불편해 하시는 것을 훈모님도 늘 봐 오셨지요? 오늘 한 3년 아버님 앞에서 사라지라고까지 말씀을 하셨으니, 이제는 천정궁 훈독회에 참석하지 않기로 마음먹었습니다. 제가 아버님 앞에 나타나지 않는 것이 아버님의 심기와 옥체에도 더 좋을 것 같네요. 제 자신도, 그간 이해가 안 되는 책망을 계속 들어왔는데 이제는 한계에 온 것 같습니다. 훈독회 참석자들의 80% 이상이 일반 식구들인데 아버님께서 저에게 화를 내시는 장면들이 그들의 신앙에 도움이 안 될 것도 같고 말이지요. 이제 저는 모든 공직에서 물러났기 때문에 천정궁 훈독회에 꼭 참석할 이유도 없으니, 앞으로 저희 가정에서 훈독회를 계속 이어가도록 하겠습니다. 이 내용을 그대로 아버님과 어머님께 전해 주시기 바랍니다. 내일부터 훈독회에 오지 않겠습니다."

　그렇게 아버님께 하직 인사를 대신 전해 올리고, 다음날부터 천정궁 훈독회에 나가지 않았습니다.

　제 육신은 그렇게 부모님을 떠나게 되었습니다.

　그날 이후, 안타깝게도 살아계신 아버님의 용안을 다시 뵙지 못했습니다.

　그리고 통일교회는 저에게 '타락한 천사장', '사탄'이라는 딱지를 붙였고, 무려 10차례 이상 저를 고소 고발하고 소송을 되풀이해가며 지금까지도 비난을 계속해오고 있습니다.

참으로 비열한 신조어, '곽그룹'

지난 10년간, 교회는 저를 통일가 혼란의 중심에 세워 놓고, 저와 제 가족을 매도하는 온갖 거짓들을 만들어냈습니다. 타락한 천사장이니 사탄이니 하는 말을 만들어 가만히 있는 사람을 공격했습니다.

하지만 그것들은 제 마음에 하등의 영향을 주지 못합니다. 그보다 더한 고통도, 저는 감사한 마음으로 넘어갈 수 있습니다.

저는 누구보다도 하나님과 참부모님의 은혜를 많이 입은 사람입니다. 참으로 많은 사랑과 복을 받은 사람이지요. 그런 저를 짜고 비틀고 문지르면 무엇이 나오겠습니까?

어느 자리에 가더라도 제 입에서는 원리밖에 나올 것이 없습니다.

지금도 제 생각과 심정 깊은 자리에는 아버님이 태산보다 더 크게 자리를 잡고 있습니다. 언제 아버님을 생각하더라도 제 마음에는 한없는 눈물이 고입니다.

그런 저를 사탄으로 정죄한다면, 결국에는 누가 실족할 것 같습니까?

저는 오늘도 안타까운 마음으로, 저를 향해 비난의 손가락질을 해대는 통일가의 형제들을 위해 기도하고 있습니다.

교회에서 거짓으로 지어낸 것들 가운데, 소위 '곽그룹'이라는 말이 있지요. 저를 공격하기 위해서가 아니라 현진님을 폄훼하고 조롱하기 위해서 만든, 신앙인으로서는 감히 상상도 할 수 없도록 비열한 신조어입니다.

그들로서는 하나님의 뜻에 정렬하여 정도의 길을 가시는 현진님이 두려웠을 것입니다. 진실을 알고 현진님을 따르는 양심적인 식구들을 대하기도 불편했을 것입니다. 그래서 지어낸 것이 실체도 없는 '곽그룹'이었습니다. 그로서 증오의 대상 하나를 만들어 놓고 많은 이들의 눈과 귀를 가려온 것이지요.

그들은 제가 현진님을 꼬드겨서 참가정의 문제를 일으키고 통일교회의 분란을 조장했다는 헛소리를 서슴지 않았습니다. 이 악질적인 프레임을 중심으로 10년째 저를 매도해오고 있습니다. 전문 강사까지 양성해서 한국과 일본, 미국, 유럽 등 전 세계 교회를 순회해 가며 비난 집회를 이어오고 있습니다.

천하에 이런 법이 어디 있습니까?

그런데 솔직히 현진님이 제 말에 좌지우지 될 분입니까?

자녀님 가운데 어느 한 분도 자기 주관이 뚜렷하지 않은 분이 없지만, 현진님은 원리와 섭리에 관한 기준이 어느 자녀님보다도 명확한 분입니다. 말씀에 관한 이해도 누구보다 탁월한 분입니다. 심정적으로도 마치 아버님의 젊은 시절을 보는 것처럼 영적으로나 직관력이 매우 뛰어난 분입니다. 현진님의 천부적인 능력과 섭리적인 감각은 어느 모로 보나 저와는 비교할 수도 없는 정도입니다. 그런 현진님의 진가를 모르고 함부로 폄하도록 만든 그들의 비행이 가슴 아픕니다.

아버님께서 이루려고 하신 필생의 뜻, 하나님의 소원은 통일교인만으로 이루어지는 일이 아닙니다. 세상 속 모든 인류를 다 품고 이루어야 할 뜻입니다.

하나님의 뜻을 이루어가는 표준이 무엇입니까?

바로 참부모를 중심한 참가정입니다.

참가정은 하나님이 이루고자 하시는 이상과 뜻의 핵입니다. 따라서 원리로 보나 아버님의 가르침으로 보나, 가장 신성하고 가장 귀한 것이

혈통입니다.

그럴진대, 현 통일교회 집행부는 저를 존재하지도 않는 곽그룹의 꼭대기에 세워서 현진님을 욕보이고 있는 것입니다. 참가정의 혈통을 여지없이 부정하는 파렴치한 죄악을 자행한 것입니다.

이것은 무지막지한 인신공격이요, 참담한 인격살인입니다.

이와 같이 천도를 어기는 일이 하나님 앞에 얼마나 무서운 범죄인지 분명히 깨닫기를 기도합니다.

고등법원 증언석에 서다

통일교회 유지재단이 Y22(와이투투)를 상대로 제소한 여의도지상권 등기무효소송 항소심에서, 재단 측은 저를 증인으로 소환했습니다. 그렇게 2012년 1월 27일, 저는 유지재단의 전 이사장 신분으로 고등법원에 출석했습니다. 이 증언으로 재판이 불리하게 됐다고 판단한 유지재단은 석 달 뒤인 2012년 4월 14일, 저를 위증혐의로 서울서부지방검찰청에 고발하기도 했습니다.

유지재단의 고소를 지원하기 위해, 통일교신도대책위원회 이름으로 다시 저를 위증혐의로 또 고발했습니다. 이 고발 건은 재단에서 동일한 사안으로 고소한 위증혐의 고소 건과 병합, 서울동부지방검찰청에서 조사했습니다.

조사 결과, 무혐의 결정을 받았습니다. 결코 위증을 하지 않았다는 판정이었습니다.

2011년 재단 측에서 저를 증언대에 세우려 한다는 소식을 처음 들었을 때, 재단에 제 뜻을 전했습니다.

"제가 잘못한 것이 있어서 그 많은 음해와 비난을 못 들은 척 입을 닫고 있는 것이 아닙니다. 통일가의 사태에 대해 진실을 말하려면 부득이 하게 참부모님과 참가정의 이야기가 나올 수밖에 없기에, 참가정을 보호하기 위해서 참아온 것입니다. 그러나 증언대에 서면 재판정에서의 질문에 대해 있었던 그대로, 진실과 사실을 말해야 합니다. 그렇지 않으면 제가 위증죄에 걸립니다. 내가 사실을 말하면 부모님 가정이나 당신들에게 득 될 것은 하나도 없습니다. 잘 생각해보세요."

그럼에도 그들은 기어이 저를 증언대에 서도록 만들었습니다.

그쪽 변호사로서는 나 '곽정환을 통일교회 2인자 위치에서 온갖 권세를 행사한, 결국 아버님을 배신하고 통일교를 배교한 자'로 알고 있겠지요. 나아가 '통일교회 재산을 횡령하고 배임한 이루 말할 수 없이 나쁜 사람'으로 알고 있겠지요. 통일교 측으로부터 이미 수십 차례 그런 험담을 들었겠지요.

재판부도 재단 측의 고소장과 진술서 내용을 사전에 접한 탓인지, 재판정에 들어서자 왠지 싸늘한 기운이 느껴지더군요.

가장 가슴 아팠던 것은 방청석에 빼곡하게 앉은 통일교 사람들의 수군수군 비아냥대는 소리들이었습니다. 저를 향한 곱지 않은 시선들이었지요.

증인석에서 3시간 반 동안 심문을 받았습니다.

여의도 개발 관련 내용뿐 아니라 안타깝게도 참부모님, 참자녀님들 관련 질문까지 죄다 나왔습니다. 재판정에서 참부모님의 위상과 권위, 그 위대한 업적이 말할 수 없이 손상되고 있다는 생각에 참으로 마음이 아팠습니다.

우리가 추구하는 이상세계는 "변호사도 검사도 판사도 없는 세계"라고 아버님은 가르치셨지요. 그런데 재판정에서 아버님의 위상이 거론되고 참가정 내의 일들이 형제싸움, 재산싸움으로 비춰지는 중이었습니다. 이것이 도대체 누구를 위한 재판이란 말입니까?

통일교 측 변호사들 가운데, 몇몇 유명 로펌에서 나온 변호사들이 번갈아가면서 질문을 했습니다. 주로 여의도 개발에 관여했던 동기와 과정 등에 대해서였습니다.

보태고 빼고 할 게 뭐 있겠습니까. 있었던 사실을 있는 그대로 모두 대답했습니다. 질의응답이 어느 정도 진행되며, 상대 변호사들이 내심 놀라는 기색이더군요. 재판부도 의외다 싶어 하는 인상이 느껴졌습니다.

답변을 할 때마다 '아버님' '어머님' '국진님' '형진님' 등 존칭을 평상시와 다름없이 사용했는데, 그 사람들이 볼 때 꽤나 뜻밖이었겠지요. 배교자에 천하에 몹쓸 배신자며 재산을 훔쳐서 도망간 놈 정도로 생각하고 있었는데, 제가 하는 말과 그 분위기와 내용이 생각과 많이 달랐던 것 같습니다.

그들의 질문 가운데 이러한 질문도 있었습니다.

"증인은 현재도 통일교인인가요?"

저는 망설임 없이 대답했습니다.

"문선명 총재님은 증인에게 영원한 생명을 주신 은인입니다. 귀한 사랑을 많이 베풀어주시고 헌신을 생활로서 본을 보여주었기 때문에, 막연한 지도자가 아니라 육친의 부모보다 더 귀하신 참부모님이시고 참아버님으로 모시고 지금도 살고 있습니다."

이것은 한 글자도 가감 없는, 재판부에서 녹음해서 기록으로 남겨놓은 증인 심문록 자료입니다.

연이은 질문은 이러했습니다.

"증인은 지금이라도 문선명 총재가 부른다면 그분을 뵈러갈 용의가 있나요?"

"예, 그것도 여러 가지 상황이 있을 텐데, 현재 시점에서는 뭐라고 이야기하기가 그렇습니다."

교회 내 상황이 너무 복잡하기에, 무엇 때문에 어떻게 부르실지 상황을 고려해야 되겠다는 의미였지요.

"거부하는 취지인가요?"

변호사가 바로 꼬투리를 잡더군요.

"아닙니다. 증인의 마음속에 참부모님이 살아계시고 참부모님의 마음속에도 증인이 지워질 수 없다고 봅니다."

이 말은 곧 부모님과 저의 관계는 어떤 상황에서도 변함이 없기 때문에, 꼬투리 잡으려고 하지 말라는 확신에 찬 제 대답이었습니다.

아버님을 떠난 자가 진정 누구입니까?

2015년 4월 1일, 세계평화통일가정연합 한국회장 유경석은 저에게 '징계처분결과통보'를 내용증명으로 보내왔습니다.

징계 결과는 '출교(협회원 자격박탈)'이었습니다.

이 통보문과 함께 '한국회장 유경석' 이름으로 '곽그룹(UCI) 활동에 대한 협회지침과 곽정환 씨 징계처분에 대한 공지'에 관한 공문이 전국 교구장 및 교회장에게 나가고, 이어서 '세계회장' 이름으로 세계본부에서 전 세계로 나갔습니다.

섭리 원칙으로 보면 가정연합 회원은 귀한 축복의 은사로 참사랑 참생명 참혈통을 받아서 하나님 중심한 축복가정이 되는 것입니다.

하나님과 아버님의 심정은 축복을 못 해주셔서 한이신 분입니다.

아버님은 홀로 그 어려운 탕감조건을 세우면서 축복의 문을 더 크게 열려고 노력하셨고, 축복의 대중화시대까지 여시고 자그마한 조건만 세우면 그 위에 축복의 은사를 내려주셨습니다. 그래서 축복가정들이 종족메시아가 되어서 자기 종족을 축복할 수 있도록 아버님께서는 늘 강조하셨고, 우리에게 축복권까지 주셨지요.

이 같은 은사 아래, 저는 몽골 국가메시아로서 400여 가정을 축복했고 또 종족적 메시아로서 곽 씨 문중 수백 가정을 축복했습니다. 그뿐 아닙니다. 국내외 저명인사들과 평화대사들 50여 가정을 축복했고 태평양 상의 섬나라 팔라우 현직대통령 가정도 축복했습니다.

그런데 이런 하나님과 아버님의 심정 앞에서 한때 문형진 세계회장은 "축복은 오직 참부모님만이 할 수 있다"고 규정하고 설교하고 가르쳤습니다. 통일교회 측은 지금도 그렇게 가르치며 시행하고 있습니다.

이는 아버님의 뜻은 물론 섭리 진전의 방향과 목적을 정반대로 거역하는 것입니다.

뜻과 섭리 진전으로, 이미 저는 1996년부터는 협회원도 아니고 협회원으로 살지도 않았습니다. 하물며 하나님이 내리신 36가정의 '축복'을 인위적으로 몇 명이 쑥덕거려서 제명처분을 하니 마니, 자기들에게 그런 권한이 있다고 생각하는 발상을 저로서는 이해할 수 없습니다.

교육 차원에서도 가만히 있을 수는 없다 싶더군요.

하여 당시 제 심정을 내용증명으로 보내려고 글로 써 놓았습니다. 하지만 결국에는 보내지 않았습니다. 이런 글이 그들에게 무슨 의미가 있겠나 싶었던 것입니다.

끝내 발송하지 않고 간직하고만 있던 글을, 여기에 소개합니다.

수신 : 세계평화통일가정연합 한국회장 유경석

본인은 2015년 4월 9일자 내용증명으로 한국협회장이 발송한, '본인에 대한 통일교회 협회원의 자격을 박탈했다'는 징계처분결과 통보를 받았습니다. 이 서한은 그 통보에 대한 본인의 입장을 밝히려는 데 있습니다.

그런 일을 한 축복 2세인 협회장이나 그 일을 획책한 배후의 지도자들이 하늘의 전통과 아버님의 가르침에 너무 멀어져 행동하는 것이, 참으로 안타깝고 한편으로는 어이없고 측은하기까지 합니다. 우리가 그토록 공들여서 세우고 지켜온 전통을 이렇게 망가뜨리고 있는 것이 너무 한심하게 느껴집니다.

본인은 지난 10년간 가정연합의 일부 지도자들로부터 온갖 음해와 박해를 받아왔지만 침묵으로 일관했으며, 한 번도 공식적인 입장을 밝힌 적이 없습니다. 비록 그 세월에 거짓과 오해가 쌓여 진실인 양 왜곡된 것도 많지만, 이런 것들은 내가 일생 동안 지켜온 신앙의 기준에 영향을 주지 못하며, 오히려 하늘에 대한 믿음을 더욱 굳건히 해주었습니다.

본인은 50년 이상 참부모님을 지척에서 모시고 오로지 하나님의 뜻을 받들며 살아온 사람입니다. 지금도 그 마음에 변함이 없습니다. 본인과 본인의 가정 전체가 축복가정으로서 원리적으로 살고 있으며, 주어진 역할과 책임을 다하기 위해 매일같이 노력하고 있습니다. 하루하루가 하나님의 은혜에 충만한 삶이며, 식구들과 은혜를 나누는 것에 항상 감사드리고 있습니다.

그간 교회 책임자들은 본인에게 악의적인 모함과 비방은 물론 어처구니없는 오해를 함으로써 신앙인으로서 차마 입에 담을 수 없는 비난들을 한국과 온 세계에 퍼뜨렸습니다. 심지어 그들은 동일한 내용으로 재단, 협회, 식구 이름을 번갈아 가며 수년간에 걸쳐 본인을 상대로 11회나 고소 고발을 했습니다.

사법당국은 그때마다 본인에게 무혐의 처분을 내렸습니다. 그럼에도 협회는 이에 승복하지 않고 아직도 고소를 반복하고 있습니다.

본인은 협회의 이러한 처사에 대해 공개적으로 비난하거나 원망하지 않았습니다. 오히려 참아버님 참어머님을 심중에 모시고 용서와 긍휼의 마음으로 기도해왔습니다.

교회 책임자들은 본인의 신앙과 인격에 얼마나 흠집을 내야만 만족할 것입니까?

세상 법에 제소해서 무혐의 결정이 나니, 교회 내부에서 신도들을 상대로 허위 내용을 전파한 것도 모자라서 또 본인을 흠집 내려고 하는 것입니까?

본인이 계속 침묵하면 조작되고 음해를 가한 것들이 기정사실화 될 것이라고 생각합니까?

진실을 은폐하고 일시적인 거짓과 허위로 식구들을 선동하고 속일 수는 있겠지만 결국 여러분은 하늘과 역사를 배반하는 죄를 짓고 있는 것입니다.

여러분은 이런 사실도 모르고 하늘을 믿는 어리석은 자입니까?

"곽그룹(UCI) 활동의 중심에 있는 곽정환 씨에 대해 징계처분을 한다."라고 했는데, 본인은 교회 지도부에서 말하는 곽그룹을 만든 적이 없습니다. 곽그룹이란 것은 실재하지 않습니다. 만약 UCI를 곽그룹이라고 부른 것이라면 이것이야말로 큰 잘못을 저지른 것입니다. UCI의 대표는 문현진님이시고 모든 사람들이 아는 바와 같이 본인은 UCI의 어떤 직책도 맡고 있지 않습니다.

교회 지도부가 UCI와 곽그룹을 동일시하면서 본인을 공격하고 비난해온 의도는 무엇입니까?

문현진님을 직접 공격하고 비난하면 참자녀님을 공격하는 불손함이 되므로 식구들의 눈을 속이고자 한 것이 아닙니까?

또한 문현진님이 주도하시는 일들이 참부모님과 식구들에게 온전히 전달되는 것이 두려웠기 때문 아니었습니까?

여러분이 하나님을 믿는 자라면 그동안 얼마나 솔직하지 못했고 부당한 행위를 해왔는지 양심과 진리로 판단하기 바랍니다.

본인이 통일교회로부터 때 아닌 억울한 핍박을 받아왔고 이제 제명처분 운운하는 말까지 듣는 지경에 이르렀습니다. 기실 살아계신 참부모님의 장남인 문현진님을 깊이 사랑하고 존경하기 때문이겠지요.

본인이 그분을 따르는 이유는 한 가지입니다.

그것은 그분이 가고자 하는 길이 옳기 때문입니다.

그분은 하나님이 아버님에게 바라셨고, 아버님께서 걸어가려고 하셨지만 다 가지 못한 그 길을 드러내고, 그 길을 통해 아버님의 업적과 가치를 재조명해서 인류에게 남기려 하기 때문입니다. 그것이야말로 하나님께서 창조시대부터 인류에게 주고자 한 최고의 축복을 실현할 수 있는, 하나님 아래 온 인류가 평화롭고 행복하게 사는 세상을 실현할 수 있는 길이기 때문입니다.

본인은 아버님을 모시면서 '아버님은 아쉬운 것이 정말 없으실까?' 늘 생각했습니다.

아버님은 참사랑의 본성을 갖고 계시기 때문에 영원한 참사랑의 가치와 판단을 기준으로 모든 일을 결정하십니다. 정을 뿌리치지 못하십니다. 사람들은 아버님을 위대한 분이라고 말만 하지, 위대하신 분이 되기까지 인내하고 노력하신 과정을 체휼하고 그것을 기리거나 느끼려고 하지 않습니다.

아버님의 삶이 귀하고 차별화되는 것은 당신의 모든 생애와 동기와 이유를 하나님의 심정에 일치시키려 하신 것에 그 위대함이 있습니다. 그 과정과 방법과 결과가 역사상 가장 위대했던 것은 아닙니다. 하나님과 인류를 위해서 최고의 환경과 조건에서 일하셔야 했지만 실제로는 그런 길을 걷지 못하셨습니다. 주어진 환경과 조건 안에서 최선을 다해 일을 해 나가셔야만 했습니다.

그런 점에서 본인은 능력의 한계를 자책하며 송구하게 생각했고 때로는 부족함을 토로하고 용서를 구했습니다. 또한 오해하는 외부 세계에 답답함을 느끼고 안타까워했던 것입니다.

그런 한계 속에서도 하나님이 인류의 행복을 위해 바라신 일들은 한 순간도 주저하지 않고 온갖 희생으로 아낌없이 재원과 인력을 동원해 강력히 추진해 나가시던 아버님을 따르면서, 본인은 날마다 기쁘고 감사했습니다.

아버님 곁을 지켜온 나의 지난 53년의 삶은 구름기둥 불기둥에 싸여 있는 신명나는 삶이었습니다.

아버님은 하나님이 바라시는 창조이상세계를 인류에게 만들어주기 위해서 당신의 전부를 바쳤습니다. 당대의 사람들이 오해하고 부정한다 해도 시간과 역사는 결국 모든 것을 사실대로 인류에게 바르게 전승하게 될 것입니다.

본인은 그 길을 현진님이 앞장서 열어가고 있다고 증거합니다. 눈에 보이는 기반만이 아니라 부모님의 깊은 심정과 사연까지 상속받고 계승 발전시키고자 현진님이 당신의 전체를 투입하고 그 길에 생명을 걸겠다고 했을 때, 본인은 기쁘고 감사한 마음으로 그분의 지지자가 되었습니다.

그 길이 비록 눈에 보이는 기득권과 기반 전체를 내려놓아야 하고 핍박과 오해가 되풀이된다 해도 현진님은 하나님과 인류를 위한 개척의 길을 갈 것입니다. 하나님의 뜻을 이루려는 아버지의 소원을 성취하기 위해 어떤 희생도 두려워하지 않을 것입니다.

인류 전체의 공감을 이끌어내려는 의지로 자신의 모든 것을 다 쏟아 하나님과 참부모님과 참가정의 종적 전통을 세우고 그것을 지켜내려는 현진님의 의지 앞에, 본인과 본인의 가족은 제일 앞장서야 한다고 생각했습니다. 지금도 본인은 그 결정을 후회하지 않습니다.

아버님이 보여주신 전통의 길은 하나님과 인류를 사랑하는 명확한 길이었습니다. 그 사랑을 실천하기 위해 항상 아버님은 최선을 다해 준비하셨고, 당신의 모든 것을 주저 없이 내놓으셨습니다.

그러한 아버지의 뜻을 계승하여 하나님이 세우고 싶어 하시는 전통을 상속받고 아버님의 레거시를 실현하는 길을 개척하려는 현진님의 간결하고 명쾌한 판단을 존중하며 그 길을 함께 갈 것입니다.

본인은 영계의 아버님께서 인류가 하나님을 참부모로 모시고 살 수 있는 세계를 이루기 위해서 지금도 역사하고 계신다고 생각합니다. 그 절대적인 길을 참부모, 참가정, 축복가정이 종적 연대의식을 가지고 걸어갈 수 있도록 본인은 남은 생애를 바칠 것입니다.

오래 전에 아버님은 교회와 종교를 졸업하는 새 시대를 선포하셨습니다. 본인은 교회의 교인으로서만 아니라 아버님의 가르침대로 살아가는 축복가정이요, 종족적 메시아로서 창조이상세계를 실체화하는 일들을 전개해 나갈 것입니다.

본인은 우리가 한때 아버님과 함께 했다는 이유만으로 아버님이 계신 곳으로 당연히 간다고는 생각하지 않습니다. 각자의 책임분담은 스스로 완성해야 합니다. 그것이 원리의 가르침입니다.

그런 점에서 여러분은 본인에 대해 염려하거나 비판하려 하지 말고 각자 자신과 자기 가정과 공적 책무에서 주어진 책임분담을 완수하기 위해 주어진 길을 분수를 지키면서 최선을 다해 걸어가기 바랍니다. 더 이상 반복해서 아버님이 피와 땀과 눈물로 일으켜 세우신 가치와 운동을 세상의 조롱거리로 만드는 일을 되풀이해서는 안 됩니다.

참부모님의 이름으로 누군가를 비난하고 비방하는 것은 참부모님을 욕되게 하는 것이요, 오히려 여러분 스스로를 부끄럽게 만들고 있다는 사실을 깨닫기 바랍니다.

본인은 하나님과 인류를 위한 아버님의 전통을 함께 모시며 지켜왔고, 본인의 정위치를 지키면서 그 전통을 지금도 지켜 나가고 있습니다. 그런 본인을 여러분이 참담하게 만들 수 없다면, 그런 참담한 일로 참담한 입장에 처하는 것은 결국 누구이겠습니까?

부수적으로 지적하고 싶은 것은 징계절차의 부당함입니다.

그가 하는 일을 보면 그가 어떤 사람인지 아는 것처럼, 그 단체의 행위는 곧 그 단체의 정체성을 말해 줍니다. 어느 단체나 징계의 사유가 발생하면 징계대상자에게 징계처분 혐의의 내용을 통보하고 징계위원회에서 혐의에 대하여 소명하도록 하여야 합니다.

그러나 본인은 이러한 통보를 받은 적이 없습니다. 절차를 거쳤다고는 하지만 비밀리에 이루어진 절차는 불법입니다. 이런 전례를 남기지 않으신 아버님의 가르침에 여러분은 부끄러움을 느끼지 않으십니까?

여러분이 협회와 교회생활을 스스로 떳떳하고 자랑스럽게 생각한다면 여러분은 최소한 신앙의 정도(正道)를 보여줘야 합니다.

아버님의 가르침에 의하면 교회는 심판하는 곳이 아니라 구원하는 곳입니다.
미워하는 곳이 아니라 사랑하는 곳입니다.
불의를 보고 침묵하는 곳이 아니라 의를 세우고 가르치는 곳입니다.
부디 공직자로서 양심과 원리 안에서 하나님을 섬기고 인류를 사랑하는 일에 의로운 경주를 하면서 서로 사랑합시다. 종족적 메시아인 우리 축복가정들이 천일국 창건의 참된 주인이 되기를 간절히 희망합니다.

— 2015년 5월 20일
곽정환

결국은 '사필귀정'

하나님의 뜻을 이루어가야 할 우리 안에 부조리와 비원리적인 일들이 판치는 것은 매우 가슴 아픈 일입니다. 특히 왜곡된 정보로 아버님의 생각을 흐려 놓고, 최고 중심인 참가정 안에까지 혼란이 미치게 한 것은 치명적인 자해행위입니다.

이 기가 막히도록 부조리한 상황에 대해 누군가 그러더군요.
"이 상황에서 왜 하나님은 가만히 계시나요?"
안타깝고 억울한 상황에서 절로 나온 말이겠지요. 그러나 인간이 책임 못 하고 사탄의 상대가 되어 있는데 하나님이 어떻게 하시겠습니까? 하나님은 심판을 원하거나 즐기시는 분이 아닙니다.
우리가 하나 알아야 할 것이 있습니다.
비록 그분이 심판을 안 하고 가만히 계시는 것 같지만, 이와 같은 부조리와 자해행위가 결코 오래 가지 않으리라는 점입니다. 지금의 상황도 언젠가는 차차 자정(自淨)이 되고 사필귀정으로 정리되리라는 점입니다.

다만 그 시기는 우리가 책임을 어떻게 하느냐에 따라 결정됩니다. 그러나 그 어떤 경우에도, 거짓과 비원리와 반섭리적 처신으로 얻은 결과는 하나님의 공인을 받을 수도 없고 허물어지고 말 것입니다.

이 진리를 우리는 결코 잊어서는 안 됩니다.

이 장을 마치며, 저는 제 자신과 축복가정들에게 묻고 싶습니다.

"진정으로 아버님을 떠난 자가 누구입니까?"

5장

잇따른 소송과 고소들, 무엇을 위해서입니까?

통일그룹의 부도와 재기,
그 기적과 같은 역사들에 대하여

"지금까지 통일교회 역사를 아는 사람은 곽정환이밖에는 없어요. 이번에도 아이엠에프(IMF, 국제통화기금) 외환위기를 중심삼고 통일중공업문제, 무슨 문제로 해서 복잡하지만, 그걸 넘고 하나님의 뜻 가운데 그 앞에 서서 가는 거예요. (중략) 그래, 어려운 고비를 다 수습했어요. 이 고비를 넘으면 통일교회는 빚 다 물고 날아 올라갈 수 있는 자리에 들어가는 거예요. 그거 곽정환이 마음대로 하는 줄 알아. 이놈의 자식들? 일일이 선생님이 보고 받고 그걸 지시해 가지고 해 나가는 거예요."

- 『문선명선생말씀선집』319권, 299쪽, 2000. 3. 23

지난 10여 년간 기가 막힌 모욕을 당하면서도, 저는 위의 아버님 말씀처럼 '누구보다 아버님이 저를 잘 아신다'는 것을 큰 위안으로 삼았습니다. 그렇기때문에 시간이 지나면 모든 것이 괜찮아질 것으로 믿으며 감내해왔습니다.
그러나 거짓 소문은 갈수록 증폭되었고, 통일가의 상황은 더욱 악화되어만 갔습니다.
특히나 재단이사장 재임 기간에 공적 자산을 탈취해간 '도둑놈'이라는 둥 별의별 말들이 나돌 때, 진심으로 마음이 편치 않았습니다.
사실은 절대로 그렇지 않습니다. 그것은 하늘이 아는 일입니다.
이 장에서는 제가 겪은 당시의 한국 통일그룹 상황을 있었던 그대로 밝히고자 합니다.

통일그룹의 부도

통일그룹의 섭리사적 목적

아버님께서는 종교와 평화 활동 못지않게 세계적인 경제 기반을 쌓은 분으로도 널리 알려져 있습니다. 그러나 그분이 통일그룹을 만들고 기업체를 세우신 목적은 일반 사업가들처럼 이윤창출에만 있지 않았습니다. 아버님께서 중요하게 생각한 것은 섭리적인 사명을 실현하는 데 필요한 기업의 역할이 있기 때문이었습니다.

예를 들어, 1960년대 통일산업은 국가산업화에 기틀이 되는 공작기계 산업을 육성하여, '섭리의 조국'인 한국의 경제 발전에 기여하고 이를 통해 한국의 위상을 높일 뿐만 아니라 축적된 기술을 제3 세계에 제공하여 선진국과 후진국 간의 기술 격차를 줄이기 위한 원대한 목적으로 창업되었습니다.

미국의 〈워싱턴 타임즈〉는 1980년대 세계적으로 공산주의 세력이 급속도로 팽창해가는 가운데, 미국 국민들을 일깨워 자유민주주의 세계를 수호하는 데 앞장서게 함으로써 공산주의 사상에 의해 인간의 존엄성이 위협받는 것을 방지하고 하나님을 믿는 신앙의 자유를 지켜내기 위한 목적으로 창간되었습니다.

　이 외에도 아버님은 북한의 경제발전을 돕고 남북한 통일을 앞당기기 위한 일념으로 북한에 자동차 산업을 일으켰으며, 인류의 식량문제 해결을 위해 해양산업에도 투자해오셨습니다.

　이 같은 큰 뜻을 위해, 아버님께서는 수십 년간 적자가 발생하더라도 그 같은 기업 활동에 투자를 아끼지 않았던 것입니다.

　저는 본래 경영에는 관심도 없었고 기업 일은 해 보지도 않은 사람입니다. 아버님께서 그런 저를 유지재단의 책임자로 원하신 것은 당신을 대신하여 "당시 경영상태가 극도로 어려웠던 그룹을 어떻게 해서든 보존하고 우리 기업체들이 전체 섭리의 목적에 부합하도록 관리·감독하라"는 뜻이었습니다.

IMF의 검은 그림자

　유지재단은 1990년대 초 (주)통일중공업, (주)일화, 한국티타늄공업(주), 일성건설(주), 일신석재(주), 세계일보, 통일스포츠 등을 비롯하여 20여 개 회사를 소유한 외견상 중견그룹으로 성장해 있었습니다. 그러나 재무 상태는 매우 취약한 상태였습니다.

　성장가도를 달리던 한국경제는 1990년대 들어 기업들의 차입금에 의존한 투자확대와 부실심화, 그로 인한 금융기관의 부실, 금융기관의 단기외채비중 증가, 수입자유화와 무역적자 지속, 외환보유고 감소, 그리고 정부의 외환정책 실패로 인해 큰 대가를 치르게 됩니다.

　1997년 국가적 재앙인 외환위기가 그것이었지요.

　아버님은 저에게 이미 부실한 재정상태로 인해 위기에 처해 있는 그룹을 어떻게 해서든 지탱하라고 당부하셨습니다.

1997년 1월 한보철강을 필두로 삼미그룹, 진로그룹, 대농, 기아그룹, 해태그룹 등이 차례로 부도가 나서 법정관리에 들어갔습니다. 주가는 폭락하고 환율은 폭등하며 경제는 걷잡을 수 없는 혼란에 빠지고 국가신용도는 바닥으로 떨어졌습니다. 밀려오는 단기외채의 상환과 회수로 인해 국가 외환고는 바닥이 나고 말았습니다.

	기업들의 부도는 계속되어 대우자동차, 쌍용자동차 등이 매각되고 삼성자동차도 부도처리 되었으며 현대건설, 쌍용건설, 동아건설 등 굴지의 건설회사들도 부도처리 되었습니다. 관련 중소기업들 또한 수도 없이 문을 닫았습니다. 간신히 생존한 기업들은 살아남기 위해 처절한 구조조정을 단행했고 이로 인한 실업자가 대량으로 발생하였습니다.

	기업들의 부도로 대출금을 회수할 수 없게 된 은행들은 대거 부실화되고 종금사들은 모두 영업정지가 되었습니다. 그야말로 경제적 재앙이었습니다. 결국 1997년 12월 3일 대한민국 경제는 IMF(국제통화기금) 관리 하에 들어가고 말았습니다.

	통일그룹 역시 예외 없는 어려움에 빠졌습니다. 이런 상황에서는 가능한 한 신속하게 한계기업들을 정리하는 것이 정석입니다마는 아버님은 어떠한 부동산이나 회사도 매각하거나 정리하는 것을 원하지 않으셨습니다.

	재단 산하 기업들이 받는 고통은 이루 말할 수 없었습니다. 은행권의 자금지원이 막힌 회사들은 금리가 높은 종금사로부터 자금을 차입했고, 그 결과 이자 부담이 커지며 수시로 만기가 돌아오는 어음결제, 물품대금, 급여 등으로 상황이 점점 더 악화되어 갔습니다. 각 계열사들이 재단으로 달려와서 도와달라고 사정사정하였지만 재단으로서도 대책이 없었습니다. 해외로부터 긴급지원이 있었지만 근본책이 될 수 없었습니다.

	아버님께서는 할 수 없이 재단이 보유하고 있던 부동산들을 담보로 제공하도록 하셨습니다. 그룹 내 기업들이 차입에 대한 상호 지급보증으로 얽혀 있는 가운데, 도원빌딩은 물론 심지어 전국의 교회 건물과 토지까지 담보로 제공하지 않을 수 없게 되었습니다.

기업이 영업부진이나 자금난으로 부도 위기에 처하면, 이를 구제하기 위해 워크아웃(Work Out)[05]을 신청하게 됩니다. 주채권은행[06]을 중심한 채권금융기관이 워크아웃을 받아들이면 자금 상환을 유예하고 신규자금을 지원함으로써 기업이 일시적인 위기에서 벗어나도록 도와줍니다. 그러나 워크아웃이 받아들여지지 않을 경우 자력으로 자금난을 해결해야 하고, 여의치 못하면 결국 부도에 이르는 것입니다.

극심한 자금난을 견디다 못한 통일그룹도 주채권은행인 제일은행에 워크아웃을 신청하였습니다. 어떻게 해서라도 이 위기를 벗어나고자, 저는 관계 장관과 은행장을 찾아다니며 간절히 사정하였습니다. 그러나 당시는 제일은행 자체가 존립의 위협을 받고 있었던 상황이었기 때문에, 통일그룹의 신청이 받아들여지지 못했습니다.

참으로 견디기 힘든 하루 하루였습니다. 1차 부도가 나고 난 뒤에, 다음 날에서야 가까스로 최종 부도를 막은 적도 한두 번이 아니었습니다. 심지어는 최종 부도를 막기 위해 은행의 전산 마감시간을 밤늦게까지 연장한 적도 있었습니다.

국가경제 자체가 침몰하고 있는 상황이었기 때문에, 개별 기업이 아무리 최선을 다한다 해도 한계가 있는 극한 상황이었습니다. 결국 재단은 더 이상 버티지 못하고 1997년 5월에 마지막 보루로 남겨 두었던

---

05 '기업개선작업'이라고도 합니다. 워크아웃은 회생가능성은 있으나 일시적 유동성이 부족한 기업을 대상으로 채권금융기관협의회에서 워크아웃 여부를 결정하게 됩니다. 워크아웃이 결정되면 은행대출금의 출자전환, 대출금 상환유예, 이자감면, 부채식감 등이 이루어져 기업은 위기에서 벗어나 회생하게 됩니다.

06 금융기관으로부터 거액의 대출을 받아 여신관리대상으로 정해진 기업체 또는 계열기업군의 주된 거래 은행을 말합니다.

여의도 부지를 대한종금의 채권최고액 1,690억 원에 담보로 제공했습니다. 물론 아버님의 뜻이 있었지만 나로서도 몹시 가슴이 아프고 죄송할 따름이었습니다.

대한종금에 일단 담보로 제공된 여의도 부지는 통일중공업과 한국티타늄, 일성건설의 차입금을 위해 다시 신한종금, 수협, 장은증권 등에도 담보로 제공되었습니다. 설정된 저당[07]금액은 모두 3,030억 원에 이르렀지만, 이로 인해 재단은 잠시 숨을 돌릴 수 있었습니다.

통일그룹의 부도

1997년 12월 18일 대통령선거 이후 김영삼 정권은 레임덕에 빠지고 국가 부도사태 수습의 구심점이 상실되었습니다. 김대중 정부가 새롭게 들어서면서 각종 조치들이 잇달았지만 수많은 기업들이 계속해서 쓰러져 갔습니다. 참담한 국가적 재앙이었습니다.

당시 아버님은 세계적인 기반을 확장하기 위한 섭리기관을 잇달아 창설하시고 그 책임자로 저를 겸임 발령하셨습니다. 국내 재단의 상황도 급박하여 하루하루를 넘기기 어려운 지경에 또 다른 여러 기관들의 책임을 맡는다는 것은 쉬운 일이 아니었지만, 아버님의 큰 뜻을 거역할 수는 없었습니다.

이후로 저의 일과는 몇 배로 바빠졌습니다. 세계 순회와 국제회의를 주재하기 위한 해외 출장도 잦았고, 각종 해외 행사에 아버님을 수행하기도 했으며, 아버님께 보고를 드리기 위해 수시로 미국에 가야 했습니

---

07   부동산이나 동산을 채무의 담보로 잡거나 잡히는 것입니다. 담보물은 차입자가 부채의무를 충족시키지 못할 경우 금융기관이 임의로 처분하여 채권을 회수하게 되지만, 그런 일이 발생하기 전까지는 점유권과 사용권은 채무자가 보유합니다.

다. 해외 출장을 나갈 때는 제 대신 한상국 부이사장이 재단을 지켰습니다. 그런데 당시의 통신 환경이라는 것이 요즘과 달라서, 세계 아무 데서나 통화하고 문서와 영상을 주고받을 수 있는 휴대폰도 나오기 전이었지요. 매사에 어려움이 참 많았습니다. 게다가 한국을 비롯한 세계 각국의 선교지로부터 수시로 보고를 받아야 했으니, 저로서는 밤낮 구분 없이 하루 24시간 전체가 일하는 시간이 될 수밖에 없었습니다.

해가 바뀌어 1998년이 되었지만 국가경제나 재단 상황은 조금도 호전될 기미가 보이지 않았습니다. 더 이상 제공할 담보물도 없었습니다. 각 기업체들은 부도를 내지 않기 위해 필사적으로 버티는 중이었습니다. 모두 조금씩 지쳐가고 있었습니다.

"여기 간부들이 다 모였는데 지금까지 통일산업이니 뭣이니 한국의 모든 산업기관은 전부 다 통일교회 운명과 더불어 뒤넘이칠 수 있는 때가 왔다는 거예요. 이걸 포기하느냐, 연장하느냐 결정해야 돼요. 한상국! '예.' 어떻게 생각해? 답변은 간단해. 포기냐, 연장이냐, 그거 물어 보는 거야. 내가 모르나, 다 알지! (중략) 내가 미련이 없어요. 지금까지 40년이라는 것은 슬픈 역사, 고통의 역사, 눈물의 역사였다구요. 이렇게 40년 동안 죽을 고비를 넘으면서 준비한 것은 2세를 위해 준비해온 거예요. (중략) 이제부터 그래요. 일을 안고 추다 가는 선생님이 전부 다 죽을 지경에 가는 거예요."

- 『문선명선생말씀선집』 289권, 310쪽, 1998. 2. 2

"끝까지 전부 IMF 체제 아래에서 이것이 은행관리까지 가냐 안 가느냐 하는 것도 전부 다 곽정환이 해야 한다구요. 대신자로 이사장을 세웠지만, 박홍조도 곽정환의 말을 듣고 해야 된다는 것입니다."

- 『문선명선생말씀선집』 298권, 240쪽, 1999. 1. 8

1998년 6월 29일, (주)일화가 제일 먼저 부도가 나고 법정관리[08]에 들어갔습니다. 7월 초에 유지재단 이사장이 박홍조로 바뀌었지만, 나는 재단의 업무에서 해방될 수 없었습니다.

1998년 12월 1일, 그렇게도 끈질기게 버티던 통일그룹이 결국 부도가 나고 말았습니다. 비운의 날이었습니다.

부도가 난 회사는 대주주인 재단의 소유권과 경영권이 상실되고, 법원에 재산보전신청과 더불어 회생을 위한 법정관리에 들어가야만 합니다. 담보로 제공된 여의도 부지를 비롯한 재단의 모든 부동산이 채권자들에 의해 언제 경매 처분될지 모르는 상황이 되었습니다.

금융기관들은 회사에 대출을 해줄 때 항상 그룹 내 다른 회사의 지급보증과 함께 대표이사 사장의 개인연대보증을 요구합니다. 이를 거부하면 그날로 당장 부도가 나는 것입니다. 그동안 회사의 부도를 피하기 위해 개인연대보증에 서명했던 대표이사(통일중공업의 한상국 · 이범재 · 강인근 · 김동운, 일성건설의 이창열 · 유종소, 한국티타늄의 여영수 · 서용운, 일신석재의 이동수, 일화의 김진하, 일흥의 김성만, 우창의 성범모)들이, 결국 회사의 부도와 함께 모두 개인으로서는 감당할 수 없는 엄청난 채무를 부담해야 하는 위치에 서게 되었습니다. 개인적으로 경제적인 사형선고나 다름없는 상황이었습니다.

법정관리와 재단의 보증채무 정리

부도가 난 회사는 법원에서 회사재산보전개시 결정을 받으면 회계법

---

08 부도를 내고 파산위기에 처한 기업이 회생가능성이 보이는 경우에 법원의 결정에 따라 법원에서 선임한 제3자가 자금을 비롯한 기업 활동 전반을 대신 관리하는 제도입니다.

인(조사위원)을 선정하여 회사의 재산을 조사하고, 법원은 그 결과를 바탕으로 회사의 회생 가능성을 판단합니다. 계속기업가치가 청산가치보다 크면 그나마 회생을 위한 정리절차에 들어가지만, 계속기업가치가 청산가치보다 작으면 바로 문을 닫게 되는 것입니다.

회생을 위한 정리절차는 채권의 종류에 따라 원금과 이자를 전부 또는 일부 상환 면제해주고 나머지 채권은 상당한 기간 상환을 유예해 장기간 분할 상환할 수 있게 해주는 제도입니다. 이때 일부채권은 출자전환하게 함으로써 회사가 실제 부담해야 할 채무를 대폭 경감 또는 면제해주기도 합니다. 부도난 회사를 청산할 경우 사회적으로 큰 파장을 일으키기에, 가능한 한 채권자로부터 많은 양보를 받아내어 회사를 회생시키고자 함입니다. 대신에 채권자에게 손해를 입힌 대주주(재단)는 경영책임을 물어 주식을 전량 소각해야 합니다. 이후 경영권은 물론 소유권도 상실되고, 향후 이 회사를 다시 인수하지도 못합니다.

법정관리인에 의해 회사정리계획대로 회사가 정상화되면, 새로운 투자자가 회사를 인수하도록 한 뒤 상황이 종결됩니다.

문제는 법정관리를 신청하였지만 회생을 위한 회사정리계획을 인가받기 쉽지 않다는 점이었습니다. 특히 통일중공업은 실사 결과 계속기업가치보다 청산가치가 훨씬 더 높은 것으로 나타났습니다. 통일중공업이 청산된다면 아버님께서 한국의 기계공업 발전을 위해 심혈을 기울여온 노력이 완전 물거품이 될 터였습니다. 그뿐 아니라 회사의 자산은 물론 담보로 제공된 재단의 모든 부동산들까지도 채권회수를 위해 경매에 붙여지게 됩니다. 담보가 제공되지는 않았지만 산업은행에 1,700억 원의 보증채무도 있었고, 재단이 여러 금융기관에 지급보증을 선 거액의 추가 채무도 진 상태였습니다.

결국 회사정리계획이 인가를 받아야만 했습니다. 그래야 이들 회사가 청산되지 않아 시간을 두고 담보물도 경매처분 되지 않으면서 채무를 상환하고, 재단도 시간을 갖고 보증채무를 상환할 여유를 갖게 될 터였습니다.

이 문제를 해결하기 위해, 저는 회사정리계획의 칼자루를 쥐고 있던 서울지방법원의 파산부 부장판사를 만나러 갔습니다. 벼랑 끝에 내몰린 심정이었습니다. 사전에 가까스로 15분 면담시간을 허락받은 저는 주로 '아버님의 기업 정신'에 대해 절박하게 설명하였습니다.

"부장판사님, 제가 긴 이야기는 못 드리겠습니다. 나라 안에 수천 개 회사가 부도났지만, 통일그룹은 특이합니다. 우리 어른이 만든 회사는 아이스크림이나 양말장사 해 가지고 올라온 회사가 아닙니다. 처음부터 자금이 많이 들어가는 국가 기계산업을 발전시키기 위하여 통일산업을 만들었습니다. 국민의 건강과 수출을 위하여 막대한 자금을 들여서 일화를 만들었습니다. 그리고 한국에 하나밖에 없는 이산화티타늄 생산 공장을 세우고 화학공업 발전에 기여해 온 데가 바로 한국티타늄공업입니다."

한참 설명을 하는데 뜻밖에 부장판사의 굳었던 얼굴빛이 달라지는 것이었습니다. 제가 눈물을 흘려가며 계속 호소했습니다.

"우리 그룹은 출발점이 다릅니다. 우리 어른은 부도나기 전날까지도 돈이 지원되도록 하였습니다. 다른 그룹은 망할 상황이 되면 자금을 빼돌리기도 한다는데, 우리는 절대 그렇게 하지 않았습니다. 무엇보다 통일그룹의 자금은 한국에서 적당히 만든 것이 아닙니다. 전부 다 외국에서 가져와서 투자한 것입니다. 비록 부도는 났지만, 당장의 상황만 바라보지 마시고 제발 한 번 고민 좀 해주십시오."

처음에는 저를 거들떠보지도 않았고, 한 마디 대꾸도 없이 듣고만 있던 부장판사가 드디어 입을 열었습니다.

"알았습니다. 내가 새롭게 안 내용이 많습니다. 긍정적으로 검토해 보겠습니다."

저는 죽다가 살아난 기분이었지요. 사무실을 나와 시계를 봤더니 45분이나 지나 있더군요.

초조한 3일이 지나, 마침내 회사정리계획이 인가되었습니다. 천우신조였습니다.

이제부터 문제는 담보로 제공된 부동산에 잡혀 있는 저당권을 해지하고 부동산을 찾아오는 것이었습니다. 어떻게 하든 최우선적으로 여의도 부지의 담보를 해지하는 것이 큰 숙제였습니다.

여의도 부지의 보존

아버님은 "다른 건 다 잃어도 좋지만 여의도 땅은 지킬 수 없겠느냐?"면서 침통해하셨습니다. 초창기 식구들의 피 같은 헌금으로 매입한 부지였습니다. 아버님께서 해외에서 귀국하실 때마다 빠짐없이 들려서 간절히 기도하고 정성들이신 성지였습니다. 저로서는 그저 가슴이 찢어지는 것 같았습니다. 죄인 중의 죄인이 된 심정이었습니다.

1998년 12월 말, 여의도 부지의 최대 채권자였던 대한종금으로부터 1,690억 원을 당장 갚지 않으면 여의도 부지에 대한 경매에 들어가겠다는 연락을 받았습니다. 대한종금도 '늘어난 부실채권 때문에 회사가 문을 닫을 지경이니 누구를 봐주고 할 형편이 아니다'라는 것이었습니다. 경매 절차에 들어간다면 금싸라기 같은 여의도 부지가 1차 경매에서 우리 손을 떠나는 것을 어찌할 수 없습니다.

눈앞이 캄캄했습니다.

그렇게 큰돈도 없었고, 설사 어디서 돈이 나서 1순위로 근저당권이 설정된 대한종금의 차입금을 갚는다 해도, 소문을 들은 후순위의 채권자[09]들이 줄줄이 달려올 터였습니다.

이를 어떻게 감당할 것인가. 난감하던 때, 대한종금 측으로부터 해외 통일운동의 기반이 많으니 대한종금의 증자에 투자해 달라는 제안이 들어왔습니다. 대신에 여의도 부지 경매는 취소하겠다는 것이었습니다. 채무상환도 못하는 처지에 투자는 말도 안 되었지만 만약 이를 거부한다면 여의도 부지를 영영 잃게 될 판이었습니다.

이를 보고 받은 아버님께서는 어렵지만 유상증자에 참여하는 것을 받아들이셨습니다. 여의도 부지를 지키기 위한 비상한 조치였습니다. 아버님은 일본 책임자를 한남동 공관으로 불러 증자를 위한 특별조치를 하셨습니다. 그리고 저는 대한종금 측과 "증자에 참여하되 대한종금에 만약의 사태가 발생하면 투자금을 채무와 상계하는 조건"으로 계약을 주선하였습니다. 대한종금의 미래가 불안하였기에, 우리로서도 안전판이 필요했던 것입니다.

아버님께서 비상한 노력을 기울인 결과, 1999년 3월 31일 해외법인인 E&E 인베스트먼트 명의의 1억 불(당시 환율 1,225원)로 대한종금의 유상 증자에 참여하였습니다. 당시 외환위기로 휘청거리는 한국 상황에 외국으로부터 1억 불이 유입되는 투자는, 신문에도 크게 보도될 정도였습니다. 이 자금의 출처를 두고 훗날 '곽정환의 비밀 구좌'라는 음해성 헛소문이 돌기도 했는데, 국진님의 뒷조사와 수차례의 검찰조사를 통해서야 저의 결백이 밝혀졌습니다.

그런데 증자를 위한 자본금 불입이 끝나고 바로 며칠 후인 4월 9일, 대한종금이 돌연 영업정지 통고를 받고 말았습니다. 저는 계약 당사자

---

09   부동산을 채무의 담보로서 저당권을 설정할 때 복수의 채권자가 채무상환의 우선순위에 따라 순서를 정해 저당권을 설정합니다. 이때 선순위의 채권자에게 채권을 우선 변제하고 그다음 후순위의 채권자에게 채무가 변제됩니다.

였던 대한종금 사장을 만나 투자약정서대로 투자금의 채무상계를 요구하였습니다. 그러나 그들은 이미 업무가 정지되어 아무런 권한이 없는 상태였습니다. 또한 부도난 대한종금을 관리하는 예금보험공사 측은 증자대금을 채무와 상계해 줄 수 없다는 원칙만을 고수했습니다.

다급해진 저는 가능한 인맥을 총동원하는 한편 금융감독원 원장까지 만나 도와달라고 사정했습니다. 그러나 상황은 여의치 않았습니다. 기업들은 모두 부도가 나고, 여의도 부지를 비롯한 부동산도 모두 잃게 된 데다, 1억 불이 또 추가로 날아갈 판이었습니다. 아찔했습니다. 절망적인 순간이었습니다. 그러나 결코 포기할 수 없었습니다. 간절히 기도하고 또 기도했습니다.

'내겐 하나님이 계시고 참부모님이 계시지 않는가. 내가 포기하고 쓰러지면 안 된다. 하나님이 나를 믿고 참부모님이 나를 믿고 계신다. 정신을 가다듬고 다시 일어나야 한다. 오늘의 사태를 수습하고 기필코 다시 재단을 일으켜 세워야 한다. 하늘의 뜻대로 섭리에 크게 기여하는 재단을 만들어 드려야 한다.' 저는 결의를 다졌습니다.

1999년 6월 15일 재단이사장이 박홍조에서 황선조로 다시 바뀌었지만 아버님은 제게 법정관리를 비롯한 부도 이후의 처리를 계속 책임지라고 부탁하셨습니다.

대한종금은 채무변제요청을 이행하지 않을 시 여의도 부지를 경매처분 하겠다고 재차 독촉해왔습니다.

1999년 9월 7일, 재단은 E&E와 공동투자를 위한 합의각서를 근거로 대한종금에 1억 불(1,225억 원)의 채무부존재소송을 제기하였습니다. 그러나 대한종금은 그로부터 몇 주 뒤인 9월 27일 여의도 부지 임의경매신청을 하였습니다. 그리고 2000년 초, 제1차 입찰 기일이 정해졌습니다.

대한종금이 경매를 실행하면 재판 중인 1,225억 원을 유보하더라도 채권 한도액 중 약 387억 원은 우선 회수해갈 수 있었어요. 문제는 387억이 아니라 경매가 실행될 경우 후순위의 채권자들도 차례로 분배받기 때문에, 재단이 후순위의 채무까지 일시에 상환하지 않는 한 여의도 부지만 날아가고 만다는 점입니다. 고심 끝에 찾은 유일한 해결책은 여의도 부지에 대한 개발계획을 세워 기대가치를 높이고 그것을 금융거래에 지렛대로 활용하는 방안이었습니다.

대한종금과의 협상 끝에 2000년 6월 23일에 387억 원을 근저당권과 함께 해외법인 트리에스테 인베스트먼트에 양도하기로 합의를 보았습니다. 그리고 채권 양도와 동시에 여의도 부지에 대한 경매신청을 취하하고 1심 판결이 날 때까지 경매신청을 하지 않기로 하였습니다. 이렇게 다시 한 번 여의도 부지는 경매의 위기에서 벗어날 수 있었습니다.

후속조치로써 2000년 11월 30일, 재단은 트리에스테 인베스트먼트에게 여의도 부지에 대한 개발권을 주고 75년의 조건부지상권을 부여하는 계약을 체결하였습니다.

2001년 7월 18일, '투자금 1억 불(1,225억 원) 전액을 대한종금에 대한 채무와 상계한 것으로 인정한다'는 판결이 내려졌습니다. 약 2년의 재판 기간에 겪었던 마음고생을 생각하면 그 기쁨은 이루 말할 수가 없었습니다.

대한종금 측은 곧바로 항소하였습니다. 다시 피를 말리는 지루한 싸움이 계속되었습니다. 재단도 1심에서는 이겼지만 고등법원에서도 승소한다는 보장은 없었습니다. 어느 쪽이 이기든 대법원까지 갈 수밖에 없는 사안이었습니다.

불안하고 초조한 것은 우리도 대한종금 측도 마찬가지였어요. 1심에서 패소한 대한종금 측이 더욱 불안했을지도 모릅니다. 2심 재판부는 고심 끝에 쌍방의 조정을 권하였습니다. '전부냐 전무냐'의 결론을 내리기가, 재판부도 힘들었던 모양입니다.

조정을 하기로 하고 협상한 결과 2004년 2월 2일, 재단은 285억 원을 양보하고 대한종금은 지상권과 근저당권을 해지해주기로 합의하였습니다. 1심에서 승소하였기 때문에 4분의 1 이하의 금액을 양보하는 것으로 마무리할 수 있었습니다. 양보한 금액은 남은 재판 기간과 조기 개발을 위한 기회비용[10]이라고 생각해야 할 터였습니다. 참으로 길고 긴 싸움이었습니다.

---

10 어떤 재화의 여러 가지 종류의 용도 중 어느 한 가지만을 선택할 경우, 나머지 포기한 용도에서 얻을 수 있는 이익의 평가액입니다. '기회원가'라고도 하며 예를 들어, 기업에 투자한 돈을 은행에 예금했다면 이자를 받을 수 있는데 이 이자가 기업가에게는 기회비용입니다.

폐허를 딛고 일어서다

통일그룹의 부도는 한국경제 미증유의 혼란 가운데 불가피하게 발생한 사건이었지만, 결과적으로 그간 큰 짐이 되어 왔던 재단의 부실기업들을 정리하는 좋은 기회이기도 했습니다. 또한 이를 통해 재단은 여의도 부지를 비롯한 재단 부동산의 담보 문제를 해결하고, 2003년부터 2005년까지 재기를 위한 M&A를 집중적으로 실시하여 새롭게 건실한 경제기반을 갖출 수 있었습니다.

세계일보 창간과 부지개발

세계일보 창간과 부지 매입에 대한 이야기를 용평리조트와 연계해서 먼저 하고자 합니다.

1987년 가을, 미국 뉴욕의 세계본부를 중심으로 하던 일을 접고 잠시 귀국길에 올랐습니다.

당시 아버님으로부터 중대한 사명 몇 가지를 받았는데, 그 중에 하나가 서울에 중앙 일간지를 창간하는 것이었습니다.

아버님은 평소 언론의 사명, 바른 언론의 중요성에 대해 깊은 관심을 가지고 있었습니다. 평생 언론으로부터 막심한 피해를 입으면서 언론을 통한 거짓루머와 정보가 사회에 얼마나 큰 해악이 되는지를 절절히 느낀 분이십니다. 언론이 사회의 공명한 교육기관으로서 막중한 책임을 갖고 있음을 아버님은 늘 강조해오셨습니다. 이를 위해 이미 일본, 미국, 중동, 남미에서 일간지와 통신사를 직접 지원해왔고, 책임언론을 주제로 국제회의도 십여 차례 개최했습니다.

한국 사회분위기가 많이 바뀌었다고 하지만, 중앙일간지 창간은 여전히 쉽지 않은 일이었습니다. 법이 바뀌었다고 되는 일도 아니고 돈이 있다고 가능한 일도 아니었지요. 통일운동에 대한 편견이 심한 상황에서는 더욱 그러했습니다. 그럼에도 아버님의 지혜와 기회를 놓치지 않으시는 추진력으로 일간신문사 설립인가를 받을 수 있었습니다.

1988년 초반, 대망의 중앙일간지 창간 인가서를 아버님께 전해 올리면서 말씀드렸습니다.

"이제 발행인과 사장이 임명되어야 합니다. 그래야 창간 실무를 진행할 수 있습니다."

그랬더니 돌아오는 아버님의 말씀이 너무도 뜻밖이었습니다.

"네가 해야지 누가 하겠어?"

그즈음 뉴욕 세계선교본부에서는 세계적으로 중대한 일들이 쌓인 채 제가 오기만을 기다리고 있었습니다. 그래서 필요한 절차를 거친 후 제2사무국을 서울에 두고 동시에 여러 가지 일을 진행하기로 했습니다.

〈세계일보〉 초대 발행인 겸 사장으로서 1989년 2월을 창간일로 정하고 준비 작업에 들어갔습니다. 당시 어려웠던 일 가운데 하나는 사옥을 마련하는 문제였습니다. 한정된 예산으로는 지하에 윤전기를 들일 만한 공간을 갖춘 빌딩을 찾기가 쉽지 않았기 때문입니다. 허송세월하기를 한 달여, 용산에 위치한 전 철도고등학교 부지가 경매에 나왔다는 소식을 접했습니다. 윤전기를 설치하고 사무 공간에 주차장까지 당장 쓰기에 부족함이 없었습니다. 예산이 걱정되기도 했지만 넓은 부지의 장래가치에 희망을 걸었습니다.

정해진 날짜에 경매현장에 나갔습니다. 그런데 경매장 내실에는 직원을 대동 할 수 없고 당사자인 저 한 명만 들어갈 수 있더군요.

당황스러웠지요. 그날 경매에 참석한 사람들이 열다섯 명 정도였는데, 모두 재벌기업 계열사나 대형 건설사의 최고 임원들이었습니다. 저만 아무 경험이 없는 종교인이었어요. 규정 용지 한 장씩을 나눠주면서 입찰 가격을 적으라는데 정말 당황스러웠지요. 고심 끝에 큰마음 먹고 292억 7,400만 원이라는 액수를 써냈습니다. 부지의 지가로 보아 300억 원에 근접해야 된다고 예상했기 때문입니다. 1988년 당시로서는 엄청난 액수였습니다.

입찰자들로부터 종이쪽지를 거둬들이고는 30여 분이 지나서 발표를 하는데, 제가 낙찰되었다는 것입니다. 함께 입찰에 참가한, 내로라하는 건설사 사장들이 저를 힐끔거리며 지나갔습니다. '어디서 도깨비 같은 작자가 나타나서 이걸 낚아채가나' 하는 표정들이었지요.

한 달 뒤, 미국에서 귀국하신 아버님이 공항을 나서자마자 곧장 낙찰받은 전 철도고등학교 건물로 안내하라고 하셨습니다. 아버님께서는 넓은 운동장과 3, 4층 건물들의 교실 안까지 살펴보시고는 "잘 했어, 아주 좋은데"라며 흡족해 하셨습니다. 일을 크게 저질러놓고 아버님의 반응을 초조히 기다리던 제가 한시름 놓는 순간이었습니다. 이런 사연을 거쳐 용산구 한강로에, 여의도의 통일재단 부지 면적과 거의 맞먹는 부지 3만 6681제곱미터(1만 1115평)의 철도고등학교가 첫 세계일보 본사로 사용되어 이후 16년간 역사를 이어가게 됩니다.

그동안 통일그룹 전체가 부도의 어려운 상황을 겪으며, 차입금과 운

영적자 누적으로 세계일보 자체의 재정상태도 어려우니 부지를 매도하자는 의견이 수년째 제기되었습니다. 그러던 2001년, 아버님은 세계일보 사장도 아니고 재단이사장도 아닌 제 책임으로 세계일보 부지개발을 추진하는 안을 제시하셨습니다. 황선조 재단이사장 등 8명으로 개발준비위원회가 구성되고 몇 차례 숙의를 거쳐 우리 측에 최대의 이익을 보장해주는 사업자를 선정하기로 했습니다. 설명회를 개최하고, 확정 이익금으로 최대금액(1,780억 원)을 제시한 포스코건설과 하이테크하우징이 개발사업자로 선정되었습니다. 온갖 우여곡절과 음해성 루머 속에 최종 서명날인을 앞두게 되었는데, 이 단계에서 갑자기 개발중지 지시가 떨어졌습니다. 사정사정한 끝에 '경우에 없는 일'이라고 크게 반발하는 건설사의 양해를 얻고 없었던 일로 겨우 수습이 되었습니다.

2002년 후반, 다시 개발 결정이 내려졌고, 저는 지난번 사업자로 선정되었던 포스코건설 회장을 만나 정중히 참가를 요청하였으나 거절당했습니다. 결국 11월 19일, 재입찰 결과 대우건설이 사업시공회사로 선정되었습니다. 개발 확정 이익금으로 제시된 계약금은 2,050억 원이었습니다.

세계일보의 드넓은 부지는 2000년대 초, 도심 재개발사업지로 지정되며 매입가의 7배에 이르는 금싸라기 땅으로 탈바꿈했습니다. 놀라운 결과였습니다. 공동개발회사인 대우건설로부터 받은 2,050억 원 이외에도 근처 주민들과의 공동개발구역에 포함된 우리 대지의 자투리땅 몫으로 인근에 새로 지어질 26층 오피스 빌딩의 절반을 추가 부담 없이 신문사 몫으로 배정받는 특약까지 체결되었습니다. 훗날 그 빌딩에 신문사가 입주하면, 사무공간을 제외한 여러 층의 임대수입으로 신문사가 재정자립을 할 수 있을 것이라는 꿈도 가졌습니다. 그 후 재단이 그 건물을 어떻게 활용해오고 있는지 궁금합니다. 결과적으로 세계일보 부지 매입은, 소 뒷걸음질에 쥐 잡는다고, 멋도 모르고 경매에 나섰던 것이 천만다행으로 대단히 성공적인 투자로 이어졌으며 그룹재기에 든든한 기초가 되었습니다.

통일유지재단의 용평리조트 인수

2018년 동계올림픽이 개최된 강원도 평창의 용평리조트는 쌍용그룹이 개발해서 오랫동안 보유하고 있던 우리나라 최고 시설의 유명 휴양지입니다. IMF 외환위기 때, 쌍용그룹이 부도를 맞으며 채권은행에 의해 주식매각 입찰공고가 났다는 소식을 접했습니다. 이곳을 직접 답사하신 아버님께서는 "앞으로 전 세계의 사람이 함께하는 평화의 축제가 벌어질 것"이라며 격려해주셨습니다.

쌍용그룹과의 접촉이 원활이 이루어졌고, 주식매각 청약에 참여했는데 하나님의 도움으로 전량 인수에 성공할 수 있었습니다. 2003년 2월 11일, 용평리조트는 1,102억 원에 세계일보 명의로 인수할 수 있었습니다. 장래가치가 확실하게 보장된 인수였습니다. 적기에 확보되었던 세계일보 부지개발 수익금이 그 재원 역할을 해주었지요.

용평리조트는 회사보유 186만 평에 국유지 임차 토지 314만 평 등 총 520만 평에 달하는 광대한 국민관광단지입니다. 용평CC 18홀, 버치힐 18홀, 퍼블릭 9홀 등 총 45홀의 골프장과 드래곤밸리 호텔, 용평 콘도, 빌라 콘도, 버치힐 콘도, 유스호스텔 등의 숙소를 보유하고 있으며, 31면의 스키 슬로프를 갖추고 있어서 2018 평창동계올림픽에도 공식 경기장으로서 큰 기여를 했습니다.

세계일보가 대주주가 되었지만 경영은 유지재단에서 직접 맡도록 하였습니다. 인수하자마자 그린피아 콘도와 더 포레스트 콘도를 성공적으로 분양하였고, 이때 유입된 분양대금으로 회사의 차입금을 대폭 줄여서 곧바로 흑자경영의 기반을 마련할 수 있었습니다. 저의 보람 중의 하나입니다.

용평리조트는 2016년에 상장회사가 되었습니다. 상장을 위한 공식 자산평가가 7,000억 원에서 1조원으로 나왔다지요. 지금은 2018년 동계올림픽 덕에 주변 인프라가 많이 좋아져서 기업 가치가 더욱 상승했습니다. 용평리조트는 어느덧 통일그룹의 대표 기업이 되었습니다.

통일중공업 협력사와 현대기공 인수

통일중공업이 부도가 나면서 통일중공업이 대주주로 되어 있던 성신창업투자와 동양기어, 진흥공업, 선일열처리공업, 대성정밀공업, 예화공업, 덕흥공업 등 계열사의 경영권도 상실하고 말았습니다. 이들 회사는 극심한 노사분규에 시달리던 통일중공업이 파업을 하더라도 생산에 차질이 없도록, 통일중공업의 생산부문별로 운영해오던 별도의 작은 업체들이었습니다. 이들이 모두 모이면 작은 통일중공업이 되는 것입니다. 그래서 통일중공업 부도 이후, 통일중공업의 재인수는 어렵더라도, 이들 협력사만이라도 다시 인수하여 키우면 제2의 통일중공업이 될 수 있었습니다.

그러나 부도위기의 협력사들을 인수하고자 아버님께 지원을 요청드릴 염치가 없었어요. 그렇다고 그냥 포기하기에도 아쉬웠지요. 잘만 하면 작지만 통일중공업을 대신해서 다시 기계공업을 일으킬 수 있지 않을까 하는 기대감도 들었습니다.

돈은 없지만 '그래도 가능한 방법이 있지 않을까?' 하고 찾아보다가 Q캐피탈이라는 구조조정전문회사를 만났습니다.

2001년 5월, Q캐피탈의 펀드가 창원의 협력사들에게 모두 50억 원을 투자하고 재단에서는 통일중공업으로부터 회수해야 할 공익채권 일부를 통일중공업이 소유한 협력사들의 주식과 채권을 인수하는 데 사용하기로 투자 합의를 하였습니다. 말하자면 재단도 통일중공업에 대한 공익채권으로 투자를 했던 것입니다. Q캐피탈이 3년간 경영을 한 뒤에는 Q캐피탈펀드의 지분과 순자산의 증가분만큼 Q캐피탈이 회수해가기로 하였습니다.

이 계획은 보기 좋게 적중하였습니다. 3년 뒤에는 이들 회사가 모두 흑자 경영을 달성했고, 재단은 통일중공업의 협력사들을 재인수할 수 있게 되었습니다.

재인수된 협력사들의 임직원들은 그야말로 신바람이 나서 열심히 일했습니다. 2004년 9월 창원 공장을 방문하신 아버님께서도 크게 기뻐하셨습니다. 통일중공업을 잃은 이후 다시는 기계공업을 할 수 없으리라는 생각에 크게 상심하셨는데, 비록 통일중공업보다는 작지만 다시 기계공업을 할 수 있게 되었을 뿐 아니라 발전 가능성을 보셨으니 말이지요.

선진기술과 독보적인 시장을 발판 삼아 덕분에 안정적인 사업체로 인정받던 통일중공업이 망한 것은 동양기계를 합병하며 따라 들어온 강성 노조 때문이었습니다. 그렇기 때문에, 같은 조건을 갖고 있으면서도 노사 간의 원만한 관계를 유지하는 협력업체들의 가능성은 매우 컸습니다. 아버님은 며칠 후 재차 방문하여 격려해주시며 대폭적인 투자를 약속하시기도 했습니다.

창원의 회사들은 주로 자동차 기어류 부품을 생산하는데, 외부에서 그 소재를 조달 받고 있었습니다. 소재에서 가공과 열처리까지 해야 부품이 완성되지요. 일관 공정상 단조소재 공장이 있었으면 어떨까 아쉬워하던 차에 마침 단조공장인 현대기공이 매물로 나왔습니다. 인수가격을 한창 협상하던 2004년 11월, 아버님께서 궁금하신 나머지 아침 일찍 헬기를 타고 현대기공을 방문하셨습니다. 워낙 갑작스런 방문이었고, 마침 아프리카에서 UN 관련 국제회의에 참가 중이었던 저는 수행도 못하였습니다. 현장을 둘러보시고 만족해하신 아버님께서는 그 자리에서 바로 인수를 재촉하셨습니다. 가격은 더 조정하지도 못하고 35억 원에 인수가 완료(2004년 12월 14일)되었습니다.

아버님께서는 창원의 6개사를 모두 합쳐서 '신통일산업'이라 명명하셨습니다. 통일산업의 재기를 염원하신 그 마음이 얼마나 간절했는지 알 수 있는 대목이지요. 이들 6개사는 이후 모두 합쳐져서 지금은 TIC로 회사명이 바뀌었습니다.

그러나 국진님이 재단의 기업경영을 책임진 이후, 현대기공의 인수는 잘못된 것이라며 인수한 지 얼마 되지도 않은 회사를 헐값(들리는 말로는 1~2억 원)으로 매각하고 말았습니다. 참으로 이해하려고 해도 이해할 수 없는 일이었습니다.

당시 대주주의 보증이 있는 채무를 그대로 인수하였는데, '이것을 재단에서는 책임질 수 없다'는 것과 '회사가 적자가 나고 있다'는 이유였습니다. 인수를 잘못된 결정으로 몰아가 그 책임을 저에게 돌리려고 한 것이었지요.

그러나 매각 후 불과 3개월 만에 그 회사는 흑자로 전환되었고 보증채무도 얼마 되지 않아 전혀 문제될 것이 없어졌답니다. 창원의 신통일산업에 대한 추가적인 투자도 이루어지지 않아, 아버님의 기계공업에 대한 기대는 더 이상 꽃을 피우지 못했습니다.

일신석재와 일화 인수

2004년 1월 9일, 재단은 일신석재의 M&A 입찰에 '스톤아트'라는 별도 업체를 대신 참여시켜 치열한 경쟁 끝에 인수했습니다. 일신석재가 보유하고 있던 포천 석산과 이천 공장부지에 향후 택지 개발 가능성이 있는 탓에 경쟁이 치열했지요. 1년 후 재단은 스톤아트로부터 다시 일신석재를 인수하였습니다.

일화의 경우 영업 특성상 일본교회에 의존하는 바가 크기에, 회사정리계획의 내용에서 제3자가 인수하기에 힘든 점이 있었습니다. 바로 이 때문에, 재단이 과거의 대주주였음에도 불구하고 일화를 재인수하는 데 유리했습니다. 그래서 재단은 이를 법원 측에 설득하고, 법원 측에서 제시하는 조건을 충족시킴으로써 일화를 재인수할 수 있었습니다.

그룹 재기를 위한 M&A는 주로 2003년~2005년 사이에 집중적으로 이루어졌습니다. 그룹 부도 당시 회사 회생을 위해 정리절차가 개시된 통일중공업, 한국티타늄, 일성건설, 일신석재, 일화 등 5개사의 재무현황을 보면 5개사를 단순 합계했을 때 총자산 1조 2천603억 원, 총부채 2조 458억 원, 총자본(순자산) -7,885억 원이었습니다. 5개사 모두 100% 자본 잠식 상태로 회사의 모든 자산을 처분해도 부채를 갚을 수가 없는 상황이었습니다. 5개사 모두 자사의 부채 외에도 상호 간의 지급 보증 채무가 2조 4천189억 원이나 되었습니다. 회사의 정상화가 불가능하다고 판단되었을 때 빨리 정리하지 못한 것이 화만 더 키운 셈이었습니다.

그러나 M&A 결과 재단이 인수한 용평리조트, 창원 협력사(현 TIC), 일신석재, 일화, 현대기공 등의 인수 직후 자산과 부채와 자본 등을 모두 단순 합산하면 총자산 8,397억 원, 총부채 6,109억 원,

총자본(순자산) 2,288억 원이 되었습니다.

부도 당시와 비교했을 때, 결과적으로 M&A는 총자본(순자산)에서 1조 143억 원의 개선 효과를 본 셈이었습니다. 부도 당시 부채가 자산보다 많고 지속적인 영업적자로 전혀 개선될 기미가 보이지 않아 절망적이었던 상태와 비교하면 천지개벽이라 해도 좋을 것입니다. 이처럼 M&A를 통해 더 좋은 재무구조가 되었을 뿐만 아니라 지속적으로 수익을 낼 수 있는 좋은 기업들을 소유할 수 있게 된 것입니다.

회사들만 좋아진 것이 아닙니다. 여의도 부지를 비롯하여 유지재단의 모든 부동산에 설정된 저당권이 채무조정과 상환으로 해지되며 깨끗해졌습니다. 이는 기업의 성공적 인수 못지않은 성과입니다.

국진님이 재단이사장에 취임한 지 1년 반 뒤에 재단 경영 성과를 당신의 실적으로 크게 보고한 적이 있었고, 지금도 그렇게 알고 있는 사람들이 있다고 들었지만, 사실은 그 이전에 이미 이러한 기반이 닦아졌던 것입니다.

IMF 외환위기 때 부도로 인해 경제적 기반을 거의 상실하며 극도로 위축되었던 그룹의 위상도 M&A의 성공으로 많이 좋아지게 되었습니다.

재단의 회생은 아버님의 놀라운 지도력과 정성, 그리고 부족하지만 저에 대한 전폭적인 신뢰가 있었기에 가능한 일이었습니다. 한국 식구들을 비롯한 전 세계 통일운동 식구들의 염려와 지원과 기도, 그리고 부도의 고통 속에서 이를 극복하기 위해 고생한 재단과 회사 임직원들의 노고에도 깊은 감사를 드립니다.

그러나 인간의 노력과 능력만으로 이루어낸 성과는 아니었습니다. 무엇보다도 배후에서 염려하시고 도와주신 하나님이 우리 편에 계셨기 때문에 가능한 일이었습니다.

소송의 시작

여의도 부지의 소유자는 처음부터 한국의 통일유지재단이었고, 그 후 몇 십년간 한 번도 변동 없이 지금도 재단 소유 그대로입니다. 국가적인 경제 재앙 속에서도 하나님의 은혜와 아버님의 정성에 의해 기적같이 보존되어 왔습니다.

그럼에도 불구하고 가정연합 측은 현진님과 제가 여의도 부지를 도둑질해서 팔아먹었다는 등 이치에 맞지 않는 비난을 일삼아왔습니다. 식구들 중에 상당수가 가당치도 않은 이 허위사실을 믿고 있으니 안타깝기 짝이 없습니다.

아무리 단순한 생각으로 교권자들의 음해에 속았다 해도 2조원 가까운 개발비를 당시의 우리가 자체적으로 마련할 길이 있었다고 보는지요?

여의도 부지의 개발과정

여의도 부지는 앞에서 설명한 대로 위기를 겨우 모면했지만, 확실한 개발계획이 없으면 채권자들이 경매 신청의 조건으로 언제 다시 들고 일어날 지 모르는 상황이었습니다.

　재단은 1978년부터 여의도 부지에 세계선교본부를 짓기 위해 20년 간 여러 차례 건축허가를 신청했는데, 이런저런 이유로 매번 반려되곤 했습니다. 가장 큰 이유는 기성교단의 반대였습니다.

　2000년 11월 30일, 재단은 국내의 반대여론을 극복할 뿐 아니라 장차 필요한 천문학적인 개발자금을 유치하기 위해 해외법인 '트리에스테 인베스트먼트'에게 여의도 부지에 대한 개발과 75년의 조건부 지상권[11]을 위임하는 계약을 체결했습니다. 부지가 개발되면 채권자들의 자금이 문제없이 회수될 것이라는 확신을 심어줌으로써 경매신청을 미연에 방지하려는 포석이기도 했습니다.

　'어떻게 하면 아버님 재세시에 숙원을 이루어드릴 것인가.' 재단이사장으로서 이는 언제나 저의 가장 큰 고민 중의 하나였습니다.

　채무상환은 물론이요, 천문학적인 건설비용을 어떻게 조달할 것인가도 큰 난제였습니다. 여러 정황상 우리 자체 비용으로 건설하는 방안에서 외부에서 자금을 조달하는 것으로 크게 방향을 돌려야 했습니다.

　트리에스테는 해외법인이었으므로 국내에 여의도 부지의 개발사업, 건축관리 등을 위한 특수목적법인으로 MRE라는 개발회사를 설립하고 이와 관련하여 2001년 2월 27일 재단과 트리에스테, 그리고 MRE 간에 계약을 체결하였습니다(1차 수정계약).

　통일그룹이 어느 정도 재기의 단계에 올라선 후에는 좀 더 구체적인 개발계획이 담긴 특수목적법인 YIFC에, MRE의 모든 권리가 승계되었습니다. 2004년 5월 4일 지상권을 75년에서 99년으로 연장하였

11　타인의 토지에 건물, 기타 공작물이나 수목을 소유하기 위하여 그 토지를 사용할 수 있는 물권(物權)을 말합니다.

는데, 이는 국제관례를 따라 안정적인 투자를 보장함으로써 개발을 위한 외부 투자자를 원활히 유치하기 위함이었습니다(2차 수정계약).

2005년 초에는 국내 법인세법이 개정되어 부동산 개발회사와 자산운용사 등 금융기관이 특수목적회사(SPC)에 공동출자하여 부동산개발, 임대분양 및 관리사업을 추진토록 하는 프로젝트금융투자회사 제도가 처음으로 생겼습니다. 그리하여 2005년 4월 28일, 시행사 측은 새로운 제도에 준하여 여의도 부지를 개발하기 위한 Y22프로젝트금융투자회사를 새로 설립하였습니다.

2005년 5월 6일, 재단과 트리에스테, MRE, YIFC, Y22프로젝트금융투자회사(Y22) 간에 여의도 부지 관련 계약에 관한 3차 수정계약이 체결되었습니다. "제2차 수정계약에서의 YIFC는 Y22를 지칭하는 것으로 간주하며 YIFC의 모든 권리, 의무는 모두 Y22가 인수 승계한다"는 것이 계약의 요점이었습니다. 그리하여 YIFC의 모든 권리와 의무를 승계 받은 Y22가 같은 날짜로 재단과 지상권설정계약을 새로 체결하였습니다. (기본계약) 그리고 곧바로 지상권설정 등기를 하였습니다. 계약의 주요 내용은

1. 지상권 존속기간은 계약체결일로부터 만 99년
2. 지료는 매년 당해 연도 공시지가의 3.5%에 해당하는 금액
3. 지상권이 소멸할 때는 Y22가 건축하여 잔존하는 Y22 소유의 건물 기타 부가물 일체에 대하여 소유권을 재단에게 무상 양도하고, 양도하기까지 통상적인 유지 보수 의무
4. 기본계약에 따라 Y22에게 지상권 설정등기를 해주는 것 등이었습니다.

그런데 2005년 1월 3일, 국진님이 한국재단에 부임하게 되자 여의도 부지개발사업에 많은 어려움이 발생하기 시작했습니다. 국진님은

통일그룹의 채무가 아직 정리되지 않아 재단이 개발 전면에 나서기 어려운 상황임에도 불구하고 이 프로젝트를 직접 진행하고 싶어 했습니다.

약 1년간 국진님과의 갈등으로 개발사업의 진전이 어려웠으며 결국 2006년 2월에 국진님과 개발 실무책임자인 폴 로저스와 심한 다툼에 의한 오해로 말미암아 개발의 책임을 국진님이 맡도록 했습니다. 그러나 약 2개월이 지나 국진님의 잘못을 뒤늦게 확인하신 아버님은 2006년 4월 23일, 긴급 소집한 뉴욕 이스트가든 모임에서 최종적으로 국진님은 여의도에서 손을 떼고 현진님과 UCI가 개발 책임을 맡도록 정리해주셨습니다. 저에게는 그 일을 옆에서 계속 도우라고 부탁하셨습니다.

2006년 5월 4일, 제가 아버님을 모시고 귀국했을 때도 여의도 성지에서 기도하신 후, 그 자리에서 영접 나온 국진님에게 다시 한 번 여의도에서 손 뗄 것을 강력히 지시하시고 저에게는 현진님을 도와 빨리 진행하라고 부탁하셨습니다. 그날로 재단이사회가 개최되고 유지재단과 Y22 간에는 2005년 5월 6일 체결된 기본계약을 변경하는 지상권설정변경계약이 체결되었습니다. 이날 국진님은 이사회에 불참하였으며, 김효율 이사를 포함한 나머지 이사 전원이 찬성하였습니다.

주요 내용은
1. 지료를 당해 연도 공시지가의 3.5%에서 5%로 하고
2. 건축예정인 건물들 중 최초로 사용승인을 받은 건물의 사용승인일로부터 만 3년이 경과한 날까지는 무상으로 한다는 것이었습니다.

지료를 공시지가의 5%로 변경한 것은 여의도부지 앞에 있는 AIG의 개발사업에서 서울시와 AIG 사이에 체결된 임대차계약의 지료가 공시지가의 5%였기 때문입니다.

이날까지도 유지재단의 대표는 저였고, Y22의 대표는 폴 M. 로저스였습니다.

2006년 5월 8일, 재단이사장에 국진님이 공식 취임하였습니다. 그러나 얼마 후 사정이 생기며 외형으로는 문국진 이사장이 잠시 물러나고 그분이 추천한 안진선 이사장이 업무를 수행하게 되었습니다.

2006년 5월 29일 09시 30분, 안진선 이사장에 의해 재단이사회가 소집되었습니다. 이 이사회에서 유지재단과 Y22 간에 새롭고도 완전한 최종계약이 의결되었습니다. 이사회에 앞서 사회자가 계약의 주요내용을 낭독했습니다. 이사회 안건에 의하면 2006년 4월 23일, 뉴욕 회동에서 아버님은 "여의도개발은 한국재단만의 문제가 아니고 섭리적으로 세계재단인 UCI 차원에서 개발해야 한다"고 하신 것이었습니다. 이 내용에 대해 아버님의 말씀을 직접 들었던 나는 물론 국진님과 김효율 씨도 아무런 이의를 제기하지 않았습니다.

새로운 계약에 의하면

1. 이 새로운 계약은 재단과 Y22 사이의 완전한 계약이며 과거의 모든 계약과 표현된 의도들에 대하여 우선권을 가진다.
2. 재단의 권리와 의무를 구체적으로 명시(6개 항목)
3. Y22의 권리와 의무를 구체적으로 명시(6개 항목)

최종계약 내용이 이사회에서 의결됨에 따라 재단과 Y22와의 최종계약은 2006년 5월 30일 체결되었습니다. 이 계약의 대표는 재단의 안진선 이사장과 Y22의 폴 M. 로저스였습니다.

이 계약에 의한 지상권경정등기신청은 다음 해인 2007년 2월 7일 문국진 재단이사장의 명의로 변경 등기되었습니다.

2006년 7월 11일, 기다리고 기다리던 여의도 부지 건축허가가 서울시로부터 승인되었습니다. 7월 12일이면 기반시설분담금에 관한 법률이 시행될 예정이라, 하루만 건축허가가 늦게 나왔더라면 엄청난 기반시설분담금이 부과되었을 것이었습니다. 얼마나 아슬아슬했는지 모릅니다. 사실 건축허가도 7월 11일 저녁 6시경에야 나왔으니 마지막까지 허가가 나오지 않아 애를 태웠던 것입니다. 내적으로나 외적으로나 참으로 많은 시련과 고비를 넘어 26년 만에 건축허가가 나온 것입니다. 이 역시 하나님의 도우심이라 생각합니다.

드디어 2007년 4월 14일 10시 30분, 소위 여의도 세계선교본부 기공식이 있었습니다.

여의도 부지는 최초에 종교용지로 불하를 받았음에도 20여 년간 계속해서 종교용 건물의 건축허가를 내주지 않았기 때문에 상업용 용지로 지목을 변경하였지요. 그러나 이들 건물의 최상층에 세계본부 사무실을 두고 그 상징성을 살리고자 하는 의미에서 세계본부 기공식이라 이름 붙인 것입니다. 아버님과 어머님 내외분과 참자녀님들, 교회 원로, 기관기업체 책임자들이 참석한 대내 기공식이었습니다. 아쉽게도 재단에서는 문국진 이사장을 비롯한 간부들은 끝내 참석하지 않았습니다.

국가적으로 암울한 경제 상황 아래에서 함께 표류해야만 했던 그룹의 위기 속에서 이 땅을 보존하고자 하셨던 아버님의 심정을 너무도 잘 아는 저에게는 참으로 감격적인 순간이었습니다.

이 순간을 위하여 얼마나 많은 어려움을 넘어왔습니까?

아버님의 기쁨 역시 이루 말할 수 없는 것이었습니다.

기공식이 있기까지의 대략의 과정을 경과보고 하는 도중에, 아버님께서는 "수고한 곽 회장에게 박수하자"고 치하해주셨습니다. 저로서는 그간의 고생과 억울함이 다 해소되는 순간이었습니다.

6월 5일에는 Y22 주관으로 여의도 Parc1 기공식이 개최되었습니다. 외적인 대외행사였습니다. 오세훈 서울시장, 국회의원, 주한영국 대사, 상공회의소 소장 등이 참석하여 축하해주었습니다. 시공은 국내 최고의 건설회사인 삼성물산이 맡았습니다.

Y22는 초기 공사비를 국내 금융기관을 통하여 브리지론으로 조달하였습니다. 약 2조가 투입되는 전체 프로젝트의 자금을 조달하기 위하여 신한은행을 주간사로 하는 PF가 추진되었습니다. 거대 자금이 소요되는 사업은 대부분 이와 같은 방식으로 사업이 추진됩니다. 공사가 시작되었다는 것은 곧 이 사업이 금융기관들로부터 긍정적으로 평가되었다는 의미입니다.

지하 터파기 공사가 한창 진행되던 2008년 11월 10일, 부모님 양위분께서 교회 간부들과 더불어 여의도 공사 현장을 방문하였습니다. 공사 현장 사무실에서 현진님으로부터 현장 설명을 보고 받고는 매우 흡족해하였으며 기념사진도 찍었습니다.

무모한 소송비용으로
천문학적인 공적 자금을 탕진하다니!

2010년 10월 29일, 유지재단(이사장 문국진)은 Y22를 상대로 서울중앙지법에 여의도 부지에 대한 지상권설정등기말소를 청구하는 소송을 제기하였습니다.

재단이 주장하는 요지는 다음과 같았습니다.

"이 사건 기본계약 당시 재단의 이사장이었던 곽정환이 Y22를 사실상 지배하거나 Y22에게 영향력을 행사하는 자신의 지위를 바탕으로 재단에게 막대한 손해를 가하고 Y22에게 막대한 이익을 부여하는 내용의 기본계약을 독단으로 체결함으로써 재단에 대한 배임행위를 하였고, Y22가 이에 적극 가담하였으므로 이 사건 기본계약은 사회질서에 반하는 법률행위에 해당하여 무효이다. 또

이 사건 기본계약이 재단의 주무 관청인 문화관광부의 허가를 받은 바 없으므로 무효이다."

천신만고 끝에 공사를 시작했고, PF 자금도 1조 3,000여 억 원이 모여 거의 마무리해 가던 Y22로서는 크게 당황하지 않을 수 없었습니다. PF 주관사인 신한은행도 당황하기는 마찬가지였습니다. 소송이 제기되면 금융감독 규정에 따라 요주의 여신이 되기 때문에 금융기관들로서는 투자를 꺼리게 됩니다. 그래서 시중에서는 "통일재단의 소송 제기가 파크원 PF 자체를 방해하기 위한 목적"이라는 말도 나왔습니다.

시공업체인 삼성물산의 입장도 어렵게 되었습니다. 계약금 420억 원만 받고 약 1,000억 원의 공사가 진척되었는데, PF가 안 되면 공사비까지 물리게 되는 것입니다. 브리지론을 대출해 준 저축은행들도 1,600억 원의 대출금을 회수 못하게 되면 부실대출로 분류되어 부도를 선언할 수밖에 없을 터였습니다.

한편 교회 측에서는 소송만이 아니라 여의도성지보호신도비상대책위원회(신대위, 대표 양준수 등)라는 조직을 급조하고 나섰습니다. 이들은 11월과 12월에 여의도 현장을 찾아가 '세계선교본부 자리에 금융사가 들어서면 안 된다'며 촛불시위를 하고 오피스 건물 매각을 협상 중이던 미래에셋과 맥쿼리증권, PF를 주관하던 신한은행 등을 수차례 찾아가 항의하였습니다. 재단은 또한 지상권처분금지 가처분신청과 파크원 공사중지 가처분신청을 하였습니다. 아버님의 숙원사업을 재단과 교회가 나서서 이렇게 방해하고 나섰습니다.

재단 측의 소송제기와 신대위의 매각반대시위에 직면한 금융권은 결국 1조 8,000여 억 원의 본 PF를 중단하고 맙니다. 맥쿼리증권과 미래에셋증권과의 오피스 매각협상을 무산시켜 금융기관들이 파크원 PF 투자에 참여 못하게 하려는 재단 측의 목적이 달성된 셈이었습니다.

본 PF가 무산되자 2010월 12월 7일, 파크원 프로젝트의 브리지론 대주단이 시행사인 스카이랜에 대한 기한이익상실(EOD)을 선언했습니다. 기한이익상실(EOD)은 채권자인 금융기관이 채무자에게 빌려준 자금에 대해 만기 전에 회수를 요구하는 것을 말합니다. 워크아웃, 법정관리, 소송 등으로 채무자의 신용에 위험이 발생했을 때 채권자는 기한이익상실을 선언할 수 있습니다. 사실상의 채무불이행 선언이었습니다. Y22는 더 이상 사업을 추진할 수 없을 정도로 궁지에 몰렸습니다.

설상가상으로 Y22는 1,600억 원의 브리지론[12]을 조달할 때 자신의 주식을 대주단에게 맡기는 근질권[13]을 설정했습니다. 1,600억 원의 브리지론을 갚지 못하면 대주단이 제3자에게 Y22의 주식을 매각할 수 있게 한다는 것이죠. 재단은 이 사실을 알고 Y22가 브리지론을 상환하지 못할 경우 Y22 자체를 인수함으로써 여의도 개발사업을 탈취하겠다는 계략이었습니다. 그러기 위해서는 본 PF가 무산되어 브리지론이 상환불능 상태가 되어야만 했던 것입니다.

재단은 이에 대한 준비로써 알유에스앤매니지먼트라는 법인(주소를 유지재단의 소유건물에 두고 있었고 문국진 이사장의 측근인 김희수가 대표이사를 맡음.)을 은밀하게 설립하였습니다. 알유에스앤매니지먼트는

---

12 브릿지 론은 일시적인 자금난에 빠질 경우 일시적으로 자금을 연결하는 다리(Bridge)가 되는 대출이며 한마디로 임시방편 대출입니다. 즉 자금이 급히 필요한데 충분한 자금을 모을 때까지 시일이 걸릴 경우, 단기 차입 등에 의해 필요자금을 일시적으로 조달하는 것이 브릿지 론입니다.

13 근질권은 채권자가 채무자 또는 제3자(담보제공자)로부터 받은 채무의 담보로써 제공받은 동산, 유가증권, 채권을 점유함으로써 채무의 변제를 간접적으로 강제하고, 채무를 이행하지 않을 경우에는 그 물건을 처분하거나 경매를 실행하여 그 대금으로 우선 변제를 받을 수 있는 권리를 말합니다. 이 경우 근질권은 질권설정한도를 정해 거기까지 담보하는 것을 말합니다.

비밀리에 삼일회계법인에게 의뢰하여 Y22의 주식가치평가까지 마쳤습니다.

그러나 이러한 계략을 알게 된 Y22 측이 2011년 3월 16일 극적으로 브리지론을 변제함으로써, Y22를 탈취하려던 계략은 실패로 돌아갔습니다. (브리지론 변제 마감시간 종료 직전까지 변제가 난항을 겪는 모습을 보이자, 재단 측 변호사들은 Y22 주식을 인수할 수 있을 줄 알고 주식등기절차를 위해 부지런히 말레이시아 행 비행기에 몸을 실었다고 합니다.) 이후 재단은 알유에스앤매니지먼트를 서둘러서 청산하였습니다. 이러한 부끄러운 진실을 은폐하기 위해서였지요.

자금조달을 의도적으로 방해하여 궁지에 처한 상대방의 회사를 탈취하려는 시도는 세상에서 조차도 정당하지 못한 행위로 비난받습니다.

2006년 5월 30일, 체결된 재단과 Y22와의 최종계약은 이사회 의결을 거쳐 그 이전의 모든 계약보다 완전한 계약이며, 과거의 모든 계약에서 표현된 의도에 대해 우선하는 최종계약으로 체결되었습니다.

그때 저는 재단이사장도 Y22의 대표도 아니었습니다. 당시 재단이사장은 국진님이 잠시 대신자로 세운 안진선이었고, 실질적인 재단 업무 총괄책임자는 여전히 국진님이었습니다. 더 나아가 이 최종계약에 의거한 Y22의 지상권설정등기신청은 문국진님 본인 명의로 하였습니다.

그래 놓고 여의도 부지 보존을 위해 천신만고한 저를, 계약 당사자도 아닌 저를 배임했다고 도둑으로 몰아 소송을 일으키다니 이런 비도덕적이요, 천인공노할 일이 있을 수 있습니까?

그럼에도 불구하고 소송이 제기되고 약 2년 뒤인 2011년 7월 20일, 서울중앙지방법원 제14민사부는 지상권설정등기무효 청구 소송에서 재단이 패소했습니다. 당연한 결과였습니다. 그 후 재판 결과, 2011년 12월 29일 법원은 "재단은 Y22가 입은 손해 450억 9,469만 8,038원

및 이에 대한 이자를 배상하라"고 판결하였습니다.

  1심에서 패한 재단은 지상권설정등기 무효소송을 2011년 8월 29일 고등법원에 다시 항소하였습니다. 소송을 준비하며 재단은 1심부터 한국 최고의 로펌 중 하나인 태평양 법무법인을 선정하였고, 2심에서도 1심의 패소를 만회하기 위하여 여러 유명 로펌을 추가해서 온갖 수단을 다 동원했습니다. 2심에서는 양측의 치열한 법리 논쟁과 더불어, 저와 문국진 이사장 등 다수의 증인이 법정에 나가 증인심문을 받았습니다.

  또한 재단은 자신들의 주장을 입증하기 위해 지상권 소송과 같은 논리를 갖고 저를 배임혐의로 고소하였습니다. 항소심 재판에서는 증인심문 이후 검찰에 저를 위증혐의로 고소를 하나 더 추가했습니다. 제가 거짓말을 했다는 것이지요. 또한 신대위를 동원하여 역시 위증, 배임과 횡령으로 중복하여 고발하였습니다. 검찰의 조사 결과 제가 어느 한 부분에서라도 배임과 위증 혐의로 기소되기만 하면 이 항소심 재판에서 승리할 수 있다고 판단하였던 것입니다.

  그런데 저에 대한 검찰의 조사와 결정이 나기 전인 2012년 8월 1일, 고등법원에서 지상권설정등기 무효소송에 대한 항소심 판결이 먼저 내려졌습니다. 재단의 명백한 패소였습니다. 나 개인에 대한 검찰의 조사 결과까지 기다리지 않더라도 재단 측의 주장은 너무나도 뻔해서 받아들일 수 없었던 것입니다.

  다음은 고등법원 재판부의 판단입니다.

  "이 사건 기본계약 당시 곽정환이 UCI 및 그 산하에 있는 회사들에 대한 지배를 통하여 피고(Y22)를 개인적으로 지배하고 있었다거나 피고에게 개인적인 영향력을 행사하는 위치에 있었다고 단정하기에 부족하고, 달리 이를 인정할 증거가 없다.

또 이 사건 기본계약 체결 무렵 곽정환이 피고(Y22)를 개인적으로 지배하고 있으면서, 원고(재단)에게 불리하고 피고에게 일방적으로 유리한 내용의 계약을 체결하여 원고에게는 막대한 손해를 가하고 피고에게 이익을 부여하고 있다고 볼 수 없다.

주무관청의 허가가 없어 무효라는 재단의 주장에 대해서도 1심과 동일한 이유로 인정할 수 없다."

그동안 재단은 재판 과정에서 심지어 '참부모님 선포문'과 '아버님 진술서'까지 제출하여 제가 배임과 횡령을 하여 지상권 계약이 부당하게 체결되었다고 주장했습니다. 존귀하신 아버님을 진흙탕 싸움에 끌어들이는 불효를 저지른 것입니다. 물론 재판부는 재단의 주장을 받아들이지 않았습니다. 진술서 등이 그 내용과 표현, 형식에 비추어 객관적인 진실을 표현하고 있다고 볼 수 없고 어떠한 의도에 의해 작성되었다는 판단을 내린 것으로 보입니다.

2012년 8월 3일과 2012년 12월 18일, 저에 대한 재단의 배임과 위증의 고소건은 검찰에서 각각 불기소 결정이 내려졌습니다. 또한 신대위의 배임과 횡령 혐의 고발 건은 2013년 4월 5일 지방검찰청에서 무혐의로 불기소 결정이 났습니다. 그러나 신대위는 고등검찰청과 대검찰청에까지 항고와 재항고를 거듭하였고, 결국 고등검찰청의 기각에 이어 2013년 12월 20일 대검에서도 최종적으로 재항고가 기각되었습니다.

배임과 횡령 혐의에 대한 검찰 조사가 대검찰청까지 가게 되었으니, 평생 검찰 조사라는 것을 받아본 적이 없는 저로서는 지극히 힘든 경험이었습니다. 그러나 역으로 생각해보면 제3자인 사법기관에 의해 저의 결백이 밝혀진 다행스러운 결과라고 볼 수 있습니다.

재단은 지상권설정등기무효 소송 2심에서 패소하자 또 다시 대법원에 상고하였습니다. 아버님께서 강남성모병원 중환자실에 입원해 계시는 동안에 재단 이사회를 열어 이런 결정을 내린 것입니다. 대법원에서 어떻게 해서든 이기기 위해, 그들은 국내 최대 최고의 로펌을 총동원하였습니다. 태평양, 화우, 광장, 남산 등. 그 면면만 봐도 재단이 얼마나 총력을 기울였는지, 투입된 변호사 비용은 또 얼마나 될지 가히 짐작할 내용이었습니다.

하나님의 뜻을 위해 조성된 공적자금을, 무모한 소송비용으로 이런 천문학적인 금액을 탕진해도 되는지 묻고 싶습니다.

참으로 답답하고 안타까울 뿐이었습니다. 1, 2심의 판결문만 봐도 분명하지만, 그들은 말도 되지 않는 억지주장과 교묘한 거짓 논리를 동원해가며 참부모님을 속이고 식구들을 기만하는 비원리적인 짓을 하고 있었습니다. 여의도 개발 관계 최종계약 당사자가 자신들이면서 이런 송사를 일으켰습니다. 세상에서도 있을 법 하지 않는 비도덕적인 일입니다.

2014년 7월 10일, 역시나 대법원은 원고인 재단의 상고를 기각하였습니다.

여의도 지상권설정등기무효소송이 미친 피해와 영향

지상권설정등기무효소송이 시작된 것은 여의도 파크원의 공사가 이미 20% 정도 진척되어 기초공사가 마무리 되어가는 시점이었습니다. 모든 과정이 순조롭게 진행되었다면 3, 4년 안에 완공이 가능했을 것이었습니다. 그렇게 되었더라면 아버님은 필생의 숙원 중 하나를 생전에 이룰 수 있었겠지요.

그러나 재단의 무모한 소송이 시작됨으로써 모든 것이 어긋나고 말았습니다.

게다가 양쪽 모두 엄청난 공적자금의 손실을 입고 말았습니다. 재단 측은 재판이 길어질 경우 상대방 측이 불어나는 재정난을 이기지 못해 무릎을 꿇을 것이라고 판단했을 것입니다. 그것은 큰 오판이었고, 결과적으로 재단 측에 더 막대한 손실을 가져다주었습니다.

여의도 지상권 소송 제1심이 끝난 후 Y22는 재단을 상대로 손해배상청구 소송을 제기하였고, 2011년 12월 29일, 재판부는 재단이 Y22에 '약 451억 원의 손해배상을 지불하라'는 명령을 내렸습니다. 재단은 이에 불복하여 고등법원과 대법원에까지 상고하였으나 역시 또 패소하면서 손해배상액은 물론 상고기간 발생한 막대한 이자까지 지불하게 되었습니다. 이에 더해 공사가 지연된 만큼 지료수입도 못 받을 것이니 그 손실액은 천문학적인 규모에 달할 것입니다.

아버님은 생전에 많은 고난과 박해를 이겨내고 지구촌 180여 개국에 세계적인 통일운동의 기반을 닦으셨습니다. 종교를 넘어 국제적으로 학술, 교육, 초종교 화해, 문화, 언론, 경제, 스포츠 등 다양한 분야의 활동으로 세계평화를 위한 커다란 업적을 쌓으셨습니다. 그 분의 가장 위대한 업적은 모든 인류가 하나님의 참된 이상 가정을 이루어 살아갈 수 있는 길을 열어주신 축복운동이었습니다. 당신 가정에서 참가정을 이루기 위해 살아오신 분이셨고, 교차교체축복결혼으로 세계 인류가 실질적으로 하나님을 중심한 하나의 가족으로 살아가는 세상을 만들어 오신 분이셨습니다.

아버님께서 모든 방면에서 세계적인 운동을 펼쳐 오신 근본 힘과 동기는 바로 '하나님의 참사랑'이었습니다. 어떤 경계선도 극복 못할 것이 없는 참사랑이며, 원수까지도 품고 하나 될 수 있는 것이 참사랑입니다. 아버님은 이와 같은 참사랑을 직접 자신의 삶 속에서 실천하며 인류가 불가능하다고 생각해왔던 것을 가능하게 만들었습니다. 바로 이것이 아버님의 위대하신 점입니다. 참사랑으로 기독교를 품었고, 참사랑으로 공산주의의 장벽을 무너뜨렸으며, 참사랑으로 서로 원수처럼 여기던 한국과 일본의 젊은이들이 부부를 이루어 살게 하셨습니다. 아버님은 숱한 말씀 속에 "참사랑으로 이루지 못할 것이 없다"고 하셨습니다. "참사랑으로 하나 된 가정 안에서는 판사도, 검사도 필요 없고 해결 못할 것이 없다"고 하셨습니다.

교회가 일으킨 소송은 이와 같은 아버님의 생애 업적과 위상, 당신이 몸소 실천하신 하나님의 참사랑의 원칙과 이상에 치명적인 손상을 끼치고 말았습니다. 이것이 이 모든 사태의 가장 큰 피해라고 할 것입니다.

악의적, 소모적으로 남발된 고소와 고발

　1999년 6월 28일, 국세청에서 재단과 세계일보를 세무조사 하겠다고 통보해 왔습니다. 형식은 정기 세무조사였지만, 그 이면에는 정치적인 의도가 담긴 것이 분명했습니다. 세계일보의 이상회 사장과 과거 재단이사장이었던 제가 친인척까지 포괄하는 세무조사를 받은 적이 있었습니다. 결과는 아무런 비리나 법률위반이 없는 것으로 밝혀졌지요. 그런데 그 즈음 과거 검찰 요직에 있었던 이 모 유명 변호사로부터 놀라운 사실을 전해 들었습니다.

　"이번 세무조사는 곽 회장과 이상회 사장을 감옥으로 보내기 위한 표적수사로, 정권 쪽과 교회 내부 최고위간부 누구누구, 그리고 신문사 안에서 이상회 사장을 반대하는 사람들의 합작으로 진행되었다고 합니다."

　비통한 심정이었습니다. 그러나 입을 꾹 다물고 아무것도 모르는 양 그 사람들을 한결같이 응대했습니다. 이런 사실이 밖에 알려지면 결국 아버님께 누가 될 터였습니다. 사필귀정의 원칙에 따라 언젠가 진실은 밝혀지고, 그들도 스스로 잘못을 뉘우칠 날이 오리라 믿었습니다.

　제가 말씀드린 적도 없는데, 후일 아버님께서 어떤 보고를 받으셨는지 공식석상에서 그 사람들 몇 명을 책망하신 기록이 적잖게 있습니다. 그럼에도 저는 어느 당사자에게도 책망하거나 추궁하지 않았습니다.

존경한다고 전해주세요

제가 한국 가정연합의 협회장으로 시무하던 때, 재단이사장도 겸직하고 있었습니다. 그러던 어느날, 협회 총무국장이 조심스레 건의를 하더군요.

"협회장님, 재단이사장 월급이 협회장보다 많습니다. 이제는 재단에서 월급을 받으시면 어떻겠습니까?"

협회 운영이 어려울 때였지만, 저는 이렇게 답했습니다.

"아닙니다. 내가 한평생 목회를 해왔는데, 재단 일을 본업무인 양 월급을 더 받으려고 하면 되겠어요?"

한 푼이 아쉬운 협회 국장들을 이해시킨 뒤, 재단이사장 것보다 액수가 훨씬 적은 협회장 월급을 받고 살았습니다. 재단으로부터 거마비 한 푼을 받아본 적이 없었고, 재단 돈으로 접대비를 써 본 적도 없었습니다. 그렇기에 가족은 물론 친인척까지 포함하여 혹독한 세무조사를 받았지만 걸릴 것이 없었던 것입니다. 오죽하면 6개월 가까이 재단에 상주하면서 조사했는데도 비리 내용이 전혀 없자, 세무조사팀이 철수하면서 재단 재무국장에게 이렇게 말했다고 합니다.

"그렇게 국내외에서 큰일을 하는 지도자가 아직도 전셋집에 살고 있고, 또 은행 잔고에 3백만 원밖에 없더군요. 참 대단한 분입니다. 존경한다고 전해주세요."

저에 관한 좋지 않은 루머들이 기승을 부릴 때, 이런 웃지 못 할 일화도 있었습니다. 마침 우리 내외가 집을 비웠을 때, 아이들만 있는 집에 참어머님께서 예고 없이 찾아오신 것입니다. 거실과 안방을 살펴보시고 부엌도 보셨답니다. 그리고 차 한 잔도 하지 않고 나가시면서 "이렇게 살고 있구나!"라며 측은한 표정을 지으셨다는 것입니다.

그 이튿날 한남동 공관에서 조찬 모임이 끝나고, 어머님이 저를 부르셨습니다.

"어제는 귀한 걸음 해주셨는데 모시지 못해 죄송했습니다."

"내가 어제 곽 목사가 어떻게 사는가 하고 잠깐 가 봤어요. 좀 해놓고 살지, 어떻게 그렇게 사나."

"어머님, 저는 그만 해도 행복합니다."

"내가 개인적으로 곽 목사를 도와주고 싶은데, 필요한 대로 말해요."

"아닙니다, 어머님. 부족한 것 없습니다."

"그러지 말고 뭐든지 말 해봐요. 내가 생각한 게 있어서 그러니까."

"어머님, 저는 부족한 것 없이 감사하게 살고 있습니다. 어머님께 도움을 받으면 제 마음에 짐이 될 것 같습니다. 나중에 필요하면 말씀드리겠습니다. 감사합니다."

그렇게 거듭 사양하고 나온 적이 있습니다.

협회장을 이임할 때, 저는 후임자에게 여러 종류의 적잖은 기금을 인계했습니다. 가정당 총재직을 떠날 때도 큰 규모의 자산을 인계한 바 있습니다. 선문학원 이사장직을 떠날 때도 그랬습니다. 그간 절약하고 모은 기금을 후임자가 계속 절약하면서 공적인 목적으로 올바로 사용하기만을 오로지 바라왔습니다.

저를 두고 "인색하다", "주변이나 아랫사람들을 챙기지 않는다"고 비난하는 사람도 다수 있는 것으로 압니다. 그 마음들을 십분 이해합니다. 그러나 감히 제가, 어찌 제 것이 아닌 하늘의 것을 마음대로 쓰면서 생색을 낼 수 있겠습니까. 저에게 아직까지 섭섭한 분들이 있으시다면, 이 글을 읽고 부디 이해해주시면 고맙겠습니다.

당시의 표적 세무조사 건은 분명 불미스러운 일이었습니다. 그러나 인생사 새옹지마라고, 평생 아버님을 최측근에서 보좌했던 제가 전혀 거리낄 것 없이 청렴한 삶을 살았음을 증명함으로써 아버님의 위상을 더 높게 각인시키는 계기가 되었다고 생각합니다.

2003년 9월에도 또 한 차례 세무조사를 받았습니다. 통일그룹에 공적자금조사반이 투입되었던 것이지요.

국세청, 검찰청, 예금보험공사, 경찰청, 은행감독원에서 파견된 조사반이었습니다. 금융기관에 공적자금이 투입되게 만든 원인을 제공한 부실기업을 정부가 조사하고 회사자금을 유용, 횡령, 배임을 한 사례 등을 적발할 경우 손해배상과 형사처벌을 하는 절차였습니다. 조사반이 정식으로 재단이나 회사의 각종 서류들을 뒤지고 관련 임원들을 장기간 조사할 경우, 사소한 잘못들까지도 낱낱이 밝혀지기 마련이었습니다. 그리하여 많은 기업인이 형사처벌을 받곤 했습니다.

조사 당시에는 제가 재단이사장이 아니었지만, 제가 그룹부도 전후의 중대사를 결정했기 때문에 사실상의 표적은 바로 저였던 것입니다. 그러나 대한민국 최고의 전문요원들이 샅샅이 조사하였음에도, 저는 물론이요, 다른 임원들의 비리가 단 한 건도 적발되지 않았습니다. 이유는 간단했습니다. 비리를 저지른 적이 없기 때문이었습니다. 따라서 그 당시의 세무조사가, 역으로 저의 결백을 밝혀준 과정이라고 할 터였습니다.

고소와 불기소의 연속

세계기독교통일신령협회 유지재단(이사장 문국진)이 Y22를 상대로 일으킨 지상권설정등기말소 청구 소송에서 패하자, 그들은 한 달 뒤인 20011년 8월 29일, 고등법원에 항소하고 이어서 10월 12일에는 나를 특정경제가중처벌 등에 관한 법률 위반(배임) 혐의로 서울서부지검에 고소하였습니다.

전임 이사장인 제가 처음 기본계약부터 최종계약에 이르기까지 철저하게 아버님과 이사회를 걸쳐서 진행하여 왔으며, 특히 최종계약은 국진님이 이사장에 취임한 이후 철저하게 공개적인 검토를 거쳐 문국진 이사장의 사실상 대리인이자 법률적 대표 지위에 있었던 안진선 재단이사장이 서명하여 체결한 것임에도, 그들은 뻔뻔하게 이를 부정하는 주장을 하였던 것입니다. 게다가 정확한 내용을 모르는 식구들을 선동하여 곽정환이 "여의도 땅을 팔아먹었다" "공적 재산을 빼돌렸다"는 등의 악의적인 비난을 서슴지 않았습니다. 평생 통일가의 발전을 위해 헌신해 온 원로를 졸지에 배교자요, 도둑으로 낙인찍고 이를 전 세계에 선전한 것입니다. 이는 저 한 사람만의 고통이 아니었습니다. 그로 인해 통일가의 사회적 영적 위상에 치명적인 오점을 남기고 말았던 것입니다.

재단은 과거 이사장이었던 나를 범법한 자로 몰아 항소심에서 어떻게 해서든 이겨보려고 했고, 유력 변호사들을 동원하는 등 거의 필사적으로 달려들었습니다. 그러나 이 고소는 불기소 결정이 남으로써 그 목적을 이루지 못했습니다.

재단은 배임으로 저를 고소한 건이 아직 진행 중인 상태에서 2012년 4월 14일 또 다시 저를 서울서부지검에 위증혐의로 고소하였습니다. 지상권무효 소송 항소심에서는 제가 재단의 전 이사장이었다는 이유로 2012년 1월 27일 고등법원에 불러내 증언하게 만들어놓고는, 다시 이 증언을 꼬투리 잡아 위증혐의로 추가 고소한 것입니다.

더 기가 막힌 것은 재단 만이 아니라 재단의 하수인이라고 할 수 있는 통일교신도대책위원회(양준수 외 7명, 이하 신대위)의 행태였습니다. 그들 역시 2012년 6월 서울동부지검에 나를 동일한 내용의 위증혐의로 고발하였으니, 오로지 2심에서 이기기 위해 제게 파상공세를 퍼부은 것입니다.

재단이 서부지검에 고소한 사건은 신대위의 고발 사건과 동일한 내용이었기에 서울 동부지검으로 이송되고, 결국 서울 동부경찰서가 두 사건을 함께 조사하였습니다. 여기서도 재단 측을 대표한 고소인 조사와 더불어 저에 대한 피고소인 소환 조사가 있었고, 양측 변호사 의견서를 통한 치열한 다툼이 있었습니다. 첨예한 문제가 걸린 사건이라 철저할 수밖에 없었습니다.

그 결과 검찰은 2012년 12월 18일, 재단과 신대위가 고발한 위증혐의에 대해서 모두 불기소 결정을 내렸습니다.

재단은 저에 대한 고소내용이 허위임을 명백히 알고 있으면서도, 오직 지상권등기말소청구 소송에서의 패소를 항소심에서 뒤집어보기 위한 수단으로 무리하게 고소를 시도했던 것입니다.

여의도 지상권 소송에 이기고자 나에게 형사고소를 계속하다

재단은 마치 고소 고발로 저를 괴롭히기라도 하려는 양 끊임없이 저에 대한 소송을 일으켰습니다.

앞에서 설명한 배임과 위증에 대한 세 개의 고발 건이 판결나기도 전에 신대위는 또 다른 소송을 일으켰습니다. 저와 Y22의 폴 M. 로저스와 이사들, 문현진 회장을 비롯한 UCI 이사진 전원을 대동소이한 배임과 횡령 혐의로 서울 중앙지검에 고발(2012년 1월 19일과 6월 15일)한 것이죠. 재단과 '신도'를 총동원하여 저와 현진님을 비난, 항소심의 판결을 재단에 유리하도록 총력을 기울이는 모습이었습니다.

신대위 측은 변호사를 선임하여 방대한 자료와 의견서를 제출하였습니다. 그들은 재단의 지원을 받는 대리인이라고밖에 볼 수 없었습니다. 방대한 소송 관련 자료들과 고액의 변호사 비용을 그들 자체적으로 조달하는 것은 불가능하기 때문입니다. 신대위의 구성원은 지극히 소수의 몇몇 사람들이었는데, 전체 식구들의 합법적인 대표성을 갖고 구성된 것처럼 행세를 하였습니다. 이들의 터무니없는 주장에 많은 식구들이 영향을 받고 거짓을 사실로 믿어 왔으니 참으로 안타깝고 한심할 뿐입니다.

이 고발 사건은 해를 넘겨 2013년 4월 5일, 서울중앙지검에서 혐의 없음으로 불기소 처분 되었습니다. 그러나 재단이 지상권등기말소 청구 소송을 대법원에 상고하였기에 여기서 유리한 고지에 서기 위해 신대위는 재차 이 사건을 고검에 항고하였습니다.

신대위 측은 고검에서 광장 등 대형 법무법인의 변호사들을 선임하면서까지 저의 유죄를 입증하기 위하여 온갖 수단과 방법을 다 동원했습니다. 그러나 없는 죄를 만들어낼 수는 없었지요. 결국 고검에서도 이 건은 2013년 9월 11일, 항고기각 되었습니다. 신대위 측은 끝내 포기하지 않고 대검찰청에 재항고를 하였으며, 대검찰청에서도 2013년 12월 20일 재항고기각 결정이 내려졌습니다.

재판제도의 3심제처럼 검찰의 사건 조사도 고소 고발인이 결과에 불복하면 고검과 대검까지 3차의 조사를 받게 되지요. 신대위는 이 제도를 악용, 번번이 패소하면서도 끝까지 저를 괴롭혔습니다. 그 지난한 과정에서 제가 당한 고통은 이루 말할 수 없는 것이었습니다. 무엇보다 고발자들이 교회와 식구들이었다는 것, 그들로부터 (검찰조사 결과와 무관하게) 상상할 수 없는 모욕을 받고 죄인 취급을 받는 배신의 고통은 당사자가 아니면 상상할 수도 없는 것이었습니다.

법을 이용해서 끝까지 괴롭혀보겠다는 태도

여의도지상권 관련소송 1심에서 패소한 유지재단은 항소심에서는 어떻게든 이겨보기 위하여 저를 배임과 위증 혐의로 별건 고소하였고, 재단의 지원을 받은 신대위도 저를 위증과 배임, 횡령 혐의 등으로 고발하였지만 뜻을 이루지 못하였습니다. 항소심에서도 패소하고 불기소 처분이 내려졌으니까요. 대법원의 상고심에서 유리한 증거로 활용하기 위해서는 신대위가 고발한 횡령과 배임의 고발 건이 어떻게든 기소되어야 했지만, 장기간의 수사에도 불구하고 이마저 대검찰청에서 재항고 기각되어 무혐의 처분이 확정되었습니다.

그러자 이번에는 세계평화통일가정연합(협회장 유경석)이 나섰습니다.

대검찰청의 재항고기각(2013. 12. 20) 이후 10일 만에, 협회가 서울지방검찰청이 아닌 서울동부지방검찰청에 완전히 동일한 내용을 고소인만 바꾸고 일부 내용을 각색하여 재고소한 것입니다. 사건 대리인도 신대위와 같은 법무법인 광장으로, 한마디로 '동일한 법률 대리인으로 동일한 내용을 재고소'하는 남발된 고소였습니다.

가정연합이 이 사건의 고소를 제기한 시점은 재단이 Y22를 상대로 제기한 지상권말소 소송이 대법원에서 최종선고를 앞두고 있던 시점으로, 당시 진행 중인 민사소송을 어떻게든 연장시켜 이겨보고자 허무맹랑한 재고소를 단행한 듯합니다.

검찰은 이 사건에 대하여 고소인이 그동안 항고와 재항고까지 여러 차례 기각된 사건을 동일한 자료를 가지고 다시 고소한 것으로 판단해 불기소결정(각하)하였습니다.

새로운 내용도 없는 고소를 재고소한 것은 국가 행정력의 낭비요, 피고소인에 대한 심각한 인권 유린이며 무고라 할 것입니다. 그런데도 상식과 합리적 판단을 넘어선 비이성적 고소 고발은 끝없이 계속되었습니다. 이 고소 건도 지검에서 각하 되었으나 협회는 고검에 항고하였고, 고검에서 역시 무혐의로 불기소 결정이 되자 다시 대검찰청 아닌 고등법원에 재정신청을 한 것입니다. 여의도지상권 관련 소송은 이미 대법원에서 2014년 7월 10일 상고기각 결정이 났는데도 말입니다. 법을 이용해서 할 수 있는 한 끝까지 괴롭혀보겠다는 태도였습니다.

결국 협회의 재정신청도 서울고등법원에서 또 다시 기각 결정(2016. 5. 13)이 내려졌습니다.

'고소'에 관한 아버님의 기준

무려 12건의 고소와 고발

지금까지 재단과 신대위, 협회가 저에 대하여 제기한 고소와 고발은 무려 12건에 달했고, 하나도 예외없이 모두 무혐의 또는 불기소 처분되었습니다. 그런데도 13번째 고소 건은 또다시 진행하고 있습니다.

그 정도로 해서 죄가 없음이 밝혀졌다면 더 이상의 고소를 포기하고 그간의 억지와 무고에 대해 사과하는 것이 마땅한 도리겠지만, 그들은 단 한 번도 사과하지 않았습니다.

수많은 고소와 고발을 당했고 무고함이 밝혀졌지만, 저는 그들을 단 한 번도 무고나 명예훼손 혐의로 고소하지 않았습니다.

저는 하나님을 믿는 사람이기 때문입니다.

제가 참아버님으로 모신 문선명 총재님의 가르침에 따라, 이런 사람들조차도 하나님의 진리와 참사랑으로 올바른 길로 인도해야 할 책임이 저에게 있다는 것을 알기 때문입니다.

지금도 저는 그들을 저주하거나 원망하지 않습니다.

그들과 그들의 가정, 그 후손들을 위해 기도할 뿐입니다.

가능성이 전혀 없는 것으로 판명된 소송에 가정연합이 왜 뛰어들었는지 저는 도저히 이해할 수 없습니다. 그것은 아버님의 전통을 파괴하는 행위입니다. 가정연합은 참사랑을 실천하는 섭리의 핵심기관으로서 유지재단이나 식구들의 사조직과는 다르게 품격을 갖추어야 했습니다. 그 같은 소송 행위를 통해 가정연합은 섭리적인 사명을 수행하는 기관으로서의 자격을 포기하고 만 것입니다.

아버님께서 어떤 기준을 지켜 오셨는지, 저에게는 한 가지 특별한 기억이 있습니다.

1975년 6월 7일, 서울 여의도광장에서 〈구국세계대회〉를 개최할 때였습니다.

제가 도미하기 직전, 인도차이나반도가 공산화되고 크메르와 월남의 연이어 공산화되는 긴박한 정세에서 아버님은 60개국 1,000여 명의 대표를 동원하고 전국 각지에서 120만 명이 참석하는 대규모 집회를 지시하였습니다. 당시로서는 엄청난 규모의 대회였습니다. 더구나 기성교단의 반대와 핍박 속에서 참으로 힘들게 행사 준비를 하고 있었습니다.

대회 10여 일을 앞둔 즈음, 상도동의 모 목사를 중심한 기독교인들이 아버님에 대해 입에 담을 수 없는 내용의 전단지를 만들어서 서울시내에 대량 살포했습니다. 그 소식을 듣고 대회조직위원회 임원들이 참담한 심정으로 모였습니다. 그렇지 않아도 어려운 판인데, 그런 전단지를 보고 누가 여의도 대회에 오겠느냐며 낙담한 분위기였습니다. 대책회의 끝에 결론이 나왔습니다.

"우리가 그토록 오랜 기간 모함과 핍박을 받으면서도 한 번도 법적 대응을 안 하니까 저들이 저러는 것입니다. 우리도 한 번쯤은 따끔하게

혼을 내줘야 하지 않을까요?"

"맞습니다. 이제 더 이상 양보할 수 없습니다. 이 대회를 위해서도 그렇고 장차를 위해서도 그래요. 설사 법적인 결론이 안 나오더라도 변호사를 사고 고소문을 만들어서 고소합시다. 그것을 신문에 싣고 공고합시다."

만장일치로 결정이 났고 변호사를 만나 고소장을 작성했습니다. 그리고는 아버님의 재가를 받기로 했습니다. 난처하게도 제가 그 역할을 맡게 되었습니다.

아버님은 그때 청평에 들어가서 기도를 하고 계셨습니다. 위란(危亂)에 놓인 한국을 구하기 위해서 온 세계를 동원해서 대회를 준비하시고, 김일성이 야욕을 멈추도록 하여 나라를 살리겠다고 사력을 다해 기도하시는 분을 찾아가서 그 어려운 말씀을 드려야 했던 것입니다. 도살장에 끌려가는 기분이었습니다.

당시는 청평 가는 길이 지금처럼 좋지 않던 때였지요. 청평댐 나루에서 보트를 타고 임시 가설물이 지어져있는 수련소로 들어갔습니다.

"저 왔습니다."

그러자 아버님이 의아한 얼굴이었습니다.

"바쁠 텐데 어떻게 왔어?"

저는 기어들어가는 목소리로 그간의 사연을 말씀드렸습니다.

"조직위원회에서 이번만은 더 참을 수 없다고 결정했습니다. 아버님, 허락해주십시오. 우리도 한 번은 짚고 넘어가야 하지 않겠습니까? 벌써 변호사가 고소문까지 다 작성해놓았습니다. 결정해주시면 바로 접수하고 신문에 공고하려고 합니다."

어떠한 상황이라도
법적투쟁은 안 된다 하신 아버님

눈을 지그시 감고 제 이야기를 들으시던 아버님이 한참 만에 입을 여셨습니다.

"안 된다. 내가 이번 대회 단상에서 해야 할 말의 핵심이 무엇인 줄 아느냐? 통일이다. 우리의 마음을 묶고 또 북한 사람들의 마음을 묶어서 이 섭리적인 조국을 빛내자는 것이다. 그런데 같은 땅의 형제를 고소해놓고 어떻게 단상에서 통일을 말하겠느냐? 그 사람들의 전단지 때문에 사람이 정 안 모이면 안 모이는 대로, 그러나 하나님의 마음에 들도록 하면 된다. 그러면 성공하는 대회가 되는 것이다. 비록 백만 명이 아니라 천만 명이 모인다해도 하나님께서 고개를 돌리시면 아무 소용없다. 그런 대회는 하나마나다."

"아버님, 무슨 말씀인지 알겠습니다."

"내가 가서 직접 말을 해줘야 되겠다. 가자."

청평에서 아버님을 모시고 나오는데, 보트 안에서도 차 안에서도 죄인 아닌 죄인이 된 심정이었습니다. 아버님께서는 언제나 '하나님의 심정을 기준으로 판단하고 계시는구나!' 하는 사실에 대해 다시 한 번 생각하였습니다. 이런 아버지 앞에 대회를 맡아서 책임을 지고 있는 우리의 생각이 기껏 이것밖에 안 되는 것이었구나 싶었습니다.

그런 곡절 속에서 치룬 대회, 당시의 사진을 보면, 그 넓은 여의도광장이 인산인해를 이루었음을 확인할 수 있습니다.

어떤 문제에 부딪혔을 때, 우리는 언제나 '아버님이라면 어떻게 하실 것인가?'를 생각해야 합니다.

오늘날 통일가에서 벌어지고 있는 문제들도 아버님의 시각으로 보면 답이 나올 것입니다. 아버님은 "아무리 어려운 처지에서도 법적투쟁을 해서는 안 된다"는 원칙을 고수하셨습니다. 그 같은 역사적인 사실을 우리는 알아야 합니다.

아버님은 끝까지 용서하시고, 하나님의 사랑 안에서 하나 되기를 기도하시고, 참사랑으로 품고자 하셨던 분입니다. 오늘 우리 지도자들과 축복가정들은 아버님의 정신과 전통을 그대로 이어가고 있는지 마음 깊이 돌아보고 점검해야 할 것입니다.

지금까지 저뿐 아니라 참가정의 현진님에 대해서도 훨씬 더 많은 고소 고발이 있었습니다. 이는 재단이나 협회장의 단독적인 결정이 아닐 것입니다. 최종적으로 어머님의 지시나 재가가 있어야 가능했을 것입니다.

참사랑의 상징이요, 대표가 되셔야 할 참어머님께서 당신의 아들에 대한 형사고발을 허락했다는 것을 어떻게 받아들여야 할지, 저 자신도 혼란스럽기 짝이 없습니다.

이 자리에서 분명코 말할 수 있지만, 지금의 어머님은 제가 오랜 기간 모시고 받들었던 참어머님이 아닙니다. 늘 자애롭게 아버님 곁을 지키고 자녀들을 이끌어주셨던 어머님의 모습이 아닙니다.

교묘하고 사악한 논리로 이성과 신앙을 마비시키는 소리에 어머님이 언제까지 귀를 기울일 것인지 모르겠습니다. 어서 속히 본심의 눈을 뜨시고 본래의 모습으로 참아버님의 완전한 대상위, 본연의 모습으로 돌아오시기를 바라오며 기도드립니다.

국진님은 아버님을 따르던 1세들에 대한 불신이 대단하였습니다. 그 중에서도 저에 대한 불신은 콩으로 메주를 쑨다 해도 믿지 않을 만큼 심했습니다. 왜 그토록 저를 미워했는지 모를 일입니다. 오랜 기간 최측근에서 아버님의 신임과 총애를 독차지해왔던 것에 대한 시기였는지도 모르겠습니다.

2006년 5월 8일 국진님은 유지재단 이사장으로 정식 취임했습니다. 취임 이전부터도 일반 재단 업무를 관장하도록 해 드렸지만, 그 위에 참자녀라는 위상을 이용해 강력한 권한을 행사해왔지요. 재단 기관 기업체 간부들은 인사와 재정 분야에 절대적인 권한을 가진 그를 찬양하기에 바빴습니다.

국진님은 '통일가의 지도자들은 모두 실패자요, 1세들은 책임 못한 자들'로 낙인을 찍어놓고, 그 모든 책임을 저에게 덮어씌워서 너무도 쉽게 정죄하기 시작했습니다.

통일그룹의 정상화를 시도한다는 명분하에 저의 뒷조사를 하는데 대단히 집착했습니다.

어느 날은 세계일보 최고 간부로부터 전화가 걸려왔습니다.

"곽 회장님, 오늘 국진님이 신문사에 초도순시를 하셨는데, 엄청난 말씀을 하셨습니다. 보통 문제가 아닙니다."

"무슨 말씀이었는데 그래요?"

"입에 올리기도 민망해서……."

"말해보세요. 뭐든 들을 준비가 되었으니까."

"그게…… '통일교회 재산을 훔쳐간 도둑놈 곽 회장의 주식, 비자금, 금전거래, 부정을 찾아서 반드시 밝히겠다'고 하시더군요."

다른 회사의 최고 간부로부터도 비슷한 말을 들었습니다.

저에 대한 선전포고였습니다. 그렇게 3년간, 억대 연봉을 받는 법률·회계 전문가들을 영입해서 제 뒤를 샅샅이 캤던 것입니다. 그러나 밝혀낸 건수가 아무것도 없었지요. 어떤 비리도 없었으니까요.

통일가 전체가 하늘의 장자를 죽이려고

기적 같았던 여의도 부지 보존과 관련해, 저는 언제나 저를 드러내지 않고 하나님의 은사와 아버님의 정성 어린 지도에 감사해왔습니다. 저의 일관된 자세를 귀하게 보신 아버님은 저를 여러 차례 치하해주시기도 하였습니다. 그런데 그 아버님의 아들이신 국진님과 형진님이 이끄는 통일교회는 그와 정반대로, 저를 천하에 나쁜 도적으로 몰아갔습니다.

도대체 그 이유가 무엇입니까?

한때는 제 앞에서 국진님더러 '곽 회장에게 잘못을 사과하라'고 지시하셨던 어머님께서도, 저를 죄인으로 만들려 하고 계십니다.

도대체 그 이유가 무엇입니까?

2005년까지만 하더라도 현진님에 대한 아버님의 신임은 절대적이었습니다. 그러나 언젠가부터 국진님과 형진님을 비롯한 아버님 주변의 기회주의자들이 반 현진님 진영을 형성하고 아버님 주변을 철저하게 차단했습니다. 그리고 아버님께 현진님과 저에 관해서 왜곡된 보고를 계속했던 것 같습니다. 급기야는 2009년 3월 8일, 소위 속초 영계 메시지 조작사건까지 만들어 현진님을 축출하는 사건이 벌어졌습니다. 그 배후에는 바로 어머님의 후원이 있었음을 나중에 알았습니다.

이후 그들은 현진님 측을 상대로 한국과 미국, 남미 등지에서 수십 가지의 소송을 일으켜왔습니다. 그들은 이 소송을 공적자산을 둘러싼 분쟁으로 포장했지만, 그 본질은 다른 곳에 있었습니다. 어떻게 친형제와 고위 지도자가 그토록 원수 대하듯 일방적인 공격과 비방을 할 수 있습니까? 현진님에 대해 나쁜 인상을 다각도로 심어서 그 인품과 위상을 떨어뜨리려는 의도가 다분했다는 생각입니다. 거기에 더하여 그 이후에 진행된 문형진님의 2대왕 주장, 어머님의 독생녀 주장, 제자들의 법통 관련한 주장들을 살펴볼 때, 실제로는 이들의 행동에는 모두가 현진님의 후계구도를 허물어뜨리려는 의도가 숨어 있었던 것으로 이해됩니다.

그들은 '현진님이 이룩한 성과가 모두 통일운동의 도움으로 가능했다고 생각하기에, 현진님이 통일가에서 쫓겨나면 아무것도 할 수 없을 것'이라고 생각한 듯합니다.

또한 본인들이 '교회 조직을 장악하여 그 자리에 올라간다면 자신들도 같은 성과를 거둘 수 있을 것'이라고 그들은 믿었던 듯 합니다.

실제로 그들은 '늘 자신감이 넘치고 의욕에 찬 현진님이지만 소송을 계속하여 재정적으로 어렵게 만들면, 결국 빈털터리가 된 현진님이 무릎을 꿇고 어머님과 동생들, 그리고 교회의 권력 앞에 굴복할 것'이라면서 소송의 당위성을 주장해왔습니다.

더불어 '든든한 후원자 역할을 하는 곽정환을 감옥에 잡아넣으면 현진님이 아무 힘도 못 쓰게 될 것'이라고 판단한 듯합니다. 이야말로 그들의 크나큰 오판입니다. 제가 뒤에서 현진님에게 어떤 영향을 미치고 심지어 조종하고 있다고 생각했다면, 이는 반박할 가치도 없는 착각임을 알아야 할 것입니다. 현진님을 가까이서 경험해본 사람이라면 그것이 얼마나 말도 안 되는 생각인지 이해할 것입니다.

그것이 자신들의 오판이었음을 안 이후에도, 그들은 의도적으로 통일가 전체에 그와 같은 프레임이 굳어지도록 행동했습니다. 그런 연유에서 '곽그룹'이라는 단어가 만들어진 것입니다.

그들이 저에 대해 무려 12번 이상의 고소고발을 반복했습니다. 실상 그 공격의 목표는 제가 아니라 현진님이었습니다. 특히 그들은 여의도 부지 지상권등기말소소송에 저를 이용하기 시작했습니다. 국진님은 'Y22를 상대로 지상권등기를 무효화할 수 있다면 여의도 파크원 개발권을 빼앗아 직접 개발할 수 있을 것이고, 게다가 무효의 원인이 저의 배임에 있다면 저를 교회에서 축출하여 형님에게 치명타를 가함으로써 훨씬 유리하고 안정적인 기반을 확보할 수 있을 것'으로 여겼던 것 같습니다.

결국 저를 형사 처벌해야 그 목적을 달성할 수 있을 터였습니다. 그래서 국내 최고의 로펌들을 고용해가며 유지재단 이름으로, 신대위 이름으로, 또 협회 이름으로 동일한 내용의 고소 고발을 계속하였습니다. 현진님은 물론 저의 가족까지도 고발했습니다.

그러나 위에서 밝혔듯이, 그들의 목적은 이뤄질 수 없었습니다.

그들은 대법원까지 패소를 거듭했습니다. 그로 인해 오히려 저와 현진님의 무고함만 사법당국에 의해서 대낮같이 밝혀지는 결과를 낳았습니다.

현진님이 교회의 도움 없이 활동을 전개하여 세계적인 기반을 닦고 성공할 경우, 그들 자신의 주장이 완전히 잘못이었다는 사실이 온 천하에 드러날 것입니다.

하늘이 세운 정통성을 갖춘 아들이 바로 현진님이라는 사실이 증명되었을 때, 그 자리를 빼앗은 그들 자신의 위법적인 실상이 온 천하에 그대로 밝혀지게 될 것입니다.

그들이 두려워하는 상황이, 점차 현실로 다가오고 있습니다.

한때 국진님에 의해 소송이 진행되었기에 '형제간'의 권력다툼이라고 주장하는 사람들이 있었습니다. 그렇다면, 국진님과 형진님이 어머님과 결별한 뒤에는, 소송이 줄어들거나 중단되었어야 합니다. 그러나 어머님이 모든 권한을 장악한 이후 5년여, 오히려 소송은 더 첨예하게 격화되어 왔습니다.

이것이 의미하는 바가 무엇입니까?

오래 전부터 배후에서 소송을 방조하고 심지어 조종해 오신 분이 바로 어머님 아니셨던가 하는 의혹만 깊어지지 않겠습니까?

　천주사적 갈등은 아직 끝나지 않았습니다.
　가장 신앙적이어야 할 소위 '교회'와 '가정'연합이 그 안에서 갈등을 해소 못하고 불신과 반목을 거듭한 끝에 세상의 사법기관에 문제를 해결해 줄 것을 요구하고 있습니다.
　참으로 부끄러운 노릇입니다.
　죄 없는 사람을 죄인으로 만들어 자기들의 정당성을 확보하고 교권을 장악함으로써 통일가를 사유화하려 하고 있습니다.
　한 사람을, 한 가정을, 한 혈육을 파멸시키기 위해 수 천 억을 쓰는 조직.
　세상의 일반 기업이 그렇게 한대도 지탄 받을 일이건만, 그와 같은 종교단체가 정상적입니까?
　통일가 전체가 하늘의 장자를 죽이려고 한 연대죄에 걸려 있습니다.

　한 줌 교권을 잡으려고 통일가 안에 거짓과 비방과 모함이 판을 치고 있는 그런 현실이라면, 하나님은 떠나실 수밖에 없을 것입니다.

　가정연합이, 어서 속히 본연의 모습으로 돌아서고, 더 나아가 아버님이 바라시는 대로 교회의 차원을 넘어 참사랑의 가정 이상을 정착시키고, 하나님의 창조이상인 '한 하나님 아래 인류 한 가족의 꿈'을 이뤄드리는 참사랑의 실천자, 하나님의 아들딸의 자리로 되돌아오기를 진심으로 기도드립니다.

6장

'독생녀'의 진실과 거짓

참아버님 성화 이후 더욱 심화된
불화와 갈등의 근본에 대해

2009년 3월 '속초 거짓 영계 보고서' 사건 이후, 아버님까지 이용하는 교권의 불의에 따를 수 없었던 현진님은 하나님의 뜻과 섭리를 위한 독자 행보에 나섰습니다. 이에 가정연합은 '참부모님 말씀에 불순종한 아들'이라는 오명을 씌워가며 현진님에게 무차별적인 인격살인을 자행하였습니다. 그뿐만 아니라 소송도 서슴지 않으며 현진님의 앞길을 막고 강제로 무릎 꿇리고자 안간힘을 썼습니다. 그간 저는, 하나님이 살아 계시며 하나님과 아버님은 늘 함께하신다는 믿음으로 이와 같은 참상이 오래 가지 않을 것으로 믿었습니다.

앞에서 언급했듯 모두가 사필귀정(事必歸正)으로 정리되리라는 희망을, 아버님 살아 계실 때 역사적인 기원절을 승리로 맞을 것이라는 희망을 마지막까지 버리지 않았습니다.

그러나 원리강사였던 저도 간과한 것이 있었습니다. 하나님의 섭리에서 인간 책임분담의 기본 원칙은 아버님과 어머님 그리고 참가정도 피해갈 수 없다는 것이었지요. 통일가에 벌어진 천주사적 갈등을 바라보는 하나님의 '셈법'과 나의 '셈법'이 다르다는 것이었지요.

이전에도 그런 일이 없지 않았지만, 2009년 후반부터는 아버님께서 어머님의 잘못된 생각과 처신을 강하게 질타하시는 모습이 자주 보였습니다. 공식 행사에 서조차 아버님의 불편한 심기가 표출되는 일이 늘어났습니다.

그리고 2012년 9월 3일 새벽, 누구도 상상 못한 일이 일어났습니다.
아버님은 향년 92세를 일기로 지상의 삶을 마감하셨습니다.

7월 16일 미국에서 귀국하신 지 한 달 보름 뒤의 일이고, 폐렴으로 서울성모병원에 입원하신 지 약 한 달 만의 일이었습니다. 기원절 이전에 지상의 생을 마감하는 것은 결코 아버님의 뜻이 아니었지만, 재림 메시아이신 아버님조차도 당신 앞에 다가온 운명을 바꾸지는 못하셨습니다.
통일가의 비극이 정점에 달하던 즈음 창졸간에 벌어진 참아버님의 성화는, 그간의 혼돈 속에서 분간이 힘들던 선과 악, 참과 거짓이 분명히 가려지는 계기가 되었습니다. 불의한 세력들이 더 이상 아버님을 속일 수도, 아버님을 이용하여 식구들을 속일 수도 없게 된 때문이지요.
아버님의 성화와 그 이후 통일가에서 벌어지는 기가 막힌 사건들을 통해, 결국 천주사적 갈등을 일으킨 장본인들의 정체가 뚜렷이 드러나게 되었습니다. 아울러 누가 하나님의 뜻과 섭리와 하나 되어 있는지, 누가 아버님의 뒤를 이어 섭리를 책임지고 나갈 중심인물인지 드러나게 되었습니다.
"이 싸움은 오래가지 않을 것이다"라고 현진님은 말씀했었습니다.
아버님을 잃고 슬픔에 잠긴 저로서는 당시만해도 아버님의 성화가 하나님의 섭리를 바로잡는 극적인 전환점이 되리라는 것을 짐작도 할 수 없었습니다.

참아버님의 성화

중환자실에서 부자 상봉

2012년 8월 15일 오후 4시 30분, 서울성모병원 중환자실에서 현진님은 아버님과 극적으로 상봉하였습니다.

8월 초 한국에 입국하여 서울에서 GPF 행사와 세계평화회의 준비로 바쁜 일정을 보내던 현진님은 15일 오전, 청천벽력과 같은 소식을 접하게 되었습니다. 아버님께서 중환자실에 입원해 계시는데 매우 위독하다는 것이었어요. GPF 행사 개막을 이틀 앞둔 시점이었죠.

아버님께서 감기로 고생하신다는 소식은 들었지만 중환자실에 계실 거라고는 상상도 못한 일이었습니다. 안타까운 일이지만 누구도 그 사실을 현진님에게 알리지 않았던 것입니다. 현진님을 모시던 김경효 씨가 서울 시내의 웬만한 병원을 다 뒤지고 수소문한 끝에 가톨릭대학 서울성모병원에서 김효율 씨를 발견하였고, 그곳에 아버님이 입원하셨다는 것을 알아냈습니다. 공교롭게도 현진님이 머물던 숙소에서 불과 수백 미터 떨어진 곳이었습니다.

미국에서 귀국하신 아버님은 7월 16일부터 감기로 심한 기침을 계속하셨고, 그러다가 폐에 문제가 발생하였습니다. 패혈증과 폐부전증이었습니다.

아버님의 입원 사실을 보고 받은 현진님 내외분은 담당 주치의와 연락한 뒤 아버님이 계신 병원으로 달려갔습니다. 현진님이 온다는 소식에, 중환자실 앞에는 정원주를 비롯해 어머님이 보낸 몇몇 사람이 현진님을 제지하려 했습니다. "어머님을 먼저 만나라"는 말도 안 되는 구실이었습니다. 하지만 그들도 비통한 표정으로 중환자실에 들어가는 현진님을 막을 수는 없었습니다.

중환자실 안쪽 자리에 누워계신 아버님을 뵙는 순간, 현진님은 뜨거운 눈물을 흘리고 말았습니다. 바로 그 순간까지, 현진님으로서는 어떤 말로도 표현할 수 없는 심적 고통과 아픔을 겪어야 했습니다. 어린아이처럼 순수한 심정으로 들어선 섭리의 길에서 비통한 상처도 입고 아물기도 하면서, 때로는 깊은 산속으로 들어가 하늘을 붙들고 호소하고 눈물을 흘리면서, 꿈속에서조차 그립고 그리웠던 아버님을 만나기까지 3년 동안 캄캄한 터널을 쉬지 않고 거쳐 왔던 것입니다.

격한 심정을 추스른 현진님이 잠들어 계신 아버님의 손을 꼭 잡았습니다. 그리고 제일 먼저 해드리고 싶은 말을 조용히 속삭였습니다.

"아버지, 저 현진이에요. 아버지! 하늘의 섭리를 위해서 힘내시고, 어서 일어나세요. 저는 지금 한국과 전 세계에 아버지의 꿈을 이뤄드리기 위한 큰 기반을 만들고 있습니다. 아버지, 빨리 기운내시고 일어나세요."

금방이라도 쏟아질 것만 같은 눈물을 참으며, 아버님의 손을 잡고 간절히 말을 이어나갔습니다.

"제 마음은 예나 지금이나 그대로입니다. 아버지를 뵙고 싶었던 마음이 얼마나 간절한지 아시죠? 아버지, 꼭 살아 계셔야 합니다. 빨리 기운내시고 일어나세요, 아버지…….”

아버님은 귀에 익숙한 아들의 음성을 들으셨는지 현진님의 손을 꼭 잡고 계셨습니다. 현진님이 아버지를 부를 때마다 맞잡은 두 손을 통해 아버님의 절절한 느낌이 전해졌습니다.

바로 그때 국진님 내외와 형진님 내외가 병실에 들어섰습니다. 수행원들이 현진님을 제지 못하자, 마음 급해진 동생들이 서둘러 달려온 것이지요.

"인제 그만 나가요."

아버님 병상 옆에 앉아 계신 현진님의 뒷모습을 지켜보며 잠시 서 있던 국진님이 그렇게 말했습니다.

"방해하지 말고 좀 가만히 있어 봐."

현진님이 조용히 타이르고 다시 아버님께 말을 이어갔습니다.

"아버지, 많은 사람이 아버지를 위해 기도하고 있어요. 기운내세요."

"인제 됐으니 그만 가시라고요."

국진님이 다시 재촉하는 것이었습니다.

"여기에 소란 피우러 내려왔어?"

3년 만에 병상의 아버님을 찾아뵙는 자리까지 찾아들어 방해하는 동생에게, 현진님은 실망감을 감추지 못했습니다. 국진님과의 실랑이가 계속되었습니다. 현진님의 인내심을 시험하듯 무례한 말이 도를 넘고 있었습니다. 중환자실에서 국진님과 소란을 더 이상 원치 않았기에, 아버님께 다시 찾아 뵐 것을 약속드린 현진님은 병실을 나오고 말았습니다.

채 30분도 되지 않는 짧은 시간.

그것이 아버님과 마지막 상봉이 될 줄은 꿈에도 생각지 못했습니다.

서울성모병원을 방문한 현진님은 중환자실로 향하기 전, 먼저 아버님 주치의를 만났습니다. 아버님의 건강 상태를 확인하는 것이 무엇보다 중요했지요.

"아버님의 상태를 정확히 말씀해주세요."

"확률은 50대 50입니다. 최선을 다하고 있으니 너무 염려마세요."

아버님의 입원 소식을 내내 함구하고 있던 교회는, 현진님이 중환자실에 계신 아버님과 상봉한 뒤에야 식구들에게 사실을 알렸습니다. 소문을 듣고 달려온 식구들에게, 현진님은 주치의 소견을 들려주며 아버님의 건강 회복을 위해 정성들일 것을 부탁하셨습니다. 아버님을 다른 병원으로 옮기지 말고 완전히 회복하실 때까지 계속 치료받으시게 할 것을 당부하였습니다.

"아버님께서 하셔야 할 중요한 일이 남아 있습니다. 지금 영계에 가시게 해서는 안 될 일입니다."

병실 앞을 막아선 사설 경호원들

남북통일의 횃불을 높이 들었던 한국 GPF 행사를 성공적으로 끝낸 뒤, 현진님은 이 기쁜 소식을 제일 먼저 아버님께 전해 드리고 싶었습니다. 어떤 상황에서도 굴하지 않고 아버지 뜻을 이루어가는 아들이 곁에 있음을 확인시켜드리고 싶었습니다. 하나님의 뜻이요, 아버님의 평생소원인 남북통일의 물꼬를 새롭게 튼 행사의 성공 소식에, 아버님은 틀림없이 힘을 내실 것이었습니다.

불과 1년 전 현진님이 남북통일운동을 GPF의 가장 중요한 사업으로 삼고자 했을 때, 사람들은 모두 때가 아니라고 했습니다. 이즈음 통일에 관심 갖는 사람이 별로 없다고, GPF를 위해서는 차라리 복지 관련 활동이 낫다고 했습니다. 그때 현진님은 말씀하였습니다.

"통일은 GPF를 위해서 하는 것이 아닙니다. 하나님의 뜻이고 내 아버지의 꿈이기 때문이지요."

2011년 8월 몽골대회에 이어 11월 한국에서 개최된 GPC(Global Peace Convention)에서 현진님은 '코리안 드림'의 비전을 발표하였습니다. 그로부터 보름 뒤 김정일 국방위원장이 사망하였고, '통일'은 한반도를 넘어 세계 최대의 이슈로 떠올랐습니다.

민간차원의 풀뿌리 통일운동조직을 구축하기 위해 1년을 준비하였고, 그 첫 결실을 2012년 한국 GPF 대회 때 거두고자 했던 현진님. 시류에 편승하지 않고 천의(天意)를 택한 그 선견지명은 아버님의 전성기 때를 보는 듯 했습니다.

8월 15일 서울성모병원 중환자실에서 아버님과 극적으로 상봉한 이후, 현진님은 GPF 행사 중에도 매일 담당 의사와 통화하면서 아버님의 건강상태를 확인하였습니다. 중환자실에 계신 아버님을 뵙고는 천 갈래 만 갈래 찢어지는 아픔을 느꼈지만, 그 아픔을 가슴에 안은 채 혼신의 힘을 다해 행사를 주관하였습니다.

8월 17일 오후 6시, 서울 그랜드힐튼호텔 4층 컨벤션 홀에서 2012 한국 GPF 대회의 서막을 알리는 환영행사가 개최되었습니다. 이기택 전 민주당 총재, 필리핀 가톨릭교회의 가우덴시오 로살레스 추기경, 에니 팔레오마배가 미연방하원 아시아 태평양 소위원장, 마이크 혼다 미연방 하원의원을 비롯한 400여 명의 국내외 지도자들이 참석한 성대한 집회였습니다. 이기택 대회장의 대회사에 이어 현진님은 기조연설을 통해 통일 한반도 비전의 중요성을 언급하였습니다.

"통일 한반도는 사적 혹은 정치적 이해와 같은 이기적인 동기가 아닌, 인류의 안녕과 더 큰 선을 위해 행동해야 합니다."

8월 18일에는 한국 내 보수와 진보 진영을 망라하는 통일운동 단체들이 함께한 가운데 남북한 통일을 촉구하는 통일선언문을 발표하였고, 다음 날인 8월 19일 오후 6시부터는 여의도 한강시민공원 특설무대에서 〈2012 통일실천 축제 한마당〉이 개최됐습니다. 본래 물빛무대를 사용하기로 했으나 마침 장마로 한강 수위가 상승하며 안전문제가 대두되어, 공원 한 가운데에 훨씬 큰 규모의 특설무대를 설치하게 되었지요. 이 역시 하늘의 도움이었습니다.

범시민단체, 우리민족서로돕기운동본부, 한국GPF재단 등 총 327개 단체가 함께하는 '통일을 실천하는 사람들(통일천사, AKU)'이 공동으로 주최하고 통일부와 외교통상부가 후원한 행사에는 2만여 명의 시민들이 참가해 남북통일을 위한 범국민적 실천을 다짐하는 축제의 장을 펼쳤습니다.

이날 현진님은 다른 어느 때보다도 훨씬 강렬한 메시지를 발표하였는데, 'TV조선' 채널을 통해 생중계된 연설은 감격 그 자체였습니다. '통일운동 역사에 이런 날도 오는구나.' 싶은 마음에 눈물 흘리는 식구들이 한 둘이 아니었습니다. 그 모습으로부터 저는 37년 전, 여의도 광장 '구국세계대회'에서 열변을 토하시던 아버님을 떠올리지 않을 수 없었습니다. 대한민국 최고의 지도자들과 국민들 앞에 당당하게 천명한 현진님의 메시지는 가히 역사에 기록될 내용이었습니다.

"아버지가 하늘로부터 받은 '하나님 아래 인류 한 가족'의 비전은 한민족의 원대한 꿈을 실현하는 길잡이가 될 것입니다. 홍익인간의 사상은 한민족만이 아니라 세계 평화의 모델이 되는 통일국가의 정신인 것입니다."

공식행사를 끝낸 현진님은 다시 아버님을 뵙기를 원했습니다. 현진님이 계신 곳과 아버님이 누워 계신 병원 사이는 걸어서 불과 5분 거리. 그러나 38선보다 더한 장벽이 그 사이에 가로놓여 있었습니다. 그들은 무엇이 두려운지 아들이 아버지를 뵈러 가는 일조차 허락해주지 않았습니다.

며칠 뒤인 8월 28일, 기다리다 못한 현진님이 아버님 병실을 직접 방문하려 하자 어머님 측은 참으로 이해할 수 없는 행동으로 현진님의 방문을 실력 저지하였습니다. 중환자실입구에 사설 경호원들까지 배치하여 현진님의 진입을 원천봉쇄한 것입니다. 김효율 씨는 "어머님 허락을 받은 자 외에는 누구도 아버님을 만날 수 없으며 이를 법적으로도 조치해놓았다"는 말까지 전했습니다.

제15호 태풍 '볼라벤'의 영향으로 강풍이 몰아치던 8월 28일 저녁, 결국 현진님은 병상의 아버님을 다시 뵙지 못한 채 훗날을 기약하며 쓸쓸히 대한민국 땅을 떠나야 했습니다. 그날 식구들에게는 이런 말을 남기셨습니다.

"캄캄한 통일가를 밝히는 빛이 됩시다."

유족명단에서 제외된 장자

현진님이 떠난 지 며칠 후 아버님은 서울성모병원 중환자실에서 청평수련원 안의 청심국제병원으로 옮겨오셨습니다.

전 세계의 참가정과 축복가정들이 아버님의 쾌차를 기원했지만, 하늘은 더 이상 당신의 고귀한 아들이 이 혼탁한 지상에 누워 계시는 것을 허락하지 않으셨습니다.

2012년 9월 3일 새벽 1시 54분 93세의 일기로 아버님은 성화(聖和)하셨습니다.

당신이 예정하신 기원절을 불과 5개월 앞 둔 시점이었습니다.

전 세계가 위대한 영적 지도자의 타계를 슬퍼했습니다.

참가정을 이 땅에 정착시키고 이 민족을 하나님의 나라로 통일시키는 당신의 꿈과 소망을 다 이루지 못하고 가신 것에, 저 역시 가슴 저미도록 슬프고 죄송한 마음뿐이었습니다.

성화의 충격이 채 가시기도 전, 또 다시 커다란 충격을 받아야 했습니다.

9월 6일 아침, 조선일보를 비롯한 각종 조간신문에 참아버님의 성화식을 공고하는 지면 광고가 일제히 실렸는데 현진님 가족이 감쪽같이 제외된 유족 명단이 발표되었던 것입니다. 깨알 같은 글씨로 전체 유족과 성화식 위원들의 명단이 나열되어 있었지만 현진님 가족 이름은 어디에도 찾을 수 없었습니다.

현진님은 아버님의 장자권을 상속한, 살아 있는 장자입니다.

엄연히 맏상제의 역할을 맡아야 할 분입니다.

그런데 성화위원장 문형진 이름으로 발표된 공고문은 현진님 가족 전체를 의도적으로 누락하며 참아버님의 유족으로 인정하지 않겠다는 입장을 대내외에 밝혔습니다.

천륜과 인륜을 모두 어긴, 결코 있어서는 안 될 일이었습니다.

아버님 생애 최고의 결실이요, 천륜으로 맺어진 참가정의 혈통을 무시하고 부정하는 패륜행위였습니다.

현진님 입장에서도, 그 충격과 비통함은 이루 말할 수 없이 참담한 것이었습니다.

'나를 아버님의 아들이 아니라고 선언하는구나.'

하나님의 소망은 이 땅 위에 하나님이 직접 임재하시고 주관하실 수 있는 참된 가정을 세우는 것입니다. 6천년 복귀섭리역사의 최종 목적지가 참가정이고, 2천 년 전 예수님의 한이 이러한 참가정을 이루지 못한 것이었습니다. 아버님께서는 이루 다 설명할 수 없는 조건과 희생을 치르며 바로 그 참가정을 이룩하셨습니다.

그런데 어찌 현진님 가정 전체를 참가정의 명부에서 삭제하는 일이 벌어집니까?

참가정의 가치를 송두리째 내팽개친, 실로 패역무도(悖逆無道)한 조치인 것입니다.

그들은 당시 연합뉴스 9월 10일자 기사를 통해 "가족 명단을 임의로 넣을 수 없어서 현진님 쪽에 팩스로 문의를 했는데 답이 없었다"는 궁색한 변명을 내놓았습니다. 가족을 가족명단에 넣는 것을 물어보고 넣다니요? 소도 웃을 비양심적인 가식 아닙니까! 그러나 이를 단순한 행정 착오적인 실수로 볼 사람은 없을 것입니다. 게다가 어머님 측 대변인은 기사를 통해 "조직과 혈통 중 어떤 것을 우선으로 할지 내부 회의를 거쳤으며, 조직이 더 중요하다는 판단 하에 문형진 회장을 성화위원장으로 정했다"고 밝혔습니다.

결국 이런 사례에서, 우리는 '자리와 교권과 교회조직에 집착한 어머님과 형진님과 국진님과 교회 지도부가 아버님께서 목숨 바쳐 세운 참가정을 어떻게 인식하고 있는지'를 정확히 이해할 수 있습니다.

바로 이런 사례로부터, 우리는 그들이 아버님 성화 이후 섭리의 중심 본류(本流)에서 얼마나 멀리 벗어나게 될지를 또한 장차 어떤 참담한 일들이 벌어질지를 정확히 이해할 수 있습니다.

축복가정들은 크게 분개하였습니다.

세상에 부모와 이별하는 것보다 더 큰 일이 어디 있겠습니까?

부모님이 위독하고 부모님이 임종에 직면하게 되었을 때, 일단 지난 과거는 불문에 부치고 모든 것을 수용하는 것이 일반적인 정서입니다. 설혹 형제간에 다툼이 있고 이해관계가 얽혀 있다 할지라도, 부모와 자식이 이 세상에서 이별하는 마당에는 그 어떤 것도 포용하는 것이 동서고금의 인지상정이요, 천륜에 대한 태도입니다.

현진님의 공개성명과 별도의 시애틀 성화식

현진님은 서울 반포동에 별도의 분향소를 마련하였습니다. 유족명단에서 제외되는 수모와는 별개로, 아버님의 성화를 뜻 맞게 치러드릴 필요가 있었던 것입니다.

9월 10일에는 아버님께 마지막 기도를 올리기 위해 아버님의 성체가 안치되어 있는 천정궁을 찾아갔습니다. 여러 평화대사들과 축복가정들이 현진님과 동행하고 나섰습니다. 이 방문은 천정궁에서 1.5㎞가량 떨어진 청심평화월드센터 앞에서 어머님 측의 제지로 무산되었습니다. "현진님 부부만 천정궁으로 올라오라"는 것이 그들의 요구사항이었습니다. 그간의 경험으로 보아 곳곳에 함정을 파놓았을 것이 불을 보듯 뻔했습니다. 수행원의 일부라도 동행할 수 있기를 요청했으나 그조차 받아들여지지 않았습니다.

현진님은 다음 날인 9월 11일, 다시 한 번 청평 천정궁을 찾아가 오후 2시까지 기다렸습니다. 결국 그 뜻을 이루지 못했습니다.

이런 상황에서 현진님은 9월 13일 '문선명 총재 성화식에 즈음하여'라는 성명서를 조선일보, 동아일보, 중앙일보, 한겨레신문 등 4대 주요 일간지를 통해 발표하였습니다.

천주사적 갈등이 발생한 이후 언론에 자신의 입장을 밝힌 첫 사례였습니다.

현진님의 고통스런 심정과 아버님에 대한 추모의 마음이 녹아든 전무후무한 성명서였습니다. 간결하면서도 명료하게 아버님의 사명과 업적을 드러내고, 이를 훼손하는 가정연합의 일탈을 지적하는 한편, 아버님을 추모하는 자신의 길을 밝힌 이 성명서는 '하나님의 섭리의 정통성을 상속한 아들'과 '그렇지 못한 자들'을 명확히 분립하는 역사적인 선언문이었습니다.

"저는 짧지만 깊은 고민 끝에 통일교회 성화식에는 참석하지 않고 별도의 성화식을 가지기로 했습니다.
그들은 성화식을 통해 아버님께서 지켜 오신 원칙과 무관한 것을 아버님의 업적으로 정당화시키려 하고 있습니다. 그래서 장남으로서 선친을 진실 되게 추모하는 것은 아버지에 대한 당연한 도리일 것입니다.
아버님은 하나님 앞에 효자로서 '하나님 아래 인류 한 가족' 이라는 비전을 중심삼고 평화와 화해의 세계를 건설하는 섭리적인 사명을 위해 자신의 전 생애와 기반을 헌신하신 분입니다.
아버님의 가장 큰 소망은 하나님의 뜻에 헌신하는 삶의 선례를 남기는 것이었습니다. 또한 모든 사람들이 동일한 열정과 헌신과 주인의식을 가지고 하나님의 꿈을 실현하도록 고취시키는 것이었습니다.
선친을 추모하는 가장 적합한 길은 선친의 삶을 이끌었던 하나님의 꿈을 실현한 실체가 되는 것일 것입니다. 그렇기에 저는 사실상 장자로서 아내와 자녀들과 함께 선친께서 시작하신 인류를 위한 하나님의 일을 계속할 것입니다. 그로써 아버지와 아버지께서 남기신 업적에 직결될 것입니다."

현진님은 정성을 다해 조문객을 맞았습니다. 청평을 방문하고자 이틀간 자리를 비웠을 때는 제가 대신하여 그 자리를 지켰습니다.
급하게 마련된 자리라 제대로 꾸미지도 못했고 미비한 것도 많지만 그것을 문제 삼는 사람은 없었습니다. 현진님의 성명서 취지에 공감하여 아버님의 성화를 뜻 맞게 추도하는 자리요, 진정한 상속이 이루어지고 새로운 섭리역사가 출발하는 자리였습니다. 귀하고 아름답고 희망이 가득한 자리였습니다.

조문을 받는 사람과 조문을 온 사람 모두, 눈빛으로 서로의 뜻을 읽고 아버지의 유지를 받들 것을 결의하였습니다.

13일 장으로 치러진 참아버님의 천주성화식은 9월 15일, 서로 다른 장소에서 서로 다른 의미를 담고 진행되었습니다. 어머님을 중심한 통일교회가 청심평화월드센터에서 화려하고 웅장한 규모로 성화식을 치를 때, 같은 날 시애틀에서는 현진님 가정을 중심으로 조용하면서도 엄숙한 성화식이 경건하게 거행된 것입니다. 두 행사 모두 아버님의 섭리적인 삶과 업적을 추도하고 기리는 목적이었지만 그 내용은 확연히 달랐으며, 속절없이 갈라지는 서로의 앞길을 예고하는 것이었습니다.

현진님은 시애틀 성화식에서 말씀했습니다.

"이 지상에서 아들이 아버님께 바칠 수 있는 최고의 예(禮)는 생애에 대한 올바른 조명과 함께 (아버님을) 유감없이 영계에 보내드리는 것입니다. 아버님께서 일생 동안 쌓아 올린 실적을 찬양하기만 하면 되는 게 아닙니다. 그보다 한 차원 더 높은 뭔가를 제시할 수 있어야 합니다."

현진님의 '한 차원 더 높은 뭔가'는 바로 자기 자신에 대한 것이었습니다. 또한 우리 자신에 대한 것이었습니다.

"참아버님께서 주창하시고 평생을 바쳐 실현하고자 하셨던 모든 일이 그의 아들과 그의 가정을 통해 이루어질 것을 확신합니다. 아들의 삶은 아버님이 지니셨던 가치와 꿈과 열정의 살아있는 증거가 되는 것입니다. 아들을 통해 아버지가 드러나는 것입니다.

여러분들이 살아있는 증거가 되어주시길 바랍니다. 여러분의 삶이 우리 부모님의 위대함을 드러내는 참된 간증이 되어주시길 바랍니다."

그 말씀 한 마디 한 마디가 제 가슴 속에 실감나게 각인되고 있었습니다.

아버님이 남기신 것이 참으로 많지만, 가장 귀한 것은 바로 참가정으로 전승되는 하나님의 혈통입니다.

그 아들이 하는 일을 통해 아버지의 업적이 올바로 드러나는 것을, 아버님께서도 바라고 계시지 않겠습니까?

이것이 참가정을 통해 하나님이 소원하신 뜻이요, 아버지가 바라신 기대 아니겠습니까?

무지에는 완성이 없다

통일교 천주성화식 위원장인 형진님은 추도사에서 이렇게 밝혔습니다.

"(참아버님과) 최종일체가 되신 참어머님을 통해 모든 섭리를 마무리하게 될 것입니다. 장차 참어머님을 중심으로 하나되어 갈 것입니다."

참아버님과 참어머님이 일체(一體)를 이루었으며 '두 분 앞에 절대복종'이 신앙의 최고 덕목임을 강조해왔던 형진님의 입에서 이런 말이 나오는 것은 당연해보였습니다. 여기에 길들여진 식구들도 별다른 이견이 없어보였습니다.

그런데 현진님은 시애틀 성화식에서 놀라운 말씀을 하셨습니다.

"지난 3년간, 나는 계속해서 저쪽을 위해 기도했습니다. 왜냐하면, 그들은 자신들이 무슨 일을 하고 있는지도 모르기 때문입니다. 여러분은 이번에 미국에서 발각된 일이 시작에 불과한 것이라고 봅니까? 아니면 이보다 더 나쁜 일은 앞으로 없을 것이라고 봅니까? 이것은 단지 시작에 불과합니다. 종국에 통일가는 갈가리 찢어질 것입니다. 그러나 여러분은 누구도 비난할 수 없습니다. 여러분 자신의 무지를 탓해야 할 것입니다. 아버님께서는 "무지에는 완성이 없다"고 하셨습니다. 이미 여러분에게 경고를 하신 것입니다."

대단히 불행한 일이지만 아버님 성화식 기간 중에 미국 총회장을 맡고 있던 인진님의 사생아 출산 건이 밝혀지며 세상이 떠들썩했고 교회가 발칵 뒤집어진 바 있지요. 그런데 현진님은 "이보다 더 한 일들이 앞으로도 생길 것이며 통일가는 완전히 분열될 것"이라고 예고하신 것입니다.

참으로 무서운 경고였습니다.
오늘날 일어난 일들을 훤히 들여다본 것 같은 말씀이었습니다.
2009년 말, 현진님이 독자적인 길을 걸을 수밖에 없었던 이유는 어머님과 형제자매들이 모의하여 참아버님의 근본 뜻을 어기고 비원리적인 계획들을 궁리하고 있음을 남 먼저 알았기 때문입니다. 그분들이 참아버님의 지도와 통제를 넘어서서 아버님의 전통을 어기고 참가정을 허무는 결과를 가져올 것을 예언했습니다.

"앞으로 어머니와 두 동생들은 서로 갈라져 싸울 것입니다. 내 형제들도 언젠가 서로 갈라지게 될 것입니다. 그들은 모두 자기중심적이고 하나님의 뜻과 하나 되어 있지 않습니다. 그래서 각자의 이해관계가 충돌하면, 도리 없이 갈라지고 싸우게 될 것입니다."

여러 해 전, 이 갈등이 시작될 무렵에 현진님이 하신 말씀입니다.
아버님도 그와 같은 시각을 가지셨던 것 같습니다. 3장에서도 밝혔지만 2007년경, 아버님은 그런 점을 강조하면서 현진님에게 "이 운동의 전체 책임을 맡으라"고 수차례 당부하셨던 것입니다.

현진님의 경고는, 놀랍게도 아버님의 천주성화식이 끝나기가 무섭게, 현실로 나타나고 있었습니다.

어머님의 형진님과 국진님에 대한 성토

참아버님 천주성화식 직후인 9월 17일, 어머님은 주요 지도자 회의에서 '형진님과 국진님의 잘못된 교회정책'에 대한 성토를 시작하였습니다. 이어서 9월 19일에는 인진님 문제를 수습하라면서 형진님을 미국 총회장으로 보내버렸습니다. 어머님이 세운 '후계자'를 어머님 스스로 끌어내린 사건이고, 형진님은 통일교 세계회장직으로부터의 실질적인 좌천을 당했습니다.

이어 9월 30일 천정궁에서 열린 추석절에, 어머니는 약 200명의 간부들을 모아 놓고 '통일교'의 협회 조직개편과 인사를 직접 발표하였습니다. 말씀 중에 "천복궁 교회에서 두 아들이 기적을 이루었습니다"라고 추켜세웠지만, 사실상 두 아들의 모든 권한을 박탈한 것입니다.

형진님을 미국으로 보내버린 후, 어머님은 형진님이 "교회를 다 망쳐놓았다"고 책망하시며 '기적' 운운했던 천복궁 본부교회의 예배의식을 중단하라고 지시하였습니다. 형진님이 참부모님의 건강을 지켜드린다는 명목으로 개발한 '성령치유예배' 일명 '진동보내기예배'를 수년간 아무 말씀 없이 방치해오다가, 이제야 통일가의 전통과 위배된다면서 없앤 것입니다.

이어 어머님은 2013년 1월 7일 신년하례회에서 '통일교를 가정연합으로 다시 돌릴 것'을 조치하였고, 이 지시에 따라 선교본부는 2013년 1월 18일 가정연합으로의 명칭변경에 관한 공문을 세계로 내보냈습니다. 공문의 설명은 복잡했지만, 간단하게 풀이하자면 통일교에서 가정연합으로 다시 바뀐다는 내용이었습니다.

이후 형진님은 미국 총회장직에서도 5개월을 버티지 못했습니다. 2013년 2월 23일 미국 통일교 이사회가 형진님을 미국 총회장에서 해임했습니다. 2월 22일 기원절 행사를 치른 바로 직후에 일어난 일이었습니다.

그 다음 날 형진님은 미국 식구들에게 공개서한을 보내 "어머님으로부터 3번이나 사임요구를 받았는데, 해임에 대한 어떤 이유나 설명도 없어서 그 상처와 충격이 적지 않았다"며 공개적으로 불편한 심경을 드러냈습니다.

어머님과 형진님이 완전히 호흡을 맞추어 3년간 통일교를 실질적으로 운영해온 것은 명백한 사실입니다. 2010년 6월 5일 아버님의 침소에서 제작된 친필 문서 동영상만 봐도 분명한 일입니다. 2012년 9월 30일 추석절 집회 때도 어머님은 "형진님이 천복궁의 기적을 이루었다"며 칭찬하고, 가정연합에 대해서는 한마디 언급도 없이 온통 통일교 조직 개편에 대한 말씀만 하셨습니다.

그런데 갑자기, 교회를 다 망친 책임을 형진님에게만 뒤집어씌운 것입니다. 참으로 앞뒤가 맞지 않는 말씀입니다.

아버님께서 언제나 중요하게 보신 것은 섭리의 목표와 방향이었습니다. 그리하여 40년 탕감노정을 거쳐, 비로소 통일교회의 간판을 내리고 가정연합을 출발시키신 것입니다. 이것을 어머님과 형진님이 합작하여 다시 통일교로 되돌렸던 것 아닙니까?

국진님의 해임과 그 사유

어머님은 국진님에게도 재단이사장에서 물러나 미국으로 돌아가라고 하셨습니다. 그러자 국진님은 '재단이사장은 아버님이 임명한 것이기 때문에 스스로 물러나지 않겠다'며 버텼습니다. 2012년 9월 19일 재단의 주요 관계자들을 소집하여 자신의 강경한 입장을 밝힌 내용입니다. 국진님으로서도 불쾌했던 것 같습니다. 아버님이 성화하시면 형진님을 후계자로 세우고 모든 권한을 자신에게 맡기리라 기대했는데, 도리어 형진님을 미국으로 축출해버린 어머님이 모든 실권을 장악하고 말았으니까요.

어머님은 강경하셨습니다. 9월 20일 협회와 재단의 주요 간부들을 불러 "국진이는 오늘부로 면이다"라고 선언하였고, 이후 재단이사회를 소집하여 정식으로 해고를 명한 것입니다.

이 지시를 받은 김효율 등 재단이사 4명은 '2013년 3월 23일 밤 11시(미국시간으로 아침 10시)에 화상회의 등을 통해 임시 재단이사회를 개최할 것'을 미국에 있는 문국진 재단이사장에게 3월 16일자로 공식 요청하였습니다. 재단이사장 해임안이 이사회 주요 안건입니다. 재단이사장이 이사회의에 응하지 않을 경우, '4명의 이사가 24일 자정에 천정궁에서 단독으로 별도 이사회를 개최한다'고도 통보하였습니다.

재단 이사는 일곱 명으로 구성되어 있었습니다. 어머님 지시를 받드는 이사가 김효율, 유정옥, 석준호, 이동한 등 네 명으로 과반수를 차지하였고 국진님 측 이사로는 국진님과 형진님, 안진선 등 세 명이었습니다.

바로 그 2013년 3월 23일 밤 11시, 천정궁 훈독실에 모인 김효율, 석준호, 유정옥, 이동한은 이사회 개최를 위해 미국에서 연락이 오기를 기다렸습니다. 결국 소식은 없었고, 24일 자정에 4명의 이사로만 이사회를 개최하게 됩니다. 이때 미국에서도 문국진, 문형진, 안진선 등 3명의 이사들이 별도 이사회를 가지려 했지만 정족수(과반수) 미달로 무산되었습니다.

김효율 씨가 이사회 의장을 맡아 진행된 천정궁 임시 이사회는 새벽 1시경에 끝났습니다. 그 결과 문국진 이사장과 안진선 이사 해임안이

4명의 이사 전원 찬성으로 통과되었습니다.

이날 통일그룹이 작성한 보도 자료를 보면 "문국진 이사장이 문현진 회장 측과의 소송에서 패한 책임을 지고 물러났다"고 되어 있습니다. 그러나 사실 그들은 이사회에서 소송패소에 대한 책임을 물은 게 아니었습니다.

이사장 해임안을 건의한 김효율 씨는 이렇게 말하였습니다.

"재단 고유의 목적과 취지에 어긋나게 이 여의도 재판 건으로 말미암아 세계기독교통일신령협회에 내외적으로 영육 아울러서 헤아릴 수 없는 손실을 가져오게 했고 또 손상을 입혔습니다. 그래서 이 두 분은 차제에 이사에서 물러나 주십사 하는 것이 저의 제안이고 또 해임사유가 되겠습니다."

소송패소는 해임사유가 아닙니다. 소송을 일으켜 재단 고유의 목적과 취지에 어긋나는 행동을 하였고, 그로 인해 통일가에 '내외적으로 영육 아울러서 헤아릴 수 없는 손실과 손상을 입혔다'는 것이 해임사유입니다. 서로 한 편이 되어 소송을 주도한 장본인들이, 뒤에서 국진님을 정리하며 이런 구실을 내건 것입니다.

그들은 아직 이사회 문건을 공개 않고 있습니다.

그 이유가 무엇일까요?

지금까지 수 십 차례에 걸쳐, 현진님 측을 상대로 일으킨 소송 모두가 이 문제에 해당하는 때문입니다. 통일가 차원이 아니라 하나님의 섭리에 헤아릴 수 없는 손실과 손상을 입힌 사실을 자기들도 인정하고 있는 때문입니다. 그럼에도 여전히 소송을 계속하고 있는 현실이 드러날까 두려워하기 때문일 것입니다.

어머님은 2013년 1월 20일 "국내외적으로 불필요한 송사를 모두 내려놓으라"고 말씀하셨고, 그간 소송을 일으킨 책임을 물어 국진님을 해임하셨습니다. 그러나 정작 당신은 지금까지도 온갖 소송을 주도하고 계십니다. 민사소송은 물론, 작년에는 가정연합을 내세워 현진님을 상대로 형사소송까지 걸도록 용인하셨습니다.

 이런 어머님의 이중적인 태도를 세상 누가 이해할 수 있을지, 실로 개탄스러운 노릇입니다.

기원절 행사?

기원절의 의미

아버님 성화 이후 혼란이 더욱 가중되던 2013년 2월 22일(음력 1월 13일), 어머님은 기원절 행사를 성대하게 치렀습니다. 사실상 어머님의 등장을 알리는 행사 같이 보였습니다.

그리고 이미 그즈음 어머님과 국진님 형진님 사이에는 심각한 갈등과 분열이 일어나고 있었습니다.

아버님이 성화하시고 천주사적인 갈등이 계속되는 이 마당에, 어머님이 중심이 되어 아무리 성대하게 행사를 치른다 한들 과연 기원절의 의미와 가치가 충족될 것인가?

이 행사의 시작부터가, 저는 몹시 의문스러웠습니다.

기원절의 의미를 정확히 안다면, 이 행사는 하나님의 기대는 물론 아버님의 뜻과도 거리 먼 행사였습니다.

기원절(基元節)이라는 이름이 처음부터 있었던 것은 아닙니다. 공식 명칭은 모르지만, 참아버님이 어떤 역사의 한 구획을 그어 놓고 목표로 한다는 것을 구체적으로 느끼게 하는 의미에서 2001년 1월 13일, 하나님왕권즉위식을 거행했습니다. 그때 왕권즉위식을 거행했지만, 그것은 상징적이고 선언적인 기원절이었습니다. 미래에 실체적인 하나님의 왕권즉위식이 있어야 한다는 말씀을 그때 하였습니다.

그리고 수년이 지나는 가운데 우리는 몰랐지만 참아버님은 준비하였습니다. 2005년 9월 2일에 참아버님은 날짜를 정해서 앞으로 2013년 1월 13일까지 이룬다고 확정 공포하였습니다. 그리고 '기원절'이라는 이름을 확정 발표한 것은 5년 후인 2010년 2월 19일이었습니다. 처음 기원절을 제정하고 공포한 당시의 한자는 '起源節'이었습니다. 2011년 10월 17일에 '基元節'로 다시 규정해 주었습니다.

기원절은 하나님의 창조이상, 지상 천상천국이 이루어지는 날입니다.

아담과 해와가 타락하지 않고 하나님의 참사랑을 완성하여 하나님 앞에 완성한 참자녀가 되고, 참부부를 이루어 참자녀를 갖게 되면 참부모가 됩니다. 그 참가정은 하나님의 참사랑 참생명 참혈통의 실체적 근원이요, 뿌리가 됩니다. 이 참부모를 중심으로 한 참가정으로부터 창조본연의 이상세계, 영구적인 평화통일이상왕국인 천일국(天一國)이 시발하게 됩니다. 장자권 부모권 왕권도 이 참가정의 4대 심정권(心情圈)과 3대 왕권(王權)의 가정적인 완성의 기대 위에서 자동으로 확립되게 되어 있습니다.

재림메시아, 참아버님은 하늘이 이 지상에 보내신 독생자(獨生子)입니다. 독생자라는 것은 하나님의 참사랑 참생명 참혈통의 씨앗을 가지고 있는 천주에 유일무이한 분이라는 의미입니다. 이 독생자로 온 메시아 참아버님이 이 지상에 강림하여 신부권(新婦圈)인 기독교, 그리고 그 기독교가 책임을 다하지 못하자 그것을 대신해서 세계기독교통일신령협회, 통칭 통일교회를 직접 설립하시고 그 신부권의 기대 위에서 참어머님을 간택하여 1960년에 성혼하십니다. 그 성혼식을 참아버님은 소생 성혼식이라 하셨고, 2003년 성혼식을 장성 성혼식, 그리고 기원절에 거행할 성혼식을 완성 성혼식이라고 말씀하셨습니다. 이러한 기원절을 뜻맞아 찾아 세우는 것은 아버님의 필생의 소원이요, 사명이었습니다.

이 기원절을 맞이하면 그날로부터 본격적인 실체적 후천시대(後天時代)가 시작되고 그날로부터 천정시대(天情時代)가 시작됩니다. 천정시대란 물본주의 시대와 인간이 주인인 인본주의 시대를 넘어선, 사람이 하나님의 심정에 감응되어 본연의 심정 관계 속에 사는 시대를 말합니다. 또한 그날로부터 영연세협회(靈聯世協會)가 가동이 되는 것입니다.

창조본연의 지상 천상천국이 실현되면 천일국 주인들은 영인체가 완성되어 본연의 영성을 갖게 되며, 자연스럽게 지상 천상 두 세계를 교통하고 공감하고 살게 되어 있습니다. 이때 기존의 가정연합, 천주평화연합 등과는 차원이 다른 영연세협회 기구를 통해 지상세계와 천상세계를 실체적으로 주관하도록 계획되어 있는 것입니다.

이 기원절을 통해 참부모님은 창조원리적으로 타락의 그림자가 전혀 없고 사탄의 존재조차 없는 환경권에서 천주적으로 거행되는 축복식을 하나님 앞에 봉헌해드려야 했습니다. 먼저 부모님 양위분이 직접주관권에 진입하여 실체로 천주 앞에서 완성적 성혼식을 거행하고, 그 기반 위에 하나님의 실체적인 왕권즉위식이 있어야 하는 것입니다. 그와 함께 자녀의 입장에 있는 우리 축복가정들도 작은 책임분담으로 그동안의 '외상축복' '조건축복'이 아닌 실체축복, '천일국 입적축복'을 받을 수 있는 길이 열리게 됩니다.

이 기원절로 말미암아 우리가 하나님의 직접주관권에 들어서면 어떻게 됩니까?

하나님과 축복받은 인간 사이에는 더 이상 중보자, 메시아, 구세주,

그 밖의 어떠한 중간 매개자도 필요 없습니다. 정오정착(正午定着)한 본연의 인간, 그 인간 자신의 양심과 본심의 인도를 받을 뿐입니다. 그리고 무형의 종적인 참부모가 되신 하나님을 중심으로 참부모님과 축복받은 인간, 앞으로 축복받을 후손까지도 모두 하나님의 아들딸이 됩니다. 횡적으로 볼 때 참부모님은 축복받은 인간의 영원한 조상이자, 모델이자, 부모가 됩니다. 축복받은 인간 모두는 종교, 인종, 민족, 국가와 같은 모든 장벽을 넘어서 하나님을 중심한 하나의 형제자매이자 한 가정의 가족이 되는 것입니다.

그래서 창조원리로 보나 아버님의 말씀으로 보나, 완성한 인간일지라도 그 자신이 곧 하나님이 될 수는 없습니다. 하나님과 축복받은 인간 사이에는 어떤 중보자도 없습니다. 참사랑 참생명 참혈통으로 연결된 직단거리에서 심정으로 교통하게 되어 있습니다.

아버님이 말씀한 것처럼 그날 이후 가정과 종족이 모여 훈독회를 지속하면서 자손 계대를 이어 절대 성과 순결을 지켜나가게 되면, 그 가정과 종족을 통해서 자동적인 역사로 천일국이 실체적으로 확산되고 안착하게 되어 있습니다.

우리는 아버님이 수차례 말씀하고 때로 꾸짖으면서 가르쳐주신 것을 기억해야 합니다.

실체 섭리의 진전에 따라 아버님은 우리 축복가정에게 종족적 메시아(1989. 1. 3), 제4차 아담(1999. 10. 10), 축복중심가정(2001. 1. 1), 천일국 주인(2002. 11. 5)으로 그 격위를 높이면서 놀라운 축복을 연속으로 하였습니다.

아버님은 축복권, 상속권과 말씀을 모두 주셨고, 더 이상 우리 축복가정들에게 줄 것이 없다고 했습니다. 이제는 참아버님을 찾지 말라고도 하였습니다. 아버님과 우리 축복가정의 갈 길이 다르다고 했습니다.

직접 주관권에 들어서면 모든 가정이 말씀 훈독으로 자주적인 길을 찾아나서야 하는 시대가 되었습니다. 아무도 책임져주지 않습니다. 축복가정은 각각 실체 천일국을 확장해나가고 천일국 주인이 되어야 합니다. 그러한 의미에서 기원절은 형언할 수 없는 축복의 날이면서, 축복가정들이 중대한 결의를 다져야 할 날이기도 합니다.

이와 같은 기원절을, 아버님은 재세시에 반드시 하나님 앞에 봉헌해드리고자 했습니다.

아버님의 모든 노력과 눈물과 땀과 피가 다 이 기원절을 승리적으로 맞기 위한 것이었습니다.

아버님 말씀 어디를 찾아보아도 기원절로 정해놓은 그 날짜 이전에 성화(聖和)할 가능성을 언급한 구절은 없었습니다.

따라서 통일가의 축복가정들은 기원절을 생각할 때마다 통회해야 합니다.

우리가 책임 못하고 땅이 책임 못해서 기원절을 앞에 놓고 아버님 당신 스스로 바라던 때가 아닌 때에 성화하셨다는 사실 앞에 가슴을 치며 눈물 흘려야 합니다. '내가 무슨 은사를 받겠다', '내가 무슨 혜택을 받겠다'고 바라면서 기념하는 기원절이 아니라는 사실을 우리는 알아야 합니다.

지금은 기원절을 치를 때가 아니다 — 현진님 메시지

이러한 점을 가장 정확히 아시는 분이 바로 현진님이었습니다.

예견한 대로 참가정이 점입가경의 분열로 치닫고, 이 상황에서 아버님께서 예정하셨던 기원절이 다가오자, 현진님은 두 편의 서신을 작성하여 발표하였습니다.

하나는 2013년 1월 20일 어머님에게 보내는 서신이었고, 다른 하나는 '기원절의 참된 의미에 관하여'라는 제목으로 2월 12일 축복가정에게 보내는 공개서신이었습니다.

저는 어떤 뜻으로 어머님께 편지를 보내드렸는지, 후일 물은 적이 있습니다. 그러자 현진님은 이렇게 답했습니다.

"어머님이 이렇게 가면 큰일 납니다. 어머님께서 책임하실 수 있도록 내가 도와드려야 해요. 아버님의 부탁이에요. 지금 기원절을 맞아 행사를 치르고 넘어가는 것이 중요한 게 아닙니다. 참부모와 참가정의 안착 없이는, 가인권과 아벨권이 하나 되어 하나님의 주권이 자리 잡지 않고는 기원절이 성립될 수 없습니다. 지금은 무너진 참가정을 수습하고 통일가를 하나님의 뜻에 다시 정렬시키는 것이 중요합니다. 만일 이 싸움이 계속되면 어머님과 내 형제들과 통일가 전체에 엄청난 탕감이 미칠 겁니다. 그리고 이 모든 책임을 어머님이 다 지시게 됩니다. 이것을 나는 그냥 두고 볼 수 없습니다. 어머님은 지금 아버님보다 당신이 중심이라고 생각하고 있고, 나에 대한 오해도 크신 상황입니다. 그래서 내 편지에 귀를 기울이지 않겠지요. 그러나 앞으로 더 큰 어려움이 생기면, 내 편지를 꼭 다시 찾으실 겁니다. 그때를 위해, 어머님이 올바른 결정을 내릴 수 있는 길을 알려드려야 합니다."

어머님으로부터 섭섭한 것도 많을 텐데, 현진님은 오히려 어머님을 걱정하고 있었습니다.

어머님께 써 올린 그 서신이 언젠가 공개될 수 있길 빌어봅니다. 그로써 참가정과 어머님을 바라보는 현진님의 섭리적인 기준이, 어머님을 진심으로 돕고자 하는 아들의 진심어린 사랑이 역사 앞에 환히 드러날 것입니다.

한편 축복가정의 책임을 일깨우기 위한 2월 12일자 서신에서 현진님은 '기원절의 참된 의미, 기원절을 앞둔 통일가의 현 상황, 축복가정의 책임과 앞으로의 섭리 방향' 등에 관한 견해를 발표하셨습니다. 이 내용의 핵심 개념이 아마도 어머님을 위한 서신에도 담겨 있지 않을까 하고 저는 생각합니다.

군더더기 하나 없는 이 서신에서, 현진님은 기원절의 의미를 다음과 같이 설명하였습니다.

"기원절은 하나님의 섭리와 인류 역사 속에서 새로운 시대의 출발이며, 창조원리에 설명된 하나님의 꿈이 마침내 지상에 실현되는 때를 의미합니다. 이것은 하나님께서 인류의 조상 아담과 해와에게 소망하셨던 기대가 승리적으로 이루어지고 실체적인 참가정이 세워지는 섭리적인 전환점입니다. 이상가정의 승리적인 기반을 중심하고 하나님의 참사랑, 참생명, 참혈통이 차고 넘쳐 가정의 단계를 넘어 종족, 국가, 세계로 확장되는 때이며, 하나님의 참사랑의 주권이 모든 인류에게 미쳐 하나님 아래 인류 한 가족의 꿈이 생생한 현실이 되는 때이기도 합니다."

현진님은 이와 같은 하늘의 기대와 섭리적인 뜻의 맥락에서 볼 때 작금의 통일가가 "기원절을 맞이할 준비가 전혀 되지 않았고 자격도 완전히 상실한 모습"이라고 평가하였습니다. 또한 기원절을 다시 봉헌해드리기 위해 "통일가에 참가정의 이상을 부활시키고 하나님의 섭리에 가해진 피해를 복구할 참된 재출발이 필요하다"고 역설하였습니다.

그러나 안타깝게도 어머님과 대부분의 축복가정들은 하늘의 경고와도 같은 현진님의 편지 내용을 귀담아 듣지 않았습니다. 특히 어머님은 현진님이 염려하시는 이상으로 뜻과 멀어진 길을 가셨습니다. 김효율,

김효남, 석준호, 양창식 등 아버님 때부터 주변에 있던 지도자들을 순차적으로 정리했습니다. 그 자리에 경험도 없고 역량도 갖추지 못한 특히 아버님의 유업과 섭리관에 투철한지 의문되는 사람들을 내세워 지금까지도 섭리를 파탄으로 몰아가고 있습니다.

생전의 아버님께서 경고하신 내용들이 그대로 일어난 것입니다.

어머님은 심지어 36가정 몇 사람을 내세워서까지 '어머님과 아버님이 완전히 하나 되어 계시다'는 식으로 선전하도록 하셨습니다. 그러면서 당신이 계획한 일들을 대범하게 실행에 옮겼습니다.

이것이 하나님의 뜻과 섭리와 하나 되어 있는 일이라면 얼마나 좋겠습니까?

이것이 아버님이 이룩한 고귀한 업적을 더욱 빛내는 일이라면 얼마나 다행스럽겠습니까?

그러나 종국에는 전혀 반대의 결과를 낳았습니다.

어머님이 벌이신 일들은, 일반 식구들과 세상사람 모두에게 '어머님이 어떤 분인가'를 적나라하게 알리는 계기가 되었습니다.

어머님의 일을 통해 어머님의 의도가 드러난 것입니다.

손대지 말라 하신
〈8대 교재교본〉에 손대다

출판 날짜까지 속여가면서

2012년 4월경, 아버님께서 생존해 계실 때의 일이었습니다. 김효율 씨를 대동하고 홀연히 성화사를 방문한 어머님이 충격적인 말씀을 하였습니다. '아버님의 지시'라면서 2012년도에 출판된 594권부터 615권까지 말씀선집 22권을 모두 거두어들여서 '민감한 부분을 삭제한 뒤 다시 출판하라'는 지시를 하셨습니다.

처음부터 오랜 기간, 말씀편찬위원회 위원들은 아버님의 공식적인 말씀을 원문 그대로 수록하여 출간하는 편찬원칙을 준수해왔습니다. 이미 보급된 말씀선집을 회수하여 마음에 들지 않는 내용을 골라 삭제하고 다시 출판하라 하시니 도저히 이해가 되지 않는 지시였습니다. 그러나 지엄하신 어머님이 직접 명령하시는 데다 옆에 선 김효율 씨도 '아버님의 지시'라고 거들었기에 담당자들은 따를 수밖에 없었다고 합니다.

사안이 무척 민감했기에 작업은 비밀리에 진행되었습니다.

해당 말씀선집을 구입한 식구들에게 일일이 연락하여 말씀선집을 회수하였고, 이때 구체적인 사유는 말해주지 않았습니다. 이 내용이 알려진 것은 양심의 가책을 느낀 어느 성화사 직원의 고백 덕분이었습니다.

사실을 알게 된 몇몇 의로운 식구들과 말씀 전문가들이 '말씀을 지켜야 한다'는 데 뜻을 같이 하고 행동에 나섰습니다. 결국 저는 하늘의 도우심으로 어느 의로운 식구가 소장하고 있던 말씀선집을 입수하는 데 성공했습니다.

이후 성화사에서는 어머님의 지침에 따라 말씀 일부를 삭제하였고, 원본을 소장했던 식구들에게 새로 출판된 말씀선집을 배포했습니다.

이에 뜻 있는 식구들이 원본과 수정본을 하나하나 대조해서 삭제된 내용을 일일이 찾아냈습니다. 무려 수개월에 걸친 작업이었습니다. 그 결과, 책 한 권 정도의 분량이 삭제된 것으로 드러났습니다. 그중에는 어머님에 대한 좋지 않은 표현과 함께, 현진님과 저에 관해서는 긍정적인 내용이 많았습니다. 그들은 이 부끄러운 사실을 감추기 위해 새로 기록되어야 할 출판날짜까지 과거의 날짜로 속여서 인쇄하였습니다.

식구들의 폭로로 그 전모가 세상에 밝혀진 내용이었습니다.

무슨 이유로 은밀하게 아버님 말씀선집의 내용 일부를 삭제하고, 비밀리에 짝퉁본을 다시 출판한 것일까요? 그 이유에 대해 어머님이나 교회의 변명 또는 해명을, 저는 지금까지 단 한 번도 들어보지 못했습니다.

아버님의 권위를 무시한 차원이 아니라 하나님의 말씀의 권위를 훼손한 행위입니다.

메시아로 오신 아버님의 말씀이 갖는 가치는 한 인간의 사사로운 생각이나 인생에 대한 이야기가 아닙니다. 아버님이 메시아, 참부모로서 살아오신 섭리적인 삶 그대로를 역사 앞에 투명하게 남긴 기록인 것입니다. 그 속에는 아버님께서 밝히신 하나님의 심정과 사정, 하나님의 뜻과 이상, 섭리역사에 관한 진리의 내용 또 사회 상황들이 담겨 있습니다. 이를 이해하고 해석하는 문제는 시대적 상황과 개인적 책임에 따라 달라질 수 있겠지만, 아버님의 말씀 원전에 손을 대서는 안 된다는 것만은 분명한 철칙이었습니다.

어머님은 어째서 아버님의 원전에 손을 댔을까요? 어머님이 지난 6년간 해온 일들을 엄중히 돌아본다면, 그 이유가 더욱 명확해질 것입니다. "이것은 시작에 불과할 뿐 앞으로는 더 한 일들이 벌어질 것이다"라던 현진님의 경고 말씀은, 아버님 성화 이전부터 이미 들어맞고 있었던 것입니다.

〈8대 교재교본〉에 손대다

아버님의 위대한 업적 가운데 하나는 '누구나 이해할 수 있는 하나님의 말씀 즉 원리 말씀을 밝히신 것'입니다.

지금도 수십억 인류가 2천 년 전 예수님의 말씀을 읽으며 참된 진리를 깨닫듯, 1950년대에 빛을 본 통일원리와 이후 아버님께서 밝힌 말씀들은 '후세 인류에게 천도를 가르치는 교재, 교본'으로 길이 보존해야 할 대상입니다. 그 속에서 하나님을 찾고 참된 인생과 역사의 방향과 목적을 깨닫는 인류 역사상 가장 고귀한 보고(寶庫)입니다. 이 말씀이 있기에 인류가 죄의 속박에서 벗어나 하나님 아버지와 참된 인연을 다시 맺을 수 있는 길이 열렸습니다. 이 말씀을 실천하기만 하면 더 이상의 메시아가 오지 않아도 하나님의 본연의 이상세계를 이룰 수 있는 길이 열리는 것입니다.

이와 같은 말씀을 아버님께서는 8대 교재교본으로 정리하여 인류에게 상속해주셨습니다.

"참부모님께서는 벌써 인류를 위한 유언을 준비해 남겼습니다. 일생에 여섯 일곱 번이나 생사를 넘나드는 옥고를 치르면서도 승리하여 준비한 유언서입니다. 영원한 인류의 교재-교본으로 여덟 종류의 책을 남겼습니다. 권수로 말하면 1천여 권이 넘는 분량입니다.「문선명선생말씀선집」,「원리강론」,「천성경」,〈가정맹세〉,「평화신경」,「천국을 여는 문 참가정」,「평화의 주인 혈통의 주인」,「세계경전」, 이렇게 여덟 종류의 서적입니다. 이 교본들은 여러분이 영계에 들어가서도 읽고 공부해야할 책들입니다. 결코 인간의 두뇌에서 나온 말이나 가르침이 아닙니다. 하늘이 불쌍한 인류를 구원하기 위해 주신 천도를 가르치는 교재, 교본이기 때문입니다."

- '한반도 통일과 세계평화를 위한 천지인 참부모 국민 지지대회'
특별강연문(2012. 1. 8~15,
천지인 참부모 정착 실체 말씀선포 천주대회)

아버님께서는 이 말씀을 완성하기 위해 그 많은 양의 천성경을 8번 독파하였습니다. 축복가정들 가운데 이를 8번 이상 독파한 이들이 얼마나 되는지 모르겠습니다. 저도 아직 8번은 못 읽었습니다. 그런데 말씀의 주인인 아버님은 매일 아침 5시부터 몇 시간씩 훈독하면서 그것을 독파하셨습니다. 이렇게 하여 확정된 천성경은 600권이 넘는 말씀선집을 압축한 의미를 담고 있다고 하였고, 즉 '하늘나라의 성경'이라고 하였습니다.

이 천성경의 골자를 추려 제정된 '평화메시지 17편'과 '영계보고서'를 합하여 평화신경이 완성되었습니다. 아버님은 평화메시지(「평화신경」)가 한 편씩 발표될 때마다 수십 번 이상 훈독하면서 정성을 들이셨으며, 간혹 중복된 부분이 있어도 선포시기와 참석 대상자가 다르고 섭리적인 뜻이 다르기에 "토씨 하나 고칠 수 없다"고 하셨습니다. 이 평화신경을 아버님은 "하늘나라의 헌법"으로 선포하셨고, '평화의 성경'이라고 하셨습니다. 이는 원래 평화훈경이었는데, 2008년 7월 평화신경으로 바꾸면서 "하나님이 가르치는 말씀"이요, "천년만년 없어지지 않는 영원한 교재다"라고 말씀하셨습니다.

아버님은 이렇게 수년간에 걸친 치밀한 점검과정을 거쳐 드디어 2010년 2월 7일, 하나님께 여덟 종류의 서적들을 8대 교재교본으로 제정할 것을 최종 보고하고 봉헌하는 의식을 가지셨습니다. 이어서 아버님은 8대 교재교본을 세상에 선포하고, 세계의 대표자들에게 직접 전수하였으며, 그 사람들로 하여금 각 나라와 각 종교계에 이 말씀을 전파하도록 당부하였습니다. 이후 공식적인 강연회와 말씀을 통해서 거듭 8대 교재교본의 귀함을 깨우치고 가르쳐주셨습니다.

반복되는 이야기 같지만 이렇게 제정된 8대 교재교본에 대해, 아버님은 "누구도 고치거나 손질하지 말라"고 여러 차례 말씀하셨습니다. "내가 쓴 것에 대해서 손대지 말라", "딴 말을 섞지 말라"고 하였습니다. 때로는 다음처럼 심각하게 경고하셨습니다.

"고쳤다가는 저 나라에 가 가지고 만민 앞에 심판받을 수 있는 참소에 걸린다는 거예요. 그러니까 함부로 손대지 마요."

- 『문선명선생말씀선집』 493권, 287쪽, 2005. 4. 26

경전편찬위원회의 무모함과 경솔함

아버님의 8대 교재교본을 "인류를 위한 유언"이요, "인류를 구원하기 위해 주신 천도를 가르치는 교재교본"으로 제정하셨습니다. "천년만년 후손까지 보관해야 될 참부모님의 기념물"이요, "가문의 종묘에 보관해야 될 것"이라 하셨습니다.

아버님의 말씀을 목숨처럼 지켜야 할 사람들이 누구입니까?

그 말씀을 가장 앞장서서 실천하고 이루어야 할 우리들 아닙니까?

그런데 어머님께서는 『원리강론』을 포함한 이 8대 교재교본을 해체하여 새로운 경전을 만들어냈습니다. 아버님 성화 후 교회가 다시 편찬한 『천성경』『평화경』『참부모경』이 그것입니다. 어머님은 이를 천일국의 3대 경전으로 명하고 당신의 위대한 치적으로 자랑하고 있습니다.

놀라운 사실은 아버님께서 중환자실에 계시던 2012년 8월 23일에 '경전 재편 지시'가 내려졌다는 점입니다. 이때부터 '경전편찬위원회'가 만들어져 불과 10개월만인 2013년 6월 10일 『천성경』과 『평화경』이 출판되었습니다. 더욱 놀라운 일은 새로운 『천성경』에는 '원본에 없는 어머님의 말씀'까지 포함되어 있다는 점입니다.

참으로 어머님의 대담함에 놀라지 않을 수 없습니다.

이 문제를 앞으로 어떻게 수습해야 할지 눈앞이 캄캄할 따름입니다.

더욱 어처구니없는 것은 수십 년간 아버님의 지도를 받아 온 지도자들의 태도입니다. 일말의 갈등도 고민도 없이 어머님께서 시키는 대로 말씀에 칼질을 하고 뜯어 붙여서 만들면, 그게 천일국 경전이 된다고 보십니까?

이 소식을 듣고 내가 답답한 마음에 조용히 김효남 훈모를 만나자고 하였습니다. 훈모는 나에게 몇 가지 이유를 들었는데, 교회 측 입장을 대변하는 것일 뿐 납득할 만한 내용은 없었습니다.

"누구도 손대지 말라고 하셨는데, 나중에 어떻게 감당하려고 그러시는지요? 아버님의 8대 교재 교본은 말씀하신 대로 손대지 말고 그냥 두는 것이 가장 좋고, 필요하면 증보판을 만들면 되지 않겠습니까?"

어머님이 어떻게 생각하시든, 제 말을 전해달라고 간곡하게 부탁하고 헤어진 적이 있었습니다.

보다 못한 어느 간부가 문제의 심각성을 제기하는 서한을 어머님께 전달한 일이 있었다고 합니다. 2012년 12월 29일 협회본부 8층 강당에서 열린 '천성경 증보판 감수위원 위촉식'에 불려간 그는 처음으로 그들이 작업하는 것을 보게 되었습니다. 그날 김영휘 회장, 이재석 회장, 김석병 원장, 김항제 교수가 차례로 나서서 그간의 경과를 보고했습니다. 이어 새로 작업한 새로운 천성경 13편을 분리하여 감수위원들에게 한 권씩 나눠주고 '1월 10일까지 감수를 부탁한다'고 요청하였다고 합니다.

그 간부는 한편으로 '이렇게 졸속으로 감수가 가능한지' 의문스러웠고, 자신이 맡은 분량을 읽어보고는 경악을 금치 못했다고 합니다. 보는 구절마다 대부분 다듬고 고쳐져 있었는데 그렇게 고친 부분이 80% 정도 되었다고 했습니다. '아버님 특유의 호흡과 느낌이 의도적으로 제거되었다'는 느낌도 들었다고도 했습니다.

고심 끝에 그는 2013년 1월 5일 참어머님께 간곡한 서신을 올렸고, 서신 말미에 이렇게 적었다고 합니다.

"아버님께서 베풀어 주신 피와 살, 또는 생명의 말씀이 박제가 되어 골격만 남기고 피와 살이 없어진 것처럼 느껴져서 말씀이 딱딱한 사상책이나 철학서적을 읽고 있는 느낌이 든다면, 이것을 제대로 된 천성경이라고 할 수 있겠습니까?"

표절된 내용까지 실리다

이 서신을 읽어보셨는지 어머님께서는 2013년 1월 7일 천정궁 신년하례회에서 "뭐 좀 안다는 사람이 너무 어린 수작이야"라며 불쾌한 기색을 감추지 않으셨다고 합니다. 이어 아버님 말씀을 "정제되지 않은 원석"에 비유하였고 그것을 갈고 닦기 위해 천성경을 "정리정돈"하는 것이라고 설명하셨습니다. 심지어 아버님께서 제정하고 하나님께 봉헌한 천성경의 "50%가 아버님 말씀이 아니다"라는 말씀까지 덧붙였다고 했습니다.

참담하고 참담한 노릇이었습니다.

참부모님에 대한 충정에서 말씀드린 것을 '어린 수작'으로 단번에 일축하시다니요?

아버님께서 8번을 독파하면서 친히 점검하신 천성경을 "정제되지 않은", "정리정돈"이 필요한 말씀이라고 하시다니요?

심지어 그 절반이 "아버님 말씀이 아니다"라고 하시다니요?

여러 경로로 이 충격적인 내용을 전해들은 식구들은 침묵하지 않았습니다. '아버님 말씀에 손대지 말라'고 공개적으로 호소하였습니다. 그러자 경전 개편의 책임을 맡은 분들은 도리어 이상한 논리로 식구들을 훈계했다고 합니다.

"어머님이 아버님과 완전히 하나 되어 계신데 무슨 문제인가?"

"경전을 더 좋게 고치는 것인데 문제될 것이 무엇인가?"

더욱 안타까운 것은 경전 편찬위원이라는 분들이 거의 대부분 미국에서 하신 아버님의 말씀은커녕, 2천 년대부터 발표된 아버님의 말씀을 완전하게 듣지 못했다는 사실입니다. 아버님이 서울 한남동에 계실 때도, 매일 아침 5시에 훈독회를 하였지만 공직자가 아닌 분들은 원로라 할지라도 매일 오지 않았습니다. 더구나 2006년 이후에는 아버님께서 매일 아침 5시 훈독회를 청평 천정궁에서 하셨습니다. 참석자는 불과 120명 전후였습니다. 그 당시는 교구나 교회별로 돌아가면서 참석하였는데, 열성적인 식구들이 아니면 원로들도 대부분 월간 세 번도 참석하지 않았습니다.

8대 교재교본에서 중요한 말씀들은 대부분 1990년대 후반과 2천년대 이후의 것들입니다. 이를 여러 번 반복하고 강조하셨지요. 이런 말씀을 제대로 듣지 않은 분들이 경전을 새롭게 편찬하고자 했으니, 그 결과가 어떠했겠습니까.

소위 '경전편찬위원회'라는 기구에서 경전편찬의 지침으로 발표한 공문을 보면 실로 눈앞이 캄캄해질 지경입니다. 이 공문을 작성한 어느 선배가정의 경우, 아버님이 이미 2000년대 초반부터 경전 편찬작업에 착수해서 8대 교재교본으로 확정하고 2010년 2월에 하나님께 봉헌했다는 사실조차 모르고 있었습니다.

이러니 "아버님의 8대 교재교본 중에는 중복된 것도 있다"는 둥, "때가 많이 지났기 때문에 적절하지 않은 것도 있다"는 둥, "8대 교재교본 제정 이후에 하신 귀한 말씀도 있고 하니까 새롭게 편찬해야 한다"는 둥 궤변을 늘어놓은 것입니다.

백 번을 양보한다고 쳐도, 아버님이 정해 놓은 내용만큼은 건드리지 말아야 할 것이었습니다. 그것은 그것대로 고이 보존하고, 거기에 속편이나 해설서를 편찬하면 될 것이었습니다.

그런데 왜 굳이 아버님이 손수 편찬하고 하나님께 봉헌까지 하신 내용을 임의로 삭제하고 이어붙이고 손을 댑니까? 아버님께서 섭리적으로 8대 교재교본을 제정해 놓으신 뜻이 분명히 있는데 어떻게 감히 그렇게 쉽게 손을 댈 수 있습니까?

그런데 식구들이 참 대단합니다.

그들에게는 아버님이 8대 교재교본에 대해 말씀하신 이야기가 있었습니다.

천정궁 훈독회를 통해 직접 들은 내용이 있었습니다.

그러니 교회 원로가 강변해도 겁을 먹지 않았습니다.

그들은 '참아버님 제정 천성경 수호 축복가정협의회'를 결성해 공개 호소문을 발표하였습니다. 협회본부와 천복궁 앞에서 '천성경과 평화신경 수호를 위한 축복가정궐기대회'를 수차례 가졌습니다. 이를 주도한 사람들 대부분 현진님의 뜻을 따르는 식구들이었습니다.

참부모님께서 하시는 일에 식구들이 반대하고 단체행동에 나선 것은 아마도 이때가 처음 아니었나 싶습니다. 그들의 행동이 참부모님의 권위에 도전한 망동이었는지 반대로 참부모님의 고귀한 생애업적을 지켜 드리기 위한 항거였는지, 후일 역사가 판단을 내릴 것입니다.

식구들은 교회가 어머님의 지시 하에 아버님의 말씀에도 맞지 않고 또 졸속으로 펴낸 『천성경』『평화경』『참부모경』을 놓고 밤을 새워가며 일일이 원본과 대조 분석했습니다. 그 결과 엄청난 문제들이 있음을 밝혀냈습니다. 참부모경에 실린 어머님 말씀 중에 '어딘가에서 표절해온 내용'들도 있다는 것이었습니다.

최근에, 아버님 말씀의 원전이 되고 8대 교재교본 중에서도 가장 근본이 되는 『문선명선생말씀선집』 총 615권을 40권으로 줄이는 작업이 진행 중이라는 소문을 들었습니다. 참으로 경악스러운 노릇입니다.

거듭 반복하지만 아버님은 재세시에 '원전으로서 말씀선집의 보존성'을 강조하였습니다. 때문에 이를 외국어로 번역하지 말라고, 원전인 한국어 상태로 보존하라고 하셨습니다. 8대 교재교본 전체도 마찬가지지만 이 말씀선집에 대해서 역시 "손대지 말라"고 여러 차례 경고하셨습니다.

말씀선집 594권부터 615권까지를 전량 회수하여 불편한 내용 감추고 싶은 내용을 삭제하고 다시 편집 배포하더니, 이번에는 아예 1권부터 615권까지 전체를 40권으로 줄이는 작업을 하고 있다는 것입니다.

사광기 씨를 책임자로 세워 일을 추진하고 있다고 합니다.

　장차 어떠한 의도와 관점 하에 『문선명선생말씀선집』 615권을 40권으로 줄이는 작업을 할는지, 앞선 사례에 비추어 충분히 짐작하고도 남을 노릇입니다.

아버님의 뜻과 무관한
천일국 헌법 제정

어머님과 교권 지도부는 말씀선집 삭제와 축소, 8대 교재교본 해체, 독자적인 천일국 경전 제작에 이어 천일국 헌법을 졸속 제정하였습니다.

천일국 헌법에까지 손을 댄 목적은 무엇일까요?

'참자녀도 다 필요 없다. 누구라도 천일국 헌법에 의해 뽑힌 사람이 이끌면 된다'는 의도가 '천일국 최고위원회'에 그대로 드러나고 있습니다.

그들은 천일국 헌법에 최고 의결기관으로 천일국 최고위원회를 만들어놓고, "참부모님의 권한 이양 또는 유고시에는 위원장을 중심한 천일국 최고위원회가 헌법과 법률이 정하는 바에 따라 참부모님의 권한을 대행한다"는 조항을 넣었습니다. 그로써 '참가정의 혈통 중심이 아니라 교회를 앞세운 법통 중심으로 갈 수 있는 길'을 열어 놓았습니다. 이를 위해 하나님의 섭리 원칙과 아버님이 세우신 뜻도 다 무시한 것입니다. 이를 위해 아버님의 본래 의도와 무관한 천일국 헌법을 만든 것입니다.

그들의 천일국 헌법은 아버님께서 지도하신 근본 가르침을 완전히 벗어난 작품입니다.

제가 누구보다 분명하고 자신 있게 드릴 수 있는 말씀입니다.

아버님께서는 오래 전부터 헌법 초안을 작성하는 책임을 제게 맡기셨습니다. 이때 초안 작성에 필요한 지침도 자세히 말씀해주셨습니다.

아버님께서 헌법의 필요성을 말씀하시고, 더불어 제정을 지시한 것은 1997년도부터였습니다. 그해 4월, 세계평화통일가정연합의 공식적인 출발과 더불어 '종교를 넘어 가정을 중심한 시대에 맞는 규범과 체제'를 본격적으로 준비하던 때입니다.

당시 아버님께서 하신, 다음과 같은 말씀을 다들 기억하실 것입니다.

"이제부터는 축복에 문제가 생기면, 가정헌법으로 치리하는 시대다."

저는 이 가정헌법을 제정하기 위해 선문대 신학과 교수들에게 프로젝트를 맡기기도 하였고, 교회법과 세상법을 잘 아는 축복가정들에게 위탁도 해보았습니다.

그 결과는 아버님의 기준과는 거리가 멀었고, 이후 별다른 진전도 없이 시간이 지나갔습니다. 그러던 2005년 5월 1일 여수에서 '새 시대 평화축제' 대회가 끝난 뒤, 아버님께서 다시 "'천일국 헌법'을 가져오라"는 지시를 하였습니다. '천일국 헌법'이라는 표현을 그때 처음으로 하셨던 것입니다. 아마도 아버님은 1997년부터 말씀하시던 '가정헌법'과 '천일국 헌법'을 같은 차원에서 생각하셨던 것 같습니다. 준비가 안 되어 있다고 보고 드리자 "3일 이내에 작성하여 가져오라"고 지시하였습니다. 그러면서 천일국 헌법에 대한 기준이자 지침을 처음으로 밝히셨습니다.

"가정맹세가 헌법이야. 가정맹세가 헌법이 되게 해."

헌법이 3일 만에 완성이 되겠습니까? 그래도 아버님의 지시시니 어쨌든 헌법제정위원회를 구성하고 역사편찬위원회, 성화사, 재단, 섭리기관을 총동원했습니다. 그렇게 한 달 만에 천일국 헌법 초안과 법원(法源)이 되는 말씀자료집까지 제작했습니다.

이후 아버님은(2008년 12월까지 약 3년 동안) 헌법에 관해 별다른 말씀이 없었고, 초안을 가져오라는 말씀도 하지 않았습니다. 다만 가끔 훈독회에서 "가정맹세가 헌법이다. 가정맹세가 헌법에 그대로 녹아들게 하라"는 말씀만을 제게 반복해주실 뿐이었습니다.

그러던 2008년 12월 초순, 아버님께서 다시 천일국 헌법 초안을 찾으셨습니다. 그리고 이전에는 없었던 새로운 지침과 방향을 추가하셨습니다.

"천일국 헌법에는 타락, 복귀, 구원, 죄악과 같은 것이 일절 들어가서는 안 돼. 그 그림자조차 없게 해! 천일국 헌법은 창조본연의 질서야. 만약 현실적으로 복귀나 구원 섭리를 위한 절차나 조직들이 필요하다면, 모두 부칙의 경과조치로 처리하도록 해!"

이 말씀에 따라 2005년 6월에 마련되었던 천일국 헌법 초안이 대폭 수정되었습니다. 구원, 복귀와 관련된 내용과 섭리조직들을 모두 부칙의 경과조치 조항으로 편입시키고, '가정맹세'가 지향하는 방향에 따라 천일국의 체제와 법적 질서를 구성했습니다.

드디어 2008년 12월 30일 헌법 초안을 드렸습니다. 아버님은 천정궁에서 이 헌법 초안을 꼼꼼하게 검토하며 연필과 사인펜으로 직접 수정하셨습니다. 그 장면을 제가 곁에서 여러 차례 지켜보았습니다. 얼마 뒤인 2009년 초, 아버님은 훈독회에서 "천일국 헌법 초안이 완성되었다"는 말씀을 여러 번 하셨습니다.

"내가 천일국 헌법을 만들어 놓았다구요. 김효율이, 그거 알아? (예, 그런 얘기는 들었습니다) 다 내가 만들어 놓았다구요. 2013년 1월 13일 기원절을 중심삼고 발표하는 거예요."

아버님께서 직접 수정해가며 최종 완성하신 헌법 초안이 아버님 성화 후 어떻게 됐는지, 저는 아직도 궁금합니다. 지금까지 그 종적이 묘연하기 때문입니다.

그런데 2013년 7월 '천일국 헌법제정 공청회'라는 행사가 열렸습니다. 가정연합이 '천성경'과 '평화경'을 독자 경전으로 출판하며 한창 시끄러울 때였습니다. 가정연합 측이 결성한 '천일국법제위원회'의 공동운영위원장을 맡고 있는 김효율 씨가 주관한 행사였습니다.

그들의 저의는 분명했습니다. 전 세계 통일가 식구들의 동의 아래 '민주적인 절차에 따라 교회법인 천일국 헌법이 제정되었다'는 법적 근거를 마련하려는 의도였겠지요. 그러나 헌법제정 공청회를 가지려면 헌법 초안을 사전 공지하는 게 당연한 일 아니겠습니까? 하지만 그런 절차도 없이, 그 자리에서 세미나를 발표하듯 하고 요식행위처럼 지나가려는 것이었습니다.

2013년 8월 참아버님 성화 1주기 행사 때 어머님에게 봉정한 천일국 헌법과 비교하며 공청회에서 공개된 헌법초안을 살펴본 저는, 무척 놀라고 말았습니다.

그것은 아버님이 1997년부터 가정헌법에 관련하여 천일국 헌법 제정의 기준이나 지침으로 말씀해오신 것과는 전혀 다른 내용이었습니다.

그것은, 하나님께서 재림메시아이신 참아버님을 통해서 발전시켜온 섭리적 진전의 내용을 거꾸로 되돌린 내용이었습니다. "가정맹세가 헌법이다"라는 말씀과도 전혀 거리가 먼 내용이었습니다.

결과적으로 그것은, 교권지도부가 교회 권력과 유무형의 자산을 손에 넣기 위한 의도로 제정된 '교회법'에 다름 아니었습니다.

2013년 1월 7일 신년 하례회에서, 어머님은 김효율 씨를 "모든 제도권 위에 있는 특별한 사람"으로 추켜세우셨던 바 있지요.

그 이유를, 비로소 알 것 같았습니다.

김효율 씨는 아버님의 특별 보좌관으로서 아버님의 일거수일투족을 누구보다 잘 아는 사람이지요. 아버님이 천일국 헌법을 어떤 기준과 관점에서 제정하려 했는지, 모를 리 없는 사람이었어요. 어머님 당신의 의도에 맞는 천일국 헌법을 만들기 위해서는 김효율 씨 같은 사람의 협조가 절대적으로 필요했던 것입니다.

현진님은 교회 조직을 초월하여 '원 패밀리 언더 갓'의 비전하에 섭리운동을 일으키고자 했습니다. 아버님께서 꿈꿔 오신 바로 그 일이었습니다.

그런데 그들은 이런 아버님의 뜻과는 전혀 다른 천일국 헌법을 제정하여 통일운동의 조직과 자산을 통제하려 하고, 나아가 이것으로 식구들과 통일가의 장래를 통제하려 하고 있습니다.

여기에 어찌 하나님의 뜻과 사랑이 함께할 수 있겠습니까?

드러난 어머님의 정체, 독생녀

50년 넘게 부모님을 모시고 누구보다 가까운 자리에서 많은 시간을 보냈으며 어머님과도 수많은 대화의 시간을 가진 제가 이 자리에서 분명히 말씀드립니다. 어머님께서 자신을 독생녀라고 말씀하신 적은, 이전까지는, 단 한 번도 없었습니다.

독생녀는 종종 아버님의 말씀 가운데 나오는 용어였습니다.

제 기억에, 어머님은 2014년경부터 공식적으로 '독생녀'에 대한 말씀을 시작하셨습니다.

이즈음 어머님의 독생녀에 대한 설명은, 독생녀에 대한 아버님의 뜻과는 완전히 다른 내용입니다. 더불어 하나님의 뜻과 구원섭리의 근본을 뒤바꾸는 충격적인 내용이기도 합니다.

지금까지의 여러 과정을 종합할 때 저는 이것이 어머님의 즉흥적인 발상이라고 생각하지 않습니다.

어머님께서는, 하나님의 섭리와 당신의 정체성에 대해 오랜 기간 품어왔던 생각을, '독생녀'라는 용어를 빌려 드러내고 있는 것입니다.

'어머님이 주장하는 독생녀'와 '아버님이 말씀해온 독생녀'와 차이를 잘 모르는 식구들은 이것이 뭐 그리 큰 문제냐고 생각할 수 있을 것입니다. 아버님의 말씀이나 원리적인 견해가 부족한 식구들은 그런가 보다 하고 대충 넘어갈 수 있을 것입니다.

그러나 저는 이 자리에서, 어머님의 독생녀 주장이 천주사적인 갈등의 본질을 드러내는 가장 심각한 문제라고 감히 단언합니다.

어머님의 독생녀 주장에 담긴 내용을 바로 알아야 합니다.

그래야 우리는 그간 통일가 내에 일어난 혼란과 갈등의 중심에 누가 있었는지 올바로 알게 됩니다. 그래야 비극적인 일들이 왜 섭리의 결실기에 발생했는가를 바르게 깨닫게 되고, 이 문제를 해결하는 방법도 찾을 수 있습니다.

그러면 '참아버님이 말씀하신 독생녀의 의미'와 '참어머님이 이해하고 주장하는 독생녀의 의미'의 차이를 과연 무엇일까요?

참아버님이 말씀하신 독생녀의 의미

1950년대부터 2000년대까지 아버님은 독생녀에 대해 시종일관 같은 설명을 해오셨습니다.

독생녀에 대해 원리적인 설명을 정확히 해주셨고, 하나님의 섭리 속에서 독생녀가 어떻게 찾아지는가를 명확히 밝혀주셨습니다. 제 자신의 기억을 더듬어 봐도 아버님 말씀선집에 기록된 말씀을 찾아봐도, 독생녀에 대한 설명은 명확합니다. 같은 주제를 아버님은 반세기 넘게 말씀하셨지만 애매하게 설명된 곳이 없었으며 그 논조에도 흐트러짐이 없었습니다.

본래 아담 해와는 하나님의 자녀인 독생자 독생녀로 창조되었고, 그들이 성장하여 하나님의 축복 하에 부부가 되어 가정을 완성하는 것이 하나님의 창조목적이었습니다. 그런데 아담 해와의 타락으로 하나님은 독생자 독생녀를 다시 찾아오는 섭리를 경륜해오셨는데, 이것이 복귀섭리역사이고 재창조섭리역사입니다.

하나님은 먼저 독생자가 이 지구성에 다시 태어나게 하기 위한 섭리를 진행해오셨고, 4천년 만에 예수님이 하나님의 핏줄을 이어받은 독생자로 태어나셨으며, 다시 2천년 만에 아버님이 태어나신 것입니다. 그런데 하나님은 직계 참사랑의 핏줄을 통해 독생자 아담은 찾았지만 독생녀 해와는 찾지 못했습니다. 사탄이 해와를 빼앗아갔기 때문입니다.

독생녀를 찾는 책임은 독생자에게 있습니다. 독생자는 사탄 세계에서 해와를 찾아와서 독생녀로 재창조해야 합니다. 본래 아담을 지은 뒤에 아담의 몸에서 갈빗대를 빼서 해와를 창조하였듯, 독생자는 찾아진 해와의 거짓 핏줄을 부정해서 잘라버리고, 딸과 여동생과 같은 입장에서 접붙인 뒤에, 8단계의 희생적 투입의 과정을 거쳐, 하나님의 뜻에 합당하게 독생녀를 길러야 하는 것입니다.

이것이 독생자 독생녀에 대한 아버님의 일관된 가르침입니다.

하나님의 아들로 태어난 독생자가 사탄 세계에 빼앗긴 해와를 복귀하여 독생녀로 기르고, 두 분이 하나님의 축복을 받아 본연의 참된 가정을 이루는 것이 하나님의 복귀섭리역사의 핵이라는 것입니다.

이에 관한 아버님의 말씀을 몇 구절 인용해보겠습니다.

"자, 그러면 독생녀 났다는 말 들어 봤어요? (못 들어 봤습니다.) 나오긴 나와야 되는데요? (예.) 이것이 천지의 문제입니다. 하나님 자신에게도 독생남이 있으면 딸이 있어야 합니다. 독생남으로 왔으면 독생녀를 찾아야 하는 것입니다."

― 『문선명선생말씀선집』 23권, 150쪽, 1969. 5. 18

"독생자는 독생녀를 찾아야 됩니다. 찾아 길러야 된다구요."
- 『문선명선생말씀선집』 115권, 132쪽, 1981. 11. 8

"독생자는 태어났지만 독생녀는 없습니다. 왜? 해와는 타락했기 때문에 사탄 세계에서 찾아야 돼요."
- 『문선명선생말씀선집』 348권, 55쪽, 2001. 7. 6

"예수님도 독생자를 중심삼아 가지고 독생녀를 찾아서 사탄세계에서 자기가 적자라고 하는 거짓 핏줄을 부정해서 잘라 버려야 되는 거예요. 잘라 가지고 없애는 것이 아니라 이것을 비로소 동생과 같은 입장에서 접붙이는 거예요."
- 『문선명선생말씀선집』 442권, 63쪽, 2004. 3. 9

"여러분, 어머니는 나면서부터 공주와 같이 태어나고, 어머니와 같이 재림주의 사모님으로 태어난 줄 알아요? 말해 보라구요. 타락한 핏줄을 받고 태어났어요."
- 『문선명선생말씀선집』 461권, 26쪽, 2004. 7. 19

"독생녀는 어떻게 되느냐? 아담의 몸에서 갈빗대를 빼서 여자를 만들었기 때문에 독생자는 해와를 재창조해야 돼요. 반대로 찾아와야 돼요."
- 『문선명선생말씀선집』 482권, 274쪽, 2005. 1. 14

"어머니도 이제는 내 마음대로 생각을 해서는 안 돼요. '아버지도 내가 없으면 완성 못한다.' 그런 생각을 하지 말라고요."
- 『문선명선생말씀선집』 491권, 247쪽, 2005. 3. 22

참어머님이 이해하고 주장하는 독생녀의 의미

반면 어머님께서 말씀하신 독생녀에 대한 설명을 살펴보면, 근본적으로 아버님 말씀의 핵심을 모두 부정하고 있음을 알 수 있습니다.

더 나아가 어머님은 "내가 말할 수 있는 때를 기다렸습니다."(2017. 11. 4) "내가 오십여 년 동안 아무 말도 안 했어요. 다 알면서 침묵했습니다."(2017. 11. 11)라면서 "이제 하늘 섭리로 본 인류 역사의 진실을 밝힌다"(2017. 11. 16)고 선언했습니다. 결국, 아버님께서 지금까지 해 오신 말씀이 진실이 아니라 거짓이라는 뜻을 분명하게 내비친 것입니다.

그뿐 아니라 "기독교 2천년 역사와 가정연합 시대는 '저녁'이었고 독생녀 참어머니 시대에 '아침'을 맞았기 때문에 진실을 밝히는 것"(2017. 11. 11)이라고 하여 하나님의 섭리역사 구분을 어머님 중심으로 돌려놓았습니다.

그러면 어머님이 독생녀에 대해 어떻게 말씀하고 있는지 간단히 정리해보겠습니다. 교회 지도부들은 어머님의 '독생녀의 본질'을 감추기 위해 장황하고 복잡한 신학적 설명을 늘어놓고 있지요. 그 핵심은 다음처럼 간단합니다.

하나님은 독생자만 창조해 나오신 것이 아니다. 독생녀도 창조해 나오셨다. 그 증거가 기독교 역사고 한민족의 역사다. 2천년 기독교 역사는 독생녀를 찾아 나온 섭리역사며, 하나님은 오래 전에 한민족을 선택하여 독생녀를 보내기 위한 준비를 해오셨다. 그리고 6천 년 만에 참어머니가 원죄와 상관없는 하나님의 딸, 독생녀로 출생하였다. 모태부터 사탄과 관계없는 혈통으로 태어난 것이다.

원죄를 갖고 태어난 아버님은 16세에 예수님의 사명을 승계한 때로부터 후천적으로 재림주 자격을 갖추었다. 그리고 독생녀를 만나 원죄 청산을 받고 참부모가 되었다. 이런 독생자가 독생녀를 기르고 교육한 것이 아니다. 어머님은 아버님을 처음 만난 17살 때부터 스스로 하나님의 섭리역사를 알았고, 원리를 공부한 것도 아닌 데도 이미 다 알았다. 이때 복귀섭리를 어머님 당대에 끝낸다는 결심을 하고 출발했다.

아버님도 재림주로서 성공하려면 '내(어머님)' 힘이 절대적으로 필요하다. 하나님의 섭리에서 재림 메시아보다 더 중요한 것이 사탄과 관계없이 하늘의 혈통으로서 독생녀가 탄생하는 것이다. 이제 인류 앞에 구세주는 독생녀, '나'이다. 우주의 어머니, 참어머니, 독생녀를 맞지 못하면 타락한 인류로서는 구원이 없다. 참어머님을 부정하는 것은 마지막이다.

2013년부터 2018년 현재까지 약 6년간, 어머님은 반복적으로 이러한 독생녀 주장을 교회 간부들과 식구들에게, 심지어 대중집회를 통해 공개적으로 발표하였습니다. 김진춘 등을 불러 '식구들에게 독생녀 교육을 하라'고 주문하기도 하였습니다.

독생녀에 대한 지도자와 식구들의 반응

어머님의 독생녀 주장에 대한 말씀 이후, 교회 현장에서는 큰 혼란이 일었습니다. 특히 "어머님은 원죄 없이 태어났고 아버님은 원죄를 갖고 태어났다"는 어머님의 말씀까지 일파만파로 식구들에게 퍼져 나가 충격을 주었습니다.

급기야 유경석 가정연합 협회장은 이 파장을 잠재우고자 "어머님의 발언은 사실이 아니다"라고 주장하는 공문까지 내보내게 되었습니다.(2016. 12. 29.) 백여 명의 선배가정 부인 식구들이 어머님에게 말씀을 듣고 독생녀 증언을 하는 와중에 어머님을 거짓말쟁이로 만든 것입니다.

어머님으로부터 독생녀 선전을 위임받은 김진춘 교수는 독생녀의 개념을 설명 받은 교구장들로부터 "이를 현장에서 강의했다가는 엄청난 혼란이 양산될 수 있다"는 부정적인 의견을 듣기도 했습니다.

어머님 스스로는 "50년 만에 밝히는 섭리 역사의 진실"이라 하고, 어머님 밑에서 일하는 지도자들은 예의 '진실'이 식구들에게 공개되어 엄청난 혼란이 생길까 봐 전전긍긍하는 상황입니다. 세상에 이런 촌극이 있습니까?

그것이 진리라면 무엇을 두려워하겠습니까?

1950년대와 1960년대를 거쳐 전국에 개척의 바람이 불었을 때, 우리는 당당하게 통일원리를 선포하였고 이것이 기성교회를 비롯한 대한민국 사회에 큰 충격과 파장을 불러올 것을 두려워하지 않았습니다. 개척의 현장에서 7일 금식, 21일 금식을 하면서 원리강의를 해도 힘든 줄을 몰랐던 것은 그 원리에서 나오는 진리의 힘 때문이었습니다.

어머님의 '독생녀론'에서 과연 두려움 없는 진리의 힘이 느껴집니까?

교회 지도자들 역시 그 주장이 진리가 아니라는 생각을 갖고 있는 것입니다. 그러니 이 독생녀론을 신명나게 강의할 리 없고, 그 독생녀론 강의를 듣고 전도될 리가 없는 것입니다.

일부 지도자와 식구들 중에도 '독생녀의 문제점'에 대해 용기 있게 소신을 밝힌 분들이 있습니다. 일본 통일교회 명예회장 가미야마 다케루 회장이 바로 그런 사람입니다.

아버님으로부터 일본 여성식구 교육을 책임 맡아 여수에서 수련을 진행해왔던 가미야마 다케루 회장은 2014년 12월 25일, 어머님의 변심을 놓고 공개질문서를 발표하였습니다. 질문서에서 가미야마 회장은 '아버님께서 어머님을 두고 탄식하셨던 일화'를 공개하여 '어머님의 변심이 아버님 성화 이후에 시작된 것이 아님'을 밝혔습니다. 가미야마 회장에 따르면, 아버님은 여수 해양수련회에 참가했던 수련생들 앞에서 몇 번이나 "어머님이 아버님과 하나 되어 있지 않다." "어머님이 어째서 아버님을 반대하는지 그 이유를 모르겠다"는 말씀을 쏟아냈습니다.

심지어 아버님은 2012년 1월 19일 천정궁 훈독회에서 이렇게 탄식하셨습니다.

"어머님은 아버님과 다른 별개의 길을 가고 있다. 아버님의 말씀을 듣지 않고 어머님이 '내 말을 들으라!'고 하니 누시엘보다도 더 무서운 존재이다. 그런 어머님을 따라가는 자는 도깨비다. 이 녀석들."

가미야마 회장은 자신의 처절한 심경을 이렇게 밝혔습니다.

"최근 어머님의 언행이 아버님과 하나가 되어있다고 생각되지 않습니다. 아버님께 절대복종의 기준을 세워 오셨던 무렵의 어머님을 알고 있는 자로서, 저는 최근 어머님의 변심이 유감스럽습니다."

암 투병 와중에 진심으로 어머님을 위해 용기를 내었던 가미야마 회장의 고언은 이후 "참부모님의 심정을 유린한 반역행동"이라는 비판을 받았습니다. 결국 2015년 4월 13일, 일본 통일교회로부터 제명당하는 수모가 내려집니다.

가미야마 회장이야말로 참부모님 앞에 가장 빛나는 충신이요, 효자입니다. 이는 그분이 살아온 삶이 증거하고 있습니다. 이런 분을 비난하고 심판한 것은 일본 통일교회의 가장 부끄러운 기록으로 남을 것입니다.

제가 잘 아는 사쿠라이 세츠코 여사도 어머님의 독생녀에 대한 자신의 솔직한 심경을 밝힌 분입니다. 일본에서 가장 먼저 축복을 받은 12가정이자 입교 후 첫 원리강사요, 평생 원리강사의 삶을 살아온 분이지요. 이미 고인이 되었지만 제5대 일본협회장을 역임한 사쿠라이 세츠오 씨의 부인이기도 합니다.

"위화감을 느꼈고요, 그 생각대로 추진해 나간다면 아버님의 가르침의 근간이 흔들린다고 생각했어요. 주체이신 아버님을 증언하고 메시아임을 증언하는 것이 어머님의 입장이라고 인식하고 있었는데 오히려 어머님이 주체인 것처럼 아버님을 승리하게 만들었다고 하시니, 참아담이 해와를 복귀하고 전 인류를 복귀해 나가는 순서에서 봤을 때 이걸 어떻게 설명할 수 있을지 모르겠습니다."

독생녀론에 대해 공개적으로 문제를 제기했다가 해고 통지를 받은 어느 중견 목회자는 불이익을 감수하면서까지 행동으로 옮긴 이유에 대해 이렇게 고백했습니다.

"진실을 말할 때 이미 해고를 예상했지만 침묵할 수 없는 일이었습니다. '급료를 가지고 자기 가정을 지켜간다고 할 때 정말 하나님이 기뻐하실 수 있겠느냐?' '또 그것을 목적으로 2세들을 교육한다고 했을 때 그 자체가 엄청난 영적인 범죄를 저지른 것이 아니냐?' 그런 생각으로 성명서를 발표했습니다."

하나님의 혈통을 사탄의 핏줄로?

어머님의 독생녀 주장은 왜 천주사적인 문제가 될까요?
어머님의 '독생녀 주장'은 단순히 아버님과 견해 차이 정도로 끝날 문제가 아닙니다.
어머님이 누구입니까?

하나님과 아버님이 6천년 만에 찾아 세우신 참어머님입니다. 그 참어머님은 하나님의 참된 딸로서, 참아버님의 참된 아내로서, 참자녀와 모든 인류의 참된 어머니로서 서 계셔야 할 분입니다.

그런 어머니가 지금 하나님 섭리의 근본을 뒤집는 주장을 한다면, 이것은 해와의 타락과는 차원이 다른 또 하나의 천주사적인 문제가 되는 것입니다.

저는 어머님의 독생녀 주장 속에 세 가지의 근본 문제가 있다고 봅니다.

첫째, 하나님도 개입할 수 없는 섭리의 원칙과 질서를 변조(變造)한 것입니다.

하나님의 창조가 창조원리의 원칙과 질서에 따라 한 방향으로 이루어졌듯, 하나님의 재창조섭리 즉 구원섭리 또한 하나님도 개입할 수 없는 복귀원리의 원칙과 질서에 따라 한 방향으로 진전되어 왔습니다. 섭리가 둘일 수 없으며, 복귀섭리역사가 6천년이라는 수리적인 연수를 거친 것은 바로 이와 같은 원리원칙에 따라 전개되어 온 때문입니다.

그런데 어머님은 독생자를 찾아 세워 장자권(혈통권)을 통한 3대 왕권을 정립하기 위한 하나님의 섭리역사에 '독생녀를 탄생시키기 위한 역사'를 임의로 끼워 넣었습니다. 다시 말해 하나님의 섭리가 재창조(복귀) 원리대로 진행되는 하나님의 섭리 원칙과 질서도 무시한 채 두 갈래로 진행되어 온 것으로 변조해 놓았습니다.

둘째, 하나님의 혈통을 부정한 것입니다.

타락한 인류를 구원하기 위해서는 그들을 중생시켜 하나님의 참된 혈통에 접붙여 줄 메시아가 먼저 와야 합니다. 메시아는 타락과 관계없는 하나님의 아들입니다. 메시아의 1차적인 책임은 타락한 혈통 가운데 복귀된 해와를 찾아 세우는 것입니다. 어머님은 이와 같은 하나님의 혈통과 메시아 관을 부정하고 있습니다. '메시아 재림주로 오신 아버님은 타락한 핏줄이며 자신이 하나님의 참된 혈통'이라고 주장하였습니다.

하나님의 혈통을 사탄의 핏줄로, 사탄의 핏줄을 하나님의 혈통으로 뒤바꿔 놓은 것입니다. 이러한 인식 아래서 어머님은 "생물의 탄생은 남자로 시작되는 게 아니야. 탄생시킬 수 있는 분은 어머니야"(2018. 3. 16)라고 말씀합니다. 아버님의 씨를 받고 태어난 것이 중요한 것이 아니라 어머님의 뱃속에서 태어난 것이 중요하다는 것을 강조하며, 심지어 "구세주는 독생녀"라는 주장까지 하고 있는 것입니다.

셋째, 인간책임분담의 원칙을 무시한 것입니다.

아버님께서 밝히신 통일원리의 위대한 부분 한 가지는 인간책임분담의 가치를 올바로 규명한 데 있습니다. 인간책임분담 완수를 통해 인간이 하나님의 창조 위업에 동참하게 되고 하나님의 축복을 상속한다는 것이 얼마나 놀라운 진리입니까? 이 뿐만 아니라 역사상 풀지 못했던 인간 타락과 그에 따른 복귀섭리의 수수께끼도 모두 인간책임분담의 원칙으로 풀 수가 있는 것입니다. 하나님의 아들로 오신 메시아조차도 인간책임분담을 완수해야 합니다.

그런데 어머님은 "누가 나에게 원리라든가 이런 말을 해주지 않아도 나는 하늘의 섭리를 알았어"(2018. 3. 16.) 라고 하면서 자신을 인간책임분담과 상관없는 초월적인 존재로 스스로 신격화하였습니다.

참부모님의 성혼 이후, 저는 아버님의 지시로 협회 40일 지도자 수련회에 매 시간 청강하신 어머님에게 원리강의를 해드린 적이 있습니다. 학습할 교재를 달라고 하셔서 직접 원리강의안을 만들어 전해드리기도 했습니다. 이후로 수 십 년간 어머님은 제 강의와는 비교할 수도 없는 아버님의 직접적인 지도를 받으며 성장하셨습니다.

어찌하여 어머님은 그것을 송두리째 부인하십니까?

어머님 스스로 깨우쳤다고 하는 원리와 하늘의 섭리가 실은 비원리요, 반섭리입니다. 그 얼마나 아버님의 말씀과 모순되며 심각한 충돌을 일으키고 있습니까?

어머님의 말씀이 하나님의 천도와 섭리원칙을 밝히신 아버님의 가르침과 하나 되어 있다고 주장한다면, 그것은 천부당만부당한 억지입니다. 두 분의 말씀만 비교해 봐도 지금 어머님은 아버님과 하나 되어 있지 못하십니다. 지금 어머님은 본래 어머님의 위치에서 한참 벗어나 계십니다.

독생녀에 대한 현진님의 지적

현진님은 지난 수년간 어머님의 독생녀 주장과 어머님이 벌인 일들을 소상히 알고 있었습니다. 그것이 하나님의 섭리에 얼마나 심각한 문제를 초래할 것인지 우려하고 있었습니다.

그리고 현진님은 이 문제에 대해 공식적으로는 침묵해왔지만, 어머님이 하나님의 뜻과 다시 하나 되고 아버님께서 이끄셨던 길과 하나 될 수 있도록 보이지 않게 노력해 왔습니다. 요컨대 세 차례에 걸친 장문의 편지를 작성하여(2013. 1. 17, 2013. 4. 24, 2014. 2. 17) 아들의 솔직한 의견을 어머님께 전달해 드린 일이 그러합니다.

편지에서 현진님은 "어머님이 섭리적인 책임을 완수하실 수 있도록 도우려 한다"는 자식의 뜻을 전하였습니다. "어머님이 참된 여성으로서 올바른 선례를 세워 승리하시는 것만큼 더 큰 기쁨은 없을 것"이라는 절절한 효심도 표현하였습니다. 어머님의 입장에서는 받아들이기 힘든 쓴 소리일 뿐이었겠지요. 그처럼 어머님을 위해 솔직한 말씀을 드리는 사람은 세상에 현진님밖에 없었을 것입니다.

현진님은 독생녀에 대해 거론하기 전, '어머님의 섭리적인 책임이 무엇인가'를 명료하게 정리하였습니다. 다시 말해 어머님의 책임은 하나님과 인류 앞에 참된 여성으로서의 올바른 선례를 세우는 것에 있으며, 구체적으로 하나님 앞에 참된 딸로서, 아버님 앞에 참된 여동생, 참된 아내로서, 가인 아벨 자녀들 앞에 참된 어머니로서 승리의 선례를 세우는 것이라고 하였습니다.

현진님은 이와 같은 섭리적인 기준을 놓고 '지금 어머님이 하나님의 뜻과 하나 된 길을 걷고 있는지' 식구들에게 질문하였습니다.

"지금 어머님은 하나님의 부인이 되려고 하는데, 그것이 하나님의 참된 딸로서 합당한 선례를 세우는 것인가?"

"지금 어머님은 아버님보다 주체적인 자리에서 아버님의 권위를 흉내 내고 공적인 권위를 마음대로 행사하고 있는데, 그것이 참아버님 앞에 대상적 입장에 있는 참된 여동생, 참된 아내의 선례를 올바로 세우고 있는 것인가?"

"지금 어머님은 당신의 자녀들에게, 나아가 전체 인류 앞에 독생녀를 받아들일 것을 요구하고 있으며 심지어 힘과 권력을 앞세워 자식들이 어머님 앞에 복종할 것을 요구하고 있는데, 그것이 하나님의 사랑의 화신체로서 무조건적인 헌신과 사랑을 통해 당신의 고귀함을 드러내는 참어머니의 선례를 세우고 있는 것인가?"

이러한 질문들을 통해, 현진님은 어머님의 독생녀 주장이 세 가지 측면에서 심각하게 잘못되었음을 설명하였습니다.

첫 번째, 성경의 선례를 놓고 독생녀 문제를 지적하였습니다.

창세기에 보면 하나님은 아담의 갈빗대를 취하여 아담을 돕는 배필로 여자를 창조하였다는 기록이 있습니다. 이것은 해와의 정체성이 아담에 의해 결정된다는 것을 의미합니다.

아버님은 성경의 선례를 예로 들며 복귀의 과정에서 아담이 해와를 책임지고 선택한다는 말씀을 하셨는데, 어머님은 독생녀가 독생자와 상관없이 별개로 하나님에 의해 선택되었다는 주장을 한 것입니다.

아버님은 "성진 어머니가 책임을 했다면 지금의 어머니는 선택되지 않았고 현재의 참자녀들도 태어나지 않았을 것"이라고 말씀을 하셨는데, 이를 두고도 어머님은 심지어 "아버님은 나를 만나기 전에 누구와도 결혼해서는 안 되는 것이다"라며 아버님의 말씀을 정면으로 부정했습니다.

두 번째, 자연법 즉 자연계의 원리를 놓고 독생녀 문제를 지적하였습니다.

자연계에서 모든 생명체의 정체성은 씨를 중심하고 결정되는 것입니다. 올리브 나무를 어디에 심어도 올리브 나무가 자라는 것은 그 씨 때문이고, 심는 곳이 달라졌다고 다른 나무가 나오는 것이 아닙니다.

참된 혈통의 씨를 가지고 오신 분은 아버님이므로 아버님에 의해 참자녀의 정체성이 결정되는 것이며 축복가정의 정체성이 결정되는 것입니다. 결코 어머님에 의해 결정되는 것이 아닙니다. 어머님의 혈통조차도 아버님에 의해 사탄의 혈통에서 하나님의 혈통으로 전환되는 것입니다. 이것을 반대로 뒤집은 어머님의 주장은 자연계의 원리 뿐 아니라 복귀섭리의 원칙을 완전히 부정한 것이 됩니다.

현진님은 "하늘의 혈통은 문 씨이지 한 씨가 아니다!"라고 하며, "어머님이 지금 문 씨의 흔적을 없애고 한 씨 중심으로 바꾸려 하는데 이것이 얼마나 하늘 앞에 큰 잘못인가 알아야 할 것"이라고 했고, "이것을 다시 바로 잡아야 한다"고 했습니다.

세 번째, 원리적으로 독생녀 문제를 지적하였습니다.

남성과 여성은 하나님의 이성성상을 대표해서 창조된 존재입니다.

남성은 하나님의 남성상을 대표하며 권위, 힘, 혈통, 주체성 등으로 특징이 드러납니다. 여성은 하나님의 여성상을 대표하며 무조건적인 사랑, 은사, 생명, 대상성 등으로 그 특징이 드러납니다. 남성과 여성은 참사랑을 중심하고 상호보완적 관계를 맺도록 창조되었으며, 주체와 대상의 상관관계 속에서 고유한 역할과 기능은 차이가 있지만 참사랑 안에서 동등한 가치를 지니게 됩니다.

그런데 어머님은 참가정 안에서 3대왕권과 4대심정권을 중심하고 자연스럽게 자리 잡아야 할 남성과 여성의 고유한 역할과 질서를 모두 무시하고 파괴하였습니다.

아버님이 연로해지신 뒤로는 노골적으로 아버님 일에 개입하여 자신의 의도를 관철시키려 하였습니다. 심지어 아버님이 선택한 아들을 끌어내리고 어머님이 원하는, 자격도 검증되지 않은 아들을 장자의 자리에 세우려 했습니다.

아버님 성화 이후에는 남편의 자리를 차지하고 남편이 아들에게 물려줄 모든 기반을 취하였습니다. 그뿐 아니라 어머님 고유의 책임과 역할은 방기(放棄)한 채, 아버님의 권위와 권한을 가지고 아버님이 세운 기반들을 다 파괴하고 있습니다.

한마디로 '주관성 전도'입니다.

독생녀의 귀결(歸結)

어머님의 독생녀는 어떤 관점에서 보더라도 진리가 될 수 없습니다. 이것은 어머님의 실체를 적나라하게 드러내는 비원리일 뿐입니다.

하나님의 섭리는 인간책임분담 성사 여하에 따라 일시적으로 비원리 상태에 빠질 수 있지만, 반드시 비원리를 원리로 정리합니다. 탕감의 과정을 거쳐 정상으로 돌아오게 되어 있는 것입니다. 사필귀정입니다.

이와 같은 상황에서 우리는 어떤 선택을 해야 할까요?

여기서 아버님의 가르침은 매우 중요한 기준이 됩니다.

"복귀섭리가 복잡하게 전개된 것은 아담이 자기 위치를 벗어나 타락한 해와를 따라갔기 때문이지요. 아담이 하나님을 중심하고 절대적으로 하나 되어 있었다면 아담 당대에 해와를 복귀하여 복귀섭리는 간단하게 완료되었을 것입니다."

현진님은 식구들에게 이 점을 상기시키면서, 왜 자신이 어머님의 비원리적인 지시에 절대 따를 수 없는지를 설명하였습니다.

"어머님이 어떤 조건을 제시하더라도, 또는 어떤 힘으로 무릎 꿇리려 해도, 절대 어머니를 따라가서는 안 됩니다. 끝까지 하나님의 뜻을 따라야 합니다."

이것이 현진님의 변함없는 입장입니다. 이것이 정확한 원리적 결론입니다.

현진님은 하나님의 뜻을 중심하고 자신의 위치를 지키면서도 어머님을 승리한 참어머님으로 세워드리기 위해 지금까지 최선을 다해왔습니다. 어머님으로부터, 형제들로부터, 교회 전체로부터 상상할 수 없는 반대와 핍박을 받으면서도 현진님은 일체 어떠한 저항도 하지 않았습니다. 그처럼 어머님을 향한 기준을 분명히 지켜왔습니다.

이는 말처럼 간단한 일이 아닙니다. 참가정 안에 이런 아들이 계시기에 어머님에게도 다시 본래의 자리로 돌아올 수 있는 희망이 있는 것입니다. 또한 형제분들과 축복가정 모두 제자리로 돌아올 수 있는 길이 허락되는 것입니다.

현진님은 어머님과 전체 식구들에게 밝힌 바 있습니다.

"독생녀의 귀결이 비극으로 끝나는 대신 희망으로 극적인 전환을 이루기 위해서는 모두 하나님의 뜻과 하나 되는 '하나의 길'밖에 없습니다. 하나님 앞에 회개하는 '속죄의 길'로부터 출발해야 합니다."

어머님은 안타깝게도 이런 현진님을 밀쳐낸 것도 모자라 지금까지 소송을 계속하고 계십니다.

하나님의 섭리에서 가장 중요하고 아버님의 업적에서 가장 고귀한 '참가정 수습'의 업적 대신, 안타깝게도 어머님은 부질없는 일들에 얼마 남지 않은 시간을 쏟고 있습니다.

참으로 시간이 많지 않다는 것을 느낍니다.

마침내 드러난 거짓 후계자 형진님

　참아버님 성화 3년째인 2015년 초부터, 형진님은 인터넷을 통해 어머님에 대한 공개 비난을 시작하였습니다. 더불어 자신이 아버님의 후계자라고 적극적으로 선전하였습니다.
　형진님의 폭로는 식구들을 큰 충격과 혼란에 빠트렸습니다. 개중에는 가정연합을 이탈하여 형진님이 세운 '세계평화통일성전교회', 약칭 '성전교회'에 가입하는 사람들도 생겼습니다. 확고한 섭리관보다 '어머님이 잘못됐고 후계자는 형진님이니까 간다'는 논리였습니다.
　그러나 이런 무차별 폭로의 효과는 오래가지 않았습니다. 가정연합에서 이탈하는 식구들의 수는 더 이상 늘지 않았고, 도리어 성전교회를 이탈하는 이들이 생겨나기 시작했습니다. 가정연합에 있는 식구들도 대부분 형진님에게 등을 돌렸습니다.
　그들이 형진님에게 등을 돌린 이유가 무엇일까요?
　어머님이 옳다고 느꼈던 것일까요?
　그동안 자신들이 믿어온 후계자에 대한 '환상'이 깨졌기 때문입니다.
　아버님의 성화 후, 형진님의 본색은 적나라하게 드러났습니다. 그 과정에서 형진님의 원리와 말씀에 대한 이해도뿐만 아니라 섭리관이나 도덕성 등에 심각한 문제가 있음이 밝혀졌습니다. 형진님은 섭리를 이끌어갈 정통성도 없을 뿐더러 그만한 그릇도 갖추지 못했던 것입니다.

이런 형진님을 누가 만들었습니까?

바로 어머님이었고 가정연합 지도자들이었고 식구들이었습니다.

내적 준비 없는 분을 어머님은 아버님 앞에 최고의 종교지도자로 추켜세웠습니다. 그 모습을 우리가 다 보았습니다. 가정연합에서 통일교로 되돌릴 때도 눈을 감아주시고, 아버님에게 끈질기게 형진님을 세우기 위한 '선포문'을 써 달라고 요구하신 분이 바로 어머님이셨습니다.

그러니 형진님이 어머님과 교회 지도부를 비난하고 이를 온 세상에 퍼뜨려도, 어머님과 가정연합은 아무 말 못하고 있었던 것입니다.

'자녀들 문제는 당신이 해결하겠다'고 하시지만, 정작 어머님은 형진님에 대해서는 할 수 있는 일이 없는 듯 보입니다.

2005년 형진님이 등장하던 때부터 줄곧 이분을 관찰해온 저는, 크게 두 가지 점에서 문제가 있다는 것을 느꼈습니다. 하나는 그의 섭리관이요, 또 하나는 그분의 도덕성입니다. 이 두 가지 문제로부터 발생한 일들이 하나님의 섭리에 얼마나 많은 지장을 초래하였으며 아버님의 업적을 파괴해왔는지, 저는 똑똑히 봐왔습니다.

섭리관의 문제

어머님의 사례에서 알 수 있듯, 잘못된 섭리관은 결국 반섭리적인 말씀과 행동이라는 결과로 나타나는 것입니다.

이것은 형진님의 경우도 마찬가지입니다.

아버님이 가르치고 실천하신 주류 섭리의 방향은, 종교로서의 '통일교회' 시대를 지나 하나님을 중심한 가정이상실현 운동으로, 그리고 초종교 초국가 초인종적인 평화세계 실현의 단계로 진행됩니다.

결론적으로 형진님의 신관, 메시아관, 인간관, 역사관은 하나하나 아버님의 정통 가르침에서 완전히 벗어난 것들입니다. 섭리관에 심각한 문제가 있기에, 가정연합 때는 물론 생추어리 교회를 만들어 나가서도 하나님의 섭리에 반하는 말씀과 행동을 계속해온 것입니다.

무엇보다도 형진님은 아버님께서 가정연합을 중심하고 펼쳐온 섭리운동의 방향을 통일교로 역행시킨 장본인입니다. 가정연합 운동은 40년 만에 교회 간판을 내리고 종교가 필요 없는 시대를 표방한 운동입니다. 이것을 통일교로 되돌린 이유가 무엇이었을까요?

형진님이 언론 인터뷰와 예배 설교를 통해 밝힌 이유는 다음과 같습니다.

"지도자들이 통일교라는 문패를 숨기기 위해 가정연합 간판을 내걸고 활동했으며, 참부모님을 메시아라고 당당하게 말하지 않았습니다. 가정연합과 같은 사회운동에 주력하다 보면 정체성에 문제가 생기고 메시아 참부모님의 설 자리가 사라지게 마련이지요. 따라서 종교운동을 해야 합니다."

형진님의 섭리관과 섭리인식이 얼마나 무지한지를 그대로 보여주는 논리입니다. 처절한 핍박 속에서도 당당하게 아버님과 통일교회를 자랑해온 우리들입니다. 어머님과 갈라진 이후, 형진님은 '통일교'를 '성전교회'로 바꾸었지요. 그분의 관점은 전혀 달라지지 않은 것입니다.

사람들이 "왜 가정연합을 통일교로 다시 바꾸는지" 이유를 물었을 때 형진님과 국진님은 이렇게 반문한 적이 있습니다.

"'평화운동'으로 어떻게 하나님의 뜻을 이룰 수 있겠습니까?"

아버님께서 전개하신 섭리운동의 의미와 흐름을, 두 분은 전혀 이해 못한 것입니다. 아버님의 지도하에 수 십 년간 각종 섭리조직과 운동을 결성하고 각 시대에 맞는 섭리운동을 선두에서 전개해온 저로서는, 이렇게밖에 말할 수 없습니다.

최상위 섭리조직으로 UPF(천주평화연합)를 창설한 아버님은 이 기구가 세계 앞에 아벨 UN의 사명을 하고 종국에 가서는 부모 UN으로 세워져 지상에 하나님의 평화이상이 완전히 실현될 것을 바라셨습니다. 그래서 참부모님과 참가정 3대와 더불어 세계를 세 번이나 순회하면서 창설 메시지를 발표하셨습니다. 두 분도 이 순회노정의 일부에 참가하였을 텐데 어찌 그 의미를 전혀 이해 못하는지, 실로 안타깝습니다.

UPF 세계회장직에 올랐을 때, 형진님은 UPF를 통일교 선교활동의 하부조직 정도로 여겼던 것이 아닐까 의심되는 지시와 공문을 발송하기도 했습니다.

한편 국진님은 "국민 51%를 통일교인으로 전도하면 국가복귀가 이루어진다"고 하였습니다. "아벨이 가인에게 맞아 죽은 것은 힘이 약했기 때문이므로 자신을 지키기 위해 힘을 길러야 하며 그래서 총기를 소지해야 한다"는 주장까지 했습니다. 원리와 아버님의 가르침은 아벨이 힘으로 가인을 굴복시켜라 하지 않았습니다. 성전교회가 만든 천일국 헌법에도 총기소지자유 조항을 집어넣고, 심지어 총기소지가 하나님의 뜻이요, 예정인 것처럼 합리화하고 해석하였습니다. 성경 요한계시록 12장과 19장에 "다시 오시는 주님께서 '철장(鐵杖)'으로 만국을 다스린다"는 기록이 있습니다. 원리강론에서는 이 철장의 의미를 '하나님의 진리 말씀'으로 해석하고 있음에도, 그것을 '쇠막대=총기'로 해석했던 것입니다.

그들은 "사탄 세력으로부터 왕권과 주권, 소유권을 지켜내기 위해 영적으로는 하나님의 말씀과 실체적으로는 총기소유를 허락받은 것이다"

라고 주장하면서 미국 총기업체가 생산하는 AR15 반자동소총과 AK 반자동소총을 공식 총기로 선정(2018. 2. 28)하였습니다. 성전교회가 실시한 합동결혼식 행사에 이 총기를 지참토록 하여 세계를 충격 속에 몰아넣었고, 다시 한 번 참부모와 참가정의 위상을 땅에 떨어뜨렸습니다.

참으로 이해가 안 되는 것은, 이러한 총기소지까지도 '철장섭리'로 포장하고 있다는 점입니다.

아버님께서 천일국의 헌법이라고까지 말씀한 평화신경과 가정맹세 어디에 '총기를 가지고 평화를 이룬다'는 대목이 있습니까? 오히려 '총칼을 녹여 평화 이상세계를 만들자'고 호소하지 않았습니까?

또한 형진님의 메시아관을 보면, 이분이 얼마나 잘못된 섭리관에 빠져 있는지를 재삼 확인할 수 있습니다.

아버님은 2천 년간 기독교 신앙이 유지해온 삼위일체의 신학적 틀을 깨신 분입니다. 신격화된 예수님이 아니라 하나님을 중심에 세우고, 하나님의 아들로서 '사람이신 예수님'의 위상을 재정립하셨으며, 이렇게 새로운 틀 속에서 메시아로 오신 아버님의 사명을 재규정하였습니다.

그런데 형진님은 아버님을 그리스도라 하며 기독교적 관점에서 아버님을 추앙했습니다. 아버지를 찬양하고 복종하는 것이 축복가정의 기본 도리라고 말하였습니다. 참부모와 축복가정의 관계를 주종 관계로 전락시켰고, 참부모에 대한 최고의 신앙은 참부모의 노예가 되어 절대복종하는 것이라고 하였습니다. 이것은 아버님의 원리도 가르침도 아닙니다.

형진님은 이런 참부모 신봉 신앙을 행동으로 보여주기 위해 자신이 당회장으로 있던 천복궁 교회에서 참부모님 억만세를 부르며 진동과 기를 참부모에게 보내는 진동 예배를 시도 때도 없이 드렸습니다. 심지어 참부모님 신격화를 상징하는 참부모상을 만들어 시가행진을 벌였습니다. 어머님을 신격화하고자 '하나님부인 결혼식'을 준비하기도 했습니다.

이렇게 참부모님의 신격화에 앞장서던 분이, 대세가 바뀌면서부터는 어머님을 비난하는 강도가 점점 심해져갔습니다.

하여 2015년 3월 15일에는 "속박과 착취로부터 참어머님을 해방시켜드리기 위해"라는 명분으로 설교 마지막에 "참어머님의 모든 권한을 해제하고 박탈한다"는 '하늘선언'을 발표하였습니다.

또한 2015년 6월 9일에는 "한학자 어머님은 사탄과 하나가 됨으로써 영적인 타락을 범하였고, 이제는 타락한 해와의 입장"이라면서 "장래에도 우리가 한학자 어머님을 '참어머님'이라고 부르는 일은 없을 것"이라고 하였습니다.

어머님을 공식 비난하기 시작한 지 불과 6개월 만에 아들인 자기 마음대로 참어머님의 자격을 박탈한 것입니다.

마침내 형진님은 자기 마음대로 '아버님을 지상에 있는 다른 여성과 성혼시키는 패륜'을 저질렀습니다. 형진님은 2017년 9월 23일 참아버님과 강현실 씨를 세워 성혼식을 거행하고 '이 분이 새로운 참어머니'라고 발표한 것입니다. 자신을 참자녀로 낳아준 어머니를 버리고 이해관계에 맞는 여인을 아버님의 부인으로 앉혔습니다.

강현실 씨는 아버님의 주재로 성 어거스틴과 영혼 축복을 맺은 분입니다. 그 축복을 깨고 그분을 아버님의 새로운 부인으로 들이다니, 세상에 이런 경우가 또 있습니까? 자식이 원한다고 바꿀 수 있는 어머니 자리는 하늘땅에 없습니다. 강현실 씨에게도 정말 유감입니다. 일생동안 아버님을 따라온, 아버님의 뜻이 무엇인지 잘 아는 분이 어떻게 그러실 수 있습니까?

어머님은 '하나님이 자신을 타락과 관계없는 본연의 혈통으로 선택하셨다'고 주장하고, 아드님은 그 어머니가 잘못됐다며 다른 여성을 아버지와 결혼시켜 새로운 참어머니로 선택하고.

이것이 하나님께서 6천 년간 지켜 오신 섭리의 원칙과 질서입니까?

참부모의 자리는 결혼식만 올린다고 주어지는 자리가 아닙니다. 전지전능한 하나님조차도 6천 년간 참부모를 보지 못해 기다려 오셨습니다. 수없는 탕감복귀의 역사를 통해 4천년 만에 예수님 한 분을 독생자로 찾으셨고, 다시 2천년이 지나 예수님의 사명을 대신할 아들로 아버님을 찾으신 것입니다.

아버님이 태어나셨다고 자동적으로 참부모의 자리에 나아가는 것이 아닙니다. 아버님의 책임으로 타락한 인류 가운데 복귀된 해와를 찾아 성혼하고 참자녀를 낳아야 비로소 참부모의 자리에 서게 되는 것입니다. 조건적인 참부모가 아니라 실체적인 참부모입니다.

이와 같은 참부모 참자녀가 현현했기에 우리 인류도 하나님의 혈통으로 접붙여질 수 있었던 것입니다. 우리 모두 그 인연으로 축복가정이 된 것입니다.

천륜과 인륜 모두를 저버린 일

형진님은 아버님의 성화 직후까지도 어머님의 신격화에 앞장섰던 분입니다. 어머님을 "낮의 하나님"이라고 정의하며 "참아버님과 참어머님 양위분 사이에는 더 이상의 간격이 없는 성체가 되셨기 때문에, 참어머님은 하나님과 참아버님이 투영되어 보이시는 삼위일체의 실체이십니다"라고 찬양했던 분입니다.

이런 형진님이 그로부터 1년도 되지 않아 서로 등을 돌리고 불과

2년 6개월 뒤인 2015년 1월, 어머님을 비난하기 시작했습니다. 온 세상으로 연결되는 인터넷을 통해 자신의 어머니이자 아버님의 부인이요, 참어머니인 분에 대한 차마 입에 담지 못할 말까지 내뱉고 있습니다.

그런 모습을 저는 이해할 수 없습니다.

뭐가 그렇게 억울한가요?

10년 가깝게 형언할 수 없는 고통을 당해온 현진님도 말없이 참고, 제발 참어머님의 선례를 세워 달라고 기도하고 계십니다. 참어머님의 자리는 그토록 귀합니다. 그런데 형진님은 자신이 당한 고통이 얼마나 된다고 한때 온 세상을 향해 당신이 앞장서 신격화한 그 어머니에게 앞뒤 분간 못하고 그렇게 이상행동을 할 수 있습니까?

'하나님 만왕의 왕 왕권 대관식 행사'를 '후계자 임명식'으로 선전한 것은 자기중심적이며 위선에 가득한 형진님의 모습을 그대로 보여준 사례였습니다. 형진님은 왕관을 쓰고 입장하는 하나님 대관식 행사의 모습을 인터넷에 띄우며 "이로서 자신이 후계자로 선택됐다"고 줄기차게 주장하였습니다. 어머님과 교회 지도부의 묵인과 동조 하에 이 행사를 후계자 책봉식으로 포장하고 선전해왔습니다. 그러나 아버님은 이것이 '후계자 임명식'이라는 말씀을 단 한 번도 하지 않았습니다. 행사를 준비하고 진행을 맡았던 양창식 회장도 이 사실을 증언하였습니다.

후계자가 되기 위해 하나님 대관식까지 후계자 임명식으로 변질시킨 형진님의 자기중심적인 처신은 1년 뒤, 아버님 침실에서 선포문을 받아낼 때 다시 한 번 극명하게 드러났습니다. 바로 '이단자 폭파자 동영상'을 제작 유포한 사건이지요.

형진님은 억울하게 쫓겨난 자신의 형님인 현진님을 짓밟기 위해 그 동영상을 서슴없이 사용했습니다. 동영상을 편집하고 공개하며 문건에 적힌 '이단자 폭파자'가 자신의 형임을 공공연히 선전하였습니다.
형진님은 그 후계자 서명 하나 받겠다고 형님에 대한 왜곡된 이미지로 아버님을 속이고 세상 앞에 참부모님과 참가정의 가치를 손상시킨 것입니다.

그리고 그것을 가지고 전국 목회자들을 강제로 세워 현진님과 저를 비난하는 충성맹세 비디오를 찍게 한 사람도 형진님입니다.

그에게 어머님이 더 이상 참어머님이 아니듯, 현진님 또한 자신의 형님이 아닙니까?

모든 사정을 차치하더라도, 어머니가 자식으로부터 공개적으로 온갖 비난을 받고 나아가 자식이 어머니를 무효화하는 일은 천륜과 인륜 모두를 거역하는 패륜입니다.

만일 어머님께서 아버님이 세운 현진님을 믿고 협력해주셨다면 참가정 내에 이런 비극은 일어나지 않았을 것입니다.

섭리의 중심인물은 어떻게 드러나는가?

아버님 성화 후, 천주사적인 혼란은 점입가경으로 치닫는 듯 보이는 것이 사실입니다.

하지만 이것은 선과 악, 참과 거짓을 가리는 과정일 뿐입니다.

여러 문제들이 한꺼번에 터져 나와 더 혼란스럽게 보일 뿐입니다.

모든 것은 시간이 지나면 사필귀정으로 정리될 것입니다.

하나님의 섭리는 다시 자리를 잡고 앞을 향해 전진해나갈 것입니다.

여기서 중요한 것은 '누가 아버님을 대신하여 하나님의 섭리를 지상에서 이끌어갈 것이냐' 하는 문제입니다.

누가 정통성을 갖춘 섭리의 중심인물인가요?

그 인물은 우리 앞에 어떻게 드러날까요?

이 문제를 푸는 중요한 열쇠는 과거에도 현재에도 미래에도 하나뿐, 바로 인간책임분담입니다. 하늘이 선택한 인물은 인간책임분담을 다하여 승리의 기대를 갖추었을 때 자연스럽게 드러나게 되어 있습니다. 설사 그 인물이 뼈아픈 좌절과 시련의 과정을 거치더라도, 이에 굴하지 않고 책임을 다하고 천도에 맞게 실적을 세우면, '맞고 빼앗아오는 하늘의 셈법'에 따라 더 큰 하늘의 축복과 천운을 갖고 나타나게 되어 있습니다.

우리는 지난 10년 가깝게 다시 되돌릴 수 없는 뼈아픈 희생을 치렀습니다.

하지만 그 전에는 어떠했는지 기억을 더듬어보세요.

아버님께서 현진님을 세워 부자협조 섭리를 이끄셨을 때 통일운동이 얼마나 발전했습니까?

아버님이 새로운 섭리의 장을 여시면, 그 바통을 현진님이 이어받아 섭리를 더욱 확장 발전시켜 나가고, 이것을 바라보시는 하나님께서 얼마나 대견해 하시고 흥이 나셨겠습니까?

큰 실적을 갖고 돌아오는 현진님을 보시고 아버님도 얼마나 큰 기대를 가지고 기뻐하셨습니까?

2008년 통일운동은 그야말로 최고의 절정기를 향하고 있었습니다. 세상 앞에 참부모와 참가정의 위상이 놀랍게 드러나고 있었습니다. 그 여세를 몰아 2013년까지 내달렸다면, 아버님께서 목표로 하신 꿈은 당신 재세 시에 이루어지고도 남았을 것입니다.

그런데 2009년부터 어떻게 됐습니까?

하늘이 축복하고 아버님이 세운 장자를 어머님과 교권 지도부가 내치더니 준비 없이 자격도 없는 동생 분들을 세웠습니다. 결국 아버님의 성화 이후, 현진님의 예견대로, 어머니와 동생들이 갈라져 싸우기 시작했습니다. 어머님은 자신이 세운 후계자마저 축출하고 아버님의 섭리 기반 전체를 차지하였습니다.

그 결과 교회는 2008년과 같은 최고의 발전성을 이어가지 못하고 추락했습니다. 남은 이들은 교회 안에서 서로 갈라져 싸우고, 결국 함께 침몰하는 운명으로 치닫는 모양새입니다.

반대로, 교회로부터 모진 박해를 받으면서도 교회 울타리 밖으로 나간 현진님은 어떻게 되었습니까?

고난 속에서 승리한 총리대신 요셉과 같이 한국과 세계에서 놀라운 기반을 닦고, 아버님의 위업을 더 빛내드리고, 어머님과 형제들과 식구들을 살려주기 위한 길을 가고 계시는 중입니다.

현진님은 어머님과 형진님의 운명이 정해져 있고, 이 통일가의 운명 또한 정해져 있다고 이미 선언하셨습니다. 그들은 하나님의 뜻과 하나 되어 있지 않기에 흥할 수 없고, 이대로 계속 가면 한 세대를 못 가 가정연합은 자취를 감출 것이며, 축복가정의 후손들은 자기가 누구인지도 모른 채 살아가게 될 운명이라는 것입니다.

저는 아버님을 모시고 살아오면서, 하나님과 하나 되어 가는 아버님의 앞길에 어떤 기적들이 일어났는지 수시로 목격했던 사람입니다.

자신 있게 말하지만 하나님은 살아 계시며, 섭리의 중심에서 역사하고 계시는 존재입니다.

그런 하나님을 모시고 현진님이 아버님과 같은 길을 간다면, 분명 현진님의 앞길에도 하나님의 축복과 기적의 역사가 함께할 것입니다.

섭리의 중심인물은 이처럼 극적으로 드러나게 되어 있습니다.

지금이 바로 그때입니다.

섭리를 경륜하시는 하나님께서는 이미 하나님의 책임분담으로 '아버님 이후 섭리를 이끌어나갈 중심인물'을 준비하셨습니다. 그분을 정하시고, 축복하시고, 인도해오시고, 스스로 드러나도록 이끌어주셨습니다. 그 인물은 저 멀리가 아니라 우리의 가장 가까이에 있습니다.

그리고 하나님은 우리 모두에게 그분이 누구인지 볼 수 있고 알 수 있는 지혜를 주셨습니다. 우리에게 요구되는 책임분담은 어마어마한 것이 아닙니다. 양심의 눈을 뜨고 그분을 올바로 분별하고 선택하려는 노력이 있으면 됩니다.

"그의 하는 일을 보면 그가 누구인가 알리라" 하신 예수님의 말씀처럼 지금 하고 있는 그분의 일을 보고, 그분의 말씀을 들어보고, 그분의 삶과 가정을 보면 누가 하나님이 정하신 중심인물인가를 알 수 있을 것입니다.

현재의 평판은 중요하지 않습니다.

겉으로 보이는 것을 믿지 말고 그 안에 있는 진실을 봐야 합니다. 그분들이 지난 10여년에 걸쳐 해온 말과 행동과 일을 봐야 합니다.

우리는 제대로 볼 줄 알아야 합니다.

누가 하나님의 섭리의 방향에 정렬되어 있는지.

누가 하나님의 뜻과 하나 된 말씀을 하고 있는지.

누가 하나님을 드러내며 하나님의 뜻을 실체적으로 이루어가고 있는지, 이를 올바로 볼 줄 알아야 합니다.

그래야 하늘이 선택한 중심인물을 온전히 또는 그 일면이라도 볼 수 있다고 봅니다.

우리는 아버님을 모시고 살아온 경험 속에서 아버님이 어떤 모습이었는가를 기억하고 있습니다. 아버님은 언제나 하나님 아버지의 뜻과 섭리를 중심하고 하나 될 것을 강조하셨습니다. 강조할 뿐만 아니라 참된 스승과 같이 전체가 나아갈 섭리의 방향과 목표를, 각자의 역할과 책임이 무엇인가를 명확하게 구체적으로 제시해주셨습니다. 일방적으로 복종만을 요구하는 대신, 스스로 뜻에 대한 주인의식을 가지고 책임분담을 완수하라고 요구하셨습니다.

참된 지도자로서 도덕적·영적 권위를 바탕으로 언제나 섭리의 최일선으로 나가 전체를 이끌어 가신 분.

참된 부모로서 하나님의 궁극적인 창조이상인 참된 가정의 기대를 갖추고 전체 축복가정과 인류가 본받고 따라갈 수 있는 선례를 세우기 위해 혼신의 힘을 다한 분.

지금 우리에게 이 같은 분이 있다면, 이분이야말로 진정 하나님이 택한 분이요, 아버님이 소원하시는 분일 것입니다.

누가 변함없이 하나님의 뜻과 하나 되어 바른 길을 가고 있는 인물입니까?

누가 하나님의 장자권을 계승한 아들입니까?

누가 섭리의 중심인물로서 정통성을 갖춘 지도자입니까?

누가 본래부터 참아버님에 의해 선택된 상속자요, 후계자입니까?

그분은 현진님이십니다.

다음 장에서 자세히 소개해 드리도록 하겠습니다.

7장

누가 하나님 꿈의 주인입니까?

문현진 회장이 열어갈
미래에 대하여

문현진 회장은 제가 걸어온 공적인 삶이나 사적인 삶에 있어서 아버님 다음으로 중요한 분입니다. 저의 자녀들 모두, 현재 문현진 회장을 모시고 공적인 삶을 살아가는 중입니다.
지난 10년간 교회 내에 발생한 혼란의 중심에는 늘 문현진 회장이 서 있었습니다. 어쩌면 저와 특별한 인연으로 인해 더 큰 고초를 겪어왔는지 모르겠습니다. 이번 장에서는 문현진 회장에 대한 저의 입장이 무엇인지 소상히 밝힐 것입니다. 이것이 '과거 세대와 미래 세대를 연결하는' 의미 있는 기록이 되기를 바랍니다.
문현진 회장을 지칭하는 문제에 대해, 오랜 기간 신앙적 관계 속에서 사용한 '현진님'이라는 호칭을 병행하는 것이 더 편할 것 같습니다. 나이가 훨씬 아래인데 어째서 '님'자를 붙이느냐며 의아해할 분도 있으시겠지요. 그러나 이것은 아버님을 인류의 구세주 참부모로 모셔왔고, 그분의 가정을 참가정으로 모셔온 제 신앙적 전통에 입각한 표현임을 이해 바랍니다.

1987년, 인연의 시작

사람들은 저를 문현진 회장의 장인으로 부르기도 합니다. 참부모님 양위분의 주례로 저의 셋째 딸 곽전숙 씨가 문현진 회장과 성혼하였기 때문이죠. 엊그제 같은데 벌써 31년 전의 일이 되었군요. 두 분은 슬하에 아홉 자녀를 두었고, 50대로 접어들어 손자들까지 본 할아버지 할머니가 되었습니다.

돌이켜보면 정말 간단하지 않은 세월이었습니다.

31년 전인 1987년으로 거슬러 올라가 봅니다.

고희를 바라보시는 아버님께서 미국 댄버리 감옥의 옥고를 치르고 나오셔서 더욱 바쁘게 미국과 한국을 오가며 하나님의 섭리 운동을 진두지휘하시던 때였지요. 저 또한 세계선교본부장으로서 미국 뉴욕에 자리를 잡고 세계 곳곳을 정신없이 순회하던 시절이었습니다.

눈코 뜰 새 없는 시간을 보내던 어느 날 새벽, 어머님이 전화를 주셨어요.

"오늘은 좀 일찍 내외가 같이 들어와요. 전숙이를 제일 좋은 옷을 입혀서 데려와요."

우리 집에 특별히 좋은 옷이 있는 것도 아니어서, 늘 입고 다니는 것들 가운데 새 옷을 갖춰 입도록 하고 함께 이스트가든으로 들어갔습니다. 2층 거실에 부모님 내외분과 함께 현진님이 기다리고 계셨습니다.

같이 올라간 딸에게, 아버님이 갑자기 물으셨어요.

"내가 너를 현진이 하고 짝지어주려고 하는데 네 생각이 어떠냐?"

"예! 부모님 말씀에 기쁘게 순종하겠습니다."

아버님은 이런 답이 나올 것을 미리 예상하셨는지 흐뭇한 미소를 지으셨지요. 그것으로 간단한 상견례가 치러진 셈이었습니다.

저는 양위분께서 언질이나 내색 한 번 하신 적이 없으셨기에, 어리둥절한 속에 황공한 심정이었습니다.

그날은 마침 은진님의 생일을 축하하는 날이라 아침부터 이스트가든 1층 홀에 간부들이 100명 넘게 모여 있었습니다. 2층에서 내려오신 아버님이 곧바로 현진님의 약혼을 발표하셨어요. 현진님과 제 딸을 세워 참부모님께 경배를 올리고, 다시 상대에게 맞절을 하게 하시고, 약혼 축도를 해주셨습니다. 마지막에는 약혼 예물을 교환하고 서로 키스를 하게 하셨지요. 부모님은 이미 약혼 기념 예물까지 다 준비해놓고 우리를 부르신 것이었습니다.

그날은 아침부터 저녁까지, 미처 참석 못한 교회 간부들까지 다 불러서 온종일 약혼 축하의 날을 보냈습니다.

저녁 늦게 집으로 돌아온 우리 부부는 거실에 자녀들을 모이게 했습니다. 가족이 늘 경배식을 하는 그 장소에서 하늘 앞에 경배를 드리고 현진님의 약혼에 대해 감사 기도를 올렸습니다. 이어 전숙 씨를 상석에 앉게 하고는 우리 부부가 예를 갖춰 경배를 드렸습니다.

"오늘 아침까지는 우리 가족의 일원으로 지내셨지만, 이제 오늘 부로 참가정의 일원이 되셨습니다. 앞으로 성혼식까지는 우리 집에서 머무시겠지만 이 점을 명심하고 지내시면 좋겠습니다."

그러고는 그 자리에 있던 다른 자녀들에게도 경배를 드리게 했습니다.

"이제부터는 전숙 씨를 동생이나 언니, 누나로 대하지 말고 참가정의 일원으로 대해야 한다."

그날 이후, 6남매 중 넷째였던 전숙 씨에 대한 우리 가족의 호칭은 '전숙님'으로 바뀌었습니다.

저에겐 전숙님이 자랄 때 꾸중 한번 해본 기억이 없습니다. 언제나 옷매무새는 단정했고, 책상은 말끔히 정돈되어 있었지요. 언니 오빠들과 짓궂은 동생들 중간에서 항상 소리 없이 자기 자리를 지키는 성품이었습니다. 우리 내외의 장점들을 훨씬 넘어서는 천품과 자질과 통찰력을 타고났다고 느꼈는데, 지나고 보니 하나님의 특별하신 은혜로 예비되셨던 것 같습니다.

당시 10대 후반이었던 현진님은 키가 크고 활동적인 분이었습니다. 가장 존경하고 따르던 흥진 형님을 3년 전에 교통사고로 잃은 충격과 상심이 컸지만, 그래도 88서울올림픽 출전을 위해 승마 훈련에 여념이 없을 때였습니다.

이스트가든에서 어쩌다 마주칠 때면 저를 '아저씨'라고 부르곤 했는데, 성혼 이후에도 한 동안 제 호칭은 아저씨로 통했습니다. 저 역시 현진님을 사위로 생각해본 적이 없었고, 축복가정으로서 참가정(참부모님과 참자녀님들)을 대하는 제 마음에도 변한 것이 없었기 때문에 그런 호칭이 덜 부담스러웠지요.

혹자는 저에 대해 "문 총재와 사돈이 되고 가장 잘 나가는 문 총재 아들을 사위로 두었으니 얼마나 좋아요? 앞으로 인생이 확 피겠습니다"고 말하기도 했습니다.

최근까지 제가 겪었던 고초를 아는 사람은 더 이상 그런 말을 하지 않지만, 그즈음만 해도 저에게 그런 인사를 하는 사람이 종종 있었어요. 남의 속사정도 모르는 소리지요. 그럴 때마다 '그런 말은 하지도 마라'고 손사래를 치고는 했습니다.

현진님은 저나 제 가족에 대해서, 처가라고 특별히 사정을 봐주거나 하는 분이 아니었습니다. 오히려 더욱 엄격한 기준으로 대하시는 편이었어요. 요즘 들어서는 이 나이에 교회로부터 온갖 욕을 다 들어먹고 있으니, 몇 차례 현진님으로부터 위로를 받기도 했지만, 예전에는 어림도 없는 것이었습니다.

참가정에 셋째 며느리로 들어가 이스트가든에서 부모님 양위분을 모시고 실질적인 맏며느리 역할을 하게 된 전숙님도, 매일 아침저녁 아버님을 뵙기 위해 드나드는 제게 눈길 한 번 주지 않을 정도였습니다. 제가 살던 집이 이스트가든에서 5분 정도 떨어진 위치였는데 성혼 후 7년간 한 번도 친정을 찾지 않을 만큼 늘 참가정의 맏며느리 역할에 정성을 다해 노력하는 것으로 보았습니다.

저로서는 그런 것이 안쓰러우면서도 참 귀하게 생각되었습니다.

문현진 회장을 후계자로

1990년대 들어, 아버님이 이끌어 오신 통일운동은 전반적으로 질적인 대변화와 혁신을 거듭하고 있었습니다.

아버님께서는 1990년과 1991년 고르바초프와 김일성을 각각 만나 섭리적인 화해를 하셨습니다. 1993년 성약시대를 선포하시면서 당신이 메시아, 재림주, 참부모임을 선언하셨고, 이어서 1994년 협회 창립 40주년을 맞아 혁명적인 발표를 하십니다. 40년 전에 세운 세계기독교통일신령협회, 사람들이 흔히 말하는 통일교회의 간판을 내리고 세계평화통일가정연합을 공식 출범(1996년)한 것이지요. 역사상 아버님만큼 당대에 세계적인 종교 기반을 일군 분도 없지만, 그런 기반의 종교 간판을 스스로 내린 분도 없을 겁니다.

종교 간판을 내린 아버님은 가장 먼저 축복의 문을 활짝 열어주었습니다. '문선명 총재' 하면 세계 어디서나 '합동결혼식'으로 유명하신 분 아닙니까. 우리는 이 결혼의식을 '축복'이라고 부릅니다. 하나님을 중심하고 영원한 부부의 가약을 맺어 하나님이 바라시는 참된 가정을 이룰 것을 서약하는 의식인 것입니다.

저도 1961년에 아버님으로부터 36가정 축복을 받았지만, 축복을 받기 위해서는 매우 까다로운 자격 조건을 갖춰야 하는 것이 통일교회의 전통이었어요. 그런데 아버님은 가정연합의 출범과 더불어 이 축복의 문을 활짝 열고 세계적인 축복운동을 전개하셨습니다.

이처럼 섭리적으로 큰 변화와 혁신을 주도하던 1998년 7월 19일, 현진님은 세계평화통일가정연합의 세계부회장으로 취임하셨습니다. 취임식에서의 아버님의 감격적인 말씀과 축복으로 봐서 아버님께서는 단순한 세계부회장 임명을 넘어 내외에 당신의 후계자를 공인, 공포하신 것입니다. 따라서 외적으론 세계회장인 저나 우리 모두는 아버님의 후계자인 현진님을 모시고 새 시대를 맞은 것입니다.

뉴욕 맨해튼 센터에서 개최된 취임식에, 전 세계에서 400여 명의 내외 지도자들이 참석한 이 행사를 아버님은 매우 중요하게 생각하셨습니다. 축사를 통해 "하나님의 섭리사에 있어서 천주사적인 사건"이라고 언급하셨을 정도지요.

당시 아버님은 교회 지도자들의 세대교체를 단행하여 40대 초반 지도자들을 대거 전면에 포진시키셨습니다. 이때 한국을 대표한 지도자가 황선조였고 미국을 대표한 지도자가 양창식, 일본을 대표한 지도자가 오오츠카 카즈미였습니다. 세 명 모두 1982년에 6천가정 축복을 받은 40대 초반 지도자들이었죠. 아버님은 이 세 명의 지도자를 불러 "현진님과 하나 되어 나갈 것"을 각별히 당부하셨습니다.

큰 아들이 있는데 어째서 셋째 아들을 후계자로 세웠는지 궁금해 할 사람도 있을 것입니다.

하나님의 뜻을 이루기 위한 섭리적인 책임을 지고 생애를 개척해 오신 아버님의 입장에서 자녀 중 한 분을 후계자로 세운다는 것은, 그 아들이 아버지의 섭리적인 책임을 계승하는 것을 의미합니다. 책임의 일부가 아니라 전체를 말합니다.

후계자 선정에서 가장 중요한 기준은 '그분이 아버지의 뒤를 이어 섭리적인 책임을 할 수 있느냐 없느냐'입니다. 자신의 노력으로 모든 조건을 구비한 아들을 세워야 섭리가 다음 세대에서도 계속적인 발전이 있을 수 있는 것입니다.

"현진이는 타고난 아들"

아버님은 현진님의 특출함을 오래 전부터 알고 계셨습니다. 한 번은 저에게 이렇게 말씀하신 적이 있었습니다.

"현진이는 타고 났어. 하늘이 보내준 자식이야. 지도자로서 그릇이 대단히 크고 주관이 분명하다니까. 큰일을 할 사람이니 잘 키워야 해."

아버님은 어린 시절부터 현진님을 유달리 강하게 키우셨습니다. 강도 높은 훈련으로 준비시켰습니다. 10대 시절부터 다방면으로 연단시켜 오시던 그 모습을 저 역시 가까이서 지켜보았습니다.

미국에 계실 때 아버님은 종종 먼 바다로 나가 며칠 혹은 몇 달 동안 거친 파도와 싸우며 정성을 들이셨고, 지도자들에게도 참치낚시를 통한 해양수련을 시키곤 하셨습니다. 미국 동부 대서양 연안에 위치한 보스턴에 이를 위한 전초기지가 있었지요. 현진님은 소년기부터 이 수련에 참가했는데, 14살에 참치낚시 보트의 캡틴(선장)이 되어 강도 높은 수련과정을 소화해내기도 했습니다. 참아드님 중에 유일합니다.

무게 수백 킬로그램에 사람 키보다 더 큰 참치를 잡으려면 보스턴 항구에서 멀리 떨어진 바다까지 보트를 몰고 나가야 합니다. 새벽 4시면 지역 어민들과 경쟁하듯 뭍을 떠나 출발하지요. 서로 좋은 포인트를 차지하기 위한 속도전 끝에 약 2시간을 달려 대서양 먼 바다로 나가면, 참치가 잘 잡히는 '해중고원', 유명한 포인트에 2백 대 가까운 참치잡이

배들이 모여듭니다. 부지런히 자리를 잡고 닻을 내리고, 그때부터 온종일 쉴 틈 없는 일과가 전개되는 겁니다.

한가로이 낚싯대를 드리우고 바다 경치를 감상하면서 콧노래를 부르는, 그런 여유로운 시간이 아니에요. 심해에 사는 참치들이 아침식사를 위해 중간 크기의 먹잇감이 모여 있는 해중고원 쪽으로 올라오는데, 그 전에 참치가 좋아하는 정어리들을 큰 낚싯바늘에 통째로 꿰서 풀어 놓아야 하죠. 아무렇게나 낚시를 던지는 것이 아니라 해중고원의 지형, 그리고 해류와 해풍까지 치밀하게 계산해야 합니다. 배 한 척에 이런 낚시를 일정 간격으로 깊이를 달리해서 보통 열 두 개 정도 풀어 놓습니다. 정말 장관이지요.

아주 질기고 어린아이 손가락만큼 굵은 낚싯줄을 씁니다. 이 줄이 엄청난 속도로 풀려나갈 때 엉키지 않도록 광주리 안에 잘 포개놓아야 합니다. 참치를 유인하기 위해, 땡볕에서 냄새가 아주 고약한 명태를 계속 썰어서 던지는 것도 잊지 말아야 하고요.

준비를 다 끝냈다고 누구나 쉽게 참치를 잡는 건 아닙니다. 한 달 동안 한 마리도 못 잡고 허탕을 치기가 일쑤지요. 그러다가 갑자기 참치가 먹이를 무는 순간, 크고 흰 부이가 쏜살같이 바다 속으로 빠지면서 광주리 안의 굵은 낚싯줄이 빠르게 바다로 빨려 나가지요. 배에 타고 있는 사람들은 기쁨의 탄성을 지르면서 각자 맡은 역할에 따라 일사불란하게 움직입니다. 누구는 닻에 풍선을 달아 배에서 풀어 놓습니다. 참치가 힘이 다 빠질 때까지 무거운 배를 끌고 가도록 하는 것이죠. 어떤 사람은 나머지 낚싯줄을 신속히 걷어 올립니다. 낚싯줄들이 서로 엉켜서는 안 되기 때문이지요. 주변에 있던 배들도 부러움 반 시샘 반으로 참치 낚은 배를 바라보면서 자신들의 낚싯줄을 다 들어 올려 길을 내어줍니다.

낚싯바늘에 고통을 느낀 참치는 바다 속에서 엄청난 속도로 내달립니다.

그 굵은 낚싯줄이 빠르게 풀려나가는데, 여기에 까딱 잘못 휘감기면 영락없이 바다 속에 빠져 목숨을 잃을 수 있는 상황이지요. 그렇게 30분에서 한 시간 전후 치열한 사투를 벌여 참치를 낚아 올리는데, 그 성취감은 이루 말로 다 표현할 수 없는 것입니다.

아버님은 그 힘든 참치낚시에 지도자들과 자녀분들까지 이끌고 가서 오랜 기간 수행을 하셨습니다. 하나님의 섭리를 놓고 정성을 들이시는 한편 강인한 생존 훈련을 위해서였습니다.

웬만한 부모들은 자식들의 안전을 최우선으로 생각하고, 가능하면 위험하지 않은 환경에서 교육을 시키려 하지 않습니까? 아버님의 교육 방식은 전혀 달랐습니다. 하긴 모르겠군요. 현진님이 이 핑계 저 핑계를 대며 도망 다녔다면, 아버님도 그릇이 아니다 싶어서 일찌감치 단념하셨을지.

그 아버지에 그 아들이라는 말처럼 현진님은 아버님의 기질을 그대로 타고 난 분이었습니다. 포기라는 것을 모르는, 무엇을 하든 끈질기게 최고의 목표에 도전하는 성격의 소유자였어요.

중요한 일이 있을 때마다 현진님은 깊은 자연 속으로 들어가 정성을 들이곤 했는데, 어린 시절부터 아버님을 통해 경험하고 전수받은 방식 그대로였습니다.

현진님의 가정을 가까이 지켜볼 때마다, 저는 늘 흐뭇한 감동을 선사받는 기분이었어요. 아버님으로부터 물려받은 바탕과 경험에 창의성을 더해 자녀들에게 전수해주는, 훌륭한 자녀 양육 모습이 참으로 보기 좋았습니다.

현진님은 부모님으로부터 훌륭한 성품과 훤칠한 외모뿐 아니라 건장한 체격까지 물려받았습니다. 학생 시절 미식축구를 비롯하여 여러 스포츠에 탁월한 재능을 보였고, 대한민국 승마 국가대표 선수로 88년 서울올림픽과 92년 바르셀로나올림픽에 2회 연속으로 출전하기도 했지요. 학업에도 늘 두각을 나타내서 세계 최고 학부로 불리는 컬럼비아대학에서 역사를 공부했고 하버드 MBA(경영대학원)까지 졸업한 재원입니다. 또 UTS 신학대학원 석사과정을 수석 졸업하셨습니다. 이런 아들이 있다는 것은 아버님에게 언제나 자랑이었고, 경륜하시는 섭리를 놓고 마음 든든한 것이었습니다.

현진님이 소위 '금수저'로 태어나 고생 없이 아버지 후광으로 후계자 자리에 올랐다고 생각하는 사람이 있을지 모릅니다. 그것은 아버님의 기준에서나 끊임없는 노력으로 최고의 자질을 갖춰온 현진님 입장에서 보면 터무니없는 오해일 뿐입니다.

지난 10년, 현진님은 통일가로부터 이루 말할 수 없는 반대와 핍박을 받아 왔습니다. 그런 와중에도 세계무대에서 인류평화를 위한 드넓은 활약을 펼치고 특히 대한민국의 평화적인 남북통일을 위해 헌신해오셨습니다. 그 사실만 보아도, 어째서 현진님이 아버님의 뒤를 이을 아들로 선택되었는지 잘 알 수 있을 것입니다.

저는 가정연합을 비롯하여 아버님께서 창설하신 여러 단체들의 책임을 맡아왔습니다. 공적인 자리에서 일하며, 제 마음 속에는 늘 한 가지 생각이 자리를 잡고 있었습니다. 언젠가 아버님의 자녀분 가운데 한 분이 자리를 잡으면 바로 그분에게 이 모든 책임이 맡겨져야 한다고 말이지요.

현진님이 준비를 갖춰서 1998년 공적인 책임을 맡고 아버님의 뒤를 이을 분으로 인정받았을 때, 그때의 기쁘고 감사한 마음은 이루 다 말할 수 없는 것이었어요. 섭리 역사에서 '이 지상에 참부모와 참가정이 현현하는 것'이 하나님의 소망 중 소망이듯, 참부모로 오신 아버님의 자녀분들이 장성하여 섭리적인 책임을 맡으시는 것은 너무도 당연한 일이었으니까요.

하나님 꿈의 주인

　가정연합 세계부회장의 책임을 맡은 현진님은 이후 아버님이 경륜하시는 섭리운동 전체 영역으로 책임을 넓혀 나갔습니다. 현진님 자신의 의지보다는, 자식에게 어서 빨리 상속해주시고 아버지와 아들이 하나가 되어 하나님의 뜻을 이루려는 아버님의 의지가 더 강하셨던 것 같습니다. 아버님은 2000년 초부터 "모자협조시대는 지나가고 부자협조시대가 출발한다"고 말씀하셨어요. 이런 섭리적인 흐름을 통해서도 왜 현진님을 세우셨는지 이해할 수 있습니다.

　올해로 21년째, 현진님은 하나님의 뜻을 위한 공적인 분야에서 책임을 다하고 있습니다. 그만하면 짧지 않은 세월이라고 할 수 있겠지요.

　현진님에 대해 한마디로 표현해야 한다면, '하나님 꿈의 주인'이란 말이 어떨까 싶습니다.

　가장 가까운 곳에서 가장 오랜 세월 지켜 본 현진님은 과연 '하나님 꿈의 주인'이었습니다.

　현진님이 종종 이렇게 말하는 것을 들은 적이 있습니다.

　"최고의 효자란 부모의 꿈과 정렬하고, 그 꿈의 주인이 되어 혼신의 힘을 다해 그것을 반드시 이루어드리는 사람입니다. 여러분은 가장 먼저 하나님의 꿈과 정렬하고 하나님 꿈의 주인이 되어야 합니다."

교회에서 '참부모님에 대한 절대복종이 가장 높은 효의 기준'이라고 강조할 때, 현진님이 "참부모님을 신격화하여 식구들을 맹목적인 신앙의 노예로 전락시키지 말라"고 일침을 가하면서 하신 말씀입니다.

현진님에게 하나님 꿈의 주인은 하나님을 위해 최고의 효자로 살아가는 사람을 말합니다.

자신의 책임분담으로 아버지의 꿈을 이루어드리는 아들을 말합니다.

현진님은 바로 그러한 효자의 삶을 살고 있는 분입니다.

현진님의 공적인 노정을 지켜보면서, 대단히 귀하다고 느낀 몇 가지가 있습니다.

참가정 구성원 그 누구보다도, 고위 지도자 누구보다도, 아버님의 꿈과 말씀, 또 섭리관에 대해 완벽하게 정립하고 계신 특출한 분입니다. 그 위에 첫 번째, 무엇보다 현진님은 아버님께 어떤 자리나 지위도 요구하지 않았습니다.

두 번째, 아버님으로부터 많은 책임을 부탁받으면서도 아버님의 도움에 전혀 의지하지 않았습니다.

누구든 큰 책임을 맡게 될 때, 자연스레 자리나 재정 지원을 부탁하기 마련이지요. 그런데 현진님은 이런 일은 전혀 없이, 언제나 자신이 모든 책임을 맡아 스스로 해결하려고 했습니다. 그분 특유의 주인의식이었습니다. 아버님을 닮아서 사무실을 정비하고 앉아서 지시하기보다 현장을 누비면서 실천으로 본을 보였습니다.

현진님은 공적인 책임을 맡을 때부터 지도자들과 식구들, 특히 2세들에게 "하나님 꿈의 주인이 되자"고 강조하셨어요. 어떤 목표를 이루고자 하는 진정한 동기는 '자리'가 아니라 목표에 대한 오너십, 즉 '주인의식'에서 나와야 한다는 지론이었지요. 그리고 이것은 자연히, 맹목적인 복종에만 길들여진 교회의 문화를 바르게 혁신하려는 시도로 이어졌습니다.

현진님은 교회 지도자들의 의식이 상당히 잘못되어 있음에 많이 고민하고, 이에 대해 종종 따가운 질책을 하였습니다.

"자리만 맡고 싶어 하는 사람들이 너무 많아요. 주어진 책임은 아버님의 권위를 빌어 쉽게 수행하려 할 뿐이고. 좋지 않은 결과에 대한 책임은 아버님에게 고스란히 돌아가고."

한 번은 저에게 그런 고심을 털어 놓은 적도 있습니다.

현진님은 특권의식에 길들여진 축복자녀들의 문화에도 질책을 하셨습니다. 참된 지도력과 영적인 권위를 갖추기 위해서는 특권의식을 배격하고 각자의 책임으로 올바른 선례를 세워야 한다는 지론이었습니다.

"내가 가장 혐오하는 단어가 특권, 체면 뭐 이런 것들입니다. 2세들은 특권의식이 없어야 해요. 부모들이 고생했으니까 자식들은 덜 고생하고 좋은 자리에 앉아야 한다? 이게 교회를 망치고 자식들까지 망치는 길이에요. 자식을 더 훌륭하게 키우려면 부모 이상으로 고생시켜야지요. 무엇보다 지도자들은 체면을 우선적으로 생각하지 말아야 해요. 이런 문화들은 정착시대에 다 버리고 가야 할 짐들입니다."

곁에서 봐온 제가 장담컨대, 현진님은 이런 철학을 당신의 자녀들에게도 매우 엄격하게 적용하셨습니다.

현진님은 참된 주인의식이 없으면 정상 목표를 향해 힘 있게 나아갈 수 없다고 하였습니다. 주인의식 결여가 통일운동 전체에 큰 위기를 가져올 수 있다고 본 것입니다.

그런데 통일가를 혁신하려는 현진님의 시도와 노력들은 번번이 어려움과 반발에 부딪혔습니다. 도래한 새 시대에 아버지의 꿈을 이루어드리는 주인 되기를 권하는 현진님의 혁신적 노력은 그 동안 모든 것을 아버님의 은혜에 의지해온 기득권자들의 사고와 부딪칠 일이 많았습니다. 오히려 '자신만의 기반을 구축하여 아버님과 다른 길을 가려 한다'는 오해를 사기도 했지요. 하지만 그는 멈추지 않았어요. 대신 우둔할 정도로 가장 원칙적인 정도(正道)의 길을 고집했습니다. 쉬운 길을 택하지 않는 사람에게 어려움이 따르는 것은, 어쩌면 당연할 결과일지 모르겠습니다.

아버지가 세운 기반은 누구의 것인가

많은 사람이 현진님에게 조언 아닌 조언을 했습니다. 적당히 맞춰주기도 하고 조금만 숙이고 들어가면 어떻겠냐고. 그러면 모든 조직과 사람들이 현진님 편에 설 것이라고. 하지만 현진님은 들은 척도 하지 않았어요. 어떨 때는 당하고만 계시는 것이 너무 애처로워서, 저도 그와 비슷한 조언을 한두 차례 드린 적이 있었지요. 그때마다 현진님은 저를 부끄럽게 하는 말씀을 했습니다.

"곽 목사님, 아버님이 세운 기반과 사람들이 모두 누구의 것입니까? 아버님의 것입니까? 내 것입니까? 이 통일가 식구들의 것입니까? 그 모두가 하나님의 것입니다. 우리 모두는 하나님의 편에 서야 하는 것입니다."

현진님은 늘 정도를 걸으셨고, 걷다가 쓰러지면 다시 일어나 한결 같은 길을 걸어오셨습니다. 그 과정의 어려움을 덜고자 아버님의 후계자임을 내세운 적은 공·사석을 불구하고 한 번도 없었어요. 공석이든 사석이든, 현진님의 포지션은 늘 하나님의 뜻의 주인이었습니다.

다른 이와 같이 "내가 후계자이니까 여러분이 나를 따라야 한다"가

아니라

"이 뜻을 이루고 싶은 간절한 마음이 있으면 함께 그것을 이루어 나가자"가 그분의 캐치프레이즈였지요.

뜻을 설명하거나 자신이 일을 벌이는 과정에도, 일절 아버님의 이름을 팔지 않았습니다. 참부모님의 지시라고 하면 깜박 죽는 식구들이 대다수이지만, 현진님은 절대 그렇게 하지 않았어요. '이것이 아버님의 뜻이고 아버님의 지시이니 여러분이 해야 한다'는 말을 저는 그분에게서 들어본 적이 없습니다. 정도의 길을 걷는 귀한 자세입니다.

이처럼 현진님은 당신 스스로 늘 하나님의 뜻과 섭리에 초점을 맞추는 본을 보여주었습니다. 그로써 이 일이 왜 필요한지를 역설하였고, 결국 사람들로부터 자발적인 동기부여와 참여를 이끌어냈습니다.

이렇게 힘든 과정을 거쳐 사람들을 교육하고 함께 성공적인 결과를 만들어내면, 언제나 그것을 하나님의 공으로, 아버님과 참가정의 공으로 돌리는 현진님이었습니다. 결코 자신을 드러내는 분이 아니었습니다.

축복가정들의 정체성을 일깨우고, 통일가의 젊은이들을 양성하고, 2008년경까지 UPF를 중심하고 세상이 무엇보다 아버님을 가장 존경할 수 있는 기반을 닦았지만, 막후에서 이를 진두지휘하신 현진님은 정작 현장에는 나타나 자랑하지 않으셨어요. 그러다 보니 현진님이 도대체 무슨 일을 하고 있는지 잘 모르는 일반 식구들도 많았습니다.

이런 내막을 자세히 아는 누군가가 자기 홍보도 좀 하시라고 조언을 드렸지만 무려 10년 이상 언론 인터뷰조차 하지 않은 분이지요. 많은 기자가 통일교 후계자에 대해 관심을 갖고 인터뷰를 요청했지만, 그분은 한 번도 자신을 드러내거나 포장하려고 하지 않았어요. 그저 묵묵히 아버님의 아들로서 후계자로서 하나님의 뜻 앞에 부끄러움이 없는 모범과 선례를 세우고, 최고의 실적을 하나님과 참부모님 앞에 돌려드리는 길을 걸어온 것입니다.

하지만 지성이면 감천이요, 진실은 반드시 드러나기 마련입니다.

평탄치 못한 길을 걸으며 과정마다 많은 오해와 시련이 따랐지만, 언제나 현진님은 당당하게 성공적인 실적을 바탕으로 하늘을 움직이고 아버님께 큰 희망과 감동을 선사하는 분이었습니다. 현진님에게 맡겨진 책임 하나하나가, 바로 이처럼 값진 수고를 바탕으로 따라오는 것이었습니다.

여기에 관해 제가 기억하는 일화 몇 가지가 있습니다.

내 수첩에 적힌 기록에 따르면 2006년 10월, 현진님에게 큰 변화가 있었어요.

서울올림픽역도경기장에서 청년연합지도자대회가 개최된 날, 당시 청년연합 세계회장직을 맡고 있던 현진님이 약 2천 명의 청년 지도자들을 대상으로 일장 연설을 쏟아낸 것입니다. 일반적인 강연과는 사뭇 다른 분위기였어요. 연단에서 내려와 객석 통로를 오가며, 청중들과 가까이 호흡하며 열변을 토하는 방식이었습니다. 현진님의 탁월한 연설은 세계 어디를 가나 최고로 인정받고 있는데, 10여 년 전에도 그랬던 것입니다.

"감동적인 연설이었습니다."

"문 총재님의 아드님, 참 놀랍군요."

이날 연설을 접한 저명인사들이 저마다 그런 소감을 밝혔습니다. 대표적인 평화대사 몇 분은 나에게 특별히 전화까지 해서 '오늘 문현진 회장의 연설은 정말 대단했다'는 찬사를 전해오기도 했지요.

"문 총재가 세운 아들이 어떤 사람일까 궁금했는데, 연설을 들어보고는 참 감탄했습니다. 총재님은 더 이상 미래 걱정을 안 하셔도 되실 것 같더군요."

7장. 누가 하나님 꿈의 주인입니까? 477

청중을 휘어잡는 현진님의 대중연설에 아버님도 크게 감동하셨습니다.

전년도인 2005년에 천주평화연합(UPF)을 창설하신 아버님은 그 즈음 전 세계 평화대사를 조직하는 일에 역점을 쏟고 계셨지요. 그런데 장차 현진님이 그 일을 맡을 역량을 갖췄다고 판단하신 모양입니다. 그 행사 다음날, 청년 지도자들을 초청한 아침 훈독회에서 '평화대사를 조직하고 교육하는 책임'을 현진님에게 부탁하신 것입니다.

자신의 언어로 말씀하시는 현진님의 가치

몇 개월 뒤인 2007년 3월 17일, 아버님은 UPF가 주관하는 국제지도자회의(ILC)를 미국 하와이에서 개최하셨습니다. 그때 UPF 세계의장이었던 저에게 갑작스런 지시를 하셨습니다.

"이번 ILC에서는 너를 대신하여 현진에게 기조연설을 맡겨 보도록 하지."

현진님으로서는 세계 최고 지도자들 앞에 데뷔하는 기회가 되었습니다.

현진님은 전 세계에서 초청된 약 500명의 쟁쟁한 지도자들 앞에서 원고도 없이 청중을 압도하는 연설을 선보였습니다. 연설 시간도 그다지 길지 않았어요. 현진님은 그 많은 지도자들 앞에서 조금도 기죽지 않았고, 처음부터 끝까지 아버님의 아들로서 당당하셨습니다. 연설 말미에는 얼마나 멋지게 아버님을 증거하시던지, 저는 어린아이처럼 기쁘고 신이 나서 어쩔 줄을 몰랐지요.

그 자리에서 저를 가장 감동시킨 것은 '하나님의 섭리와 원리의 정수를 꿰뚫는 말씀 내용'이었습니다.

저는 1950년대부터 원리강사로 살아온 사람입니다. 누구보다도 오랜 기간 아버님 지척에서 말씀과 지도를 많이 받은 셈입니다. 그런 제가 현진님의 말씀을 듣고는 아주 분명히 깨달을 수 있었습니다.

'하나님의 섭리와 원리, 그리고 아버님의 가르침을 이해하는 차원이 우리와는 근본부터 다르구나!'

세상 사람들에게 다소 생소한 원리적인 용어를 반복적으로 사용하는 우리와 달리, 현진님은 세상 지도자들도 이질감을 느끼지 않고 수용할 수 있는 자신만의 분명한 표현과 용어로 원리와 섭리의 내용을 정리하고 있었습니다. 그것을 다양한 문화형식, 습관 아래 있는 사람의 마음에 닿을 수 있는 넓고 깊은 말과 표현으로 닦아나갔습니다. 그것을 가장 보편적인 언어로 일관되게 설명하고 있었습니다. 그것은 기존의 신학적인 틀에 원리와 아버님의 가르침을 담으려 해왔던 우리의 한계를 훨씬 뛰어넘는 수준이었어요. 그래서 현진님은 종종 UTS 신학자들에게 "과거의 한계에 얽매인 유니피케이셔니즘(Unificationism)이란 신학적 굴레에서 탈피하라"고 권고했나 봅니다. 그런데 그들은 이러한 권고를 그저 비판으로만 받아들이곤 했으니, 참 안타까운 일입니다.

현진님이 하나님의 뜻과 원리를 이해하고 체화한 과정은 우리와 많이 달랐습니다.

예를 들어, 현진님은 "자연이 나의 교회"라는 말을 종종 했습니다. 어린 시절부터 자연 속에서의 직접적인 체험과 경험을 통해 상당한 깨달음이 축적되었음을 알 수 있는 부분이라고 봅니다.

이에 관한 일화가 하나 있으니, 2017년 미국의 유명한 기독교 목사 두 분이 자연 속에서 정성을 들이는 현진님의 일정에 동행한 적이 있었습니다. 그 중에 한 목사님이 매우 큰 깨달음을 얻었다면서 이런 말을 했지요.

"지금까지 하나님의 진리 말씀을 성경에서만 찾으려 했는데, 이제 나의 생각을 고쳐야 할 것 같습니다. 하나님의 보편적인 진리를 이 자연 속에서도 찾을 수 있었습니다. 자연은 나에게 또 하나의 성경이 됐습니다. 나는 문현진 회장이 자연 속에서 체득한 원리를 믿습니다."

누군가의 말을 빌려 말하는 게 아니라 원리와 섭리 그리고 아버님의 꿈을 체득한 자신만의 언어로 말씀하는 현진님의 가치를 가장 먼저 공인하신 분이 바로 아버님이었습니다. 그리하여 현진님으로 하여금 세계 최고의 지도자들을 대상으로 원리교육을 하라고 말씀하신 것이지요.

그런데 이런 현진님의 말씀에 대해 참소하는 교회 지도자들이 있었습니다.

어느 지도자는 아버님께 '현진님의 가르침이 아버님의 가르침과 다르다'고 말하였고, 또 다른 핵심 간부는 '현진님과 대화를 나눠보니 참부모님에 대한 이해를 달리하고 있다'는 언급까지 서슴지 않았습니다.

그들은 현진님의 말씀 내용을 이해하려 하기보다 선입견을 가지고 문자적으로 분석하고 비판하였습니다. 나아가 아버님의 가르침마저도 기독교 신학과 원리적 술어의 틀에 가둬놓고, 현진님의 말씀이 그 틀에서 벗어나 있다고 비난했습니다.

그리고 보면 아버님께서는 이미 어떤 결과가 나올 것인지 예상하시고 현진님을 국제지도자회의의 기조연설자로 세우신 것 같습니다. 그런 믿음으로써 현진님이 자연스럽게 통일운동의 최정점에 있는 조직, UPF의 중심이 되도록 인도하셨다는 생각이 듭니다.

결과에 매우 만족하신 아버님은 다음과 같은 말씀을 주셨습니다.

"매달 17일마다 이와 같은 국제지도자회의를 개최하고, 현진이가 책임을 맡아 세계 최고의 지도자와 평화대사들을 관리하고 교육하도록 해."

 그렇잖아도 가정연합, 카프, 청년연합 등의 책임을 맡아 분주한 나날을 보내는 현진님으로서는 더더욱 바빠지게 된 것입니다.

 무엇보다 놀라운 사실은, 현진님은 주어진 역할에만 충실한 인물이 아니라는 점입니다.

 현진님은 이미 하나님의 뜻의 주인이고 아버지의 꿈을 상속한 아들이었습니다.

 UPF를 혁신하면서 아버지가 꿈꿔 온 궁극적인 생애 목적을 이뤄드리는 것에 초점을 맞추었으며, 목표 실현을 위한 구체적인 로드맵을 갖고 있었습니다.

 현진님의 진취적인 오너십과 리더십에 대해, UPF와 인연을 맺은 세계 최고의 지도자들은 자연스럽게 존경을 표했습니다. 그리고 현진님을 만장일치로 UPF의 공동의장으로 추대하였습니다.

 아버님의 두터운 신뢰와 세계 지도자들의 아낌없는 협력 속에, 현진님은 UPF에서도 갈고 닦은 실력과 리더십을 유감없이 발휘해 나갔습니다.

 이때 아버님은 사실상 대표적인 섭리기관들의 책임을 모두 현진님에게 기쁘게 맡기셨습니다.

위기를 기회로 바꾸는 리더십

특히 현진님은 위기를 기회로 바꾸는 리더십이 돋보이는 분입니다.

아버님께서 수십 년간 남미에 정성을 들이며, 먼 미래를 내다보시고 파라과이에 큰 투자를 이끌어놓으신 것이 있었습니다. 판타날 지역에 60만 헥타르의 광활한 토지였지요. 남미권 전체를 교육하기 위한 밑그림이요, 남북미 기독교권을 연합하여 세계평화실현에 앞장세우려는 큰 뜻이 거기 담겨 있겠지요.

그런데 2007년경, 지도부의 관리 소홀과 파라과이 정부의 오해로 토지가 몰수당할 위기가 발생하고 말았습니다. 해를 넘겨 2008년 연초가 되자 아버님은 속히 이 문제를 해결하라고 현진님에게 당부하셨습니다.

그래서 현진님은 당시 부시 미국 대통령의 친동생이자 교육관련 비영리 활동을 하고 있던 닐 부시와 함께 파라과이에 들어갔습니다. 저도 이때 현진님과 동행하게 됐습니다.

파라과이 대통령과 담판

니카노르 대통령은 아버님과 우리 운동에 대해 부정적인 시각을 가진 것 같았습니다. 거의 2시간 동안 격론이 벌어졌는데, 곁에서 지켜보기에도 손에 땀을 쥐는 긴장의 순간이었지요.

그런데 현진님은 밀고 당기며 아주 지혜롭게 대통령을 설득해 나갔습니다. 특히 퇴임을 앞둔 대통령에게 가장 의미 있는 레거시(Legacy 업적, 유산)가 무엇인가를 각인시키면서 파라과이 정부가 이 토지의 사유 재산권을 보호해야 할 이유가 무엇인지를 분명하게 설명했습니다.

외국 자본의 투자 유치가 절실한 파라과이의 국익을 깊이 생각하게 하는 계기를 주었습니다.

결과적으로 대통령의 오해는 풀렸고 위기는 해소되었습니다.

"닥터 문과의 경험은 아주 특별했습니다. 이렇게 당당하게 한 나라의 대통령을 설득할 수 있다니, 정말 놀랍군요."

회담장을 나온 닐 부시의 소감은 그러했습니다.

파라과이 토지 문제를 해결한 것만 해도 대단한 일이지만, 현진님의 혜안은 그 정도에서 그치지 않았습니다. 급한 불을 끈 뒤, 현진님의 관심은 다른 부분에 집중되고 있었습니다.

'어째서 아버님은 이 버려진 땅, 세상에서 가장 가난한 남미의 작은 나라의 미래를 생각하고 정성을 들이셨을까?'

지구본 위, 대한민국의 정 반대 지역에 위치한 파라과이의 지도를 보시던 현진님은 "아버지의 큰 뜻을 이제야 알 것 같다"는 의미심장한 말을 남겼습니다.

그로부터 6개월 뒤, 현진님의 한 가지 구상이 마침내 파라과이에서 모습을 드러냈습니다. 2008년도 첫 GPF 행사가 그해 7월에 파라과이에서 개최된 것입니다.

쫓겨나지 않으면 다행일 정도로 어려웠던 선교지역 파라과이에서 2008년 첫 번째 GPF 행사를 개최하다니, 누구도 생각할 수 없는 발상 아니겠습니까.

그런데 놀라운 역사는 파라과이 한 곳에서의 일만이 아니었습니다. 2008년 내내 세계 곳곳에서 성공적인 GPF 행사가 벌어진 것입니다.

현진님이 가는 곳마다, 세계 최고의 지도자들이 감동을 받고는 이 운동에 동참하고자 했습니다. 그 중 한 사람이 브라질에 2천5백만 신도를 둔, 남미에서 가장 큰 개신교 교단을 이끄는 마노엘 페레이라 목사였어요. 현진님을 처음 만나고 3개월 만에 파라과이 GPF 행사에 참가한 그는 이 행사에 크게 감동한 나머지 마지막 식순에 깜짝 등장하여, 수천 명의 청중들 앞에서 "브라질에서도 현진님을 초청하여 GPF 행사를 개최하겠다"는 발표를 하였습니다.

이 역사적인 장면을 저 역시 현장에서 지켜보았습니다. 페레이라 목사가 현진님의 손을 번쩍 들고 청중들의 환호에 화답하는 장면이 지금도 기억에 생생합니다.

페레이라 목사는 지금까지 현진님을 성원하고 있습니다.

아버님께서, 큰 집이나 다름없는 기독교로부터 얼마나 많은 설움을 당해 오셨습니까. 이제는 그 자녀분이 남미의 대표적인 기독교 지도자와 하나 되어 아버님의 오랜 설움을 씻겨 드리고 있는 것이었습니다. 참으로 감격스러운 일입니다.

페레이라 목사는 자신의 약속대로 그해 12월, 브라질의 수도 브라질리아에서 GPF 행사를 성대하게 준비하고 현진님을 이 행사의 주빈으로 초청했습니다. 행사 비용 전부를 자신의 브라질 교회에서 부담했고, 교단 소속의 목사 500여 명을 초청하여 현진님을 소개하기도 했습니다.

GPF 행사가 이처럼 새로운 차원의 운동을 일으킬 것이라고 믿은 사람은, 현진님 말고 또 누가 있었을까요. 제 자신도 믿음이 부족했고, UPF 지도자들이야 더 말할 것도 없었습니다. 그래서였을까 2007년

9월 뉴욕에서 대내 UPF 지도자회의가 개최됐을 때, 현진님은 그 자리에 모인 지도자들에게 말씀했습니다.

"여러분 중에 아버님의 꿈을 이루어드릴 자신이 있고 구체적인 계획이 있는 분은, 지금 이 자리에서 말하십시오. 만일 여러분에게 그럴 자신도 없고 계획도 서 있지 않다면, 지금 나의 계획에 동참해주십시오. 나는 아버님의 꿈을 목표한 기간 내에 반드시 이루어드릴 자신이 있습니다. 또한 그것을 이룰 수 있는 계획이 서 있습니다."

그로부터 약 10개월 뒤부터, 저는 온 세계에서 개최되는 GPF 행사의 놀라운 열풍을 목격하게 되었습니다. 그와 동시에 현진님이 그토록 자신 있게 지도자들을 설득했던 이유를 깨달을 수 있었습니다.

앞으로 40년은 네가 이끌어가야 한다

아들의 활약을 지켜보시는 아버님의 기쁨과 신뢰는 이루 말할 수 없는 것이었습니다. 특히나 완벽한 영어를 구사하면서 하나님과 아버님의 꿈을 중심으로 세계 곳곳에서 자유롭고 당당하게 소통하는 모습은 참으로 자랑스러운 것이었지요.

"지난 40년은 내가 이 운동을 이끌어 왔지만 앞으로 40년은 네가 이끌어가야 한다. 축복도 이제는 현진이 네가 해야 한다."

언젠가 미국 순회를 마치고 귀국한 현진님에게 아버님은 그런 말씀을 건네셨어요. 직접 들은 이야기는 아니고, 내 아들 진만이가 현진님을 모시고 아버님을 뵈러 여수에 내려갔을 때 몇몇 간부들이 있는 자리에서 아버님이 그렇게 말씀하셨다고 합니다. 지금까지는 가슴에만 담아두었던 내용이지만, 이제 그 말씀을 밝혀도 좋을 것 같군요.

2008년 3월, 현진님은 매우 중요한 편지 한 통을 아버님께 올렸습니다.

현진님의 섭리관과 향후 자신이 펼쳐나갈 활동 계획을 종합적으로 정리한 장문의 편지였어요.

편지를 다 읽어보신 아버님께서는 "전체적인 하나님의 섭리 흐름과 맥락을 잘 꿰고 있다"며 크게 만족하셨습니다. 더불어 현진님의 장도를 축복하셨습니다.

그러나 불행한 일입니다.

가정연합과 교권지도자들은 이런 충직한 아들을 불과 1년 만에 '패역한 자'로 몰고 갔습니다. 축복가정들을 하나님의 꿈의 주인으로 만들어 더 큰 미래로 도전하려던 현진님의 노력은 결국 위기를 맞게 되었습니다.

그 결과 통일운동 전체에 짙은 먹구름이 깔리게 됩니다.

현진님은 2009년 중반 이후 독자적인 길을 걸어왔습니다.

지난 10년간 교회로부터 온갖 반대와 핍박을 받으면서도 묵묵히 세계적인 기반을 닦아왔습니다.

지나간 일에 가정(假定)이란 무의미한 노릇이겠지요.

그럼에도 이런 상상을 해보곤 합니다.

만일 통일가 전체가 하나 되어 2008년에 현진님이 일으킨 운동의 바람을 계속 발전시켜 나갔더라면, 얼마나 더 대단한 결과들이 발생했을까요?

아버님께서는 승리적인 기원절을 실체적으로 이루시지 않았을까요?

시련 속에서 빛난 가치

2009년부터 본격적으로 휘몰아친 통일가의 혼란과 갈등의 가장 중요한 본질은 '아버님의 전통과 유업'과 관계되어 있습니다. 통일운동의 구심점이자 성역과도 같았던 참가정이 핵심적으로 연루된 안타까운 일입니다.

가정연합 세계회장 교체

이러한 갈등이 불원간에 '쓰나미처럼 몰려올 것'을, 현진님은 누구보다 잘 간파하고 계셨습니다. 이미 2006년 아버님께 보내는 서신을 통해, 심각해지는 징후를 토로했던 것입니다.

"아버님, 중요한 것은 저나 국진이나 형진이가 아닙니다. 하늘의 뜻이 성취되느냐 마느냐 입니다. 참부모님의 참가정이 바로 서느냐 마느냐 입니다.
아버님, 저는 어머님과 다투고 싶지 않습니다. 저는 형제들과도 다투고 싶지 않습니다. 하지만 이대로 방치했다가는 장기적으로 볼 때 하나님의 뜻, 아버님께서 일생 동안 투입하시며 닦으신 기반이 섭리의 최종 목표를 향해 가지 못하고 다 갈라지게 되고 말 것입니다."

편지 속 문장들을 보면, 내부 갈등의 근원이 어디에서부터 시작했는지 능히 짐작됩니다. 이미 2006년도부터 갈등의 골이 상당히 깊이 패여 가고 있었던 것입니다.

당시 아버님께서는 편지 내용을 심각하게 받아들이지 않으셨던 것 같습니다.

당신이 그 같은 상황들을 충분히 주관할 수 있다고 믿으셨던 것 같습니다.

시간이 흘러가면서 아버님은 눈에 띄게 기력이 쇠약해지고, 어떤 사안에 대한 판단과 결정에 많은 혼선이 일어나고 있었습니다. 청평 천정궁으로 이주하신 후 더욱 고립되어 갔습니다. 그리하여 현진님이 우려했던 상황들이 현실로 나타나기 시작했습니다.

2009년부터 본격화된 대혼란을 예고하듯, 2008년 4월 중순 갑작스런 변화가 찾아왔습니다.

막내아들 형진님이 가정연합 세계회장으로 취임한 것입니다.

공식적으로는 당시 세계회장이던 제가 이임한 것이지만, 실질적으로는 세계부회장으로서 가정연합을 이끌어왔던 현진님을 밀쳐낸 것이나 다름없었어요. 이런 중대한 인사 교체를 앞두고 전혀 어떤 논의도 없었고 더욱이 현진님에게는 공식 연락도 없었습니다. 갑자기 통보를 받고 나니 그저 당황스러웠습니다. 게다가 이·취임식 행사가 불과 3, 4일 뒤에 있을 것이라는 전갈이었습니다.

제 심려는 더욱 깊어졌습니다. 이번 인사 교체가 결정되기까지 배후의 사정을 어느 정도 짐작할 수 있었기 때문입니다.

그러나 이미 발표된 내용을 가지고 아버님에게 찾아가 상의 드린다는 것은 제 신앙원칙에 어긋나는 일이었습니다. 그저 속만 끓을 뿐이었습니다.

당시 현진님은 이런 내용을 전달받지 못한 채 남미 6개국을 순회 중이었습니다. '1만2천 명의 남미 평화대사를 조직하고 교육하라'는 아버님의 특별한 요청을 위해서였지요.

나중에 알게 되었지만 현진님은 코스타리카에서 파나마로 출발하기 전날 이 소식을 전해 들으셨다고 합니다. 이취임식 사흘 전이었지요. 이틀간의 파나마 공식일정을 마치고는 뜬 눈으로 밤을 지새우셨다고 합니다. 이른 새벽에 동행했던 지도자들을 불러 '내가 어떻게 하면 좋겠냐'고 일일이 물으셨다고도 합니다.

"여기서 모든 것을 내려놓고 돌아가면 아버님의 레거시는 어머니와 형진이 중심하고 결정될 것입니다. 그러나 내가 지금과 같은 길을 계속 간다면, 아버님의 레거시는 지켜지겠지만 참가정과 이 운동은 둘로 갈라지게 될 것입니다."

많은 사람은 형진님의 취임을 (1998년 현진님의 경우처럼) 참자녀님 중 한 분이 공적인 책임을 맡는 것으로 이해했습니다. 하지만 현진님은 그렇지 않았습니다. 장차 우리 운동 안에서 어떤 일이 벌어질 것인가를 명확히 내다보는 한편, 장차 자신이 어떤 길을 걷게 될 것인가도 잘 알고 있었던 것 같습니다.

현진님은 천주사적인 쓰나미를 피하지 않았다

거대한 천주사적 쓰나미가 몰려오고 있었지만, 현진님은 그것을 피하지 않았습니다. 아버님의 꿈과 전통과 유업을 지킬 수만 있다면 정면으로 마주칠 각오가 되어 있었기에, 묵묵히 다음 순회지를 향해 발걸음을 내딛으셨습니다.

남미 6개국 순회를 성공리에 마친 현진님은 3개월 뒤부터는 세계적인 GPF 운동의 바람을 일으켰고, 이러한 현진님의 활약과 성과를 아버님은 진심으로 기뻐하셨습니다. 그러나 아버님을 둘러싼 인물들 중 상당수는 그렇지 않았나 봅니다.

현진님이 두각을 나타내는 것을 경계한 나머지, 심지어 왜곡된 정보를 들먹이며 아버님과 현진님 사이를 갈라놓으려는 자들도 있었습니다. 그들이 빈번하게 써먹던 거짓말이 있으니 '현진님은 GPF 행사를 통해 참부모님이 아니라 자신을 드러낸다'는 것이었습니다.

이런 소리가 들려올 적마다 현진님으로서는 얼마나 안타까웠을까요? 현진님이 GPF를 시작한 것은, 두말할 필요도 없이, '하나님의 뜻을 이루어드리고자 하는 아버님의 일을 돕기 위한 것'이었어요. 아버님 개인을 찬양하거나 자신을 드러내기 위한 수단은 결코 아니었습니다.

만일 현진님이 다른 마음을 먹었다면 GPF 운동은 전혀 다른 결과를 만들어냈을 수도 있었을 것입니다.

불과 6개월도 안 되는 기간에 전 세계의 수많은 사람이 이 운동을 환영하고 협력한 이유가 무엇이겠습니까?

모든 사람이 공감하는 비전과 사명을 중심하고 이 운동이 진행된 덕분 아니겠습니까?

현진님은 지금도 이 원칙을 철저히 지켜나가고 있습니다. 따라서 세계를 무대로 GPF는 갈수록 발전하고 있는 것입니다.

한쪽에서는 형진님이 가정연합회장으로 취임하면서 교파중심의 통일교회로 돌아가려는 노골적인 시도가 일어나고, 다른 한쪽에서는 아버님의 초종교적인 평화이상의 전통을 지켜가려는 현진님의 GPF 운동이 세계로 확산되어가고 있었습니다.

충돌을 향해 서로 마주 달려오는 두 대의 기차와도 같은 양상이었습니다.

전용헬기 추락사고는 하늘의 경고

이를 경고하듯, 예기치 못한 곳에서 큰 사고가 발생했습니다.

참부모님 전용 헬기가 추락한 사고였지요. 헬기가 폭파되는 대형사고였지만, 부모님 양위분을 포함한 탑승객 전원이 큰 부상 없이 기적적으로 구조되었는데, 어쨌거나 저를 비롯한 많은 사람에게 커다란 충격이었습니다.

아버님이 타고 계신 헬기는 세계에서 최고로 안전한 기종이었어요. 그런 헬기가 추락했다는 것도 믿기 힘든 일이었고, 탑승자 전원이 구조됐다는 것도 대단히 유례가 드문 일이었습니다.

당시 가정연합 세계회장이던 형진님은 이것을 '일곱 번 죽었다 살아난 메시아의 위대성'으로 설명하였지요. 하지만 제 생각은 달랐습니다. 이 사고를 통해 하늘이 아버님께 어떤 메시지를 전하고 있다는 판단이었지요. 저뿐 아니라 여러 사람이 이심전심 그런 느낌들을 받았던 것 같습니다.

사고 당사자인 아버님 또한 분명히 이 메시지를 읽으셨을 것입니다. 그리하여 사고 직후 현진님과 국진님, 형진님까지 세 아들이 아버님의 병실을 찾았을 때, 의미 깊은 당부 말씀을 건네셨다고 합니다.

"형제들이 서로 하나 되어라. 형을 중심하고 동생들이 형의 오른팔 왼팔이 되어 서로 합심해서 가도록 해야지."

그 같은 아버님의 말씀을 제게 전하며, 현진님은 이 이야기를 다른 사람에게는 공개하지 말아달라고 부탁하였습니다. 그러고는 그 이유를 이렇게 설명하셨습니다.

"아버님이 당부하셨다고 해서 형제간의 질서가 바로 잡히는 것이 아닙니다. 동생들 스스로 형님의 권위를 인정해야 하고 내가 형님 책임을 다해야 합니다."

이 말씀에 백 프로 수긍하지 않을 수 없었어요. 또한 변함없이 힘든 길을 가시려고 하는 그 모습에 가슴 미어질 수밖에 없었습니다.
이번에는 기적과 같이 모두가 무사한 사고에 그쳤지만, 앞으로 이 갈등이 해결되지 않는다면 더욱 불행한 일이 발생할 수도 있지 않을까요!
안타깝게도 상황은 조금도 나아질 기미를 보이지 않았습니다.
2009년 접어들며 교회는 더욱 걷잡을 수 없는 혼란 속으로 빠져들었습니다. 이후로 10년 가까이 이어질, 통일가의 암흑기가 시작된 것이지요.
1월에 개최된 하나님 왕권 대관식 행사는 형진님을 후계자로 세우려는 의식으로 변질되고 널리 선전되었습니다.
3월에 소집된 속초 집회에서는 가짜 영계 메시지까지 등장시켜 현진님을 정리하려 했습니다.
8월에는 현진님이 UCI 이사직에서 김효율과 주동문을 해고하자 UCI를 지원하던 자금을 모두 중단하였고, 이로 인해 〈워싱턴 타임즈〉가 큰 경영 위기를 맞았습니다.
10월에는 형진님이 UPF 세계회장직에 올랐는데, 교회는 UPF를 통일교 선교를 위한 하부조직으로 전락시켜 충격을 주었습니다.

GPF의 독립, 형언할 수 없는 박해의 시작

내부 혼란사태가 점입가경으로 치닫자 결국 현진님은 2009년 11월, 교회와 관계를 정리하고 GPF 활동에만 전념하기로 결심하셨습니다. 저 역시도 '올 것이 왔구나' 하는 생각이었지요.

그해 12월 6일, 천정궁 훈독회를 마지막으로, 공직이 없었던 저는 그 후 공식집회에 참석하지 않았습니다.

1958년 입교하며 아버님을 처음 뵌 후, 긴 세월 동안 저의 모든 삶을 공적일과로 아버님의 일거수일투족에 맞추어 살아왔습니다. 이것을 갑자기 정리하고 아버님을 모시고 열리는 훈독회마저 참석을 안 하니 그 심경은 표현할 수 없는 것이었습니다. 그러나 현진님과 현진님 가족이 당하고 있는 사정에 비하면, 제 처지는 오히려 양호한 편이었지요.

모든 공직에서 물러나 GPF 활동에 나선 현진님을 향해, 교회는 형언할 수 없는 비난과 공격을 가하기 시작했습니다.

충직하게 공직을 수행해왔던 분이 졸지에 이단자요 폭파자로 몰렸고, 공개적으로 타락한 아담이 되었습니다. 남도 아닌 형제로부터 문현진이 아니라 '곽현진'이라고 비꼬는 소리에 이어, '곽정환과 그 가족에게 휘둘려 조종을 받고 있다'는 말도 안 되는 비아냥거림까지 들어야 했어요. 뿐만 아니라 현진님과 그분을 따르는 사람들에게는 있지도 않은 '곽 그룹'이라는 꼬리표가 붙었습니다.

뒤에서 이런 소리를 하던 사람들이 점차 대담하고 노골적으로 공개적인 비난을 시작했고, 나중에는 전 세계를 다니며 식구들을 모아놓고 비난 강연까지 이어갔습니다.

축복가정이라면, 진정한 식구라면 참가정의 장자인 현진님에 대해서, 단죄하고 심판하기 전에, 객관적으로 깊이 생각해 보는 것이 최소한의 도리이지 않겠습니까? 현진님의 최고 관심사가 재산을 지키려는 것이었습니까? 자신의 위상이었습니까? 그 후에도 줄곧 현진님에게 중요했던 것은 참아버님이 지키고자 하셨던 하나님의 뜻과 전통이었습니다.

현진님으로서 가장 고통스러웠던 것은 자신을 향한 교회의 저속한 비방과 공격이 아니었어요.

참부모와 참가정의 위상과 권위가 무너지고 있다는 사실에 무엇보다 현진님은 가슴 아파했고 분노했습니다. 그러나 이 아픔과 분노를 밖으로 표출하기보다 안으로 삭였고, 억울함을 호소하기보다 침묵을 유지했습니다. 참부모님과 참가정을 지키고자 함이었고, 무엇보다 아버님을 끝까지 지켜드리려 한 때문이었어요.

GPF 활동을 이어가며 언론과의 인터뷰 기회가 여러 차례 있었지만, 현진님은 단 한 번도 부모님에 대해 불만이나 섭섭함을 언급하지 않았습니다. 자신의 입장에 대해 변명 한 번 늘어놓지 않았어요.

국제행사 때 현진님이 머무는 방에는 언제나 부모님의 사진이 탁자 위에 놓여 있었어요. 어떤 상황에서도 부모님에 대한 현진님의 기준은 변하거나 흔들리지 않았던 것입니다.

2013년 말레이시아에서 GPF 행사가 개최되었을 때의 일입니다.

하루는 한국에서 온 기자들이 현진님과 인터뷰를 나누었는데, 어느 기자가 거실에 놓여 있는 아버님 양위분의 사진을 발견하고는 물었어요.

"여전히 부모님을 사랑하시는군요?"

'교회로부터 모질게 배척받고 있는데 혹시 부모를 원망하고 있지는 않느냐'는 유도질문이었지요.

"부모 없이 태어나는 자식이 어디 있습니까? 이분들은 나의 부모입니다. 지금도 당연히 이분들을 존경하고 사랑합니다."

교회는 현진님을 무릎 꿇리기 위해 계속 거짓과 불의와 위선 가득한 행동을 서슴지 않았습니다.

처음에는 아버님의 지시사항을 앞세워 현진님에게 복종할 것을 요구하였고, 이것이 통하지 않자 무려 30여 차례의 소송들을 일으켜 힘으로 현진님을 굴복시키려 했습니다. 소송에서 지고 자산을 다 빼앗기면 더 이상 갈 데 없는 현진님이 자기들에게 무릎 꿇고 돌아올 것이라고 믿었던 것입니다.

착각도 그런 착각이 있겠습니까.

아버님이 왜 현진님을 당신의 뒤를 이을 장자로 축복하셨는지, 그들은 까맣게 몰랐던 것입니다.

수월할 때 신앙을 갖는 것은 쉽다

지켜보는 저로서는 다만 안타깝고 안타까운 노릇이었습니다.

부모님을 지켜드리고 아버님의 꿈을 이루어드리려는 효자 중에 효자를, 어머니까지 개입하여 아버지와 아들 사이를 갈라놓고 형제간의 갈등을 촉발하다니요?

결국에는 엄청난 소송까지 주도하여 아들을 감옥에 보내려 하시다니요?

현진님은 절대 굴복하지 않았습니다. 부모님을 지키기 위해서는 참을성 있게 침묵했지만, 하나님의 뜻을 받드는 데 있어서는 대단히 결연했습니다.

언제나 진실과 정의와 선의 편에 서고자 했습니다.

아무리 상황이 어려워도 하나님의 뜻의 편에서 원칙과 정도를 지켜오셨습니다.

'도대체 어디에서 저런 의지와 결단이 나오는 것일까?'

'지난 10여 년에 걸친 천주사적인 혼란 속에서, 한 번쯤은 흔들리거나 번민한 적이 없었을까?'

'자포자기의 심정으로 모든 것을 내려놓으려고 한 적은 없었을까?'

그 같은 질문에 대한 답을, 현진님과 제 큰 아들 진만이가 나눈 대화를 통해 찾을 수 있을 것 같습니다.

갈등이 극단으로 치닫고 있을 때, 진만은 현진님 곁을 지키는 것이 누가 될 뿐이라며 편지를 써 놓고 떠나려 했었어요. 부모를 따라 오로지 하나님의 뜻과 참가정만을 바라보고 신앙 길을 걸어 온 그도, 자기가 모셔온 현진님이 한 순간에 그렇게 매도당하는 한편 자신의 가족 전체가 사탄으로까지 내몰리는 상황을 견디기 힘들었을 것입니다. 모르긴 몰라도 진만에게는 인생에서 가장 큰 고비였을 겁니다.

이러한 때, 현진님은 떠나려는 진만을 몬타나 산장으로 불러 여러 날을 같이 보내며 많은 대화를 나누었다고 합니다.

진만이 마음속에 있는 이야기를 다 털어 놓자 현진님은 말씀하셨답니다.

"진만! 지금이야말로 네가 누구인지, 하나님에 대한 너의 신앙이 얼마나 참된 것인지 확인할 수 있는 좋은 기회야. 수월한 때에 신앙을 갖는 것은 쉽다. 어려울 때의 신앙이 진정한 것이야. 우리는 어떤 일이 있어도 섭리의 중심인 하나님을 잊어서는 안 돼. 지금 사탄은 자기 연민과 교만으로 전체를 시험하고 있어. 이야말로 사탄이 들어오는 두 개의 문이야. 이 문을 굳게 닫아걸어야 해! 그리고 언제나 하나님께 감사와 겸손한 자세로 서야 해. 나는 한 번도 나의 처지를 비관하거나 이 사태를 원망하지 않았어. 상황이 어려울수록 이 자연 속에서 더 강하게 하나님을 붙잡고 당신의 뜻에 정렬하는 거야. 그래, 상황은 내가 주관할 수 없어. 하지만 그 상황에 어떻게 대처해나갈 것인가는 내가 책임지고 주관할 수 있는 거야. 네가 여기서 지고 만다면, 앞으로 네 가족을 어떻게 볼 거야? 자, 힘을 내서 다시 돌아가자고."

현진님을 만나고 돌아온 진만이는 이 내용을 형제들에게 들려주었고, 제 아들에게 힘을 북돋아 주신 귀한 메시지는 바다 건너 제 귀에까지 전해지게 되었습니다.

우리 가족으로 인해 더 큰 오해와 고통을 겪고 계시건만, 현진님은 전혀 그런 내색을 하지 않는 분이었습니다. 도리어 자기 곁을 떠나려는 제 아들을 그토록 아끼고 끝까지 책임지는 분이었습니다.

'아! 현진님이 바로 이런 기준과 자세로 지금의 어려움을 극복해나가고 계시는구나. 이러니 하나님이 현진님을 축복하실 수밖에 없고 앞길을 훤히 열어주실 수밖에 없겠구나.'

그리하여 저는 깊은 감사의 눈물을 흘리지 않을 수 없었습니다.

저는 비록 아버님 곁을 떠나와 있는 몸이지만, 변함없는 마음으로 참아버님이신 그분께 감사의 기도를 드리면서 지내고 있습니다.

"아버님, 당신은 '언제 어떤 상황이 전개되어도 나는 간다' 하셨지요. 설령 하나님이 변했다 할지라도 '내가 하나님을 돌이켜 세워서 함께 이 길을 갈 것이다' 하셨지요. 당신의 아들이 지금 그 길을 가고 계십니다. 위로 받으십시오."

아버님의 비서실장이던 김효율 씨가 공식석상에서 현진님이 '아버님을 부정하고 자기가 참부모가 되려 한다'며 공개적으로 비난할 때였습니다.

아버님마저 이런 말을 곧이곧대로 들으시고는 현진님을 오해하여 공개적으로 책망하실 때였습니다.

그로 인해 많은 사람들이 혼란스러워할 때였습니다.

현진님을 모시고 따라 나왔던 지도자들과 축복가정들은, 그러나 이처럼 현진님의 흔들리지 않는 자세와 올바른 지도에 매우 큰 힘을 얻게 되었습니다.

나는 이미
내가 갈 길을 정했어요

    10년 전 몬타나 산장에서 현진님의 40세 생신을 조용하게 기념하던 즈음 젊은 지도자 40여 명이 산장으로 찾아왔다고 합니다. 그들은 스스로 현진님과 같은 길을 가고자 결의한 사람들로, 멀리 떨어져 계시는 현진님께 힘을 보태드리고자 응원하러 간 것이었지요.

    현진님이 반갑게 그들을 맞아주었습니다.

    "아이고, 멀리서 왔네요. 기왕 왔으니, 몬타나의 자연을 많이 구경하고 돌아가도록 하세요. 괜찮은 사람은 나와 같이 저 앞산으로 산책을 갈까요? 말이 앞산이지 꽤 힘들 거예요. 마음의 준비 단단히 하세요."

    일행은 현진님의 안내로 제법 가파른 산길을 오르게 되었어요. 고된 산행에 단련된 현진님의 등산 속도를 따라가려니 지도자들이 꽤 힘들었을 겁니다. 몬타나가 해발 1700미터나 되는 지역이라 웬만해서는 숨 쉬기도 쉽지 않거든요.

    중턱에 쉬어 가는 작은 정자가 나타나자 현진님이 말씀했습니다.

    "힘들지요? 산행은 이 정도에서 마치죠. 여기서 잠시 쉬어 갑시다."

    모두가 숨을 고르며 먼 산의 경치를 바라보고 있는데 현진님이 말씀하셨답니다.

"나는 이미 내가 갈 길을 정했어요. 여러분도 여러분의 길을 정하기 바랍니다."

이 짧은 한 마디에, 그 자리의 지도자들은 변함도 흔들림도 없는 현진님의 모습을 확인할 수 있었습니다.

그리고 몇 개월 뒤, 현진님은 수십 년 간 살아온 뉴욕을 떠나 가족들과 함께 시애틀에 정착했습니다.

"LA처럼 큰 도시들이 많이 있는데 왜 시애틀로 정하셨습니까?"

한 번은 제가 물었지요.

"시애틀은 가까운 데에 산이 많아요. 자연과 가까운 도시지요. 몬타나와는 560마일 정도 떨어졌는데 차로 10시간 밖에 안 되니까 언제든지 그쪽으로 갈 수 있어요. 큰일 하는 지도자는 집이나 사무실에 있으면 안 돼요. 높은 목표를 이루려면 정성을 더 투입해야 하지요. 몬타나는 그런 준비를 하기에 가장 좋은 장소에요. 아이들 교육시키기에도 좋고."

현진님이 대답이 이어졌습니다.

"앞으로 동부 중심의 시대는 지나가요. 아버님의 평화메시지를 보세요. 이제 환태평양시대예요. 태평양을 바라보는 이곳 시애틀이야말로 남북통일과 남북미 섭리를 위한 전진기지죠. 한국도 뉴욕에서보다 4시간 더 가깝고, 한국 교민들이나 히스패닉이 이곳 서부에 많이 살고 있고. 그래서 오래 전에 이리로 옮겨올 계획을 세워 놓고 있었어요. 어디에 자리 잡을지는 나도 모르는 거예요. 다 이렇게 하늘이 인도해주시는 거죠."

저는 현진님이 어려운 상황을 모면하기 위해 잠시 이쪽에 와 계신 것 아닌가 간단히 생각했었는데, 그 말씀을 듣고 무릎을 치고픈 기분이었습니다.

'역시 아버님이 세운 아들이시구나. 이 와중에도 눈앞에 닥친 현실이 아니라 앞으로 가야 할 방향과 목표를 정해놓고 거기에 자신을 맞추다니!'

이후로 진만과 진효 등 내 자식들도 뉴욕 생활기반들을 차차 정리하고 짐을 꾸려 현진님 계신 곳으로 이주하게 되었습니다. 현진님을 따르던 2세들과 지도자들은 그렇게 속속 시애틀로 이주했고, 일반 식구들도 점차 늘어나게 되었습니다.

현진님은 대부분의 살림살이를 뉴욕 인근의 창고에 보관해두고 당장 필요한 옷가지와 물건만 갖고 세를 들어 살기 시작했습니다. 4년 넘게 GPF 운동과 남북통일운동 기반을 닦아나가는 동안 집을 장만하지 않았어요.

가족 전체가 들어가 살기에는 무척 좁은, 다 같이 앉아 식사할 수 있는 공간조차 부족한 곳이었다고 합니다. 그곳을 찾은 지도자들이 하나같이 민망해했지만 현진님은 괘념치 않으셨어요. 오히려 당신을 따라 이주해온 축복가정들이 빨리 자리를 잡도록, 전숙님과 함께 여러 모로 힘을 써 주시고 도움을 주셨습니다.

"지금 시애틀 부동산이 많이 싸고 뉴욕보다 세금도 적은 편이에요. 가능하면 빌리지 말고 장기 모기지로 집을 사는 게 나아요."

구체적인 조언도 주셔서 이주해온 식구들 모두 각자 형편에 맞게 집을 장만했는데, 지금은 집값이 많이 올라 현진님 덕을 많이 본 셈이 되었나 봐요.

4년쯤 지나서는 현진님 가정도 셋집에서 벗어나 열 명 넘는 대가족이 한 데 어울려 살 수 있는 집을 마련하셨습니다. 재작년에 우리 부부가 현진님 댁에 초대를 받아 갔을 때, 현진님이 말끝을 흐리시더군요.

"내 집에 제일 먼저 부모님을 초대하고 싶었는데……."

붉어진 눈시울로부터 슬프도록 깊은 효심을 읽을 수 있었습니다.

시애틀 축복가정 커뮤니티의 출발

어느덧 시애틀에 현진님 가정을 중심하고 축복가정 커뮤니티가 형성되기에 이르렀지요. 이에 현진님은 축복가정들과 함께 예배를 드리고 자녀들의 교육도 담당할 가정교회를 출발했습니다.

시애틀 북쪽 에드몬드시에 2층짜리 집을 빌렸지요. 1층 거실과 방 하나를 터서 소박한 성전을 만들었는데, 60명 정도가 의자를 놓고 앉으면 꽉 차는 넓이였죠.

저와 제 아내가 함께 아들들 집에 가 있을 때는 일요일 예배를 참석합니다. 낡았지만 소박하고도 경건한 그곳 풍경에, 초창기의 젊으신 아버님을 모시고 식구들이 오밀조밀 모여서 말씀을 듣던 분위기가 절로 떠오르더군요. 진만이의 큰 아들 필선이가 꼿꼿한 자세로 현진님의 말씀을 듣는 장면을 볼 때면 젊은 시절 제 모습이 생각났습니다. 60년 전 20대에 입교했을 때 제가 딱 저랬지, 싶었지요. 참 감회가 새로웠습니다.

현진님이 주관하시는 일요일 예배는 아침 6시 훈독회부터 시작됩니다. 현진님 내외분은 언제나 자녀분들과 손자를 다 데리고 참석하는 모범을 보였습니다. 아침 일찍 시작한 예배는 오전 10시까지, 어떨 때는 점심나절 가까이 이어지기도 했지요.

어느 날, 그곳 예배를 마친 현진님이 말씀했습니다.

"내가 아버님께 '말씀을 조금 짧게 해주세요' 부탁드리곤 했는데, 이제 나도 말씀이 점점 길어지고 있어요. 그래도 할 수 없지요. 여기 와 있는 지도자들도 교육해야 하고, 여러 가정도 교육시켜야 하니까. 특히 이 자리는 내 아이들까지 교육을 받는 자리잖아요. 축복가정들이 원리를 다 안다고 생각했는데, 알고 보니 그렇지 않아요. 이제 원리를 올바로 가르쳐주어야겠어요."

현진님의 원리지도는 아버님이 그러셨듯이 아주 쉽게 모든 사람이 이해할 수 있는 어휘로, 더불어 현진님 특유의 명쾌함 속에서 진행되었습니다.

예전부터 통일가의 식구들과 젊은이들을 섭리의 주인으로 반듯하게 지도해온 분이었습니다. 천주사적인 갈등이 벌어졌다 해서 교육을 소홀히 하실 리 없었지요. 낯선 환경임에도 언제나 축복가정들과 그 자녀들을 올바르게 지도하시는 현진님으로부터 저는 아버님의 향취를 느낄 수 있었습니다.

현진님의 교육은 언제나 이론보다는 실생활에 적용되는 생활원리에 초점이 맞춰져 있었어요. 특히 축복에 대해 많은 설명을 하셨는데, 하나님의 축복이란 조건적으로 받는 통과 의례나 교회 의식이 아니라 '하나님이 꿈꾸셨던 이상가정을 실제 이루는 길에 참여하는 것'이라는 가르침이었습니다. 우리가 '하나님의 뜻에 정렬하여 원리 말씀대로 살면 하나님이 허락하신 3대 축복의 내용이 각자의 삶 속에서 실제로 결실 맺게 되어 있다'는 진리 또한 강조하셨습니다.

한 번은 제1축복인 개성완성과 관련, 자녀들이 각자의 인격과 개성을 올바로 형성하는 데 있어 '왜 하나님에 대한 겸손과 감사의 신앙자세가 중요한 영향을 미치는가'를 다음과 같이 설명하셨습니다.

"똑같은 상황에서 병 안에 물이 반밖에 안 차 있다고 볼 수도 있고 아직 반이나 차 있다고 볼 수도 있습니다. 어떤 위기가 닥칠 때 그것을 어려움으로 인식하느냐 기회로 받아들이느냐의 차이는 개인의 삶을 궁극적으로 결실 맺는데 중요한 영향을 줍니다. 범사에 겸손과 감사의 신앙적 자세를 갖추고 있으면, 여러분의 인격은 어떤 상황에서도 올바른 입장을 취하게 됩니다."

현진님은 요즘 '남성과 여성의 본연적 관계와 역할에 대해 교회 안팎에 많은 혼란이 벌어지고 있다'면서, 남녀관계에 대해서도 많은 원리적인 지도를 하셨습니다.

"하나님의 이성성상을 대표한 남성과 여성은 각각 독특하고 다르게 창조되어 서로가 필요로 하는 보완적인 성품을 가지고 있습니다. 오직 사랑 안에서 상대가 필요로 하는 부분을 채워주고 상호보완적 관계를 맺을 때, 참된 평등권을 경험하고 무한한 가치를 가지게 되는 것입니다."

채 1백 명도 안 되는 작은 시애틀 커뮤니티에서, 현진님은 수년간 당신 가정에서부터 커뮤니티 안의 축복가정들까지 다양한 말씀 지도를 하셨습니다. 특히 자녀들을 대상으로 한 교육 프로그램이 자리 잡도록 신경을 쓰시는 모습이었지요.

그리고 그 결과는 참으로 놀라울 정도였습니다. 자녀들이라고 해봐야 통틀어서 수십 명도 안 되는데, 그 중에서 미 육군사관학교(웨스트포인트)를 들어간 자녀들이 아홉 명이나 된다니 말이지요. 하늘의 별따기 라는 말이 있을 정도로 입학이 힘들기로 유명한 미 육군사관학교 아니겠습니까.

하나의 커뮤니티에서 이처럼 짧은 기간에 연속적으로 젊은 인재들이 발굴되다니, 참 귀하고도 드문 일입니다.

『하나님 꿈의 실현』 출판기념회

거짓된 세력들의 무차별적인 비난이 계속되자, 현진님은 자신의 말씀을 수록한 책을 출판하기로 결심하였습니다.

"내가 어떤 말씀을 해왔는지 정말 알고 싶다면, 교회 지도자들의 말만 듣지 말고 20여 년 동안 내가 해온 말씀을 직접 읽어보도록 하세요. 내가 10년 전에 한 말씀과 20년 전에 한 말씀과 지금의 말씀이 다른지 알아보세요. 내 말씀은 조금도 달라지지 않았습니다."

강연문집 『하나님 꿈의 실현』 출판을 기념하기 위해 한국을 찾은 현진님이 했던 말씀입니다.

누구보다 먼저 그 책을 접하고 읽으며, 현진님이 19세 시절부터 39세까지 말씀하신 내용들을 세심하게 읽어나가면서, 거듭 탄복하지 않을 수 없었습니다.

저는 50년 넘게 아버님을 가장 가까이 모시면서 공석과 사석에서 수많은 말씀을 들어온 사람입니다. 또한 1998년 이후에는 현진님으로부터 많은 말씀을 직접 들어온 사람입니다. 그렇기에 이 자리에서 분명히 단언할 수 있습니다. 두 분의 말씀이 서로 상충하는 것이 아니라 완전한 조화와 공명을 이루고 있다고 말이지요.

요즘도 제 주변에 있는 누군가 현진님에 대해 잘 모르고 있을 때, 저는 거침없이 이 책을 권하곤 합니다. 책 속에는 누구도 부인할 수 없는 '현진님에 대한 역사적인 진실'이 담겨 있기 때문이지요.

어떤 면에서 『하나님 꿈의 실현』은, 제게 각별히 가슴 아픈 안타까움을 선사하는 책이기도 합니다.

'아버님께서 이 책을 읽어 보셨다면 얼마나 좋았을까. 누군가 이 책을 한 번만 읽어드렸던들, 아드님에 대한 오해가 일시에 풀렸을 텐데.'

2011년 6월 1일, 『하나님 꿈의 실현』 출판기념회가 서울 강남 메리어트 호텔 그랜드볼룸에서 열렸습니다.

이날을 앞두고 교회는 안달이 났어요. 가정연합 본부 이름으로 현장에 공문을 보내 '참부모님 지시니 그 기념회에는 절대 가지 말라'고 단속까지 했지요.

한편 저는 다른 의미에서 약간의 걱정이 되었습니다.

'메리어트 호텔의 가장 큰 홀을 빌리다니, 현진님 밑에 있는 2세들이 배포도 크군. 교회가 아버님까지 앞세워 현진님을 타락한 아담으로 비난하는 판국인데, 그 넓은 공간을 다 채울 수나 있을까?'

그런데 놀랍게도 그날, 5백여 명의 식구들이 현진님의 말씀을 직접 들어보겠다고 찾아왔습니다. 장내를 꽉 메운 청중은 무척 진지한 얼굴들이었어요. 현진님이 정말로 아버님의 말씀을 거역하고 떠났는지, 그걸 직접 확인해보고 싶은 분위기랄까요.

그날 현진님은 결코 자신의 입장을 설명하거나 교회 쪽 지도자들을 비난하지 않았습니다. 대신에 시종일관 예전 모습 그대로 하나님의 뜻과 아버님의 꿈이 무엇인지, 참된 효자가 가야 하는 길이 무엇인지를 설명하셨습니다.

"내가 왜 이렇게 눈물이 나오는지 모르겠습니다." 하면서 몇 년 만에 다시 만난 축복가정들과 2세들을 격려해주시는, 그때의 감격과 감동의 장면을 아직 잊을 수 없습니다.

"여러분은 제가 왜 이 책을 냈는지 아십니까? 그것은 우리가 어떤 사람인지를 다시 한 번 상기하기 위해서입니다. 우리가 다시 한 번 하늘의 기준을 가진 자랑스러운 아들과 딸로 서기 위해서입니다."

"제가 자랄 때 참아버님은 이렇게 말씀해주셨습니다. '통일교와 이 모든 기반은 다 내 것이 아니다. 이것은 전체가 다 하나님의 것이요, 인류의 것이다. 내 마음대로 할 수 있는 것이 아니다. 내가 이렇게 고생하고 희생해 나온 것은 나와

내 가정을 위한 것이 아니라 먼저 하나님의 뜻을 위하고 인류를 위해서였다.'
저는 UCI를 제 것이라고 생각하지 않습니다. 저는 UCI가 참아버님 것이라고
도 생각하지 않습니다. 저는 UCI는 하나님 것이라고 생각합니다! GPF도 제
가 시작했지만 이것을 제 것이라고 생각하지 않습니다. 저는 GPF가 하나님의
뜻인 '하나님 아래 한 가족'의 꿈을 이루기 위해 모든 인류를 대상으로 하는
운동이라고 생각합니다. 저의 목표는 모든 인류가 하나님 꿈의 주인이 되게 하
는 것입니다. 사람들이 눈만 뜬다면, 그 꿈은 모든 인류의 것이 되어야 하는 것
아니겠습니까?"

"아버님은 무엇 때문에 이렇게 미친 듯이 앞장서서 우리 앞에 모든 기반을 닦
아 나오셨습니까? 무엇 때문입니까? 하나님의 뜻과 하나님의 꿈 때문이었습니
다. 그러면 참된 효자는 어떤 사람입니까? 자기 아버지의 꿈을 이룰 수 있는 사
람입니다. 참아버님께서 그런 기준을 우리 앞에 세워오셨습니다. 여러분, 축복
중심가정들은 아들·딸의 입장입니까, 종의 입장입니까? 여러분이 자식으로
서 효의 길을 가고 싶으면, 아버지와 똑같은 꿈을 가져야 합니다. 그래야 그 가
정이 살아나고, 하나님의 섭리는 한 세대에 끝나지 않고 계속 앞으로 전진해나
가는 것입니다. 오늘 여러분을 찾아온 것은 바로 이러한 내용 때문입니다."

– 『하나님 꿈의 실현』 출판기념회, 현진님 말씀 중에서

아버지와 아들의 만남을 가로막는 자들

때로는 공개서신으로, 때로는 공개된 집회에서, 때로는 시애틀 가정
교회에서, 현진님은 축복가정들을 향한 말씀을 계속 이어가셨습니다.
때와 장소는 달랐지만 누군가를 책망하기보다는 모든 가족의 미래와 특
히 자녀들의 장래까지 염려하며, 축복가정들을 일깨우기 위한 말씀이

었지요.

"나를 위해 기도하지 말고, 여러분을 위해 기도하세요."

현진님은 천주사적 혼란으로 신앙이 흔들리는 축복가정들을 진심으로 염려하셨습니다. 자신을 향해 손가락질하고 비난해온 그들을 올바른 길로 인도하고자 하셨습니다.

2009년 11월 4일, 아버님께 보낸 편지에서 "거짓과 위선의 카드로 쌓아 올린 집은 영원히 가지 못할 것입니다"라고 밝혔듯, 현진님은 장차 모든 진실이 드러나게 되었을 때 수많은 축복가정의 근본 신앙이 흔들리고 말리라는 사실을 잘 아셨던 것입니다.

특히 현진님은 맹목적인 신앙에 길들여진 일본 식구들을 무척 염려하셨어요.

2010년 어느 날, 일본의 가미야마 다케루 회장이 시애틀을 방문한 적이 있었습니다. 걱정이 많은 가미야마 회장 앞에서 현진님은 이런 부탁을 하셨습니다.

"내 걱정은 말고 일본식구들을 원리적으로 잘 교육해주세요. 가미야마 회장, 나는 아버님의 아들입니다. 아버님을 떠나지 않았으며 언젠가 아버님의 꿈을 내가 이루어드릴 것입니다. 지금 교회는 아버님의 이름으로 온갖 비원리적인 일을 자행하고 있지요. 앞으로 진실이 드러나면 큰 혼란이 쓰나미와 같이 밀어닥칠 것입니다. 신앙의 뿌리가 깊지 못한 일본 식구들은 아버님에 대한 근본 신앙마저 잃어버릴 수 있습니다. 가미야마 회장은 아버님이 누구이신지 아버님의 가르침이 무엇인지 잘 아는 분 아닙니까. 일본 식구들이 쓰러지지 않도록 잘 교육해주기 바랍니다."

이와 같은 당부에 가미야마 회장은 몇 년간 암투병을 해가면서도 식구 교육에 혼신을 다했지요. 오늘날 일본 식구들에게 올바른 신앙을 지도해줄 큰 지도자가 영계로 떠났다는 것이 아쉽기만 합니다.

현진님의 4대 근본 질문

축복가정들을 위한 현진님의 지도 말씀 가운데 백미라면 '하나님의 뜻과 섭리에 대한 4가지 근본 질문'을 들 수 있을 것입니다.

현진님은 교회에 천주사적인 혼란이 발생한 원인 중 하나를 '축복가정들의 원리적인 무지'라고 보았어요. 소위 36가정을 비롯한 축복가정 선배들과 원로들, 목회자, 신학자들이 스스로 하나님의 뜻과 섭리와 원리에 정통하다고 자부하고 있지만, 오늘날 그들이 이해하는 내용이나 그들이 하는 행동을 보면 결코 그렇다고 할 수 없는 현실이라는 것입니다. 축복가정들이 이런 사람들의 지도를 받고 있으니, 섭리와 전혀 무관한 것을 하나님의 뜻으로 알고 맹목적으로 복종하는 결과가 되고 말았다는 것입니다.

이러한 상황을 직시하신 현진님은 축복가정들이 스스로의 책임으로 올바른 원리관과 섭리관을 갖고 행동할 4가지 근본 질문을 제시합니다. 2011년 출간된 『하나님 꿈의 실현』 영어판 서문에 처음 소개된 내용이지요.

첫 번째, 섭리의 중심은 누구인가?
두 번째, 메시아의 사명은 무엇인가?
세 번째, 참부모와 참가정 현현의 가치는 무엇인가?
네 번째, 축복가정의 정체성과 책임은 무엇인가?

2013년 2월 12일자로 발표된 공개서신을 통해, 현진님은 핵심내용을 간단히 정리하고 있습니다.

첫 번째, 〈섭리의 중심이 누구인가?〉라는 질문에서 현진님은 하나님이 중심이라고 단호하게 천명했습니다. 현진님이 이와 같은 질문을 던진 것은 오늘날 많은 축복가정들이 섭리의 중심을 참부모님으로 잘못 이해하는가 하면, 심지어 하나님조차도 잊은 채 살고 있기 때문입니다. 현진님은 그들이 아버님께서 제정하신 가장 중요한 섭리명절인 '하나님의 날'을 제대로 지내지 않고, '참부모님 탄신일'을 가장 성대하게 기념하는 것에 매우 큰 충격을 받으셨습니다.

두 번째, 〈메시아의 사명이 무엇인가?〉라는 질문인데, 원리에서 설명하는 메시아는 복귀된 아담이요 하나님의 참된 아들의 위치에 있는 분입니다. 그의 사명은 하나님의 이상이 반영된 참된 가정을 형성하고 이 가정을 통해 모든 인류가 하나님의 자녀가 되는 길을 열어주고 그들을 하나님 아래 한 가족으로 연결하는 것입니다. 현진님은 이 내용이 바로 참아버님의 레거시에 대한 올바른 이해라고 설명합니다.

세 번째 질문은 〈참부모님과 참가정의 현현이 갖는 의의는 무엇인가?〉 하는 것인데, 현진님은 이것을 "하나님의 본연의 창조목적이 실현되고, 참사랑, 참생명, 참혈통을 중심한 새 시대의 올바른 선례가 정립되는" 것이며 "인류 역사에 있어서 처음으로 하나님의 본연의 이상이 영계 뿐만 아니라 지상에서 실체적으로 실현될 수 있다는 뜻"이라고 했습니다. 그는 또한 "인류역사의 새로운 여명이 밝아오는 것을 나타"낸다는 맥락에서 참아버님께서 하나님의 이상가정을 중심한 평화의 시대가 도래하는 후천시대의 개벽을 선언하셨다고 했습니다.

네 번째 질문인 〈축복중심가정의 정체성과 책임〉에 관한 질문에서 현진님은 축복가정을 하나님의 본연의 혈통에 접붙여진 확대된 참가정의 일원으로 설명하고 있습니다. 현진님은 이러한 축복가정들은 자신의 가정 안에서 참생명과 참혈통을 보호하며, 매일 참사랑을 실천하는 가운데 하나님의 본연의 참가정 이상을 이루는 책임이 있다고 설명합니다. 그리고 이러한 책임을 완수하는데 가장 중요한 덕목은 '맹목적인 복종만 요구되는 종의 신앙'이 아니고 '주인의 신앙'이라고 강조합니다.

하나님의 섭리에 관한 4대 근본 질문과 답변 내용을 들을 때마다, 절로 감탄이 나오곤 합니다.

어쩌면 이 시대에 특히 축복가정들이 가슴 깊이 새겨야 할 내용을 저토록 간단명료하게 제시할 수 있을까요? 어쩌면 현 교회의 근본 문제점을 정확히 집어내면서도 축복가정들이 올바른 원리관과 섭리관을 갖도록 정확한 핵심만을 파고들었을까요?

1950년대부터 원리강사로서 전 세계를 돌며 수많은 사람을 상대로 원리강의를 해온 저조차도, 원리를 이해하는 현진님의 깊이는 감히 따라갈 수 없는 것이었어요. 저는 기쁜 마음으로 인정하지 않을 수 없었습니다.

"이것이 아버님의 뒤를 이을 아들로 선택되신 분과 우리와의 근본 차이구나!"

이처럼 현진님은 교회 전체로부터 핍박을 받으면서도 축복가정들을 올바른 길로 인도하기 위해 모든 노력을 기울여오셨습니다.

사람들은 잘 모르겠지만, 현진님이 가장 많은 정성을 투입하고 노력한 부분은 참가정에서 벌어진 문제를 수습하는 문제였습니다. 아버님이 살아 계실 때는 찾아가서 직접 만나 뵙고 이 사태를 해결하려고 많은 노력을 했습니다.

"아버님은 하나님의 뜻을 위해 목숨을 건 분이에요. 그렇기 때문에 나는 아버님을 도와드려야 하고, 아버님을 만나 하나님의 뜻과 섭리를 놓고 솔직하게 말씀드려야 해요. 아버님께 솔직하게 말씀드릴 사람은 나밖에 없어요. 아버님도 이런 나를 잘 아십니다. 그래서 내가 뭔가 말씀드리면 귀담아 들으시는 거지요. 지금 어머님과 동생들이 하고 있는 일을 아버님이 정확히 아신다면, 당장 모든 것을 바꾸실 겁니다. 하지만 시간이 없어요. 아버님 건강을 보면 앞으로 더 이상 기회가 없을지도 몰라요."

언젠가 시애틀을 찾았을 때 현진님이 제게 말씀하셨던 이야기입니다. 저로서는 하늘이 그렇게 인도해주실 것을 굳게 믿으면서 이후의 과정을 노심초사 지켜볼 뿐이었지요. 그러나 간단한 일이 아니었어요. 현진님이 아버님께 보낸 편지조차 제대로 전달되지 않았고, 아버님 주변의 지도자들과 심지어 가족들까지 현진님을 배척하고 있는 상황인지라 아무 때나 가서 아버님을 만날 수도 없었습니다.

2009년 9월 10일, 현진님이 미국 라스베이거스로 찾아가 아버님을 뵈려 한 적이 있었습니다. 아버님께서도 아들이 온다는 소식에 몇 날 며칠을 고대하고 계셨겠지요.

그런데 약속 당일, 상식적으로 이해할 수 없는 일이 벌어졌습니다.

참부모님 쪽에서 보냈다는 교회 지도자 세 명이 아침 일찍 현진님을 찾아왔었다고 합니다. 아버님을 뵈려면 '참부모님의 지시에 절대 순종하겠다'는 문서에 먼저 서명을 해야 한다는 조건을 갖고 말입니다.

현진님은 결코 서명하지 않았습니다. 그들이 파놓은 함정임을 알았기 때문이지요.

〈코리안드림〉의 탄생

2011년 10월 29일, 현진님이 중요한 국제행사를 앞두고 부산 범내골 성지를 찾았습니다. 현진님을 향한 교회의 비난활동이 극에 달하던 즈음이죠.

이날 소수의 식구들이 현진님을 만나보기 위해 전국 여기저기에서 찾아왔습니다.

"내가 여기에 온 것은 여러분을 보기 위해서가 아닙니다. 나라를 살리기 위한 정성의 씨를 심기 위해서입니다."

어둑어둑해진 '눈물의 바위' 위에 자리를 잡고 앉은 식구들을 둘러보며 현진님이 운을 뗐습니다.

"지금 교회에서는 천주사적인 혼란이 벌어지고 있지만, 우리는 변함없이 섭리의 타임 테이블(시간표)을 따라 살아야 합니다. 구체적으로 11월에 개최되는 글로벌피스컨벤션(GPC) 행사에서 남북통일 이슈에 관한 프레임워크를 세울 것이고, 앞으로 남북통일 문제를 가장 중요한 이슈로 만들 것입니다. 남북통일만이 문제가 아닙니다. 한 걸음 더 나아가, 통일 이후 어떤 나라가 탄생할 것인가가 더욱 중요한 문제입니다. 지금 우리가 뿌리는 씨가 한국의 미래를 결정할 것입니다."

당시 한국 사회는 통일에 별 관심조차 없었습니다. 이런 정서를 반영하듯, 한국에서 남북통일운동을 시작하려는 현진님에게 사회 지도층 인사들의 엇비슷한 조언이 줄을 이었어요.

"한국에서 GPF 활동을 성공적으로 하고 싶으면, 통일운동보다는 사람들이 관심 있어 하는 복지 문제에 초점을 맞추는 게 좋을 겁니다. 요즘 한국 사람들은 통일운동에 별 관심이 없거든요."

현진님은 귀를 열어 놓고 주변의 이야기를 경청했지만 결코 여론의 흐름을 쫓지는 않았습니다. 서울의 모 언론사 회장 등 대한민국을 대표하는 쟁쟁한 인사들을 만나는 자리에서, 현진님은 이렇게 강조했습니다.

"내가 남북통일운동을 하려는 것은 GPF의 이익을 위해서가 아닙니다. 이것이 하나님의 뜻이요, 내 아버지께서 일생을 바쳐 오신 일이기 때문입니다. 우리 민족 앞에 위대한 변화의 한 때가 찾아오고 있다는 것을 느낍니다. 그 변화에 앞서, 대한민국 국민 전체가 준비하고 다가오는 운명을 주체적으로 이끌어야 합니다. 두고 보십시오. 통일은 불원간에 우리 눈앞에 가까이 올 것입니다."

곁에서 그 장면을 지켜보던 저는 '어쩌면 저렇게 당당하고 자신 있으실까?' 탄복하지 않을 수 없었습니다. 더불어 아버님에게 이런 아들을 주신 하나님의 섭리를 실감하지 않을 수 없었지요.

11월 29일 대한민국 국회에서 개최된 GPC에서, 현진님은 통일된 한반도 미래 국가를 인도하는 비전으로서 '코리안드림'을 처음으로 밝혔습니다.

"지금이야말로 통일운동의 불을 다시 지펴야 할 때이고 전 국민이 참여하는 새로운 차원의 통일운동으로 발전시켜 나가야 할 때입니다."

그로부터 20일 뒤인 12월 19일, 북한 김정일 국방위원장의 갑작스런 사망으로 한반도 정세는 재차 요동쳤습니다. 이후 김정은 국무위원장의 등장과 거듭되는 북한의 핵실험으로 7년간 한반도 이슈는 세계의 이목을 집중시켜왔지요. 미국에서 상당 기간 살아본 제 경험상, 미국인들이 요즘처럼 한반도 문제를 심각하게 인식한 적은 없었습니다.

현진님은 이것을 위기가 아니라 기회로 보았어요. 이야말로 전체 한민족이 하나가 되어 평화적인 남북통일을 꿈꿔야 할 때로 보았지요. 그리하여 대한민국 국민은 물론 세계 시민들이 참여하는 통일천사(통일을 실천하는사람들, Action for Korea United, AKU) 운동을 조직하여, 이를 한국 사회에서 가장 영향력 있는 민간 통일운동으로 자리 잡게 했습니다.

그런데 막상 '시민 주도형 통일운동'을 전개하는 과정에서, 현진님은 깊은 고민에 빠지게 됩니다. 그 고민이란 바로 이런 것이었어요.

"하나님의 섭리사로 볼 때 통일은 우리 눈앞에 다가와 있습니다. 내일 통일이 일어난다 해도 이상한 일이 아닙니다. 문제는 우리 국민이 준비되지 않았다는 것이에요. 어떤 나라를 만들 것인지 통일된 비전이 없이 서로 갈라져 있는 현실이지요. 그들을 하나 된 비전으로 통일해야 합니다. 그러지 않고야 우리는 이 나라에 하나님이 바라시는 국가, 전체 인류 앞에 공헌할 수 있는 국가를 세울 수 없을 것입니다."

〈코리안드림〉이 열어가는 커다란 꿈

현진님이 2014년 저술한 『코리안드림』은 이러한 배경으로 탄생한 역작입니다. 현진님은 칭기즈 칸의 말로 이 책을 시작했습니다.

"한 사람이 꿈을 꾸면 그것은 꿈으로 끝나지만 모든 사람이 꿈을 꾸면 그것은 현실이 된다."

『코리안드림』은 출판되자마자 큰 반향을 불러일으켰어요. '대한민국 출판문화예술대상 올해의 책'으로도 선정되었고, 2018년에는 미 국방정보국(DIA, Defense Intelligence Agency)이 140개 국가에서 활동하는 1만7천 명의 소속 전문가를 위한 추천도서로도 꼽혔지요. 국방정보국은 추천의 글에서 『코리안드림』을 이렇게 설명했습니다.

"장기적인 불투명성이 대두되는 오늘날, 문현진의 코리안드림은 한반도가 직면한 문제들에 대하여 혁신적인 해법을 제시하고 있다. 그는 수천 년 동안 하나의 민족을 형성해온 건국원칙과 문화에 기초해 평화를 실현해나가는 획기적인 방법들을 설명하고 있다."

나는 이 책을 여러 번 읽었는데, 『코리안드림』이야말로 그 어떤 힘보다도 강하게 한민족을 새로운 길로 인도해줄 시대정신을 대표한다고 확신하고 싶습니다. 앞으로 『코리안드림』이 한국 사람만 아니라 세계 인류 앞에 큰 영향을 줄 것으로 확신하고 있습니다.

미국에서 가장 영향력 있는 보수학자 중 한 명이며 한국에 정통한 분으로 알려진 에드윈 플러 헤리티지 재단 창설자. 그는 자신의 『코리안드림』 추천사에서 다음과 같이 밝혔습니다.

"미국의 건국정신과 부합되는 홍익인간 정신에 입각하여 통일된 나라를 꿈꾸는 저자 문현진의 『코리안드림』에 매료되었습니다."

그런가 하면 인도에서 가장 영향력 있는 영자신문 중 하나인 〈선데이 가디언〉의 편집장 마다브 날라팟 교수 역시 코리안드림의 비전에 깊은 감명을 받은 세계적 학자 가운데 한 명입니다.

"한반도에서 평화적인 남북통일이 일어나는 것은 불가능하다고 저는 생각했습니다. 그런데 문현진 회장의 강연을 듣고 제 판단을 바꾸게 되었습니다. 아시아 역사에서 이미 5천 년 전에 홍익인간처럼 위대한 비전이 있었다는 것은 대단한 아시아의 자랑입니다. 문 회장의 홍익인간과 코리안드림을 인도에 널리 알리겠습니다."

GPF는 『코리안드림』의 내용을 적극적으로 알리며 저변에 통일운동의 열기를 효과적으로 확산시켜나가기 위해 다양한 시도를 했습니다. 그 중 하나가 '새로운 통일노래'를 만들어 보급하는 일이었지요. 1980년대 중반, 아프리카 난민을 위한 자선기금 마련을 위해 당대의 톱스타들이 한데 모여 부르고 크게 히트한 팝송 'We Are The World (우리는 하나의 세계)'처럼, 대한민국 국민뿐 아니라 전 세계인이 사랑하는 통일 노래를 만들자는 구상이었지요.

그리하여 2015년, 김형석 작곡가 등이 참여하여 '원 드림 원 코리아'라는 아름다운 곡이 만들어졌어요. '엑소'와 '방탄소년단'을 포함한 대한민국 최고의 케이 팝 가수들이 이 프로젝트에 참여하였고, 당시 야당 대표였던 문재인 대통령도 이 노래를 함께 불렀습니다.

그 해 가을, 국내 모 대기업이 후원하는 가운데 상암동 서울월드컵경기장에서 통일 콘서트가 개최되었습니다. 그날 3만 명의 청중들 앞에서 이 곡이 발표되었습니다.

약 1년 6개월 뒤인 2017년 3월에는 KBS와 함께 필리핀 마닐라에서 '원 케이 글로벌 피스 콘서트'가 개최되었습니다. 그래미상 6회 수상에 빛나는 세계적인 음악 프로듀서 지미 잼과 테리 루이스가 제작한 새로운 통일 노래가 이때 발표되기도 했지요.

현진님의 적극적인 통일운동은 2018 평창 동계올림픽을 향하고 있었습니다.

1988년 동서화합의 상징이었던 서울올림픽 이후 세계사에 큰 변화가 일어났고, 동서냉전의 상징이던 베를린 장벽이 무너지며 공산주의가 붕괴되었습니다. 우리나라에서 30년 만에 다시 개최되는 올림픽에 대해, 현진님은 우연이 아닌 하나님의 섭리 속 깊은 뜻을 읽고 있었습니다. 평창 동계올림픽 이후 한반도에 놀라운 변화가 찾아올 수 있다는 가능성을, 불원간에 남북통일이 실현될 수도 있다는 가능성을 믿은 것입니다.

때는 2018년. 많은 이들이 남북정상회담과 북미정상회담, 이후 북핵문제 해소와 남북 경제협력 등에 큰 관심을 갖고 있습니다. 사실 북미정상회담 이후 한반도 상황은 무력 대립 가능성의 감소와 남북협력 제스처와 북한의 비핵화 약속의 미이행 등으로 낙관론과 비관론이 혼재되어 올바른 해결책을 찾기 어렵게 되었습니다. 이런 와중에 현진님은 금년 12월 12일, 워싱턴 D.C에서 '원코리아 국제포럼'을 개최하여 한반도 문제에 대한 명확한 상황 분석과 더불어 북핵 문제 해결을 위한 강력한 해법을 제시하였습니다. 즉 미국은 한반도 정책에 있어서 북한의 비핵화라는 편협하고 단기적인 목표를 넘어서 한국인의 정체성의 뿌리가 되는 '홍익인간' 이상에 근거한 한국 주도의 평화통일을 지지하고 세계 각국의 협력과 지원을 이끌어야 한다고 역설하였습니다. 그 포럼에 참석한 헤리티지 재단의 설립자인 에드윈 플러 박사와 다른 많은 정책 입안자들과 전문가들이 현진님의 기조연설에 공감하고 보다 포괄적인 한반도 정책에 대해 논의하고 있다고 합니다.

현진님은 거기서 나아가 더 위대한 그림을 그리고 있습니다. 3.1운동 100주년을 맞이하는 2019년을 기해 우리 민족이 다시 한 번 놀라운 꿈을 꿀 수 있도록 준비하는 것이지요.

100년 전 3.1운동은 인도 마하트마 간디의 비폭력 운동에 영향을 주었습니다. 간디에 영향을 받은 마틴 루터 킹이 20세기 민권운동의 새 지평을 열었지요.

이처럼 현진님은 3.1운동 100주년을 기해 '코리안드림'을 21세기 세계평화를 염원하는 인류의 시대정신으로 만들 계획을 갖고 계신 것입니다.

'원 패밀리 언더 갓'의 기치 아래 빛나는 현진님의 세계적인 활동

2014년 11월, 남미 파라과이에서 남미 국가 정상들의 모임인 라틴 아메리카 프레지덴셜미션(LAPM) 회의가 개최되었습니다. 2012년 미국 애틀랜타에서 현진님의 주도로 발족된 LAPM은 이후 빠른 속도로 활동의 폭을 넓혀가는 중이지요.

행사는 GPF와 파라과이 최고의 싱크 탱크인 IDPPS가 공동 개최 하였습니다. 참고로 IDPPS는 파라과이 국가 개발과 남미 공동번영을 위해 GPF 비전에 공감하는 지도자들에 의해 파라과이에 설립된 단체 입니다.

그해 9월에 한국에서 『코리안드림』 출판기념회를 마치고 몬타나로 돌아간 현진님은 바로 이 행사를 놓고 큰 정성을 들였어요. 남미 정상들이 모이는 자리에서 자신의 구상을 밝힐, 매우 중요한 기회였기 때문이죠.

한국에서는 현진님의 GPF 활동을 후원하는 지도자 몇 분이 초청을 받아 이 행사에 참석했습니다. 3년 전 고인이 된 한국 정치계의 거목 이기택 전 민주당 총재도 그중 한 분이었습니다.

개막식 행사에는 남미 전역에서 찾아온 13명의 전직 국가수반들이 입장하였습니다. 한 나라의 대통령을 하신 분들답게 모두 풍채가 훤하고 각자 개성과 카리스마가 넘치는 분들이더군요. 현진님은 파라과이 오라시오 카르테스 대통령과 함께 단상 맨 앞 열 중앙에 나란히 앉았습니다.

기조연설 시간이 되자 현진님이 준비된 원고를 발표했습니다. 단상의 어느 한 사람도 자리를 뜨지 않고 현진님의 짧지 않은 연설을 경청하였습니다. 카르테스 대통령은 자신의 연설마저 생략하고 현진님의 연설 내용을 끝까지 들었지요.

개막식이 끝나고, 카르테스 대통령은 현진님과 남미 정상들을 위층 별도의 방으로 안내하여 자유로운 대화를 나눌 수 있도록 배려했어요. 대화 자리에서, 먼저 전 대통령들이 서로의 존재감을 드러내듯 평화에 대한 각자의 의견들을 밝혔습니다.

그분들의 의견을 다 들은 현진님이, 한 차원 다른 평화이상으로 전체의 의견을 통합하고 리드해나가셨어요. 약간의 이견이 나오기도 했지만 카르테스 대통령이 현진님의 견해를 적극 존중하고 지지하는 입장을 취하며 중재를 나섰습니다. 파라과이에서 현진님과 GPF 운동이 얼마나 큰 신뢰를 받고 얼마나 큰 영향력을 미치는지 새삼 확인할 수 있는 자랑스러운 장면이었습니다.

국가 최고 지도자를 역임했던 분들이 진심으로 현진님의 리더십을 존경하고 GPF 운동의 비전에 공감하는 모습에, 그 자리에 함께 한 이기택 총재는 꽤 놀란 것 같더군요. 현진님이 남미에서 이 정도의 기반을 잡고 있을 줄은 꿈에도 생각 못했던 것이지요. 이 총재의 소감은 이랬습니다.

"미국에서 오래 살아온 젊은 한국인 지도자가 선친의 뜻을 이어 한국에서 가장 관심 없는 분야인 남북통일운동을 하겠다는 것도 신선하고 대단했는데, 이 젊은 코리안이 한국의 정반대 지역까지 와서 남미 정상들과 어깨를 나란히 하며 남미발전과 세계평화를 숙의하고 있다니 참 놀랍습니다. 문 총재가 대단한 아들을 두셨습니다. 내가 문현진 회장을 다시 봐야겠습니다. 나이를 떠나서 진심으로 문 회장을 존경하게 되었습니다."

이기택 총재도 오랜 세월 야당의 지도자로서 민주주의 신념을 지키기 위해 어려움을 많이 겪은 분 아닙니까? 그렇기에 자신이 속한 조직과 가족의 반대 속에 GPF운동을 벌이는 현진님이 얼마나 어려운 입장인지 잘 알고 있었을 겁니다.

아프리카 케냐에서 거둔 성공

파라과이 행사의 성공에 관해 이야기하려니, 자연스레 4년 전인 2010년 상황이 떠오릅니다.

2010년은 현진님을 비난하는 이들의 활동이 가장 격하게 전개되던 해로 훗날 기록될 것입니다. 어머님의 개입에 따라 아버님의 이단자 폭파자 자필 문건이 작성되고, 이 장면을 찍은 동영상이 유포되었으며, 현진님은 타락한 아담이요, 곽정환을 사탄으로 정죄하는 가운데 목회자들에게 강제로 충성맹세 비디오를 찍게 한 시기였으니까요.

심각한 인격살인 행위가 자행되다 못해, 그들은 소송 또한 시작하였지요.

이와 같은 상황에서, 현진님은 만 가지 처절한 사연들을 말없이 소화하면서 초연하게 할 일을 하셨습니다. 각 대륙별로 주요 국가를 방문하여 직접 GPF 운동의 발판을 닦고 준비된 지도자들을 찾아 나선 것입니다. 놀라운 투혼이었으며 누구도 따라 할 수 없는 평상심이었습니다.

현진님은 끊임없이 자연 속에서 하나님과 교감하며 정성을 들여왔습니다.

어떤 어려움도 극복하고 목표를 이루어나갈 수 있는 힘과 지혜를 그런 정성 가운데 구해왔습니다.

많은 사람이 조건으로써 정성을 다하지만, 현진님이 자연 속에서 정성을 들이는 것은 차원이 다른 것이었어요. 하나님과 관계를 확고히 정립하고 하나님의 뜻에 자신을 백 프로 정렬하기 위한 과정이었습니다. 목표한 것을 반드시 이루기 위한 만반의 내적 준비를 실체적으로 갖추는 기간이었습니다.

이런 삶이 자리 잡고 있기에, 현진님은 어떤 파도가 들이쳐도 꿈쩍하지 않는 거대한 바위처럼 자신의 위치를 지키고 꿋꿋하게 앞을 향해 나아갈 수 있었던 것입니다.

2010년 하반기에 케냐 나이로비에서 GPC 행사를 개최할 것이라고 결정한 현진님은 케냐 정부의 협조를 이끌어내기 위해 2010년 2월 16일, 케냐 음와이 키바키 대통령을 만나고 지원 약속을 받아냈습니다. 케냐 국영방송은 이 회담에 대한 대통령실의 발표를 전국적으로 방영, 케냐 GPC 행사가 정부차원에서 준비될 것임을 알렸습니다. 요즘 현진님의 기반에서 보면 대단한 일도 아니지만, 당시로서는 상황도 어려웠던 데다 GPF가 독립적으로 출범한 지 3개월도 되지 않는 시기였기에 대단한 쾌거였지요.

키바키 대통령이 현진님의 제안을 흔쾌히 받아들인 것은 케냐에서 GPF가 보여준 괄목할 성과 덕분이었습니다. GPF는 2008년부터 케냐에서 '종족간의 갈등과 분규 문제를 해결하기 위한 구체적인 프로그램'을 진행하였고 유엔으로부터도 그 실적을 인정받은 바 있지요.

한편 키바키 대통령의 마음이 움직일 수 있도록, 케냐에서 가장 존경

받는 지도자 두 분의 역할도 컸습니다. 2009년 12월 필리핀에서의 제1회 GPC 행사에서 현진님과 인연을 맺은 분들입니다.

한 분은 케냐에서 사업으로 성공하여 동아프리카 경제인연합을 이끌고 있던 마누 찬다리아 콤크라프트 그룹 회장. 인도인으로 부인과 함께 독실한 신앙을 하면서 많은 자선활동을 전개하였고 테레사 수녀와도 친분이 깊었던 분이었어요.

또 한 분은 케냐의 국교라고 할 수 있는 성공회의 최고 책임자 엘리옷 와부카라 대주교. 필리핀에서 현진님과 한 차례 독대를 한 분이지요. 그 자리에서 대주교는 현진님에게 "당신의 아젠다는 무엇입니까?" 하고 정중하게 물었고, 현진님은 대주교의 눈을 응시하며 이렇게 답했다고 합니다.

"나에게는 오직 하나의 아젠다만 있을 뿐입니다. 그것은 '원 패밀리 언더 갓(하나님 아래 인류 한 가족)'의 꿈을 이루는 것입니다. 이것은 하나님의 신성한 꿈입니다. 대주교께서도 그 꿈을 이루는데 함께 해주시기를 바랍니다."

찬다리아 회장의 주선으로 현진님을 만난 키바키 대통령은, 아무래도 현진님의 배경 때문에 부담이 되는 모양이었어요. 그래서 자신의 정신적 멘토라고 할 수 있는 와부카라 대주교에게 의견을 구하였답니다.

"대주교님, 한국에서 온 젊은 지도자를 어떻게 생각합니까?"

대주교는 현진님을 만났던 순간의 기억을 되살려 키바키 대통령에게 결정적인 조언을 했다고 합니다.

"대통령님, 저분의 배경을 나도 알고 있습니다. 하지만 지난 번 필리핀 행사에서 그의 생각을 이해할 수 있었습니다. 이분이 하고 있는 일은 지금 케냐에서도 무척 필요합니다."

대주교의 의견에 힘입은 대통령은 결국 GPC 행사를 적극 지원하기로 결정했습니다.

  2010년 11월 18일 개최된 케냐 GPC 행사는 케냐와 에티오피아의 현직 대통령 두 분, 그리고 케냐의 국무총리와 전 각료가 참석한 가운데 성공적으로 진행되었습니다. 40분 가까운 현진님의 기조연설에 키바키 대통령은 크게 감동하였고, 이 연설문과 더불어 성공적인 GPC 개최 소식이 케냐 외교 공관을 통해 아프리카 각국에 발송됩니다.

  이 행사에는 또한 나이지리아 대통령 특사도 참석하였는데, 이것을 계기로 GPF 활동이 나이지리아까지 뻗어가게 됩니다. 몇 년 후 나이지리아의 아미나 삼보 부통령 영부인이 적극 후원하는 가운데 GPF 활동이 본격적으로 출발한 것입니다.

  나이지리아는 아프리카의 주요 대국이지만 이슬람과 기독교가 양분되어 있으며, 과격한 이슬람 세력인 보코하람의 도발이 끊이지 않는 등 종교 갈등으로 늘 어려움을 겪고 있는 나라입니다. GPF는 나이지리아의 고질적인 종교분쟁 문제를 해결하는 데 크게 기여해왔습니다.

  독실한 무슬림으로 부통령 영부인이던 삼보 여사는 2013년 말레이시아에서 개최된 GPC 행사에 30여 명의 대표단을 인솔하고 참석했습니다. 모든 여행 및 참가비용을 삼보 여사 측에서 부담했지요.

  현진님을 만난 자리에서 삼보 여사는 이런 말을 전했습니다.

  "문현진 박사님, '원 패밀리 언더 갓'의 비전은 하나님에게서 온 메시지라고 나는 믿습니다. 당신은 이 하나님의 메시지를 전하는 분으로서 자긍심을 가지셔도 됩니다."

  한편, 케냐 GPC 이후 우간다에서도 GPF 운동이 시작되었는데, 우간다의 요웨리 무세베니 대통령이 특별한 관심을 갖고 매년 세계에서 개최되는 GPF 행사에 대표단을 파견하였습니다. 무세베니 대통령은 4년 전부터 우간다에서 동아프리카 국가 정상들을 초청한 가운데 우간다 정부와 GPF가 공동 주관하는 지도자회의(GPLC)를 개최하자고 제안해 왔습니다. 비용은 모두 우간다 정부가 부담하겠다고 했습니다.

무세베니 대통령이 GPF와 현진님의 리더십에 주목한 것은 케냐와 나이지리아에서 유엔의 인정을 받으며 성공적으로 펼치고 있는 GPF 활동의 실적 때문입니다. 나아가 GPF의 비전을 모토로 한 도덕적 혁신적 리더십이 '아프리카의 르네상스'를 이루어내고 아프리카를 부패와 분쟁이 없는 풍요로운 지역으로 바꿀 수 있다고 보았기 때문입니다.

그의 진심은 현진님의 마음을 움직였고, 금년 8월 1일과 2일에 우간다 수도 캄팔라에서 GPLC가 개최되었습니다. 우간다 대통령, 남수단과 브룬디의 부통령, 케냐와 탄자니아의 공식 국가 대표 등 동아프리카 지역을 대표한 현직 국가 정상들이 한 자리에 모인 이 지역 역대 최고의 국제행사라고 해도 과언이 아니었습니다. 우간다는 국회일정까지 휴회하고, 주요 정부 부처가 모두 나서 이 행사 성공을 위해 물심양면 지원을 아끼지 않았습니다.

놀랍게도 이것은 정부와 5개 국제적 민간단체가 공동으로 주최하는 행사였고, 이 행사의 중심은 현진님이었습니다. 개막식 행사에서 단상에 우간다 대통령을 비롯한 국가 정상들이 자리 잡았는데, 가장 중심에는 현진님이 앉아 계셨고, 기조연설을 현진님이 하셨습니다. 아프리카 지도자들을 감동시킨 명연설이었습니다. 특히 이 연설이 더욱 감격적이었던 것은, 현진님은 아프리카의 문제 해결 방안과 미래 방향에 대해서만 언급한 것이 아니라, 한국에서 코리안 드림을 중심으로 전개하고 있는 남북통일 운동과 3.1운동 정신을 소개하고 이에 대한 아프리카 대륙 지도자들의 적극적인 지지와 참여를 호소한 것입니다.

한국에서 찾아온 중진 국회의원 몇 분이 이 행사에 참석했는데, 그들은 한결같이 현진님의 아프리카 기반과 한국인으로서의 애국심과 통일운동에 대한 열정에 감동하는 모습이었습니다. 그들도 대한민국을 대표하는 최고의 애국자, 정치인 가문의 후예이지만, 선친의 정신과 사명, 리더십을 그대로 계승하여 세계를 위해 살아가는 현진님을 향해 진심어린 존경의 마음을 보여주었습니다.

멀리 한국에서 찾아 온 국가 지도자들을 별도로 만난 자리에서 현진님은 이렇게 질문하였다고 합니다.

"내가 지금 한국에서만이 아니라 이렇게 세계적인 기반을 몰아 남북통일을 지원하고 있는데, 여러분은 나와 함께 목숨 바쳐 통일운동에 힘을 합칠 수 있습니까?"

행사 때마다 큰 성공을 거두며 국제적인 활동 발판을 넓혀나가는 현진님을 바라보며, 저는 오랜 기간 아버님을 모시고 국제회의를 준비하고 진행해온 경험자로서 부족했던 자신의 능력에 대해 부끄러운 마음이 많이 들었습니다. 공적인 자리에 있을 때, 아버님의 성원과 전폭적인 재정지원 등 전 교세를 동원한 지원을 다양하게 받아가며 나름 한다고 한 저의 실적을 생각할 때, 교회가 분열된 상황에서 지원은커녕 인격적인 수모까지 당해가면서 오로지 하늘의 가호 아래 기적 같이 거둔 현진님의 성과와는 비교 자체가 될 수 없는 것이었습니다.

현진님의 진가를 알아본 세계 지도자들

갖은 어려움 속에서도 단기간에 세계적인 기반을 닦기까지, 현진님의 진가를 알아본 준비된 지도자들의 동참과 협조가 있었습니다.

2009년 11월 4일, 현진님이 아버님께 편지를 보내 이제 독립적으로 GPF 운동을 전개해나가겠다고 말씀드렸을 때만 해도 주변의 반응은 무척 싸늘했어요. 아버님의 기반 없는 현진님의 GPF 운동이 성공하리라 기대하는 사람은 통일교회 내에 거의 없었습니다.

하지만 그 예상은 1년도 못 가 완전히 빗나가고 말았습니다. 현진님의 GPF 운동은 교회의 아무런 도움도 없이 큰 성과를 거두며 세계 곳곳에서 빠르게 기반을 닦아나갔습니다. 이에 초조해진 교회는 현진님이 하는 행사마다 반대를 했습니다. 심지어 브라질에서는 형사소송까지 걸어 현진님이 입국조차 못 하도록 훼방을 놓았습니다. 하지만 그럴수록 더 많은 사람이 나타나 현진님의 활동을 돕곤 했습니다.

묵묵히 아버지 일을 계속하고자 하는 아들을, 다른 사람도 아닌 어머니와 형제들과 교회 공동체의 지도자란 사람들이 끊임없이 반대를 하고 훼방을 놓다니, 하나님이 어떻게 보시겠습니까?

현진님이 그 모든 어려움을 넘어설 수 있었던 힘은 바로 '하나님께서 함께하고 계시다'는 체휼적인 위로와 격려였다고 봅니다.

이런 사정에 대해, 부산 범내골 눈물의 바위에서 현진님은 이렇게 말씀하셨습니다.

"이 시대에 영계가 살아 있습니다. 전 세계에서 지금 영계가 역사하고 있습니다. 생각해보세요. 제가 얼마나 많은 핍박을 받고 있습니까? 저들이 얼마나 못된 행동을 하고 있는지, 이 거룩한 성지에서 입에 올리기도 싫습니다. 정말 못 볼 것 다 봤습니다. 그래도 참 놀라운 것은, 하늘이 살아 계셔서 준비된 사람들이 계속 등장하며 저를 도와주고 있다는 것입니다. 우리 식구들이 섭리를 잊어버려도, 하늘이 많은 사람을 준비했다는 겁니다."

그 말씀은 결코 과장이 아니었습니다. 교회가 현진님의 진가를 몰라보고 충직한 하늘의 아들을 내쳤지만, 오히려 세상 가운데에는 이런 현진님을 따뜻하게 받아들인 분들이 있었습니다. 변방의 의로운 지도자들까지도 현진님의 뜻을 이해하고 함께 힘을 보탰습니다.

현진님이 뜻을 꺾지 않도록 각별한 메시지를 보내 격려하신 분도 있습니다. 브라질에서 가장 큰 개신교 교단 '어셈블리 오브 가드'를 일으킨 마누엘 페레이라 목사가 그분이죠. 분열 상황도 모른 체 2010년 통일교회의 초청을 받아 아버님의 90세 탄신 기념행사에 참석했던 페레이라 목사는, 현진님이 그 자리에 없는 것을 알고 '뭔가 어려운 사정이 있음'을 눈치 채게 됩니다. 그래서 브라질로 돌아간 뒤, 페레이라 목사는 현진님에게 다음과 같은 글을 보내왔습니다.

"문현진 회장님, 원 패밀리 언더 갓의 비전은 당신의 아버지께서 하나님으로부터 받은 사명입니다. 어떤 어려움이 있더라도 이것을 끝까지 지키고 진전시켜 나가기 바랍니다."

페레이라 목사는 2008년 4월, 현진님을 만나 보기 위해 직접 연락을 하고 찾아온 분입니다. 한 시간 남짓한 첫 만남을 통해 깊은 영적 교감을 이룬 두 분은 이후 GPF 운동의 든든한 파트너가 되어 함께 협력해오고 있습니다. 페레이라 목사를 매료시킨 것은 현진님의 때 묻지 않은 영적 리더십과 원 패밀리 언더 갓의 신성한 비전이었지요.

2008년경, 현진님은 미국에서 또 한 분의 유명한 기독교 목사와 인연을 맺습니다. 로버트 슐러 목사. 세계적으로 알려진 슐러 목사의 장남으로 아버지와 같은 이름을 사용하는 분이지요.

로버트 슐러 목사는 부친이 세운 수정교회의 담임목사로, 교회의 위기 앞에 다양한 변화와 혁신을 시도하였지만 내부 반발에 부딪혀 담임목사직에서 해임된 사람입니다. 현진님과 비슷한 경우였지요.

이런 아픔 속에서, 그는 현진님이 전개하는 원 패밀리 언더 갓 운동에 큰 감명을 받게 됩니다. 가족과 교회로부터 상상할 수 없는 반대와 박해를 받으면서도 그들을 원망하지 않고 묵묵히 하나님의 뜻을 위한 길을 걸어가는 현진님과, 종교와 국가를 초월하여 이 분에게 협조하는 세계적인 인물들을 접하고는 진심으로 현진님을 도울 결심을 하게 되지요.

이후 로버트 슐러 목사는 부부가 함께 미국의 유명한 기독교 지도자들과 현진님 사이에 다리를 놓았고, 그분들에게 현진님의 활동을 소개하는데 중요한 역할을 해왔습니다. 2017년에 현진님이 한국에 가정평화협회를 창설하였을 때는 축사자로 나서 현진님 가정을 방문했을 때의 가족들이 위하는 사랑의 생활을 하는 등 일화를 소개하기도 했습니다.

가정평화협회 창설 행사에는 인도네시아 최대 이슬람단체인 나둘라뚤울라마(NU)의 사이드 아킬 의장이 참석하여 관심을 끌었습니다. 인도네시아 내에 8천만 명의 무슬림 회원을 두고 있는 것으로 알려진 NU는 저와도 각별한 인연이 있는 단체인데, 현진님과 NU의 의장이 그 정도로 막역한 사이임을 알고는 무척 놀랐답니다.

아버님을 모시고 오랜 기간 초종교 활동을 해오면서, 저는 중동과 아시아 등지의 이슬람권 최고위 종교지도자들과 교류하고 친분을 쌓아왔습니다. 그 중에서도 인도네시아 대통령과 NU 의장을 역임하신 압두라만 와히드 전 대통령과는 그 사연이 깊지요. 그분은 2000년 초에 현직 대통령의 신분으로 아버님의 행사에 참석하기 위해 한국을 방문하여, 한국 정부를 당황하게 만들기도 한 분입니다.

같은 해 미국에서 9.11 테러 사태가 터졌을 때 아버님께서 미래의 기독교와 이슬람 간 종교전쟁을 염려하시며 종교화합과 통일을 위한 세계 종교 지도자 회의를 개최할 뜻을 밝히셨습니다. 그때 제가 이 분의 협력으로 인도네시아에서 세계 이슬람 지도자 회의를 개최할 수 있었습니다. 덕분에 세계적인 최고위 이슬람 지도자들과 학자들이, "9.11 테러는 소수 극단분자의 소행이지 이슬람의 근본 가르침과 전혀 다르다"는 입장문을 세계 앞에 발표할 수 있었던 것이죠. 당시 상황에서 누구도 엄두를 못 내었던 그 일로 인해, 많은 이슬람권 지도자들이 아버님을 진심으로 존경하게 되었습니다.

그런데 와히드 의장이 2009년 12월 말에 돌아가시면서, 이후 NU와의 관계가 소원해지던 참이었습니다. 인구 2억 6천만 명의 세계 최대 이슬람 국가이면서도 헌법으로 신앙의 자유를 보장하고 있는 인도네시아를, 현진님은 장차 종교화합을 통한 평화운동에 매우 중요한 역할을 할 국가로 보았습니다. 그리하여 2010년 4월, 인도네시아를 방문하여 GPF 활동을 시작하신 것입니다. 이후 인도네시아에서 들려오는 현진님의 활동 소식을 접하며, '하나님이 참으로 오묘하게 역사하신다'는 생각이 들더군요.

GPF 행사로 현진님이 인도네시아를 방문하실 계획이 알려진 후의 일입니다. 그곳 챤드라 박사(평화대사)가 나서서, 현진님이 체류하시는 동안 새롭게 선출된 NU 의장에게 현진님을 소개하려고 했어요. 그런데 일정이 다 끝나갈 때까지 신임 NU 의장과 연락이 닿지 않았지요. 거의 체념하고 있을 때, 이 분이 와히드 전 대통령 서거 100일째를 맞아 추도식 행사에 다녀오게 되었답니다. 거기서 NU 대표로 선출된 사이드 아킬 의장의 부인을 만났고, 부인을 통해 사이드 의장과 겨우 연결이 되었습니다. 연락이 어려웠던 이유가 있으니, 취임 준비를 위해 집무실에 나오지 않고 줄곧 자택에만 머물렀던 것이었습니다.

챤드라 박사는 사이드 의장에게 문선명 총재의 아드님이 GPF 활동을 위해 인도네시아에 와 있는데, 그분을 소개하고 싶다는 의견을 전했지요. 와히드 전 총재로부터 문 총재님에 대해 많은 말씀을 들었던 사이드 의장은 기꺼이 현진님을 만나보기로 했습니다. 귀한 분이 오셨으니 집으로 직접 초대하겠다고까지 했지요.

현진님은 다음날 사이드 의장의 자택을 방문하였고, 그 자리에서 곧장 GPF의 활동 내용과 원 패밀리 언더 갓의 비전에 대해 소개하였습니다. 모든 설명을 귀담아 들은 사이드 의장은 문 회장의 손을 잡고 세계 평화 운동에 함께할 것을 흔쾌히 약속하였습니다. 더불어 '하반기에 인도네시아에서 GPF와 NU가 글로벌피스페스티벌 행사를 공동개최하는 것'에도 합의했습니다.

생각해보세요. 두 분이 처음 만나 고작 한 시간 남짓한 대화를 통해 그렇게 큰 뜻을 같이 한 것입니다. 하나님의 역사가 아니고야 이를 어찌 설명할 수 있겠습니까. 어떤 사람은 와히드 전 대통령이 영계에서 다리를 놔줬다는 말까지 하더군요.

이후 사이드 NU 의장은 현진님이 하시는 GPF 활동에 계속적으로 대표를 파송하여 적극 후원하였고, 특별히 2017년에는 가정평화협회 창설 대회에, 이미 예정되어 있는 북경일정까지 조정해서 직접 창설대회에 참석하여 축사를 하기도 했습니다.

세계 각국의 인사들이 원 패밀리 언더 갓 운동에 기적처럼 동참하고 있는 것을 두고, 현진님은 하나님과 영계의 협조라며 언제나 하나님께 감사를 돌리고 있습니다.

그렇게 말씀하는 것이 당연하겠지만, 한편으로는 하나님과 영계가 협조할 수밖에 없는 내용이 있는 것이고 또 한편으로는 세계적인 인물들이 현진님에게 감동하는 이유가 있는 것 아니겠습니까. 끊임없이 정성들이며 하나님의 숭고한 원 패밀리 언더 갓의 꿈을 이루기 위해 전심전력을 다하는 영적인 리더십에, 세계 지도자들도 편견 없는 감동과 응원을 보내는 사연이겠지요.

이 와중에 참가정과 교회 식구들을 떠올려보지 않을 수 없습니다.

단 한 번 만난 분들도 그처럼 현진님의 진가를 알아보고 함께 일을 하는데, 수 십 년간 현진님의 모습을 가깝게 지켜본 사람들이 객관적인 검토나 행적에 대한 연구도 않고 단정적으로 그분을 배신자로 몰아 십자가의 길로 내몰다니. 참으로 하늘과 인류 앞에 두고두고 부끄러운 노릇이라고 느낍니다.

'우리는 잘 몰랐어요. 참부모님의 지시라니 어쩔 수 없었다.'

그렇게 변명할지 모르겠으나, 그것은 자신의 양심과 신념에 따라 정의로운 길을 선택한 사람들 앞에 축복가정이라는 공동체를 가장 추하게 만드는 일 아니겠습니까?

저는 또 2009년 12월, 필리핀에서의 감격적인 장면을 떠올려봅니다.

제1회 GPC 행사를 위해 필리핀을 방문했을 때, 각계 평화대사 대표들이 현진님을 찾아왔습니다. 문현진 회장이 교회로부터 부당하게 몰리고 있음을 알아챈 그분들이 무척 놀라더군요. 또한 아시아 대륙회장 용정식이 현진님에게 무례한 행동을 한 것을 알고는 격분하는 분위기였지요.

그러나 현진님은 별 말씀을 하지 않고 오히려 교회 지도자의 잘못에 대해 그들에게 대신 사과를 했지요. 이때, 지금은 작고하신 도밍게스 여사가 자리에서 일어나 단호하게 이야기했어요.

"닥터 문. 나는 당신이 여태까지 이곳 필리핀을 비롯해 세계를 다니며 어떤 일을 해왔는지 잘 압니다. 내 양심은 이런 당신이 진실하다는 것을 믿습니다. 닥터 문이 교회로부터 어떤 처우를 받든, 나는 끝까지 당신을 신뢰하고 함께할 것입니다."

필리핀 정부기관에 일하는 도밍게스 여사는 현진님이 필리핀을 찾을 때마다 공항으로 영접을 나와 환영해주시는 분이었어요. 이날 도밍게스 여사에 이어 추아 박사, 막시노 장군 등 평화대사 대표들이 같은 취지로 현진님에 대한 신뢰와 지지의 뜻을 밝혔습니다. 고맙다고만 할 뿐, 현진님은 별다른 말씀은 없었지만 내심 착잡하셨을 것입니다. 이 사태를 스스로 책임지려고 할 뿐 다른 사람들에게까지 짐을 안겨드릴 현진님이 아니었으니까요.

　세월이 많이 흘러 한 분은 고인이 되었지만, 지금도 그분들 모두 단 한 사람 예외 없이 현진님과 한 가족이 되어 같은 길을 가고 있습니다.

의로운 축복가정들의 등장

　시간이 흘러감에 따라 축복가정들로부터 '진실을 향한 외침'이 들려오기 시작했습니다.
　그러자 교회가 나서서 그들을 참부모의 이름으로 겁박하고 제명한다며 위협하였습니다.
　그러나 양심의 소리를 억누를 수는 없는 법 아니겠습니까. 현진님이 옳고 교회가 잘못됐다는 것을 깨달은 축복가정들은 두려움 없이 일어나 진실을 외쳤습니다.
　저는 이런 축복가정들이 세계 곳곳에서 점차 늘어나는 모습을 봅니다.
　그로써 하늘이 살아 있고 영계가 움직이고 있음을 느낍니다.
　여기서 제가 특별히 귀하게 보고 감사하게 생각하는 부분은 젊고 훌륭한 2세 지도자들이 현진님을 모시고 나왔다는 사실입니다. 공적으로 가장 모범이 되는 길을 걸어온 실력 있는 2세들이 현진님을 따라가고 있는 것은 무척 희망적인 모습이 아닐 수 없습니다.
　현진님은 그들이 참된 리더십과 축복가정으로서 올바른 선례를 세우도록 강도 높은 지도를 하고 있습니다. 당신 가까이 있는 사람이라고 특혜나 특권을 베푸는 대신, 스스로 자질과 실적을 갖출 수 있도록 일선으로 내보내 강하게 도전시키고 있습니다. 어느 일요일 아침, 현진님은 훈독회 집회에 모인 2세 지도자들을 향해 이렇게 말씀하셨습니다.
　"여러분은 가정연합에 있는 2세들과 비교해 훨씬 뛰어날지 모르지만 세상 앞에 서기에는 아직 부족한 것이 너무 많습니다. 여러분 스스로가 자격을 갖추지 않으면, 나는 세상에서 가장 합당한 사람을 찾아 세워 일할 수밖에 없습니다."

축복가정 가운데 특별히 가미야마 다케루 회장이 현진님에 관한 진실을 알리는 활동을 시작했다는 소식에, 저로서는 그저 착잡하고 미안한 마음이었습니다. 이것은 한국에 있는 36가정과 원로 선배들이 먼저 발 벗고 나서야 하는 일 아니겠습니까? 상당수가 이를 외면하거나 심지어 아직도 현진님을 반대하고 있기에, 결국 가미야마 회장에게 무거운 짐이 지어진 것 아니겠습니까?

가미야마 회장은 아버님과 아버님의 말씀을 지극히 사랑한 분이었습니다.

매우 순수하고 깨끗한 신앙을 해온 분이었다고 봅니다.

선대부터 이어온 독실한 기독교 신앙을 바탕으로, 일본 기독교계를 대표하듯 입교하신 분이지요. 일본에서 12가정의 일원으로 축복을 받았고, 일본 협회장도 역임했고, 전체 일본 식구를 대표하여 미국에서 참부모님의 역사에 동참했으며, 아버님의 댄버리 형무소 수난 노정에도 동참한 귀한 분이었어요. 아버님을 이해하는 차원이 매우 깊은 가미야마 회장이었습니다.

아버님께서 성화하시고 나서, 과연 누가 아버님의 뒤를 이을 분인가 심각하게 고민하던 가미야마 회장은 분명한 결론을 얻게 되었다고 합니다. 그분은 바로 현진님이었습니다.

자신이 깨달은 진실을, 그분은 주저 없이 식구들에게 알렸습니다. 교회로부터 제명당하는 것은 두렵지 않다고 합니다. 암이 전이되어 더 이상 치료가 힘들어지자, 병원에 입원하지 않고 자택에서 매일 진통제를 맞아가면서 말씀을 전하는 투혼을 발휘했습니다.

인터넷도 잘 모르는 분이 오로지 아버님의 말씀을 전하기 위해 페이스북 사용법을 배웠고, 매일 한 편씩 추억이 담긴 아버님 사진과 함께 말씀을 올렸습니다. 덕분에 전 세계의 4천 명 가량 되는 일본 식구들이 가미야마 회장의 페이스북과 연결하여 말씀을 접할 수 있었지요.

임종을 앞두고 일어날 힘조차 없어서 침대에만 누워 지냈지만, 그분은 늘 단정한 와이셔츠 차림이었습니다. 언제라도 손님이 찾아오면 말씀을 전할 준비가 되어 있어야 한다는 것이지요.

마지막 임종 때는 양복을 입혀달라고 했고, 자신의 두 손을 맞잡게 해달라고 했습니다. 숨을 거두자마자 정장차림으로 아버님에게로 달려가 말씀을 전하는 일을 바로 시작할 것이라고 했답니다. 죽음이 두렵기는커녕 오히려 그리운 아버님을 만난다는 생각에 마음이 설렌다고 한 분입니다.

가미야마 회장은 마지막으로 전 세계 식구들에게 특히 참어머님에게 보내는 고별 영상을 통해 참어머님께서 참아버님의 뜻 안으로 돌아와야 함을 눈물로 호소했습니다. 모든 식구들이 현진님을 중심하고 하나 되어야 한다고 분명히 강조했습니다.

가미야마 회장이 임종하기 한 달여 전, 뉴욕 근교에 있는 그의 집을 방문한 저는 마지막으로 진심어린 위로와 격려를 보냈습니다. 그가 지상생활을 참으로 원리적이고 밝게 정리하고 있다는 느낌을 그때 받았습니다. 가미야마 회장은 마지막까지 일본 식구들을 걱정하며 이렇게 당부했습니다.

"먼저 가서 죄송합니다. 일본 식구들을 대신 잘 부탁드립니다."

현진님은 가미야마 회장이 축복가정으로서 가장 위대한 선례를 세우고 가셨다는 글을 보내주시며, 특별히 가정평화협회의 이름으로 성화식을 치러주셨습니다.

일본 축복가정 가운데, 진실 앞에 용기 있게 일어선 또 한 분의 원로가 계십니다.

일본에서 가장 초기에 입교한, 첫 노방전도 강사이자 원리교육 강사로 활약한 사쿠라이 세츠코 여사가 그분이죠. 가미야마 회장처럼 12가정 축복을 받은 분으로, 남편이 일본 통일교회의 협회장을 지낸 사쿠라이 세츠오 씨였어요. 그분은 안타깝게도 일찍 성화하셨는데, 두 분은 일본 식구들로부터 가장 존경 받는 축복가정이었습니다.

사쿠라이 여사는 일본 식구들의 어머니 같은 존재로 협회의 기도단을 주관하고 순회하면서 오랫동안 목회를 해왔습니다.

연전에 일본을 방문했을 때 이 분을 만났는데, 하나님과 아버님과 섭리 앞에 여전히 바른 자세를 갖고 있는 분이었습니다.

현진님을 따라 온 둘째 아들을 통해, 사쿠라이 여사는 모든 진실을 전해 듣게 되었습니다. 이후로 2017년 한국에서 개최된 참하나님의 날 행사에 참가해 현진님 말씀을 직접 듣고는 현진님을 따르기로 결심했다고 합니다.

이로 인해 일본 협회에서는 큰 소동이 벌어졌습니다. 도쿠노 에이지 일본 협회장이 직접 여사를 찾아와 설득을 하고 압력을 가했지만 사쿠라이 여사는 꿈쩍도 하지 않았어요. 체구가 작은 분이지만 마음속에는 평생 태산과 같은 신앙이 자리 잡고 있는 분이지요.

또 큰 아들은 약 20년 일본 본부에서 축복가정과 2세들의 교육 책임을 맡아 일해 온, 아버지를 쏙 빼닮은 가장 훌륭한 2세 지도자였어요. 그마저 현진님을 지지하는 목소리를 내자, 일본 가정연합은 그를 즉각 본부에서 해임시켰습니다. 2세들 전체가 동요할까봐 두려웠던 것이지요.

인격적으로나 신앙적으로 가장 훌륭한 사람들이, 과연 지위나 명예나 물질을 보며 따라갈 것 같습니까?

그렇지 않습니다.

그들이 엄청난 현실적 불이익을 감수하며 현진님을 따르겠다고 나선 이유가 무엇이겠습니까?

진실을 알았기 때문입니다.

하나님의 뜻과 하나 되어 가시는 현진님을 발견했기 때문입니다.

문 총재님의 정통성을 갖춘 장자요, 후계자

시련 속에 빛난 가정

현진님은 틈만 나면 자연으로 들어가 하나님께 정성을 들이고, 그게 아니면 바삐 세계를 다니느라 집에 머물 시간이 별로 없는 분입니다. 그렇지만 어린 자녀분들까지도 조금도 섭섭해 하지 않고 그런 아버지를 존경하고 따릅니다. 아버지가 어떻게 살아 오셨는지를 잘 알고 있기 때문이겠지요.

하나님의 뜻을 위해 할아버지 할머니를 위해 살아온 아버지를 교회가 부당하게 내몰았으니 자녀분들로서는 원망이 생길 수도 있겠지요. 그러나 현진님과 전숙님 내외분은 이 어려움을 어떻게 극복해 나가는지 몸소 보여주시며 자녀들을 반듯하게 키우셨습니다. 자녀분들이 어떤 환경에서건 하나님과 참가정을 대표하고 있다는 것을 잊지 않도록 지도하셨습니다. 작은 것 하나에도 늘 솔선수범하도록 이끌어주셨습니다.

2017년 5월, 여러 축복가정들과 함께 하는 매우 뜻 깊은 행사가 있었어요.

뉴욕 허드슨 강변에 자리 잡은 미 육군사관학교(웨스트포인트)의 졸업식 날이었습니다.

　현진님 가정의 아드님 한 분이 졸업하게 되어, 주요 지도자들과 뉴욕 인근에 사는 축복가정들이 초대를 받은 것입니다. 이 자리에 참석한 저는, 현진님이 지난 10년, 가장 어려웠던 기간에 자신의 가정을 어떻게 지켜냈는지 한 눈에 알 수 있었습니다.

　미 육군사관학교는 장래 지도자가 될 수 있는 최고의 인재들이 들어가는 곳으로 알려져 있습니다. 주 출신 국회의원의 면접을 거쳐 추천을 받아야 하는 등 준비 과정이 만만치 않죠. 입학 후에는 엄격하고 치열한 교육과정을 이수해야 졸업을 할 수 있습니다. 매년 탈락자가 수두룩하고, 그 과정이 얼마나 힘들면 꼴찌로 졸업하는 동료에게 전체 생도들이 축하의 박수를 쳐주는 전통이 생겼겠습니까. 졸업 후에도 미국과 세계 각지를 옮겨 다니면서 최소 5년을 복무해야 하기에, 당사자는 물론 가족 전체가 희생을 결심하지 않으면 안 된다고 합니다.

　이 학교를 현진님 가정의 두 아드님이 2011년과 2017년에 각각 졸업하였습니다. 축복가정 자녀들을 향한 현진님의 적극적인 권장 덕분에 우리 가정에서도 신숙, 진만, 진효, 미숙 가정에서 여섯 명의 손자 손녀들이 이 학교를 다니게 됐어요.

　이미 졸업하여 장교로 복무하고 있는 손주들도 있고 금년에 갓 입학한 손주들도 있습니다. 전액장학금으로 다니기에 경제적으로도 큰 도움이 되었는데, 현진님 가정의 선례가 아니었다면 꿈에도 생각하지 못할 일이지요.

지도자가 되기 위한 지름길은 없다

　현진님 내외분이 아들들에게 육사 진학을 권유하신 이유는, 미국 교육기관 중에 웨스트포인트가 지도자양성기관으로서 가장 훌륭한 전통과 교육체계를 갖추고 있기 때문입니다.

현진님은 지도자가 되기 위한 지름길은 없다고 하십니다. 공짜로 주어지는 것이 아니라 자신의 훌륭한 삶을 통해 '획득'하는 가치. 이런 기준과 전통을 현진님은 자신의 가정에 가장 엄격하게 적용해 오셨습니다. 언젠가는 자녀분들에게 이런 말씀을 하셨다더군요.

"지도자는 스스로 전체를 위한 고생과 희생의 길을 가장 앞장서서 가야 한다. 이것이 참가정의 전통이며 우리 문 씨에게 이어지는 전통이다. 문 씨의 전통은 항상 위하고 베푸는 삶에 있다. 문 씨는 배고파 찾아오는 사람을 그냥 돌려보내지 않았어. 문 씨 조상 중에는 나라를 위해 희생하고 고생의 길을 앞서 가신 분들이 많단다. 문윤국 할아버지가 그런 삶을 살았지. 너희들도 문 씨로서 그렇게 살아가야 한다."

그런 가르침대로, 현진님 가정의 자녀분들은 매우 훌륭하게 성장하였습니다.

특히 장남인 신원님은 군 지휘관으로 복무하는 동안 최고의 평가를 받아 아버지가 자랑스러워하실 정도였지요. 아프가니스탄에서 복무하였을 때는 부대원 전원을 사고 없이 안전하게 이끌었고, 분쟁지역에 들어가 학교를 세우는 등 공을 인정받아 동성무공훈장을 수여 받기도 했습니다.

2011년 미 육사를 졸업하며 소감을 피력하는 자리에서, 신원님은 아버지를 '참된 원리인'으로 증거하였습니다. 어린 시절부터 지금까지 줄곧 곁에서 지켜 본 아버지가 언제나 하나님의 진리와 정의와 선을 중심하고 살아오신 분이었다는 의미겠지요. 육사 생도시절, 하나님의 뜻과 참부모님만을 위해 살아온 아버지가 자신의 가족과 교회로부터 모진 고초를 겪는 것을 지켜본 신원님이었습니다.

대위로 진급한 신원님은 동생 신중님의 장교 임관 선서식을 직접 주관하였고, 이 장면을 지켜보는 현진님 내외분의 눈가에는 촉촉한 이슬이 고여 있었습니다. 이날 신중님은 부모님께 감사를 드리며 특별한 선물을 건넸습니다. 조지 워싱턴 장군이 포지 계곡에서 기도하는 장면을 그린 명화 한 점. 그림 뒤에는 아버지께 올리는 글을 적어 또 한 번 부모님을 감동시켰어요.

"Man of Destiny (운명의 개척자)"

아버지가 하나님의 뜻을 대변하는 삶을 살아온 분임을, 어떤 역경에도 굴하지 않고 스스로 그 운명을 책임지고 개척해온 분임을 자랑스럽게 드러낸 것입니다.

어느덧 장성한 두 아들이 아버지의 삶을 증거하는 모습을 바라보며, 저는 하나님 앞에 진심으로 감사의 기도를 올리지 않을 수 없었습니다.

만난을 이겨내며 메시아로서 책임과 사명을 다하기 위해 살아오신 아버님은 하나님의 품으로 돌아가셨습니다.

그러나 지상에서 당신의 아들과 그 가족이 이렇게 굳건히 자리 잡고 계시지 않습니까.

하나님의 뜻과 이상을 실현하고자 하신 아버님의 뜻은 아들을 통해 계속 발전 성취될 것을 확신합니다.

'참하나님의 날'에 울려 퍼진 선언

지난 10년간 이어진 수난의 과정 속에서, 현진님은 모든 시련을 하나님의 사랑으로 이겨냈습니다. 스스로 거둔 승리의 실적으로 하나님의 이상을 대표할 참가정의 위상을, 아버님의 뜻을 상속한 아들로서의 위상을 지켜 오셨습니다.

한평생 신앙 길을 걸어오면서, 저는 평생 제 이야기가 아니라 제가 모신 어른의 이야기를 주로 해왔습니다. 한평생 아버님의 가르침에 취해 오직 아버님 한 분만 보고 살아왔습니다. 어딜 가더라도 아버님을 자랑하고 드러내는 것에 신이 나서 제 인생이 어떻게 지나갔는지도 모르게 살아왔습니다.

그런 제 입장이기에, 지금 멋지게 아버님의 뒤를 잇고 계신 현진님이 얼마나 기쁘고 자랑스러운지 모릅니다. 먼 옛날, 초창기 교회에 입교하여 아버님을 만났을 때의 그 환희와 희망을, 저는 현진님을 통해서 똑같이 보고 있습니다.

제가 보아온 진실을 이제 모든 사람이 알아야 할 때가 왔습니다.

현진님이 살아온 삶과, 그분이 발표한 말씀과, 그분이 펼쳐온 일들은 머지않아 잠들어 있는 축복가정들을 다시 깨울 것입니다. 그 고귀한 가치는 이 세상의 수많은 사람들을 참된 길로 인도할 것입니다.

2017년 제50회 참하나님의 날을 한국에서 기념하면서, 현진님은 당신이 아버님의 섭리적인 사명과 책임과 권위를 상속한 장자임을 천명하셨습니다. 1998년 아버님의 뒤를 이을 분으로 선택된 이래 20년 만에 처음으로 그 사실을 직접 언급한 것이지요.

그동안에도 얼마든지 이러한 사실을 앞세워 자신의 앞길을 편하게 만들 기회가 있었지만, 현진님은 결코 그러한 방법을 취하지 않았습니다. 오히려 힘든 길을 자청해 걸으셨지요. 섭리의 중심인물로서 하나님이 함께하실 수 있는 모든 자격을 실체적으로 갖추고, 하늘과 땅이 자연스럽게 공인하고 축복할 수 있는 과정을 거쳐 오셨습니다.

그리하여 섭리적인 이 한 때에, 자신이 누구인가를 스스로 발표하신 것입니다.

누구도 이를 참소할 수 없습니다.

이제 잃어버린 하늘의 소유권을 모두 되찾는 길이 열릴 것입니다.

제50회 참하나님의 날 행사 때, 현진님은 하나님이 섭리의 중심이심을 다시 한 번 명확히 하셨습니다. 하나님을 중심하고 무너진 참부모와 참가정의 기반을 다시 일으켜 세울 것을 또한 명확히 하셨습니다.

그간 현진님의 길을 막아서고 반대했던 축복가정들을 심판하는 대신, 속죄의 과정을 거쳐 축복가정 본래의 모습을 회복하고 하나님의 뜻과 정렬하여 새롭게 출발할 수 있는 길을 열어주셨습니다. 또한 섭리적으로 책임하지 못한 가정연합의 사명을 계속 이어가기 위해 가정평화협회를 창설할 것을 선언하셨습니다.

그로부터 10개월 뒤, 세계적인 종교 지도자들이 축하하는 가운데 대한민국 서울 그랜드 힐튼 호텔에서 가정평화협회 창설대회가 성대히 개최되었습니다. 이날 현진님은 선친 되시는 문선명 총재님의 뜻과 이상을 가정평화협회를 통해 계승하고 이루어나갈 것을 선언하며 끝내 눈시울을 붉혔습니다.

하나님이 상대하는 섭리의 중심인물

섭리적 관점에서, 하나님이 상대할 수 있는 섭리의 중심인물은 어떤 기준을 갖고 선택되겠습니까?

하나님의 참사랑·참생명·참혈통의 실체를 찾아 상대로 세우는 것이 창조이상이었습니다. 그런 분이 지상에 현현했을 때 우리는 그분을 하나님의 참된 아들로 영원히 기억하는 것이지요.

이와 같은 삶을 살아가신 분이 예수님이었습니다. 아버님 또한 그런 삶을 90여 평생 치열하게 사시고 성화하셨습니다.

현진님은 당신이 참가정의 장자요, 곧 하나님의 아들로서의 정체성을 굳건히 지켰습니다. 어떠한 시련 앞에서도 굴하지 않고 하나님의 참사랑의 실천으로 본을 보이는 삶을 살아갑니다.

나아가 '하나님 중심한 인류 한 가족' 이상을 실현키 위해 지성을 다하고 있습니다.

특히 현진님은 모든 축복가정들이 하나님의 진리와 의와 선의 실체가 되어 하나님을 중심한 이상가정을 이루기를 소망하고 계십니다. 말씀으로만 가르치는 것이 아니라 누구보다도 먼저 하나님 앞에 실체 대상으로서 당신을 하나님의 뜻과 섭리에 정렬시키고, 진리와 의와 선의 실체가 되어 참가정 이상을 중심한 평화이상세계를 건설하기 위해 진력하고 계십니다.

현진님은 참사랑·참생명·참혈통의 실체로 서서 참아버님의 뜻과 사명을 이어 참부모, 참스승, 참주인의 길로 가고 계신 참아드님이십니다. 일생토록 아버님을 증거하기 위한 삶을 살아온 제가 자랑스럽게 이것을 증거합니다. 이야말로 참아버님이 남기신 가장 귀한 전통과 유산이요, 그분의 실체적인 피와 삶에 대한 증거입니다.

2018년은 현진님께서 공적인 삶을 살아오신 지 21년째 되는 해입니다.

40여 년 전 미국에서 명절 축하공연을 마무리하며 단상에 오르신 아버님께서 노래를 하실 때, 흥을 돋우기 위해 멋진 춤을 추던 나이 어린 현진님의 모습을 지금도 기억합니다.

참가정에 어려움이 닥쳤을 때마다 뒤에서 궂은일을 도맡아 하셨던, 말할 수 없는 그간의 사연들을 지금도 생생히 기억합니다.

공적인 책임을 맡아 가장 큰 실적을 세우셨음에도 자신을 드러내지 않았던, 그 겸손한 공인으로서의 처신들을 언제나 존경합니다.

전숙님과 가정을 이루어 어느덧 30년 이상 고락을 같이 하며, 아홉 자녀를 낳아 하나님의 이상이 깃든 참가정을 일궈 오신 그 아름다운 세월들을 우리 모두는 오래오래 기억해야 합니다.

지난 10년 천주사적인 혼란 속에서 음해와 오해와 반대를 당하면서도 스스로 모든 것을 책임지고 해결해 나오신, 그 눈물 어린 역사들을 결코 잊어서는 안 될 것입니다.

이 기억들이 아직 환하게 살아 있음을 저는 감사드립니다.

아울러 제 삶을 정리하는 이 책을 통해서, 기쁜 마음으로 저의 결론을 말할 수 있습니다.

현진님은 누구보다도 원리에 달통하고 생활원리에 해박합니다.

하나님의 섭리에 관한 확고한 관과 아버님 말씀에 대한 연구와 이해는 어느 누구도 따를 수 없음을 확신합니다.

의심의 여지없이 참부모이신 문선명 총재님의 정통성을 갖춘 장자요, 후계자입니다.

제4차 아담권 시대의 중심인물

　아버님은 섭리 진전에 따른 각 시대마다 섭리의 의미를 자세히 가르쳐주셨습니다. 그러나 우리는 그 말씀을 듣고도 섭리의 때를 실감하지 못하고 깨닫지 못한 것이 한두 번이 아닙니다. '제4차 아담권 시대'에 관해서도 마찬가지입니다.

　'제4차 아담권 시대'에 대해 처음 말씀하신 것은 가정연합이 출범한 1997년 4월 10일 이후입니다. 다시 말하면, '세계기독교통일신령협회' 시대를 지나 '세계평화통일가정연합' 시대를 개막하면서 비로소 '제4차 아담, 제4차 아담권 시대'를 천명하신 것입니다.

　그러던 중에 아버님은 1998년 7월 19일, 미국 뉴욕 맨해튼센터에서 현진님을 세계평화통일가정연합 세계부회장으로 취임토록 하셨습니다.

　그날 아버님은 축사(祝辭)를 통해 "오늘과 같은 모임은 통일교회 역사에 있어서 혹은 선생님의 일생에 있어서 처음 있는 날"이라는 말씀으로 시작하셨지요. 그리고 "하나님의 소원이 있었다면 이런 날이 있기를 얼마나 고대했겠는가"라는 표현으로 하늘 앞에 감사를 드렸습니다.

이어서 아버님은 현진님이 섭리 일선에 등장한 것은 곧 복귀섭리 완성과 동시에 하나님, 아버님, 현진님으로 이어지는 공적 책임 임명은 '천주사적인 이변(異變)'이라고 섭리사적 의미를 부여하셨습니다.

그리고 아버님은 3차 아담으로서 현진님에게 섭리의 바통(baton)을 건네주시면서, 하늘의 직계자녀(直系子女)가 가정을 중심하고 제4차 아담 승리권을 이어받아 "여기서 (제4차 아담권 시대의) 출발이 시작되었다는 사실이 놀라운 것"이라고 하셨습니다.

이어서 "타락한계선을 넘어서서 4차 아담권 탕감의 해방시대로 지상천국시대로 넘어갈 수 있는 경계선에 섰다는 것이 놀라운 것"이라고 거듭 감탄하셨습니다.

마지막으로 아버님은 현진님의 섭리적인 책임(責任)과 역할(役割)에 관해서 "아버지가 이루지 못한 것까지" 이뤄달라고 당부하셨습니다. 그리고 당신보다도 수천 배 수만 배 낫기를 바란다고 축복해주셨습니다.

이날 취임식에서 아버님은 감회어린 어조로 임명장을 낭독하시고, 현진님에게 직접 세계평화통일가정연합 세계부회장 임명장을 수여하셨습니다.

이날 현진님은 20분 정도 취임사를 하였지요. 현진님은 참부모님의 수고로운 노정의 많은 부분을 회고하였고, 특히 아버님의 댄버리 영어살이를 말씀하실 때는 목이 메어 말씀을 잇지 못하고 몇 차례 눈물을 닦아내어, 장내 분위기를 숙연하게 만들었습니다.

그리고 현진님은 가정연합을 이끌어 갈 책임 과제를 명확하게 선언하였습니다.

첫째는 교육 분야로 초창기부터 뜻길을 걸어온 1세들을 위한 교육프로그램을 개발하신다는 것. 둘째는 통일가 2세들을 소생시키고, 세계 젊은이들을 위한 새로운 비전을 제공할 것이라고 하였습니다.

현진님은 "역사의 기점에 서 있는 이 시점에서 저와 함께 일어서서 퇴락의 세계를 희망과 생명의 세계로 다시 인도하기 위해 도전하자"고 독려하고 "2천 년대는 다시금 인류가 하나님의 심정의 품에서 살아갈 수 있는 새로운 역사 시대가 될 수 있기를 간절히 소망한다"면서 취임사를 끝맺었습니다.

현진님의 말씀에 참석자들은 미래에 무한한 희망을 느끼며 환호와 힘찬 박수를 보냈습니다. 그날의 감동이 살아있는 현진님의 가정연합 세계부회장 취임사를 여기에 소개하고자 합니다.

현진님의 세계부회장 취임사
세계평화통일가정연합, 1998년 7월 19일

사랑하는 참부모님, 내외 귀빈 여러분, 세계평화통일가정연합 회원여러분, 그리고 신사숙녀 여러분, 세계적인 조직의 부회장으로 선임 받아 오늘 여러분 앞에 서게 된 것은 저로서는 큰 영광이라 생각합니다.

가정연합이 제 아버님의 생애 노정의 마지막 결실을 나타내기에 이번 선임은 제게 있어 더욱 의미가 깊습니다. 하나님을 중심한 가정의 형성을 통해 하나님의 나라를 이 땅 가운데 세우고자 하시는 제 부모님을 궁극적으로 도와드리는 것이 제 삶의 목표였습니다만, 오늘 이러한 선임으로 저는 제 부모님의 구세활동에 마침내 동참할 수 있게 되었습니다.

먼저 이날을 축하해 주시기 위해 오늘 여기에 모이신 여러분께 감사의 마음을 전하고 싶습니다. 저는 이러한 따뜻한 환영과 여러분의 깊은 성원과 지지에 깊은 감명을 받았습니다. 정말 감사드립니다.

세계평화통일가정연합 회원 여러분, 오늘 우리는 새로운 천년을 맞이하는 기로에 서 있습니다. 여러분의 지난 3년간에 걸친 노력이 전 세계에 걸쳐 긍정적 변화를 위한 씨를 뿌려놓은 것은 사실이지만, 여전히 세계는 전쟁, 사회-윤리적 쇠락, 그리고 가정의 붕괴 등의 문제들로 시름하고 있습니다.

매일 우리는 지역주의적, 인종주의적, 민족주의적, 심지어 종교적 갈등에 대한 이미지와 뉴스의 홍수에 접하며 살아갑니다.

이러한 갈등들은 인간 세계에 대한 냉소와 패배주의의 불꽃을 일으키며 전 세계에 걸쳐, 우리들의 지역사회에서, 혹은 심지어 우리 자신의 가정에서 일어나고 있습니다. 높은 이혼율과 십대들의 임신, 마약 복용, 청소년 범죄, 그리고 에이즈 등의 놀라운 통계수치들은 이러한 비참한 상황을 입증하고 있습니다.

이와 같은 맹공의 실제 희생자는 바로 가정입니다. 그렇기 때문에 하나님을 중심한 가정을 확립하여 세계평화를 달성하고자 하는 가정연합의 사명이 오늘날 이 세계의 많은 문제를 해결하는데 있어 매우 중요하다 하겠습니다.

제 아버님은 아주 어린 시절부터 인류의 고통뿐만 아니라 하나님의 비참한 상황을 해결할 열쇠가 바로 하나님을 중심한 이상적 가정, 곧 참가정의 형성에 있다는 것을 아셨습니다.

아버님의 가르침에 따르면, 그 완전한 형태로서의 가정은 하나님 이상의 최상의 표현입니다. 이러한 기초적 사회 단위 안에서 개인으로서 남녀의 목적은 그들이 부부를 이루고, 그들 사랑의 열매인 자녀를 낳게 될 때 비로소 완성됩니다. 나아가 그때에 비로소 자녀, 형제, 부부, 부모 관계의 형태로 표현되는 모든 심정권이 완성하게 되는 것입니다.

우리가 누구이고 인생의 어느 곳에 있든지 간에, 우리 모두는 다른 누구의 자녀, 형제, 부부, 그리고 부모가 아니겠습니까? 바로 가정 내에서 우리는 가장 근본적인 심정적 관계들을 경험할 수 있습니다. 그리고 이러한 심정적 관계들은 우리에게 믿음, 신뢰, 복종, 연민, 용서, 겸손, 그리고 가장 중요한 조건 없는 참사랑을 가르쳐줍니다. 또한 바로 가정 내에서 우리의 사회의식이 자라나고 우리의 세계관이 형성되는 것입니다.

만일 이러한 근본적 사회 단위에 결함이 생긴다면, 그때에는 그것이 전 인류 사회와 세계 전체에 영향을 미치지 않겠습니까? 제 생각에 그 답은 아주 명확합니다. 최초의 인간 가정에서 뻗어 나온 문제들은 인류 역사를 거쳐 종족, 민족, 그리고 세계를 더럽혀 나왔습니다.

제 아버지는 인류의 첫 가정을 복귀해 인류가 다시 하나님의 품안에서 안식할 수 있도록 하시기 위해 지난 60년간 지칠 줄 모르고 수고해 오셨습니다.

제 부모님이 지난 3년 전에 세계평화통일가정연합을 탄생시키기까지 감당하셔야만 했던 십자가는 이루 말할 수 없고, 그 누구도 겪지 못한 고통 그 자체였습니다. 아들로서 저는 그분들이 감당하셨던 희생을 너무도 잘 이해하고 있습니다. 제 부모님은 당신께서 그토록 절실히 도와주고자 했던 무리들의 손으로부터 조소와 무고, 그리고 심지어 영어살이까지 견뎌내셔야만 했습니다.

저는 제 아버님이 댄버리 교도소에 들어가시기 위해 이스트가든에 있는 저희 집을 떠나셔야만 했던 그날을 아직도 생생히 기억하고 있습니다. 저는 그 당시 겨우 14살이었고, 저는 그때 아버지를 모욕하고 급기야 투옥해버렸던 미국에 대해 얼마나 큰 분노를 느꼈는지를 기억하고 있습니다.

그러나 저는 또한 제 아버님이 당신의 희생을 통해 하나님은 미국을 더욱 더 축복해주실 거라는 것을 우리에게 상기시키시는 가운데 저와 제 형제자매들을 어떻게 위로하셨는지도 기억합니다.

저는 이 세상의 그 누구도 제 부모님이 생애에 걸쳐 당하셨던 만큼의 박해를 견뎠던 사람은 없었다고 생각합니다. 그러나 그분들은 어느 누구에게도 모진 감정이나 일말의 악의도 갖고 계시지 않습니다.

선구자의 길을 걸으시면서 제 부모님은 굽힘없이 오늘날 우리를 위한 길을 닦아주셨습니다. 안타깝게도 이 길이 닦아지기까지는 그 대가로 많은 피와 땀과 눈물을 흘려야만 했습니다.

세계평화통일가정연합이 세워지기까지 커다란 고난의 내용이 있었다는 것을 생각하게 될 때, 오늘 이러한 저의 선임을 저는 너무도 값없이 받고 있다는 느낌을 떨칠 수 없습니다. 삶의 시련을 아직 더 겪어야 될 젊은이로서, 저는 아직 배우고 준비해야 할 것이 너무도 많습니다. 그러나 제가 경험에 있어 부족한 점을 저는 젊은 패기와 아울러 부모님을 돕겠노라 굳게 다짐하던 강한 열망으로 보충할 수 있기를 희망합니다.

저는 제가 세계평화통일가정연합에 긍정적으로 기여할 수 있는 두 가지 영역이 있다고 생각합니다. 첫 번째 영역은 교육 분야입니다. 아들로서 저는 제 부모님의 위대한 생애를 직접 목격할 수 있는 행운을 가질 수 있었습니다.

저는 현재의 식구뿐만 아니라 초창기의 많은 식구들이 보여주셨던 헌신과 신앙에 늘 감명을 받아왔지만, 제 부모님이 말씀하시는 신앙, 사랑, 복종의 기준에 맞추어 살아가려고 하는데 있어서 많은 식구들이 어려움을 겪고 있는 것을 보게 됩니다.

부모님이 살아오신 기준을 곁에서 상세히 접했을 뿐 아니라 제 자신이 그러한 기준에 맞추어 살려고 몸부림쳐왔기에, 저는 제가 그러한 도움이 필요한 분들에게 지도와 협조를 제공할 수 있는 유일한 위치에 있다고 생각합니다.

두 번째로, 젊은이로서 저는 통일가의 2세들을 소생시켜야 될 뿐만 아니라 세계의 젊은이들을 위한 새로운 비전을 제공해야 하는 명확한 책임을 가지고 있다고 믿습니다. 저는 2세들이 통일가는 물론 세계의 희망의 원천이라 굳게 믿습니다.

왜냐하면, 그들은 부모님 업적의 직속 상속자이기 때문입니다. 하지만 지금까지는 체계적인 교육 및 개발 과정이 완비되지 못해서 이들 젊은이들이 통일가의 상속자로서의 생득권을 물려받을 수 있도록 준비시키지 못한 것이 사실입니다. 결과적으로 많은 이들이 환멸을 느끼고 탈선을 하게 되었습니다.

저는 평화와 사랑의 세계를 이루는데 있어서, 역사적 인물로서 자신의 가치를 인정할 수 있도록 2세들을 다시금 고무시켜서 현재의 이러한 상황을 타개할 것을 굳게 서약합니다.

이러한 2세 젊은이들을 키워서 하나님의 이상을 대표케 할 때에, 그들은 세계의 젊은이들 앞에 새로운 대안적 삶의 기준을 제공할 수 있게 될 것입니다.

지난 3년에 걸쳐 세계평화통일가정연합은 합동축복식과 재서약식뿐 아니라 학문, 종교, 정치, 언론 등의 분야에서 화합과 이해를 증진시키고자 하는 수많은 노력을 통해 수억 생명들에게 영향을 미쳐왔습니다. 분명히 이렇게 짧은 역사를 지닌 조직이 세계 문제를 해결하는데 있어 이러한 영향력을 발휘했던 일은 그 전례를 찾아볼 수 없습니다.

가정연합의 성공은 '평화와 조화의 새로운 세계 건설을 위한 초석으로서 하나님을 중심한 가정을 창조하기 위함' 이라는 취지문에서 그 기원을 찾아볼 수 있습니다.

저는 여러분 모두가 이러한 구호를 가슴 깊이 새기고 이 메시지를 전 세계에 전파시켜 부모님 일생의 사명을 완결지어 드리기 위해 저와 함께 앞으로 전진해 나가기를 부탁드립니다.

사랑하는 가정연합 회원 여러분, 우리는 새 시대의 봄을 맞이했습니다. 오늘 우리가 뿌리는 것은 미래에 거두어 드리게 될 것입니다. 역사의 기점에 서 있는 이 시점에서 저와 함께 일어서서 퇴락의 세계를 희망과 생명의 세계로 다시 인도하기 위해 도전해 봅시다.

우리가 새로운 천년에 들어서는 이 때에, 60억 인류가 죄악과 증오, 갈등의 무거운 멍에로부터 해방되어 기뻐 노래할 수 있는 그 한 날이 올 것을 확신하면서 다 같이 앞으로 전진합시다.

2000년대가 다시금 인류가 하나님의 심정의 품에서 살아갈 수 있는 새로운 인류역사의 시대가 될 수 있기를 간절히 소망합니다. 감사합니다.

- 『통일세계』 1998년 8월호, 54-58쪽

하나님 아래 한 가족

그로부터 20여 년간 현진님은 "하나님 아래 한 가족"이라는 비전을 실현하기 위해 선두에 서서 노심초사해 오셨습니다.

현진님은 하나님의 이상을 단 한 마디로 요약해서, 원 패밀리 언더 갓(One family under God; 하나님 아래 한 가정)을 이루는 것이라고 했습니다.

저는 앞서 현진님이 자신의 언어로 말씀하는 것에 크게 감동했다고 말씀드렸습니다. 그러나 실은 현진님의 탁월한 능력에 대해서 제일 감동하신 분은 참아버님이었습니다.

"내가 보니까 그 양반(현진님)도 소질이 많더라고요. 원고 쓴 것을 보니까 말이에요. 그래서 하버드를 알아줘야 돼요. 어쩌면 전후를 다 맞게 해 가지고 모든 결론이 '원 패밀리 언더 갓(One Family Under God)'으로 이론에 맞게끔 돼 있어요. 학・박사, 대학총장 몇 백 명이 모이더라도 감탄할 수 있는 내용을 단시간에 짜 가지고 얘기하는 거라고요. 그만큼 훈련이 돼 있어요."
- 『문선명선생말씀선집』 608권, 124쪽, 2009. 2. 21)

더 나아가 아버님은 "하나님 아래 한 가정"이라는 비전으로 통일천하가 가능하다고 말씀하셨습니다.

" '원 패밀리 언더 갓(One Family under God; 하나님 아래 한 가족)'이라는 말이 얼마나 놀라운 것입니까! 원 패밀리 언더 갓, 하나님의 생명의 뿌리가 거기에 뻗어 있습니다. 그런 해석을 해야만 사랑의 이상상대를 찾을 수 있는데, 그 사랑의 이상상대를 발견하지 못하면 통일천하가 불가능합니다."
- 『문선명선생말씀선집』 613권, 255쪽, 2009. 7. 7)

현진님은 2009년에 "하나님 아래 한 가정"의 비전을 세계적으로 실현하기 위해 글로벌피스재단을 창설했습니다. 그리하여 괄목할만한 성과와 발전을 이루어냈습니다.

그 과정에서 겪어야만 했던 수많은 어려움 가운데 몇 가지를 예를 들어서 설명했습니다만 현진님은 그 어떤 상황에서도 절망하거나 좌절하지 않았습니다.

저는 현진님이 언제나 섭리의 주인의식을 가지고 계셨던 것을 처음부터 지금까지 목격해 왔습니다. 하나님의 뜻을 기필코 이뤄드리겠다는 사명감으로 무장하고 살아온 것이지요. 아버님께서 이루고자 하셨던 그 꿈을 현진님 당신의 꿈과 책임으로 여기면서 수없는 고난을 돌파해온 것입니다.

글로벌피스재단 창설에 이어서 2017년 12월 2일에는 대한민국 서울에서 '가정평화협회'를 창설했습니다. 현진님은 그 기조연설에서 "이 창설대회의 주제는 하나님 중심의 가정에 기초한 새로운 영적 의식의 창조이며, 이 주제는 가정평화협회의 비전을 잘 담고 있고, 현재 세계가 직면한 어려운 문제들에 대해 간단하면서도 심오한 해결책을 제시하고 있다"고 했습니다. 그리고 "진정한 변혁을 이루어내기 위해서 글로벌피스재단의 노력과 그 사명을 보완할 수 있는 새로운 기구"로서 '가정평화협회'를 창설하게 되었다고 하였습니다.

저는 여기서 현진님이 제시한 '현 세계가 직면한 문제들에 대해 간단하면서도 심오한 해결책'의 일부를 공유하고자 합니다. 왜냐하면, 이 메시지에는 참아버님의 평생의 노력을 이어나가겠다는 현진님의 강한 결의가 있고, 1998년 세계평화통일가정연합 세계부회장으로 취임할 때의 약속, 곧 하나님 중심의 가정을 통한 평화이상세계 실현이라는 하나님의 꿈을 이뤄드릴 수 있는 비전이 담겨있기 때문입니다.

가정평화협회 창설 대회 – 기조연설, 2017년

(영적 각성의 필요성)

……선진세계의 세속적인 물질문화는 종종 자기희생이나 자기통제, 지속적인 인간관계보다도 즉각적인 만족을 더 강조합니다. 소셜미디어와 비인간화

를 야기하는 인터넷 가상세계의 등장에 힘입은 광적인 이기주의의 풍조가 우리를 곤혹스럽게 하고 있습니다.

많은 사람들은 기술발전으로 인한 사회적 영향에 대해 염려하고 있습니다. 이런 풍조가 자기성찰과 대인관계를 감소시키기 때문에 장기적으로 어떤 영향을 줄 것인지 걱정하는 것입니다. 더 심각한 것은 기술이 세계의 모든 문제를 해결할 수 있다는 여론이 커지면서 인간의 영적 의식에 기초한 삶의 근본의미와 핵심을 파괴하는 기술문명 주도의 유토피아 이상이 확산되고 있다는 것입니다.

그렇지만 이 영적 의식은 인류 역사상 새로운 차원의 깨달음을 얻게 해준 모든 "대각성"의 토대였습니다. 유라시아 대륙의 팍스 몽골리카에서부터 유럽의 종교 개혁과 계몽사조에 이르기까지, 종교·상업·사상의 자유와 그리고 개인의 공과와 재능의 중요성에 대한 보편적인 이상은 태동되고 육성되고 발전되었습니다.

이것이 바로 근본인권과 자유의 이상을 주도한 미국을 탄생시키고 서구 문명을 형성한 이상으로 인도한 원인이 되었습니다. 이러한 기념비적인 발전을 촉진한 것은 언제나 영적인 진리를 찾는 노력이었습니다.

선진세계에 새로운 영적 의식의 부재는 인종, 종교, 경제, 사상, 극열 당파주의 등의 영역에서 주요한 사회적 균열을 일으키며 세계에서 가장 선진화된 국가들의 사회조직을 분열시키고 있습니다.

부와 기술, 풍요로운 상품과 서비스 등은 육체적인 요구에는 응할지 모르나 진리와 가치를 추구하는 정신의 열망을 결코 만족시킬 수 없다는 것을 많은 사람들이 깨닫기 시작하고 있습니다. 그것은 오직 우리의 영혼을 각성시켰을 때만 얻을 수 있습니다.

(하나님을 중심한 가정의 중요성)

가정은 우리가 반드시 필요로 하는 육체적, 정서적, 영적인 요소들을 제공하는 가장 기초적인 사회 단위입니다. 그래서 가정은 인간으로서의 경험을 놓고 누구에게나 보편적으로 상관이 있고 의미가 있는 것입니다.

우리는 가정에서 태어나고 개성체로 성장하며 무엇보다도 가장 심오한 인간관계들을 형성합니다. 그러므로 가정은 개인, 가정, 사회, 국가, 세계 등의 단계에서 의미 있는 모든 변혁을 위한 자연스러운 출발점이 됩니다.

하나님께서는 모든 진리와 정의와 선의 근원이시기에, 이러한 이상들을 반영하는 가정을 형성하는데 하나님의 임재하심과 축복은 필수적인 요소입니다. 근본적인 인권과 자유의 이상은 사람이 세운 어떤 기관에 의해서가 아니라 창조주에 의해서 부여되었듯이 인간의 완성은 하나님의 목적과 일치되었을 때만 가능합니다.

참된 자유와 인간의 선천적 가치는 영혼과 양심의 지시를 자각하고 따를 때만 실현될 수 있습니다. 이러한 이상들이 먼저 조성되고 체험되는 곳이 바로 가정이며, 이어서 사회와 국가와 세계로 공유될 수 있습니다.

그러한 가정들을 통해서 인류는 각성될 수 있고 평화와 공영의 세계를 건설하는데 적극 참여할 수 있습니다. 그 가정이야말로 보편 원리와 가치가 실재가 되고 하나님의 진리와 정의와 선이 구현되는 곳입니다. 이와 같은 가정의 변하지 않는 본연의 목적은 "하나님 중심의 가정 안에 기초한 새로운 영적 의식의 창조"라는 창설 주제의 핵심이 됩니다.

(선친의 유산을 계승)

신사 숙녀 여러분, 오늘은 저에게 매우 의미 있는 날입니다. 오늘은 전 세계의 남녀와 가정과 신앙 전통과 단체들을 대표한 여러분 모두가 함께 하나님 중심한 가정을 육성하겠다는 결의를 하며 인류를 위한 이정표를 세우는 날입니다. 한편, 이 창설식은 개인적으로 선친의 평생의 노력을 이어가겠다는 제 자신의 결의를 의미합니다.

선친은 모든 인류를 하나님을 중심한 가정으로 인도하는 세계적인 운동을 위해 세계평화통일가정연합을 창설하셨습니다. 선친께서는 대중연설 중에 이렇게 종종 말씀하셨습니다.

"하나님께서 인간을 창조한 궁극적 목적이 어디에 있다고 생각하십니까? 참사랑을 중심한 이상가정의 완성을 통해 하나님과 한 가족을 이루어 살면서 기쁨을 느끼는 것이었습니다."

저는 선친께서 이 사명을 가르치고 실현하고자 애쓰는 가운데 많은 어려움에 직면하셨던 것을 목격하였습니다. 선친은 인류가 다같이 평화롭고 행복하게 살 수 있는 길을 찾으라는 하나님의 소명에 전 생애를 헌신하셨습니다. 단지 하나의 민족 또는 하나의 신앙만을 위한 것이 아니라 인류 전체를 위한 노력이었습니다. 선친은 많은 대중들에게 자주 오해를 받으셨고, 이기적인 의도를 가진 자신의 지지자들로부터도 때때로 이용당하기도 하셨습니다. 그러나 선친은 끝까지 하나님과 인류에 대한 당신의 결의를 확고히 하셨습니다. 저는 아들로서 그리고 같은 꿈을 공유한 사람으로서 이 꿈이 반드시 결실 맺도록 할 것입니다.

제가 1998년에 세계평화통일가정연합 세계부회장으로 임명되었을 때, 저는 하늘과 인류 앞에 하나님 중심의 가정을 세움으로써 하나님의 천국을 건설하겠다는 제 부모님의 꿈을 이어가겠다고 약속하였습니다.

비록 세계평화통일가정연합이 선친이 세우신 본연의 사명에서 벗어났기 때문에 더 이상 그 조직을 통해 활동할 수는 없지만, 오늘 저는 가정평화협회를 창설함으로써 그 약속을 지켜가고 있는 것입니다.

이 영성 운동은 선친의 삶에 생명을 불어넣은 본연의 비전, 즉 하나님 중심의 가정을 통한 평화이상세계 실현이라는 하나님의 꿈을 전진시킬 것입니다.

(행동요청)

오늘 우리는 역사의 변곡점에 서 있습니다. 세계는 지금 인간의 영적 의식의 또 다른 대각성을 위한 기회로 무르익고 있습니다. 그러나 동시에 신성해야 할 가정이 우리 눈앞에서 현대 문화 속에서 작용하는 많은 파괴적인 세력들에 의해 무너지며 사회를 결속시켜 온 기능이 해체되고 있습니다.

하나님을 중심한 이상가정은 가정의 신성을 회복하고 본연의 창조목적에 정렬함으로써 인류의 모든 긍정적인 발전에 있어서 핵심적인 역할을 합니다. 이런 가정 없이 인류는 이 시대의 도전을 감당하고 자녀와 후손을 위한 밝은 미래를 건설할 수 있는 도덕적인 명확성과 확신을 가질 수 없습니다.

인간 사회가 가야 할 길은 우리가 이 진리를 얼마나 잘 이해하고 그것을 실행하기 위해 오늘 어떤 선택을 하는가에 달려있습니다.

인류가 종교와 인종과 문화와 경제적인 갈등으로 인해 점점 더 분열되고 있는 이 때에 우리는 공통의 목적을 찾아 모든 인간이 하나님의 자녀로 존중 받는 세계를 이루기 위해 협력해야 합니다.

신앙과 양심을 따르는 사람으로서 우리는 교리와 이데올로기의 차이를 초월하여 세계의 위대한 종교 전통의 유서 깊은 가르침에 담겨있는 보편 원리와 공통 가치를 인지해야 합니다.

　무엇보다도 우리는 인류의 영적 의식이 공통의 창조주를 향하도록 계몽하고, 각 가정에서부터 "하나님 아래 인류 한 가정"의 세계가 이루어질 수 있도록 협력해야 합니다.

　가정평화협회의 공식 출범에 있어서 저와 함께 손을 잡아주십시오. 하나님께서 기뻐하시며 함께 거하실 수 있는 가정과, 하나님의 빛과 평화가 세계로 퍼져나갈 수 있는 가정을 세움으로써 평화의 시대를 함께 열어 나갑시다.

하나님의 축복이 여러분과 여러분의 가정에 충만하시기를 기원합니다. 감사합니다.

　가정평화협회 창설 기조연설문에서도 알 수 있는 것처럼, 현진님은 20년을 하루같이 하나님의 꿈을 성취해 드리고자 불굴의 신념으로 최선을 다해 오셨습니다. 현진님께 미안함과 더불어 감사한 마음뿐입니다.

지금도 제 귓가에 메아리처럼 맴도는 것이 있습니다.

아버님께서 현진님에게 부탁하신 한 마디입니다.

"아버지가 이루지 못한 것까지 이루어 달라" 하신 유언과도 같은 당부의 말씀입니다.

　하나님은 인류의 아버지요, 스승이요, 왕이신데, 아직까지 왕 노릇을 못하고, 아버지 노릇을 못하고, 스승 노릇을 못 하신 것을, 아버님은 당대에 하나님이 기뻐 안식할 수 있는 효자·충신·성인·성자의 가정, 인류 앞에 본이 될 수 있는 참가정을 이루어 하나님 앞에 바쳐드리겠노라고 학수고대하던 기원절을 목전에 두고 홀연히 성화하셨습니다.

　기원절을 중심하고 하나님을 모실 수 있는 천일국에 승리의 깃발을 꽂고 조국광복의 한 날을 기약하신 아버님. 아버님께서 그토록 바라시던 기원절은 물론 죄의 그림자조차 찾아볼 수 없는 창조본연의 세계인 제4차 아담권 시대를 이끌어갈 수 있는 지도자가 있다면 과연 누구이겠습니까?

참아버님께서 일찍이 열어놓으신 제4차 아담권 시대에 참아버님의 유업을 맡아 숙명적 사명을 책임질 수 있는 사람은 한 사람밖에 없습니다. 그분이 바로 현진님입니다. 현진님은 하나님과 참아버님과 종적으로 바로 정렬된 장자요, 제4차 아담권 시대의 중심인물입니다.

모든 축복가정은 물론 특히 2세, 3세를 비롯한 미래 세대들이 반드시 현진님을 중심으로 모시고 참아버님의 유업을 완성해야만 합니다.

에필로그

　지금까지 저의 신앙 역정을 통해서 본 참부모님의 섭리 노정을 조명하는 가운데, 최근 10여 년간 벌어졌던 통일가의 불행한 사태에 대해 당사자의 한 사람으로서 중요하다고 여긴 내용을 가능한 범위에서 빠짐없이 기록하려고 노력했습니다.

　본문에서 저는 개인적 신앙 노정을 시작으로 참부모님의 업적과 유지, 통일가의 시련과 혼란, 최근의 가정연합 상황, 그리고 마지막으로 현진님의 비전과 활동에 대해 증언했습니다. 저는 이 책을 쓰면서 수많은 반성과 참회의 시간을 가졌습니다. 그러나 한 가지 확실한 것은, 이 책을 통해 누군가를 심판하기보다는 통일가 분란의 원인을 정확히 밝히고 다시는 이와 같은 일이 벌어지지 않도록 후대에게 경종을 울리기 위한 것이었습니다.

　저는 살아계시는 하나님과 영적 세계를 믿는 사람으로서 모든 사태의 책임에 대한 최종 심판은 오직 하늘 아버지의 소관임을 고백하지 않을 수 없습니다. 다만 2천 년 전 신약의 사도행전과 같은 기록이 필요함을 깨닫고 이 기록을 남긴 것입니다. 누군가 기록으로 남기지 않으면 세월 속에 허무하게 사라지는 것입니다. 그것은 성약시대 섭리에 동참했던 축복중심가정으로서 책임있는 자세가 아니라고 생각했습니다.

제가 참부모님을 지근거리에서 모시고 복귀시대와 성약시대 섭리에서 중요한 책임자의 역할을 해온 것은 저와 제 가정의 자산만은 아니라고 생각합니다. 축복중심가정에 있어서 모든 신앙생활의 발자취는 하늘 섭리에 있어서 공적인 의미를 갖습니다. 그리하여 위와 같이 공적인 기록을 남김으로써 하늘 앞에 진솔한 심정으로 제 자신의 책임 못한 내용을 고백하고 용서를 구하는 의미도 적지 않습니다.

사실 현 통일가의 시련에는 우리 축복중심가정 모두의 책임이 있습니다. 우리 축복중심가정들이 참가정의 선하고 의로운 울타리가 되어 하늘 섭리의 영원한 승리 기반으로 세워드려야 했는데 그렇지 못하였습니다. 많은 교회 지도자가 오염된 정치꾼이 되어 섭리를 유린했습니다.

전체목적보다는 개체목적에 사로잡혀 원리적인 정도의 길을 가지 못했습니다. 참가정과 참자녀님들을 본인들의 욕망과 권력의지에 의해 이용하고 잘못 인도하였습니다. 이것은 사탄의 침범을 받은 세속적인 욕망과 사심의 발로에 의한 것입니다.

지금 우리가 어느 쪽에 속해 있느냐가 중요한 것이 아닙니다. 이러한 분란의 소용돌이 속에 우리 모두가 속해 있다는 사실이 그 책임에서 자유롭지 못함을 의미합니다. 사안에 따라 책임의 경중은 있겠지만 결코 책임으로부터 자유로울 수 없는 것이 지금 우리가 처한 운명입니다.

하나님의 섭리 역사에서 지금과 같은 불미한 사태는 결코 있어서는 안 되었습니다. 그러나 이미 일이 이같이 된 이상, 이러한 사태의 진상을 명확히 밝히고, 슬기롭게 수습하여 하나님의 섭리를 진전시키는 것 또한 섭리의 완성기에 우리 모두에게 맡겨진 운명이자 책임이 아닐 수 없다고 생각했습니다.

여러분도 모두 알고 있듯이 하나님의 섭리가 완성을 향해 가는 것은 필연적입니다. 다만 인간책임분담 여하에 따라 그 시기는 연장될 수 있겠지만 그 본질은 변하지 않습니다. 통일가에서 우리가 지금 맞이하고 있는 시련은 장구한 하나님의 섭리역사 속에서 일순간에 지나지 않습니다. 찰나와도 같은 이 시련은 곧 지나갈 것입니다. 그리고 그 시련의 끝에서 광명한 신천지가 시작될 것임을 확신합니다. 모든 것이 사필귀정으로 결론 지어질 것을 저는 믿습니다.

여러분이 지금까지 이 책을 열린 마음으로 정독했다면 많은 진실을 알았을 것입니다. 모든 사실을 알고 참으로 난감하기도 했을 것입니다. 그러나 통일가에서 신화화된 부분이 깨지고 민낯이 드러나는 가운데 심정적 상처를 입은 분도 계실 것입니다. 그러나 일부러 모른 척 외면한다고 저절로 해결되는 것은 아닙니다.

그동안 진실에 다가가길 주저했거나 진실을 알았다고 해도 기존의 가정연합 체제 속에서 뛰쳐나오길 두려워했던 사람들이 있을 것입니다. 그러나 우리는 모두 결국은 하나님 편에 서야 하기 때문에 지금은 여러분의 신앙적 결단이 필요한 시간입니다.

출애굽의 심정으로 안일한 신앙생활에서 탈출하길 부탁드립니다. 축복중심가정으로서 여러분의 영원한 생명과 후손들의 운명이 결정되는 선택의 순간을 냉철하게 원리적으로 맞이하길 바랍니다. 하나님 외에 그 누구도 천적인 운명을 좌지우지할 수 없습니다. 가정연합이나 교권은 더더욱 아닙니다.

  부화기간 동안 안락한 보호막이 된 계란의 껍데기를 스스로 깨고 새로운 생명의 시간을 맞이하는 병아리처럼 여러분도 부패하고 변질된 가정연합의 껍데기를 부수고 나와 신앙의 본류를 찾아나서야 합니다. 그리하여 하나님의 섭리 완성에 일조하는 책임을 꼭 하여야만 합니다.

  통일가 신앙의 초심으로 돌아가 광야에 내팽개쳐진 하늘 섭리의 본연의 목적을 찾아내어 되살려야 합니다. 전 생애를 걸고 하나님의 뜻을 따라온 우리 모두의 열망과 분투가 참된 결실을 맺도록 해야 합니다.

  하나님 6천년의 한을 해원하고 인류를 구원하는 축복중심가정 본래의 사명을 우리 모두 함께 완수해 나가도록 합시다. 이러한 섭리의 정도에 우리 모두가 다시 함께하길 간절히 소망하면서 이만 펜을 놓을까 합니다. 천일국 주인인 모든 축복중심가정들에게 하나님의 축복과 은사가 함께하길 바랍니다.

事必歸正
천주사적인 갈등의 귀결

제 1판 3쇄 발행 2019년 3월 25일
저자 곽정환

펴낸곳 아주미디어
출판등록 2011년 5월 17일 | 제 2011-000156호
주소 서울시 강남구 봉은사로 24길 13 세계빌딩 2층
Tel 02-556-0925
E-mail ajupublication@gmail.com
ISBN 978-89-966599-4-5
가격 18,000 원

Copyright©Kwak.ChungHwan.36bf

잘못된 책은 구입하신 곳에서 교환해 드립니다.
이 책의 저작권은 저자에게 있으며 무단 복제와 전재는 법으로 금지되어 있습니다.